Jakob Peth

Geschichte des Theaters zu Mainz

Jakob Peth

Geschichte des Theaters zu Mainz

ISBN/EAN: 9783743328020

Hergestellt in Europa, USA, Kanada, Australien, Japan

Cover: Foto ©ninafisch / pixelio.de

Manufactured and distributed by brebook publishing software
(www.brebook.com)

Jakob Peth

Geschichte des Theaters zu Mainz

Geschichte

des

Theaters und der Musik

zu Mainz.

...

Ein Beitrag zur deutschen Theatergeschichte,

allen Freunden der deutschen Bühne gewidmet

von

Jakob Peth.

Mainz,

Druck und Verlag von H. Prickarts.

1879.

Vorwort.

In neuerer Zeit hat die deutsche Theatergeschichtschreibung, welche einen Hauptbeitrag zur Kultur- und Kunstgeschichte unseres Volkes bildet, einen unerwartet erfreulichen Aufschwung genommen, eine Erscheinung, die wohl in dem Streben nach einer gesunden Reform des Theaters und dem hierdurch veranlaßten Rückblick auf dessen Entwicklung ihre Erklärung finden mag. Wenngleich nach Devrients verdienstvoller Arbeit keine weitere deutsche Theatergeschichte erschienen ist, so wurde doch von den Theaterhistorikern im Hinblick auf die zerstreuten zahlreichen Quellen der Weg der Spezialgeschichtschreibung eingeschlagen, der allein nach dem ersehnten Endziel einer ausführlichen deutschen Theatergeschichte führen kann. So sind in kurzer Zeit mehrere von der Kritik höchst günstig aufgenommene Werke, wie u. A. Prölß' Geschichte des Hoftheaters zu Dresden, Brachvogels Geschichte des Berliner Hoftheaters, die Geschichte der Theater zu Augsburg und Nürnberg von Witz und Hysel erschienen, und endlich hat in diesen Tagen der unermüdliche Theaterhistoriker Kürschner durch die Herausgabe eines Jahrbuches für das deutsche Theater einen festen Boden für die zukünftige Geschichtschreibung bereitet. Manche Theater harren aber noch immer ihres Geschichtschreibers. Unter diesen war bis jetzt auch das Mainzer Theater, und doch konnte gerade die Bühne einer für die Geschichte Deutschlands so wichtigen

Stadt wie Mainz im Hinblick auf ihre Vergangenheit Beach=
tung auf theaterhistorischem Gebiete fordern. Blühte doch in
der Moguntia aurea von jeher die Kunst; hier sang ein Frauen=
lob, verkündeten die besten deutschen Schauspielertruppen des
18. Jahrhunderts Lessings Kunstevangelium, pflegte der Hof
des Mainzer Kurfürsten und Erzkanzlers des römischen Reiches
teutscher Nation zu Zeiten mit großem Eifer das Theater und
die Musik. Wir sehen hier dem Einfall der Franzosen die deutsche
Bühne erliegen, auf kurze Zeit ein französisches Theater unter
Napoleons besonderem Schutz an ihre Stelle treten, und nachdem
Mainz dem deutschen Vaterlande wieder zurückgegeben war, ein
Provinzialtheater entstehen, welches glänzende Epochen in seiner
Geschichte verzeichnet und dessen tolerantes Publikum vielen der
ersten Künstler und Künstlerinnen Deutschlands, wie Döring,
Dessoir und Frau Niemann-Raabe, ihre Ruhmesbahn eröffnete.
Schließlich verdient Mainz schon im Hinblick auf seine Söhne
und Töchter, welche es wohl nicht zum Schaden der Schauspiel=
kunst dem deutschen Theater gab — es sei nur der berühmten
Schick, des Charakterdarstellers Ochsenheimer, des Weimarer
Schauspielers Haide, Heerdts und der Hellmuth aus dem vori=
gen Jahrhundert, sowie eines Betz aus der neuesten Zeit ge=
dacht — einen Platz in der deutschen Theatergeschichte.

Eng verbunden mit der Geschichte des Theaters ist die der
Musik, für welche sich in Mainz stets ein reger Sinn zeigte,
der u. A. in dem Wirken der Liedertafel und den von derselben
angeregten mittelrheinischen Musikfesten einen erfreulichen Aus=
druck fand. Es durfte daher wohl auch das musikalische Leben
von Mainz in dessen Theatergeschichte nicht unberücksichtigt bleiben.

Die Geschichte des Theaters und der Musik zu Mainz bot,
wie die Leser aus dem Gesagten folgern können, einen ebenso
reichhaltigen als schwer zu bewältigenden Stoff. Nicht ohne
Zagen ging daher der Verfasser dieses Buches an die Arbeit,
welche um so schwieriger erschien, als vor ihm Niemand dieses

oder ein verwandtes Gebiet der verhältnißmäßig so reichen
Mainzer Geschichte in ausführlicherer Weise bearbeitet hatte.
Ueber die älteste Zeit der Mainzer Theatergeschichte standen dem Verfasser u. A. eine auf der hiesigen Stadtbibliothek
befindliche handschriftliche Chronik, eine „Geschichte der Maynzer
Bühne" in Reichards Theater-Journal für Deutschland (1777),
eine in dem Anfangs der zwanziger Jahre erschienenen belle-
tristischen Blatte „Rhenus" veröffentlichte kurze Geschichte des
Mainzer Theaters von N. Müller, welcher sonst mit Recht von
den Mainzer Historikern angefochtene Schriftsteller sich hier fast
durchgängig glaubwürdig erweist, sowie zahlreiche Theater-
Journale, Almanachs, Zeitungen u. s. w. zur Verfügung.
Etwa von dem Jahre 1750 ab war dem Verfasser die Verglei-
chung und Feststellung der einzelnen Angaben wenn auch nicht
angenehmer, so doch durch die Fülle des nun gebotenen Mate-
rials, wie der Theater- und Concertzettel, Theaterakten u. a. m.,
bedeutend leichter gemacht. Die übrigen benutzten Quellen, wie
die von dem verstorbenen kunstsinnigen Bürgermeister Schott
und dessen Gemahlin hinterlassene Sammlung von Briefen bedeutender Komponisten und Schriftsteller, sind im Verlaufe der
Darstellung soweit als nothwendig angeführt worden.

Ein wesentliches Verdienst um das Zustandekommen meiner
Arbeit hat sich mein geschätzter Freund Freiherr v. Reden*)
in Wiesbaden erworben, welcher mir seine theaterhistorische
Bibliothek, wohl eine der reichhaltigsten ihrer Art in Deutsch-
land, gütigst zur Verfügung stellte. Ferner bin ich u. A. den
Herren Stadtbibliothekaren Dr. Külb und v. Reichenau, der
Direktion der Großh. Hofbibliothek zu Darmstadt, dem Vor-
sitzenden der Mainzer Liedertafel, Herrn Dr. Kupferberg,
Herrn Theaterdirektor Deutschinger, dem Theaterbibliothekar

---

*) Verfasser des deutschen Bühnenlexikons (das Leben und Wirken
aller hervorragenden deutschen Bühnen-Leiter und -Künstler vom Beginn der Schauspielkunst bis zur Gegenwart).

Herrn Kubik, Frau Major Ritter, sowie meinem väterlichen Freunde und früheren Lehrer Herrn Dr. Munier für die Förderung meiner Arbeit zu Dank verpflichtet.

Möge nun dieser Versuch einer Geschichte des Theaters und der Musik zu Mainz bei der Kritik und dem Publikum eine freundliche Aufnahme finden. Sollte es dem Verfasser einigermaßen gelungen sein, durch das Bild, welches er von der Vergangenheit der Kunst in Mainz entworfen hat, das Interesse an der Zukunft dieser und des deutschen Theaters bei seinen Lesern noch reger gestaltet zu haben, so wird ihm dies der beste Lohn für seine Arbeit sein.

Mainz, im Januar 1879.

Jakob Peth.

Inhalt.

Erster Theil.

Von den Anfängen der Mainzer Bühne bis zur Errichtung des jetzigen Theatergebäudes (1648 — 1833).

Zweiter Theil.

Das Theater und die Musik zu Mainz vom Jahre 1833 bis zur Gegenwart.

Anmerkung : Wir haben uns in dem Inhaltsverzeichniß nur auf die Angaben des Wichtigsten beschränkt.

Erster Theil.

—

Von den Anfängen der Mainzer Bühne

bis zur Errichtung des jetzigen Theatergebäudes.
(1648—1833.)

I.

Vom Meistergesang, der Entwicklung des Bühnenwesens und dessen ersten Spuren in Mainz.

Der herrliche Rheinstrom hat die Sänger unseres Volkes stets zu neuen Schöpfungen begeistert, und die Poesie fand in ihrer verschiedenartigen Gestaltung bei den Rheinländern alle Zeit eine warme, verständnißinnige Aufnahme. Die anmuthige Natur der rheinischen Lande und die freien, fröhlichen Menschen waren ganz dazu geschaffen, der schönen Kunst zahlreiche Pflege=stätten zu bereiten. Namentlich nimmt das goldene Mainz, welches sich aus einer römischen Zwingburg zu einem Bollwerk deutschen Geistes gestaltet hatte, in der Geschichte der literarischen Entwicklung unserer Nation eine hervorragende Stelle ein. In der alten Moguntia hatte Heinrich Frauenlob seine herrlichen Weisen ertönen lassen, und die Mainzer Frauen trugen, wie uns die Sage in sinniger Weise berichtet, den Minnesänger zu seiner letzten Ruhestätte im hohen Dome. Das Begräbniß, welches dem Dichter veranstaltet wurde, legte nicht allein von dem Werthe des Sängers, sondern auch von dem Kunstsinne, der die Mainzer Bürgerschaft beseelte, ein rühmliches Zeugniß ab. Heinrich Frauenlob hatte um sich einen Kreis von Dichtern und Freunden der Dichtkunst versammelt und hiermit, wenn auch nicht gerade den Grundstein zum Meistergesang, doch einen Vereinigungspunkt geschaffen, welcher die Bürger der Poesie näher brachte. Unter

1

den verderblichen Einflüssen des Faustrechtes hatte die Blütezeit unserer Literatur ein Ende genommen und die Bürger übernahmen nun aus den Händen der verwilderten Ritter und adeligen Herren die Pflege der Dichtkunst. Neben den wandernden Sängern, den sog. Gehrenden, traten die Meistersänger auf. Unter den Orten, welche sich um die Blüte des Meistergesanges besonders verdient gemacht haben, tritt uns vor allem Mainz entgegen. Im 14. Jahrhundert blühte, wie Jakob Grimm in seinem Werke über den altdeutschen Meistergesang sagt, der Meistergesang zu Mainz, Straßburg, Colmar, Frankfurt, Würzburg u. s. w. So unvollständig diese Angaben auch ausfallen, so beweisen sie unleugbar im Allgemeinen, daß die Sitte des Gesanges in dem Lande blieb, wo sie zuerst entsprungen, und da ihren Sitz aufschlug, „wo die Bürgerschaft am freiesten und kräftigsten wohnte, also in den südlichen Reichsstädten". Die Mainzer Schule stand in hohem Ansehen. Heinrich Frauenlob hatte, wie wir oben sahen, durch die Gründung der Sängergesellschaft den ersten Anstoß zur Bildung der späteren Meistersängerschulen gegeben und ward daher bei den Meistersängern als der erste Meister bezeichnet. Unter den zwölf Männern, welchen die Gründung des Meistergesanges zugeschrieben wird, nennt die Sage den Heinrich Frauenlob, der H. Schrift Doktor, und den Schmied Barthel Regenbogen zu Mainz. Mainz genoß auch das Vorrecht, die von Kaiser Karl IV. im Jahre 1378 den Meistersängern ertheilten Freiheiten, sowie die goldene Krone zu bewahren, welche Kaiser Otto für diejenigen bestimmt haben soll, die im Singen den ersten Preis errangen. Es ist nicht unsere Aufgabe, uns näher über das Wesen der Mainzer Singschule zu verbreiten; in kunstgeschichtlicher Beziehung ist es jedoch sehr bemerkenswerth, daß Mainz eine geraume Zeit der Mittelpunkt poetischen Schaffens blieb. In einer Zeit, wo noch keine Bühne vorhanden war, mußte der Meistergesang den wieder im Volke reger gewordenen Sinn für das Schöne und Edle befriedigen. Mag man diese Poesie auch, von dem rein ästhetischen Standpunkte aus, der Handwerksmäßigkeit zeihen, so übte doch ihre Pflege in den Sängerschulen einen gewissen Einfluß aus auf die Bildung des Volkes in sittlicher wie vaterländischer Beziehung.

Es wurde hierdurch mehr oder weniger auch der Boden für die Bühne bereitet, welche uns um diese Zeit zum ersten Male entgegentritt. Neben den Passionsspielen und den immer mehr durch die komischen Zwischenspiele verweltlichten Mysterien, welche aus dem Cultus hervorgegangen waren, hatte sich auch das Fastnachtspiel entwickelt. Die Uranfänge des weltlichen Dramas reichen weit zurück. Es wird uns schon von der Darstellung einer Komödie erzählt, welche in angelsächsischer Sprache vor Karl dem Großen zu Ingelheim bei Mainz stattgefunden haben soll. Auch aus den verschiedenartigen Festberichten, die in den alten Chroniken enthalten sind, geht hervor, daß Schauspiele aufgeführt wurden. Erst von dem Augenblicke an, als die Bürger sich der Poesie bemächtigten, war auch die Stunde für eine Fortentwicklung des weltlichen Dramas gekommen. Die Meistersänger wandten sich bald dem Fastnachtspiel zu, welches den satyrischen Spielen der Alten ziemlich entsprach. Nürnberg war der Ort, welcher dem Fastnachtspiel eine eifrige Pflege werden ließ und wo uns die Dichter Hans Rosenplut und Folz, ein aus Worms gebürtiger Barbier, entgegentreten. Auch in der fröhlichen Rheinstadt Mainz mögen oft Fastnachtspiele aufgeführt worden sein, wie sich dieselben denn auch bis auf heute, in freilich anderer Form, erhalten haben. Genaue Nachrichten über diese ältesten Aufführungen in Mainz liegen nicht vor. Als einer der Hauptorte der Meistersänger, dürfte jedoch die Stadt, wie wir oben andeuteten, in der Pflege des Spieles in keiner Weise hinter anderen Orten zurückgestanden haben.

Mit der Erfindung der Buchdruckerkunst durch den Mainzer Johannes Gutenberg war ein neuer, nie geahnter Faktor in die Entwicklung des Schriftlebens und der allgemeinen Volksbildung eingetreten. Der Segen der neuen Kunst sollte in ihrer Wiegestätte nicht unwirksam bleiben, wenn auch vorerst noch schwere Zeiten über Mainz hereinbrachen. Das Jahr 1462 sah mit dem Einzuge des neuen Erzbischofs Adolf von Nassau auch den alten Freiheitsbrief der Mainzer vernichten. Handel und Wohlstand lagen längere Zeit darnieder und erst später gelang es der alten Moguntia, sich wieder langsam zu erholen. Die Buchdruckerkunst hatte jedoch nur die Bahn zu einer noch tiefer in das literarische Leben Deutschlands eingreifenden Veränderung geebnet. Der Wittenberger Mönch Martin Luther erschien auf dem Schauplatze der Geschichte. Die Reformation machte sich bald in der Literatur bemerkbar. Hans Sachs, der ehrsame Schuhmacher und Poet von Nürnberg, trat mit seinen Dramen auf und versuchte mit Jakob Ayrer, Rebhuhn u. a. m. ein nationales Drama in's Leben zu rufen. Jedoch der alte Erbfehler der Deutschen, über der Pflege des Fremden den eignen Schatz zu vergessen, zeigte sich auch hier in nie zu verzeihender Weise. Die meisten Poeten drechselten lateinische Verse und Dramen. Unter solchen Umständen konnte von keiner Vervolks= thümlichung der Bühne die Rede sein. Während die Engländer, Franzosen und Spanier sich eines vielversprechenden nationalen Dramas erfreuten, haspelte man sich in dem Lande eines Walther von der Vogelweide mit elenden Lateinstücken ab. Das deutsche Schauspiel war, wie Gervinus in seiner Geschichte der deutschen Dichtung recht bezeichnend sagt, „auf dem Wege, ein volksthüm= liches zu werden, und wäre es auch geworden, wenn nur ein Mittelpunkt deutschen Lebens dagewesen wäre". Wenn schon unter den Eindrücken der Reformation die Fastnachtspiele eine ernstere Färbung angenommen hatten, so trug auch wohl die Berührung der deutschen Dichter mit den Alten zur förmlichen Verdrängung der von ursprünglich deutschem Geiste erfüllten Schwänke bei. Es wurden nun die Lustspiele eines Terenz und Plautus übersetzt oder, wie wir oben sahen, nach dem Vorbilde der Nonne Hroswitha, welche zu Gandersheim bereits im 10. Jahr= hundert Komödien in lateinischer Sprache verfaßt hatte, lateinische Stücke geschrieben. Um die Schüler in der lateinischen Sprache zu vervollkommnen, wurden von nun an die Schulkomödien aufgeführt. Die Humanisten waren besonders dieser Strömung förderlich.

Auch Mainz blieb nicht von den Einflüssen der Refor= mation befreit. Mit Albrecht von Brandenburg, welcher im Anfange des 16. Jahrhunderts den Mainzer Bischofsstuhl bestieg, kam ein neuer Geist in die alte Rheinstadt. Albrecht war ein aufgeklärter Kopf und eifriger Förderer des Humanismus. Mainz bildete damals den Mittelpunkt eifrigen und freien Schaffens. Männer wie Ulrich von Hutten, Erasmus von Rotterdam und Reuchlin treten uns in der Geschichte der Regierung Albrechts von Brandenburg entgegen. Wenn auch der Kurfürst der Re= formation sich nicht anschloß, so war doch der Einfluß derselben auf das Geistesleben in Mainz von nicht zu unterschätzender

Bedeutung, wie denn überhaupt am Mainzer Hofe ein sehr reger Geist herrschte. Die Mainzer Bürger und Studenten widmeten sich bald der edlen Schauspielkunst. Letztere führten namentlich an den Schulen die Lateinstücke auf; besonders diente der Hörsaal der Jesuiten zu solchen Vorstellungen. Häufig wurden diese Stücke ins Deutsche übersetzt und namentlich fanden Terenz und Plautus eine sehr ausgedehnte Berücksichtigung. Man gab später auch die sog. Autos sacramentales und Stücke von Cervantes und Lopez de Vega. Das schaulustige Volk nahm die Stücke recht warm auf.

Trotzdem diese Schulkomödien auch von der Geistlichkeit gepflegt und geduldet wurden, machte sich doch oft eine Gegner=schaft der Kirche und Bühne bemerkbar. Es dürfte daher nicht uninteressant sein, die Worte Luthers und hiermit zugleich seine Ansicht über die große Aufgabe der Bühne zu hören, welche er einem Dr. Cellarius gegenüber äußerte, der meinte, es gebühre einem Christenmenschen nicht solch' Spielwerk mit heidnischen Poeten (der gelehrte Herr dachte hierbei wohl an Terenz und Plautus). Der Reformator sagte: „Comödien zu spielen soll man um der Knaben willen in der Schule nicht wehren, sondern gestatten und zulassen: Erstlich, daß sie sich üben in der lateinischen Sprache; zum andern, daß in Komödien seyn künstlich erdichtet, abgemahlet und fürstellet werden solche Personen, dadurch die Leute unterrichtet und jeglicher seines Amtes und Standes erinnert und vermahnt werden, was einem Knecht, Herren, jungen Gesellen und Alten gebührt, wohl anstehe und was er thun solle . . . . Und Christen sollen die Comödien nicht ganz und gar fliehen, darum, daß bisweilen grobe Zoten und Bulereien darin seyn, da man doch um dieser willen auch die Bibel nicht dürfe lesen." Wir sehen also, wie damals schon Luther die hohe Aufgabe der Bühne, ein Spiegel der Zeiten und hiermit eine Bildnerin des Volkes zu sein, auffaßte. Wenn auch das Theater in seiner Eigenschaft als Kunstanstalt und nicht als bloße Schule zu betrachten ist, so übt es doch, aus dem Volke hervorgegangen und dessen Sitten wiederspiegelnd, einen bedeu=tenden Einfluß auf die allgemeine Bildung aus. Das müssen selbst die Leute zugeben, welche das Theater als einen bloßen Vergnügungsort zu betrachten belieben.

Die Gestalt der Schaubühne zur Zeit der Passions=spiele und Schulkomödien erhielt sich etwa bis zum Anfange des

18. Jahrhunderts. Ein ebenso anschauliches, wie interessantes Bild der damaligen Bühnen liefert uns Joseph Furtenbach, der Aeltere, in seinem Kunstspiegel (Augsburg 1663) mit der Beschreibung des Theaters, welches er 1641 in der Stadt Ulm zu den Schauspielen baute, die von den Schülern des dortigen Gymnasiums aufgeführt wurden. Die Sitze der Zuschauer in dem genannten Theater waren einzig und allein in einem großen Parterre, und dieses selbst war wieder von der Bühne durch einen breiten Graben getrennt, welcher das Orchester bildete, worin die Herren Musikanten saßen. Dieser Graben hatte noch einen ganz anderen Zweck. Ein Vorhang verhüllte nämlich die Bühne bis zu Anfang des Stückes und während der Zwischenakte; ging aber jenes an und hörten diese auf, so sank dieser Vorhang auf den Boden des Grabens hinab, statt daß er, wie in jetziger Zeit, aufgezogen wird. Soviel Akte das Stück hatte, soviel Vorhänge lagen endlich unten. Sie selbst waren mit anmuthigen, perspectivischen Aussichten auf Paläste, Städte und Gärten bemalt und wurden unter Trompeten- und Paukenschall herabgelassen, wodurch die Neugierde auf's höchste gesteigert war. Wenn die Zuschauer, sagt Furtenbach in einer anderen Schrift (Augsburg 1646), den Vorhang gewahr werden, so müssen sie sich ihre Gedanken eine kurze Zeit patientiren; doch macht ihnen dies nur desto mehr Begierde, stets aufzuschauen, sonderlich wenn inzwischen Mezzotino (eine Abart des Harlekins, welche im Jahre 1632 von Paris durch den Italiener Angelo Constantino nach Ulm gebracht wurde) und Scapino hinter dem Vorhange umherjagen, da dann abenteuerliche Reden und Geschrei, auch mancherlei Canzonetti und der Klang der Laute und Theorbe (Baßlaute) gehört werden. Endlich so wird ein großes Getümmel und Krachen, als ob Alles zu Haufen fallen sollte, neben dem Hemopauken- und Trompetenschall gehört, und in diesem Tumulte fällt der Vorhang augenblicklich herunter. Das Ulmer Stadttheater hatte sechs Coulissen, auf jeder Seite, aus Lattengerüsten mit Leinwand bespannt, die sich oben und unten in einem Zapfen drehten und bei Verwandlungen dann umgedreht wurden, sobald das Zeichen mit einem Glöcklein gegeben war. Die Hinterwand der Bühne bestand aus zwei Rahmen, welche in einem Filze gingen und bei Verwandlungen auseinander nach beiden Seiten hinter die Coulissen gezogen wurden, wo dann die neue Schnurrwand

zu sehen war, wie sie unsere Quelle nennt. Die Tiefe der Bühne bis dahin hatte 20 Fuß und hier und da Klappen, um Dinge versinken oder aus der Tiefe heraufkommen zu lassen. So erschien in dem Schauspiele „Jonas" die Kürbisstaude auf solche Art. Sollte sie verdorrt erscheinen, so drehte man sie schnell herum, wo sie dann als verwelkt gemalt war. Der Teufel kam nöthigenfalls in Feuer und Rauch ebenso herauf, was sonderlich ein abscheuliches Ansehen machte. Ein andermal versank die Rotte Korah so mit großem Geschrei und Wehklagen, und die Flammen schlugen über ihr zusammen, daß darüber den Zuschauern das Herz erbebte, die Augen ernaßten, sintemal sie dieses Spectakel nicht unbillig zu Herzen gegangen, sich vor dergleichen vorsätzischen Sünden zu hüten. Hinter der Schnurrwand war noch ein freier Bühnenraum, um sie nöthigenfalls zu vergrößern. Die dann zum Vorschein kommende Wand bot wieder den nöthigen Prospect und zum Theil sehr prächtige Augenlust. Im „Moses" saß der König Pharao hier auf seinem Thron oder es erschien der Berg Sinai, acht Fuß hoch, gar wild und schroffig bemalt. Blitz und Donner und Posaunenschall, daß das ganze Haus erbebte, fehlte ebenfalls nicht. Ein Häufchen Colophoniumpulver, in ein brennendes Wachslicht geschleudert, machte einen schrecklichen Blitz. Ein andermal wurde dieser Raum benutzt, die See ruhig oder ungestüm darzustellen und Schiffe und Seeungeheuer in den corrumpirten Wasserwogen gehen zu lassen, wie sie Furtenbach nennt. Im „Jonas" erschien hier der Wallfisch, elf Schuh lang, stürmisch und abscheulich, mit drei Zoll breiten Augen von Spiegelglas; er sperrte den drei Schuh breiten Rachen auf, bald schloß er ihn wieder, bis er endlich den Propheten verschluckt wie eine Pflaume. Dieser schlüpfte durch eine Oeffnung auf der Seite unbemerkt heraus und wartete bis zum Stichwort, das ihn zum Wiederhineinkriechen rief. Die Suffiten dieses Theaters bestanden aus festgenagelten und bemalten Brettern; zwischen ihnen fehlte es jedoch auch nicht an Flugwerken, um z. B. in „Moses" den Würgengel in einer Wolke herabkommen zu lassen und wieder hinauf zu ziehen. Die Wolke hing an einer langen Stange, wie die Eimerstange an einem Schöpfbrunnen, welche in und hinter den Coulissen in einem Paar Pfosten auf- und niedergelassen werden konnte. Im „Diocletian" brachte auf solche Weise ein Engel dem Märtyrer Theophilus Blumen und Früchte aus dem Paradiese, und in der „Geburt des Herrn" stiegen die Engel herab, das Ereigniß den Hirten zu verkünden, wodurch dann die Gemüther der Aspectoren gleichsam verzückt wurden, ja — fast einen Schatten oder eine Vorbildung der himmlichen Freude hierbei verspürten. Erleuchtet wurde die Bühne durch Lampen am Proscenium vorn und durch Lampen zwischen den unbeweglichen Suffiten. Ein Schirmbrett deckte die ersteren oben, daß die Zuschauer nichts von ihnen gewahrten, und blecherne Kappen konnten sie nöthigenfalls gänzlich einhüllen, um das Theater zu verfinstern. Diese selbst standen oder hingen wieder in Gläsern, welche an der Hinterwand, um das Licht besser zu reflektiren, mit Flittergold ausgelegt waren. Uebrigens ver-sichert Furtenbach, daß das von ihm erbaute Theater mit seinen Maschinen selbst den Beifall der fürstlichen und gräflichen Excel-lenzen gefunden habe, wenn diese der Aktion beiwohnten.

In solcher Weise wurde die Schauspielkunst gepflegt, als am Ende des 16. Jahrhunderts eine durchgreifende Veränderung in dem Bühnenwesen eintrat. Die Anglomanie, welche damals in Deutschland herrschte, war auch die unmittelbare Ursache des Erscheinens der englischen Komödianten. Dieses erste Auftreten berufsmäßiger Schauspieler war von bedeutendem Einfluß auf die deutsche Bühne. Abgesehen davon, daß die Schauspielkunst aus den Händen der Bürger kam, ist auch in literarischer Hinsicht das Erscheinen der englischen Komödianten von hoher Bedeutung. Tieck sagt in seinem „Deutschen Theater":
„Sie brachten eine schwache Vorstellung von der Höhe der englischen Poesie und Schauspielkunst nach Deutschland; unstreitig zogen sie durch gewandteres oder übertriebenes Spiel hauptsäch-lich an; sie waren die ersten Schauspieler von Gewerbe und konnten mit Schaustücken und Actionen natürlich besser zurecht-kommen, als die deutschen Handwerker." Bald erblicken wir in Deutschland wandernde Schauspielertruppen, die sich aus Studenten, verkommenen Genies u. s. w., denen das freie Wanderleben behagte, nach dem Vorbilde der englischen Komö-dianten zusammengefunden hatten. So hatte der Herzog Julius von Braunschweig, welcher selbst Stücke dichtete, eigene Komödianten an seinem Hofe und wird allgemein als der Stifter des ersten deutschen Hoftheaters bezeichnet. Die eng-lischen Stücke verdrängten die alten geistlichen und ehrsamen

Schauspiele, welche einem weltlichen Schangepränge den Platz räumen mußten. Namentlich machte sich der englische Einfluß bei den Dramen Ayrers, des Nürnberger Notars und Vaters des Singspiels, bemerkbar. Die lustige Person, welche uns schon in der Gestalt des dummen Teufels in den Zwischenspielen entgegentritt, ging nun in dem englischen Pickelhäring auf.

Wenn auch durch die Einwirkung des englischen Schauspiels, welches, wie wir sahen, mit den Komödianten nach Deutschland herüberkam, ein frischer lebendiger Geist in das deutsche Drama eingedrungen war, so fehlte diesem doch der vaterländische Boden, auf welchem sich ein gesundes nationales Drama aufzubauen vermocht hätte. Es trat zwar im Anfange des 17. Jahrhunderts eine neue Zeit für die dramatische Literatur ein, jedoch waren die unsäglichen Zustände unseres Vaterlandes, eine traurige Folge der religiösen Wirren, nicht geeignet, dem Drama einen Aufschwung zu geben. Ein eigentlicher Kunstsinn war nicht zu finden und die schlesische Schule, welche sich nun bildete, durch ihre trockene Gelehrsamkeit, ihre Silbenstecherei und eitles Formenwesen am allerwenigsten dazu geeignet, einen Umschwung in der dramatischen Dichtung, die nur in der Natur gesunde Wurzeln fassen kann, herbeizuführen. Opitz stellte seine leeren Regeln auf, und die Dramatiker jener Zeit, Gryphius, Lohenstein, Hallmann und Weiße, konnten nicht die Bahn zum nationalen Drama ebnen. Das Ausland übte jenen Einfluß aus, von welchem unser Drama sich immer noch nicht befreien kann. In Andreas Gryphius, dem Vater der deutschen dramatischen Dichtung, zeigen sich alle Mängel und guten Seiten jener Zeit. Seine Tragödien wimmeln von Mordthaten und abschreckenden Scenen, wie sie nur ein Zeuge des 30jährigen Krieges ersinnen konnte, während in seinen Possen ein natürlicher Humor, der an Shakespeare erinnert, zu Tage tritt. Weiße that sich durch seine Schulkomödien hervor. Dieser Dichter zeigte ein löbliches Streben, der Künstelei seines Jahrhunderts entgegenzutreten. Hettner sagt über ihn: „Christian Weiße, der Dramatiker, ist nicht nach dem, was er geleistet, sondern nach dem, was er gewollt, zu beurtheilen. In diesem Sinne aber ist Weiße in der That der Vorläufer nicht blos Gellerts, sondern selbst Lessings." Die Erscheinung

Weißes gewährte einen belebenden Schimmer der Hoffnung auf eine bessere Zeit für die dramatische Literatur.

Um die Schauspielkunst selbst war es im allgemeinen jedoch arg bestellt. Hettner sagt in seiner Literaturgeschichte: „Beson= ders durch Magister Velthem, den wirksamsten und erfah= rensten Schauspielerprincipal seiner Zeit, wucherte das wildeste Stegreifspiel zu verderblichster Blüte auf. Gewöhnlich wurde zuerst ein ernstes Stück, die sog. Hauptaction, gegeben, dann eine Posse." Shakespeare, Moliere, Corneille und Calderon erschienen zwar, jedoch nur in verstümmelter Gestalt und plumper Sprache. Neben den Haupt= und Staatsactionen erhob sich keck der Hanswurst.

Um diese Zeit trat auch die Oper in den Vordergrund. Der unermüdliche Opitz schrieb den ersten deutschen Operntext. Es war ein schäferliches Singspiel nach dem Italienischen, „Die Daphne" von Rinuccini, welche auch, von dem Sänger Jacopo Peri komponirt, den Anfang der italienischen Opernmusik bildete. Die Peri'sche Oper machte Anläufe zu einem eigentlichen Recitativ, und ihr Stil wurde „nuova musica" genannt. Der kurfürstliche Hofkapellmeister Heinrich Schütz schrieb die Musik zu dieser ersten deutschen Oper, welche am 13. April 1627 bei der Ver= mählungsfeier der Schwester des Kurfürsten Georg II. von Sachsen mit dem Landgrafen Georg II. von Hessen=Darmstadt in Torgau zum ersten Male aufgeführt wurde. Die Musik schloß sich dem italienischen Vorbilde Peri an. Das Recitativ war vorherrschend. Es entstanden bald in den bedeutendsten Städten Teutschlands Opernhäuser, wie z. B. 1678 in Hamburg. Dieses Theater wurde durch die Aufführung der Oper „Adam und Eva", in Musik gebracht von Kapellmeister Thiele, eingeweiht. Nach Brendels Angaben war Thiele ein Schüler von Schütz und starb 1724 zu Naumburg. Besonders hervorragend ist noch Reinhard Keyser, welcher eine große Anzahl Opern schuf. In demselben Maße, wie die dramatische Dichtung tiefer sank, entwickelte sich die Oper. Dieselbe war jedoch ein bloßer Sing= sang. Gervinus sagt von diesen Stücken recht bezeichnend: „Für den Verstand, das gab man bald zu, sorgte diese Gattung nicht, allein Ohr und Aug' und alle Sinne schien sie vollkommen zu befriedigen." Das Publikum, welches sich bei diesen geist=

losen Stücken recht wohl fühlte, wollte bald nichts mehr anderes als solche Opern zu seiner „Belustigung" haben.

Die zahllosen Wandertruppen, welche das Land durchzogen, vermittelten dem schaulustigen Publikum die alten und neuen Erzeugnisse der dramatischen Literatur, an größeren Bühnenorten auch schon Opernkompositionen. Traten die Wandertruppen auch vorerst noch in bescheidener, ja theilweise trauriger Gestalt auf, so belebte ihr Erscheinen doch immer im Volke den durch die Kriegswirren verhärteten Sinn wieder für die Kunst, wenn auch in ihrer anspruchslosesten Form. Die Wandertruppen wurden die Verkündiger der Literatur. Sie weckten in dem Volke das Verständniß für sein geistiges Leben und schufen hierdurch die Grundlage zu einer gedeihlichen Entwicklung unserer dramatischen Literatur, die allein durch die lebendige Antheilnahme des Volkes bestehen und sich vollenden kann.

II.

Die ersten Wandertruppen in Mainz.

Die Stürme des dreißigjährigen Krieges waren verrauscht und auch das schwergeprüfte Mainz, welches als Festung die größten Drangsale zu erdulden gehabt hatte, konnte wieder frei aufathmen. Kaum war die lang ersehnte Friedenskunde durch das deutsche Land ergangen, als auch die Mainzer, welche selbst in den trübsten Zeiten sich nicht ihren rheinländischen Humor, der sie jederzeit für die Kunst empfänglich macht, verkümmern ließen, durch den Besuch einer Wandertruppe erfreut wurden. Es war gegen das Ende des Jahres 1648, als der ehrsame Magister Sartorius mit seiner aus Parnaßbrüdern bestehenden Truppe in dem alten Mainz seinen Einzug hielt und auf dem Leichhofe sein Theatergebäude in der anspruchslosen Gestalt einer

Bretterbude aufschlug. Magister Sartorius gab meistens Schäfer= spiele. Seine Truppe, welche der damaligen Sitte gemäß nur aus Mannspersonen bestand, war aus den kunst= und wander= lustigen Studenten verschiedener Hochschulen, welche sich außer dem Titel Parnaßbrüder auch den Namen Emporiumsiassen beilegten, zusammengewürfelt. Die Stücke waren aus der Feder des strebsamen Direktors, welcher sich leider nicht lange in Mainz aufhalten sollte. Ein Streit mit der Geistlichkeit nöthigte ihn, die Stadt zu verlassen. Die Jesuiten, welche in ihren Lehrsälen Passionsstücke u. dgl. in Scene setzten, glaubten sich durch die Aufführungen des Magister Sartorius beeinträchtigt und untersagten demselben seine Vorstellungen. Wohin sich dieser erste Mainzer Theaterdirektor gewendet, da= rüber schweigen die Nachrichten aus der damaligen Zeit. Weder der Mainzer Professor Niklas Müller, noch der längere Zeit in Mainz wirkende Theaterschriftsteller Schmieder, welche uns z. Th. die spärlichen Notizen dieses Zeitraums überlieferten, wissen von den ferneren Schicksalen des Magister Sartorius zu erzählen.

Zwei Jahre nach dem Abgange des Sartorius wurde den Mainzern wieder ein theatralischer Genuß geboten, indem der Leiter eines Marionettentheaters, Meister Volmar, neben seinen Puppenspielen, die schon das Sinken der deutschen Schau- spielkunst andeuteten, in einer Scheuer des Albaustiftes, wo er seinen Sitz aufgeschlagen hatte, auch kleinere Dramen meist geist= lichen Inhalts mit „lebenden Personen" aufführte. Drei Jahre war hierauf eine theaterlose Zeit, bis sich eine P r i v a t t h e a t e r = g e s e l l s c h a f t der kunstliebenden Mainzer erbarmte und in einem Hause in der Nähe des Erbacher Hofes ein Emporium errichtete. Die Bauart war den Theatern des alten Roms ziemlich ähnlich. Müller schildert die Einrichtung dieser Bühne folgendermaßen: „Sie war so gebaut, daß auf zwei einander gegenüber stehenden, dreifach übereinander aufgestaffelten Erhöhungen sich die Zu- schauer befanden, die Schauspieler aber gleicher Erde ihre Vor= stellungen gaben, wobei sie hinter bemalten Hintergründen hervor- kamen. Zwei niedrige spanische Wände bildeten die Coulissen." Diese Theatergesellschaft soll auch z u m e r s t e n M a l e Z e t t e l g e d r u c k t haben, auf welchen der damals in Mode gekommene Hanswurst in Holzschnitt über dem Stücktitel thronte. Die

Stücke wurden natürlich mit Bewilligung der hohen Obrigkeit aufgeführt.

Im Jahre 1657 erschien ein gewisser Bononi in Mainz und schlug auf dem Dietmarkt eine Bude auf. Sein Repertoir huldigte vorzugsweise dem italienischen Geschmack. Tänze, Pantominen und sonstige leichte Waare zogen das Publikum an und die Kunst, bezw. die Trägerinnen derselben fanden bald allgemeine Anerkennung. Die erste Primadonna, welche Mainz in seinen Mauern begrüßte, eine gewisse Mamsell Sträubel, wurde von einem achtbaren Bürger geehelicht. Die Gesellschaft soll wegen des allzu rege gewordenen „Kunstsinnes der Mainzer Jugend" aus der Stadt verwiesen worden sein. Nachdem in dem folgenden Jahr eine Studentengesellschaft unter der Leitung eines gewissen Kosterholz im Kirschgarten gespielt hatte, kam im Jahre 1660 eine Truppe unter Leitung des Prinzipals Kuno Spangenheim nach Mainz. Auf seinem Repertoir befanden sich geistliche Stücke und Schäferspiele. Außer Spangenheim werden in der Zeit von 1660—1663 noch Fra Medardo, Urban Werner und Anselm Resonta als Direktoren bezeichnet. Ihre Vorstellungen hielten sich auf der „Höhe" der damaligen Kunst. Pantomimen und Fastnachtsspiele standen auf ihrem dürftigen Repertoir, welches in einer Holzbude auf dem Heumarkt abgeleiert wurde. Mit der Direktion eines Herrn K. Läufer, welcher im Jahre 1665 erschien, machte sich ein kleiner Aufschwung bemerkbar, wenn auch das Repertoir noch immer ein armseliges blieb. Er führte schon kleine Singspiele auf. In seiner Truppe waren auch Schauspielerinnen thätig. Seine Bude stand im Karthäuserhof.

Mit der Direktion Ivo Sicklers trat wieder ein regerer Kunstsinn zu Tage, weil seine Gesellschaft sich wenigstens an die Aufführung kleiner Dramen wagte und den tollen Pantomimenschwindel nicht so sehr, wie es bis jetzt geschehen war, berücksichtigte. Neben Sickler werden in diesen Jahren die „Bandenführer" Papedius, Collin und Brunner erwähnt.

Mit der Errichtung einer Bühne durch den Mainzer Adeligen Freiherrn von Dalberg kam eine bessere Zeit für das Mainzer Theater. Der junge Freiherr entstammte einem Geschlecht, welches stets für die Kunst ein warmes Herz hatte, und das fast ein Jahrhundert später die Blütezeit der Mainzer Bühne begründete. Dalberg hatte im Ausland den Werth eines guten Schauspiels schätzen gelernt und war es nach seiner Zurückkunft sein eifrigstes Bestreben, auch in seiner Vaterstadt ein ähnliches Theater ins Leben zu rufen. Als im Jahre 1683 der Kurfürst Wilhelm von der Pfalz zum Besuche am Mainzer Hofe weilte, veranstaltete der Adel auf Anregung Dalbergs mehrere Fest= vorstellungen. Zur Aufführung kam auch eines der damals üblichen Huldigungsstücke, welches Dalberg zum Verfasser hatte. Ein altes „Theaterjournal für Deutschland" bringt folgende lateinisch geschriebene Nachricht über Dalberg, welche wahrschein= lich aus einer bezüglichen Chronik entnommen ist.: „Post dies quosdam in Emporio scena acta est a nobilium parte, investigante supra dicto nobili a D ** ex Gallia reduce: spectabant Pala- tinus et Dux, et multi Comites" u. s. w. Bemerkenswerth ist nicht allein die erste regelmäßige Aufführung von wirklichen Theaterstücken, sondern auch das Spiel der Adeligen selbst. Die Kunst, welche, wie es leider bei den meisten Dingen geschieht, sehr oft nach ihren Trägern beurtheilt wird, hatte „feinere" Dar= steller gefunden. Mit dieser geadelten Kunst erwachten natürlich auch bessere Ansprüche und daher ist das Jahr 1683 als ein hochwichtiges in unserer Bühnengeschichte zu verzeichnen. Die Leitung des damaligen akademischen Theaters war einem ge= wissen Kraft von Arde übertragen. Leider beschränkte sich das Repertoir meistens auf französische Stücke.

Nach den Lichtblicken der Dalberg'schen Direktion kamen (1684) herbe Tage, in welchen Ackerlei, Hannemanns, Gulden= pfat, Scharpenschwert und Algesheimer ihr Wesen trieben. Marionetten, Seiltänzer und Luftspringer zeigten in der Meß= zeit ihre Künste. In den folgenden Jahren von 1700—1711 erschienen zwei Truppen unter der Leitung von Vulpius und Volkmann in Mainz.

Der Mainzer Adel errichtete nun (1711) ein Theater. Die Truppe des Direktors Haak, welche gelegentlich der Krönung des Kaisers Karl VI. in Frankfurt unter großem Beifall spielte und nach den Angaben des Herrn Dr. Genth*) 40,000 Thaler aus Frankfurt fortschleppte, hatte dem anwesenden Mainzer Adel wieder den Sinn für das Theater geweckt und zur Errichtung

---

*) Kulturgeschichte der Stadt Langenschwalbach, III. Nachtrag S. 13.

der oben angeführten Bühne veranlaßt. Haak war auch ganz
der Mann, dem Theater wieder Anhänger zu gewinnen. Aus
Dresden gebürtig, war er „seiner Profession nach ursprünglich
ein Barbier, und im Jahre 1694 als ein guter Harlekin bekannt".
Er heirathete die Tochter des Velthem'schen Akteurs Elendson
und übernahm die dann nach ihm benannte Gesellschaft. Es
wurde Haak seitens seiner kritischen Zeitgenossen ein guter Geschmack nachgerühmt, indem er es wagte, den Regulus des Prabou
nach der Uebersetzung Bressanos zur Aufführung zu bringen.
Auch Elendson, der zweitälteste deutsche Schauspielerprincipal,
verdient hier rühmende Erwähnung. Ihm wurde, was vordem
keinem Schauspieler in Deutschland widerfahren war, die Ehre
zu Theil, daß der Kurfürst Clemens von Köln ihm auf dem
katholischen Kirchhof zu Schwalbach bei Wiesbaden ein Denkmal von schwarzem Marmor setzen ließ. Dasselbe, ein einfaches
Kreuz, enthält die Inschrift „Julius Franciscus Elenson Comoe-
diant" und befindet sich noch neben der katholischen Kirche in
dem Pfarrgarten. Nach der uns freundlichst von Herrn Pfarrer
Gieße in Langenschwalbach ertheilten Auskunft über Elendson
steht in dem Register der Gestorbenen des Jahres 1708 der
katholischen Gemeinde: „d. 7. Julii obiit D. Julius Franciscous
Eleson. Comoedus."

Nachdem der Adel ungefähr ein Jahr die Schauspielkunst
gepflegt hatte, erschienen die Direktoren Ponario (1714—1716),
Jsingard (1716—1717) und von Laar (1717—1719). Das
Schauspielhaus bzw. die Bretterbude stand auf dem Höfchen. Auf
Laar folgte ein Herr v. Dalwig, welcher einem Mainzer Ge-
schlechte angehören soll. Sodann kamen mehrere uns unbekannte,
kleinere Gesellschaften, die nur ein sehr dürftiges Repertoir
aufzuweisen vermochten. Neben den armseligen Uebersetzungen
der Komödien des Terenz und Plautus erfreute der äußerst
beliebte Hanswurst das genügsame Publikum. Der auf Dalwig
folgende Direktor, ein gewisser Leisenweis (1721—1723)
ließ dem Hanswurst seine besondere Pflege angedeihen. Mit
Dalwig und Leisenweis schließt der älteste Zeitraum der Mainzer
Bühne.

Ehe wir zu der durch das reformatorische Auftreten Gottscheds entstandenen neuen Periode übergehen, seien in Kürze
hier die Mainzer Theaterdirektoren des eben geschilderten Zeit-

raumes angeführt: Sartorius (1648); Volmar (1650); 1653
Privattheater: Bononi (1657); Kosterholz (1658); Kuno
Spangenheim 1660; Medardo (1662); Wallstädt (1662);
Urban Werner (1661 1662); Ferdinand Lerchmar und Anselm
Resenta (1663); Mariamos Lichtenfels (1664); Jakob Schäfer
1665; Michael Allenbacher (1666); Konrad Läufer (1667);
Johann Hofer (1668); Juvo Sickler (1669); Damian Keller
(1670); Florian Astheimer (1671); Balthasar Sleemann (1672);
Ph. Würtenberger 1673); Hans Kloster (1674 75); Bastian
Gröbel (1676/77); Grubenlicht (1679 80); Eichenbach (1681 83).
Im Jahre 1683 84 erscheint Dalberg. Ihm folgen Haus=
wald (1685); Vulpius (1687 88); Volkmann (1689 90);
Friedrich Jreg (1691); Herbert Voltmann (1692 93); Fr. Berner
(1694 95); Ph. Kiminger (1697 98); Josef v. Kollin (1699).
Im Anfange des 18. Jahrhunderts kamen folgende Direktoren:
Voltmann der Jüngere (1700); Milius (1701); H. Bindeck (1702
bis 1703; Hugo Herzog (1704); Herm. Seelhosen (1705); Aug.
Hasenfeld (1706 7); Karl Kröninger (1708); Albert Zimmer=
mann (1709); Vulpius und Walkmann 1710 11; Leopold
Wagner (1712); W. Etieneck (1715 16); Theodor v. Laar
(1717—1719) und Dalwig 1720, welcher dann die Reihe der
besseren Bühnenleiter beendigte. Sodann folgten: Dulin (1721);
Leisenweiß (1721—1723; H. Marschalk (1722 23); B. Blu=
menthau (1724 25); A. Tietfe (1726); C. Wolbruck (1727); M.
Wesbach (1728 29); Wehrwolf (1730). Am Schluß des Zeit=
raumes zeigten sich: Eichstädt 1732); Rosenblut (1733); Gulden=
berg (1735); Scheerer (1736); Dunz (1737) und Barke (1738).
— In Theater=Lexikons werden noch als Direktoren die Herren
Ackerlei, Hannemanus, Guldenpfat, Scharpenschwert, Algesheimer
und Brunner (1668—1680), sowie Klemann, Essel, Schotten=
heim, Truseburg, Eisenschenkel, Gastenhofer und Frauenstein auf=
geführt. Einer großen Anzahl dieser Namen sind wir in den
von uns benutzten Quellen nicht begegnet und haben daher nur
die verbürgten Direktoren im Verlaufe unserer Darstellung be=
handelt.

Das war die stattliche Zahl der Direktoren, welche während
der ersten Zeiträume die Mainzer Bühne, insoweit bei Wander=
truppen von einer solchen die Rede sein kann, leiteten. Die
meisten dieser Herren litten an dem nicht ungewöhnlichen „Krach"

und den Fehlern, welche bei den wandernden Komödianten sich überall zeigten. Von Kunstgefühl war bei den meisten dieser Budenbesitzer keine Rede. Traurig, wie der ganze Zustand der damaligen Dichtkunst, war auch die Kindheit der Mainzer Bühne. Dieselbe trug im Wesentlichen den Charakter eines reinen Be= lustigungsortes an sich und stand etwa in dem Range eines heutigen Jahrmarkts=Circus.

———

III.

Die Gottsched'sche Bühnenreform, das Aufblühen der deutschen Oper und der Aufschwung des Mainzer Theaters.

———

Wir haben oben gesehen, wie sehr es mit der deutschen Bühne im Argen lag. Von einem ordentlichen Drama war durchaus keine Rede, indem in den Haupt= und Staatsaktionen sowie den Opern der Blödsinn die größten Triumphe feierte. Um gegen ein solches Unwesen aufzutreten, bedurfte es eines festen und unerbittlichen Kampfes, wenn er auch der Natur der Sache nach auf eine einseitige Weise geführt werden sollte. Gottsched trat in die Schranken. Er ist das Urbild eines schroffen, pedantischen Gelehrten und war längere Zeit als der gewaltigste Tonangeber in der vaterländischen Literatur ge= fürchtet, bis ihn später die Lächerlichkeit, die Feindin alles Er= habenen, zum Fall brachte. Mögen die gegen Gottsched ge= richteten Vorwürfe in Vielem auf Richtigkeit beruhen, so ist ihm doch nicht der Ruhm eines Bahnbrechers der deutschen Bühne zu versagen. Als Gottsched nach Leipzig kam, wandte er sich sogleich mit größter Aufmerksamkeit dem Theater zu und er= kannte bald, daß hier aufgeräumt werden müsse. Vergeblich forderte Gottsched die Haak'sche Truppe, welche uns von ihrem Gastspiele in Frankfurt bekannt ist und zur Zeit in Leipzig ihre

2

Staatsaktionen herunterleierte, auf, zu Gryphius' Stücken zu greifen. Auch weigerte man sich, ein von ihm übersetztes Stück aus Fontenelle aufzuführen. Erst später, als die Neuber'sche Truppe nach Leipzig kam, gelang es ihm, seine Pläne durch= zusetzen. Karoline Neuber, die erste deutsche Schauspie= lerin, welche von der Weihe ihres Berufes erfüllt war, kam den Verbesserungsplänen des Gelehrten mit offenem Herzen ent gegen. Die Haupt= und Staatsaktionen machten regelrechten Dramen Platz, welche jedoch zu sehr sich dem formellen Klassicis= mus der Franzosen anschlossen. Im Jahre 1737 fiel der Hans= wurst, mit welchem leider der letzte volksthümliche Rest unserer Bühne verschwand. Diese lustige Person, auch Pickelhäring ge= nannt, hatte sich bei der schon erwähnten Velthem'schen Truppe, welche auch der extemporirten Komödie huldigte, einer eifrigen Pflege erfreut. Später machte Stranitzky, ein Mitglied der Vel= them'schen Truppe, den Pickelhäring und Harlekin zum Hanswurst und brachte denselben wieder auf die Bühne. Trotz ihres edlen Be= strebens, dem Publikum bessere Stücke zu bieten, war die Neuberin genöthigt, wie das auch heute leider geschehen muß, um der großen Masse Rechnung zu tragen, ab und zu noch Haupt und Staats= aktionen zu geben. Auch der Oper erklärte Gottsched den Krieg, indem er Schauspiele, wie z. B. seinen sterbenden Kato, an ihre Stelle treten ließ. Gottscheds Eifer für die Bühne hatte nach Gervinus „den unbestreitbaren Vortheil gebracht, daß sie endlich auf einen anständigen Weg geleitet ward, auf dem man hoffen durfte, den Einwand der Pastoren zum Schweigen zu bringen und die Kälte der Gebildeten aufzuthauen".

Während auf dem literarischen Gebiete das von Gottsched wiederhergestellte Drama in den beengenden Formen des falsch verstandenen französischen Klassicismus zu keiner rechten Ent= wickelung kommen konnte, und besonders Gellert eine eifrige Thätigkeit entwickelte, beginnt die deutsche Musik herrliche Blüten zu treiben. Der einfache Kantor Bach und Georg Friedrich Händel schufen Oratorien, welche dem deutschen Namen auf ewig einen hohen Rang in der Kunstgeschichte der Völker sichern. Georg Friedrich Händel, der einzige der da= maligen Opernkomponisten, welcher noch heute mit tiefer Ver= ehrung genannt wird, hatte zuerst in Hamburg, wo er neben

Keyser sich mit Opern versuchte, seine Ausbildung genossen. Nachdem er einige Zeit im Heimathlande der Oper, in Italien, verweilt hatte, ging er nach London. In der englischen Hauptstadt machte er sich als Leiter der italienischen Oper und Komponist einen bedeutenden Namen. Händels Größe zeigte sich jedoch erst später in seinen Oratorien. Brendel sagt in seiner Geschichte der Musik über Händels Opern: „Was den künstlerischen Werth dieser Werke betrifft, so unterscheiden sich dieselben äußerlich nicht von dem, was damals in der italienischen Oper Brauch war." Die innere Durchbildung verleiht Händels Werken jedoch eine erhöhte Bedeutung. Seine Opern erscheinen als Vorstufe für sämmtliche ältern Oratorien. Die deutsche Musik mit der ihr eigenen Tiefe hatte einen erfolgreichen Kampf mit der italienischen Richtung begonnen. Während der Dresdner Kapellmeister H a s s e und H ä n d e l im Anfang ihre Opern in dem bisher gebräuchlichen italienischen Stil schrieben und besonders ersterer die sog. Prunk= opern schuf, trat ihnen G l u c k, auf welchen wir später noch zu sprechen kommen, mit der B e g r ü n d u n g d e s e i g e n t l i c h m u s i k a l i s c h e n D r a m a s gegenüber.

Bemerkenswerth ist auch das erste Erscheinen der Operette, welche etwa im Jahre 1750 von Frankreich einwanderte und bald ein dankbares Publikum fand. Lessings Studienfreund Weiße schrieb einige recht nette Operettentexte, welche der Leipziger Musikdirektor A d a m H i l l e r in anmuthige Weisen setzte. Großen Beifall fand die am 6. Oktober 1752 von der Koch'schen Truppe zum ersten Male aufgeführte Operette: „Der Teufel ist los" von Weiße, Musik von einem Balletgeiger der Truppe, Namens S t a n d f u ß.

Auch die d e u t s c h e B a u k u n s t trat damals wieder mit der Bühne in Berührung. Der Baumeister Friedrichs des Großen, von Knobelsdorff, wurde (1742) der Schöpfer des Berliner Opernhauses.

Wie wir aus dieser kurzen Skizze ersehen, konnte man allenthalben einer besseren Zukunft entgegensehen. Das Mainzer Bühnenleben, über das uns nun von verschiedenen Seiten berichtet wird, zeigte die Morgenröthe einer nie geahnten herrlichen Zeit. Nach der Direktion eines gewissen B a r t e, welcher in den Jahren 1738 und 1739 seine Bühne aufgeschlagen und vorzugsweise Gellert gepflegt hatte, kam der Direktor

Wallrotti mit einer angeblich gut geschulten Künstlertruppe nach Mainz. Er errichtete im jetzigen „Römischen König", damals „Goldner Anker" genannt, seine Bühne. Moliere wurde erst jetzt den Mainzern zwar in einer geradbrechten Uebersetzung, aber nie gesehenen Darstellung bekannt. Mit seinen extemporirten Stücken hatte Wallrotti jedoch mehr Glück. Die Mainzer sollen über ein Stück dieser Art: „Simplicius oder der irrgelaufene Student", besonders wenn er im Kleide der Unschuld, dem Hemde, dastand, ganz entzückt gewesen sein. Die Gesellschaft, welche meistens aus talentvollen Studenten bestanden haben soll, blieb leider nur ein Jahr in Mainz, um einigen Seiltänzerbanden Platz zu machen. Nachdem sich die Mainzer in den Jahren 1741·42 mit einem Marionettentheater unter Leitung eines Herrn Achtstein hatten begnügen müssen, kam der Direttor Beck aus den Niederlanden mit einer recht guten Wandertruppe. Er spielte zuerst mit Marionetten und später unter großem Anklang mit lebenden Personen. Besonderen Beifall fanden seine Musikabende. Beck nebst seiner Tochter waren die Hauptmitglieder der Truppe, welche meistens Hanswurstitücke auf dem Repertoir hatte. Da die Wirthshauslofalitäten nicht mehr die Zuschauer zu fassen vermochten, errichtete er ein eigenes hölzernes Bühnenhaus.

Bedeutender war die folgende Direktion von Franz Schuch (1746—1749), welcher, wie Gervinus sagt, „aus des Schneiders Reibehand Marionettentheater als Komiker hervorging und mit Schönemann, Koch und Ackermann die ersten Verdienste um die Wiedergeburt des Schauspiels theilte." Er hielt sich drei Jahre in Mainz auf und fand bei dem Publikum allgemeinen Beifall. Interessant ist es vor Allem, daß Franz Schuch zum ersten Male den „Faust", natürlich ein Puppenspiel dieses Namens, eines jener extemporirten Stücke, welches Goethe zu seiner gewaltigen Dichtung begeistert hat, nach Mainz brachte. Die alte Faust-Komödie war, wie Dr. Wilhelm Creizenach in seinem neuesten Werke „Versuch einer Geschichte des Volksschauspiels von Dr. Faust" sagt, eines von den Stücken, die im siebenzehnten Jahrhundert und auch noch weit ins achtzehnte hinein von wandernden Schauspielern allenthalben in Deutschland zur Aufführung gebracht wurden, und die auch, nachdem Gottscheds Einfluß sich geltend gemacht hatte, sich noch eine geraume Zeit auf der Bühne erhielten, ehe sie vollständig auf das Puppentheater beschränkt wurden." Das deutsche Volksschauspiel von Dr. Faust ist am Anfang des siebenzehnten Jahrhunderts, als Marlow's „Tragical history of Doctor Faustus" sich durch englische Komödianten an der deutschen Bühne einzubürgern begann, aus diesem Drama, welches seinen Stoff dem im Jahre 1587 in Frankfurt erschienenen Faustbuch entlehnte, hervorgegangen. Bei den Puppenspielen, die in verschiedenartiger Form vorhanden waren (man zählte u. A. acht Puppentexte: das Augsburger, Leipziger, Oldenburger, Straßburger, Wismarer, Engel'sche, Ulmer und Geisselbrecht'sche Puppenspiel), wiegte das humoristische Element über. In diesen Stücken waren trotz des burlesken Charakters der ganzen Aufführung alle Hauptzüge der Faustsage vom Vorspiel im Höllenreich (bei Göthe Vorspiel im Himmel) bis zum tragischen Ende des Doktor Faust enthalten. Außer dem Puppenspiele Faust und sonstigen Stegreifkomödien standen auch noch Stücke von Opitz, Lohenstein, Gottsched, C. Schlegel, Gellert und einigen fremdländischen Dichtern auf Schuch's Repertoir. Schuch brachte auch das erste Ballet nach Mainz. Dieses hatte sich aus den Banden der Oper frei gemacht und im Anfange des 18. Jahrhunderts zu einer selbständigen Kunstgattung gestaltet. In Berlin, wo im Uebrigen die Bühne arg darnieder lag, hatten Schuch's Ballete und Stegreifkomödien (extempores) großen Anklang gefunden. „Diese Stegreifkomödien scheinen", wie Devrient in seiner Geschichte der Schauspielkunst meint, „zu dem Vorzüglichsten gehört zu haben, was damals in der burlesken Improvisation geleistet wurde; alle Stimmen, unter ihnen diejenige Lessings, vereinigen sich zu ihrem Lobe." Unter diesen Umständen ist es sehr begreiflich, daß die Mainzer Schuch, nach dreijährigem Aufenthalt, ungern scheiden sahen und mit den Leistungen der folgenden Truppen nicht zufrieden sein konnten. Auf Schuch folgte der Schauspielerprinzipal M a y e r. Unter den Mitgliedern seiner Gesellschaft erwähnen wir zunächst Madame S c h m e l z, geborne Hittler, welche, 24 Jahre alt, in Mainz zum ersten Male als „Nerina" im Regnard'schen Spieler die Bühne betrat und sich später als komische Alte einen bedeutenden Namen erwarb. Sie starb im Jahre 1776 zu Breslau. Ferner waren Madame O b i n g e r als „Kolumbine", Herr

Stenzel als Alter, Mad. Hirschberg in ernsthaften Rollen,
Herr Ebinger als Komiker und der Tänzer König recht
tüchtige Kräfte. Die Gesellschaft machte trotz den Bemühungen
der Direktion und der Mitglieder schlechte Geschäfte und zog bald
ab, um Wallrotti den Platz zu räumen; aber auch dieser
konnte sich nur kurze Zeit behaupten, indem die Mainzer ihren
geliebten Schuch zurückriefen.

Franz Schuch leistete im Jahre 1752 dem für ihn so
ehrenvollen Rufe mit Freuden Folge und blieb vier Jahre lang
in der ihm werth gewordenen Stadt. Während dieser Zeit entfaltete der Direktor eine eifrige Wirksamkeit. Neben den besseren
Stücken der damaligen Zeit, wie: „Banize", „Alzire", „Zaire",
„die standhafte Christine", „Johann v. Nepomuck", „die Mutter
der Grachen" u. s. w., erwarben sich das Puppenspiel „Genovefa" und „die Krönung und Vertreibung König Theodors
in Korsika" großen Beifall. Dieses Stück soll sich eines außerordentlichen Besuches erfreut haben, da man die Geschichte des
vertriebenen Königs, eines westfälischen Freiherrn Theodor von
Neuhof, welcher sich zum Fürsten Korsikas aufgeschwungen hatte
und bei der Unterwerfung der Insel durch die Franzosen im
Jahre 1738 nach Deutschland fliehen mußte, genau kannte. Unter
den Mitgliedern der Schuch'schen Gesellschaft verdient zunächst
der Charakterdarsteller und Lustspieldichter Uhlig Erwähnung.
Er versuchte sich auch, ähnlich wie die Neuberin und Schönemann, im Schäferspiel, welches von Gottsched ausgegangen war
und eine Art Ersatz für die von dem Leipziger Professor-Refor-
mator verdrängte Oper bildete. Uhlig zog sich kurz nach Schuch's
zweiter Ankunft von der Bühne nach Frankfurt a. M. zurück, wo
er sich als Theaterkritiker einen Namen erwarb. Er starb im
Jahre 1753 an dem Orte seiner neuen Wirksamkeit. Sein Ende
wirft ein höchst charakteristisches Licht auf die bedauerlichen Anschauungen, welche man damals über die Schauspieler hatte. Man
verweigerte Uhlig auf seinem Sterbebette das Abendmahl, weil
er früher ein Schauspieler gewesen sei. Ein zweites
Mitglied, Mamsell Beck, eine Tochter des frühern Direktors,
war die erste Tänzerin und eine vorzügliche „Actrice". Besonderen Beifall fand sie in dem Ballet „der volle Mann", in
welchem ihr die Titelpartie übertragen war. Nach dem Ballet
sammelte die Künstlerin in dem Kostüm, welches sie getragen

hatte, mit einem Teller das Eintrittsgeld. Ein weiterer Liebling der Mainzer war noch der biedere S t e n z e l, welcher im Fache der komischen Alten Vorzügliches leistete. Schuch selbst that sich als Harlekinspieler hervor. Er war, wie man dies oft bei Komikern findet, außer der Bühne ein trockener, finsterer Mann. Schuch charakterisirte sich vortrefflich, indem er einst sagte: „Wenn ich schon die Hanswurstjacke anziehe, so ist es, als wenn der Teufel in mich führe." Sein finsteres Wesen war wohl durch die mannigfachen Schicksale begründet, welche ihn in einem bewegten Leben hin- und hergeworfen hatten. Aus einem jener österreichischen Klöster, in welchen das Passionsspiel eifrig betrieben wurde, entflohen, hatte er sich in den Strudel des damaligen Schauspielerthums geworfen und im harten Kampfe seinen Charakter gestählt. Schuch starb im Jahre 1764. In Mainz hatte er ein ehrenvolles Andenken hinterlassen. — In den folgenden Jahren (1756—1758) spielte unter der Leitung des Prinzipals J o s e p h D ö r i n g eine Truppe in Mainz, welche aus Bayern gekommen war. Die vorzüglichsten Mitglieder dieser Gesellschaft waren: Herr und Madame R e u l i n g, sowie der Balletmeister K e l l e r nebst Frau. Neben der Döring'schen Schauspielertruppe, welche sich durch ein sorgfältig gewähltes Repertoir auszeichnete, tritt uns auch e i n e i t a l i e n i s c h e O p e r entgegen. Diese e r s t e M a i n z e r O p e r stand unter Leitung der Herren M o r e t t i und G u r i n i. Im herrschaftlichen Redoutensaale war die Bühne aufgeschlagen, über welche ganz nette Opern, wie: „La Zingara", „Il maestro di musica", „l' Amore tieto", „La serva Patrona", „Il giaratore" und „Le feste galants", gingen. Die Gesellschaft, in der Sign. T a l b i n i als Tenorist und Mamsell G u r i n i als Primadonna hervorragten, hatte das Verdienst, den Sinn für bessere Musik in Mainz zuerst geweckt zu haben, welcher in einer nie geahnten Weise seinen Entwicklungsgang nahm. Leider sollte diese Blüte der Mainzer Bühne nicht von langer Dauer sein. Die beiden Truppen zogen bald ab, um einem gewissen M e i s t e r L u s t das Feld zu räumen. Dieser ehrsame Direktor betrieb zuerst die Seiltänzerei und als diese gewandten Produktionen nicht mehr verfingen, verlegte er sich auf die Pflege der eigentlichen „Kunst", indem er einige kleineren Operetten heruntersingen ließ. Auch soll er Hundskomödien aufgeführt haben, in welchen sich

Hunde und Menschen um die Palme des Erfolges stritten. Das Jahr 1759 schloß diesen Zeitraum, in welchem sich folgende Direktoren in Mainz aufgehalten hatten: Wallrotti (1739/40), Achtstein (1741/42), Beck (1743/45), Schuch (1746/49), Mayer (1750/52), Schuch (1752/1756), Döring (1756/58), Moretti und Gurini (1758) und Luft (1759).

IV.

Lessing, die Hebung der deutschen Schauspielkunst und die Mainzer Bühne unter Ackermann.

Die Bemühungen Gottscheds hatten, wie wir in der kurzen Einleitung des vorigen Abschnitts sahen, die Bahn zu einer Zeit geebnet, von der man mit Hutten ausrufen konnte: „O welch' eine Lust in ihr zu leben!“ In dem Bühnenwesen fand jetzt eine gewaltige durchgreifende Reformation statt. Gotthold Ephraim Lessing, die hohe Denker- und Dichtergestalt, erschien und entfaltete die Fahne der deutschen Geistesfreiheit. „Lessing wurde“, wie Hettner sagt, „der Retter und Begründer des deutschen Dramas, weil er die Natur seiner Aufgabe tiefer und klarer erkannte, als alle die Anderen, und weil es ihm gelang, seiner kritischen Einsicht durch dichterische That wirksamen Nachdruck zu geben. Er schenkte der deutschen Bühne „das Vorbild aller bürgerlichen Dramen in Deutschland“, eine „Emilie Galotti“ und das erste deutsche Nationallustspiel „Minna von Barnhelm“. Lessing trat zunächst in seinen Literaturbriefen gegen Gottsched und in seiner Dramaturgie der falschen französischen Klassicität entgegen, indem er die Regeln des Aristoteles in ihrem wahren Lichte zeigte, sowie auf den uns geistig verwandten Shakespeare hinwies.

Der Befreier des deutschen Geistes von fremden beengenden Fesseln und Begründer einer Nationalbühne hat sich auch in der Geschichte der Schauspielkunst ein unvergängliches Denkmal gesetzt. Wir sehen Lessing in Leipzig mit den tüchtigsten Schauspielern der damaligen Zeit, Eckhof und Ackermann, in Berührung treten. Als der um die Schauspielkunst hochverdiente Neuber nach Rußland ging, erschien in der Pleißestadt die Schönemann'sche Truppe, bei welcher uns zuerst der Garrik Deutschlands, Konrad Eckhof, entgegentritt. Als ein Verehrer dieses großen Künstlers in einem Huldigungsgedichte sein Bedauern über den Erbfehler unserer Nation ausdrückte, daß sie zwar ihre Musensöhne achte, jedoch nicht wie England (Garrik) belohne, gab ihm der geniale Darsteller folgende charakteristische Antwort:

„Laß Garrik nur Guineen zählen,
Mir wird es nie an Glücke fehlen,
So lang mein Fleiß gefällt, ich Zähren ärndten kann,
Bin ich, obgleich nicht reich, doch ein glückseliger
                                            Mann;
Und wenn dereinst bei meiner Gruft
Ein Kenner nur gerühret ruft:
„Die Zähr', die er erzwang, soll hier freywillig fliessen!"
So ehrt's mich mehr, als wenn mich Sammt und Stein
                                            umschliessen.
Dein Beyfall rührt und ehrt mich ungemein,
Mein Dank dafür soll dies Gelübde sein:
Von der Natur geführt, werd' ich mich stets bemühen,
Der Menschen Leidenschaft die Larve abzuziehen."

Wahrlich, eine aus ächt künstlerischem Geiste hervorgegangene Hingabe an die Kunst, welche man bei unseren heutigen Bühnengrößen höchst selten finden dürfte, und hätte man auch die Laterne des Diogenes zur Hand. Eckhof hat aber auch mit ächt deutscher Pünktlichkeit seinem Berufe gelebt und war darauf bedacht, die Kunst und ihre Jünger immer mehr zu vervollkommnen. Eine besonders segensreiche Thätigkeit in dieser Richtung entfaltete er als Vorsitzender der Schauspiel-Akademie, welche Gesellschaft bei der Schönemann'schen Truppe sich gebildet hatte. Dort war es ihm vergönnt, so recht der Apostel der ihm heiligen Kunst zu sein und in gehaltvollen Reden seine

Kunstgenossen für das Gute und Schöne zu begeistern. Wir
führen nur die charakteristische Rede an, welche er am 5.
Mai 1753 zu Schwerin über den Zweck der Schauspiel=Akademie
hielt. Eckhof sagte: „Die Schauspielkunst ist: durch Kunst der
Natur nachzuahmen und ihr so nahe zu kommen, daß Wahr=
scheinlichkeiten für Wahrheiten angenommen werden müssen,
oder geschehene Dinge so natürlich wieder vorstellen, als wenn
sie jetzt erst geschehen. Um in dieser Kunst zu einer Fertigkeit
zu gelangen, wird eine lebhafte Einbildungskraft, eine männliche
Beurtheilungskraft, wie unermüdeter Fleiß und eine nimmer
müßige Uebung erfordert. Dies sind die sicheren Mittel, wo=
durch alle Abwege vermieden werden und alle Schauspieler das
Ziel ihrer Bemühungen erreichen können. Der Zweck unserer
Sitzungen ist, diese Mittel soviel als möglich aus=
einanderzusetzen und zu erleichtern.“ Leider blieb dieser
dramatische Verein, wie ein solcher auch unserer heutigen Künstler=
schaft nichts weniger als schaden würde, nur ein Jahr beisammen.
Am 15. Junius 1754 hielt die Gesellschaft zu Hamburg ihre letzte
Sitzung ab. Nicht allein in fachwissenschaftlicher Beziehung, sondern
auch auf das private Leben der Schauspieler, welches in inniger
Harmonie mit der künstlerischen Befähigung ja erst den wahren
Künstler macht, übte die Gesellschaft einen großen Einfluß aus.
So hieß es z. B. in den Satzungen: „Ein jeder Acteur oder Ac=
trice soll sich eines gesetzten und vernünftigen Lebens befleißigen,
insonderheit alle Gelegenheiten zu Zankereyen, Schlägereyen oder
andere Ausschweifungen sorgfältig vermeiden, weil dadurch die
Ehre der ganzen Gesellschaft leidet, bei Strafe nach Mehrheit
der Stimmen ausgestoßen werden.“ Das waren die Gedanken,
von welchen Eckhof beseelt, sich den Namen des Vaters der
deutschen Schauspielkunst errungen hat. Der Mann, wel=
cher so tief die Ursachen der Verderbniß der Bühne zu ergründen
verstand, der mußte sie auch zu heben verstehen.

Ein würdiger Genosse Eckhofs, Konrad Ernst Acker=
mann, über dessen Wirksamkeit als Reformator der
Mainzer Bühne wir weiter unten sprechen werden, bildete
sich auch in der Schönemann'schen Truppe aus. Auch Koch, der
im Jahre 1750 nach Leipzig kam, nimmt in der Entwicklungs=
geschichte der deutschen Bühne eine beachtenswerthe Stelle ein.
Aber die Bemühungen dieser Künstler hatten im Anfang leider

wenig Erfolg, da die Fürsten die Wichtigkeit der Schauspielkunst nicht gebührend beachteten und zudem mit der Duldung der elenden Komödianten nicht wenig zur Versumpfung des Volkslebens beitrugen. Lessing charakterisirte diesen Zeitraum auf das Vortrefflichste mit folgenden Worten: „Wir haben kein Theater, wir haben keine Schauspieler, wir haben keine Zuhörer. Der Franzose hat doch wenigstens noch eine Bühne, da der Deutsche keine Buden hat. Der Franzose kann sich doch wenigstens rühmen, oft seinen Monarchen, einen ganzen prächtigen Hof, die größten und würdigsten Männer des Reichs, die feinste Welt zu unterhalten, da der Deutsche sehr zufrieden sein muß, wenn ihm ein paar Dutzend ehrliche Privatleute, die sich schüchtern nach der Bude geschlichen, zuhören wollen." Lessings Mühen waren indeß nicht vergebens, zumal der große Reformator wackere Mitkämpfer, wie Eckhof und Ackermann, neben sich wirken sah.

Der allgemeine, wenn auch langsame Aufschwung des deutschen Bühnenwesens zeigte sich bald in M a i n z, dessen Theater noch an den traurigen Erinnerungen der Seiltänzer-Direktion Luft zehrte. Mit dem Einzug des berühmten A c k e r-m a n n im Jahre 1760 begann für die Mainzer Bühne eine herrliche Zeit. Ackermann schlug auf dem Ballplatz ein hölzernes Schauspielhaus auf und bereitete schon in seinem ersten Direktionsjahre den Mainzern große Kunstgenüsse. Es erschienen die Erstlingswerke Lessings, Dramen von Schlegel, Gotter und Weise. Auch Moliere, Goldoni und Corneille standen auf seinem Repertoir. Am besten gefielen die Schauspiele „Miß Sarah Sampson", „Merope", „Peter Squenz" und „Die blinde Kuh" (Nachspiele), das Lustspiel „Die Amazonen" und die Ballete „Pigmalion", „Das Schäferfest", „Das Serail des türkischen Kaisers" und „Die Aepfeldiebe oder Obstschütteln", das Schröder, der damals noch Tänzer bei seinem Stiefvater Ackermann war, auf die Bühne gebracht hatte. Außer dem Ballet fand auch die Oper eine eifrige Pflege. Besonders gefiel Weißes Operette „Der Teufel ist los", in welcher die Arien ohne Begleitung gesungen wurden. Die Hofmusik bildete das Orchester. Der Besuch der Vorstellungen soll ein großartiger gewesen sein. So hatte man in der zweiten Saison, welche am 3. Februar 1762 mit den „Trojanerinnen" und der „hellsehenden Blinden" eröffnet und am 18. Juni mit der Komödie „Orest und Pylades"

geschlossen worden war, eine Einnahme von 2991 Thlr. zu ver
zeichnen. Während des Sommers spielte die Truppe in Frank=
furt und kehrte im September wieder nach Mainz zurück, wo
sie bis zum 14. Februar 1763 unter großem Beifall spielte und
4282 Thlr. einnahm. Die letzte Schauspielsaison ist noch durch
einen Theaterskandal merkwürdig. Als Schröder nach der Rück=
kehr der Gesellschaft im Herbste 1762 in Mainz wieder zum
ersten Male auftrat, wurde er von dem Adel, welcher sich im
Schauspielhause ein eigenes Parquet errichtet hatte, mit Pfeifen
empfangen, da er sich einige unvorsichtige Aeußerungen über die
höheren Mainzer Kreise erlaubt haben sollte. Die Domherren,
welche das Hauptpublikum bei den Vorstellungen Ackermanns
bildeten, drängten sich an das Orchester und riefen, wie Meyer
in Schröders Lebensbeschreibung erzählt, dem verblüfften Tänzer
höhnisch zu: „Ah c'est merveilleux! C'est bien dit! C'est un homme
à grands talents. Il donne cela pour l'art de danser!" Schröder,
welcher bei dem kurfürstlichen Wachtmeister und Polizeilieutenant
Dahl mit der Direktorsfamilie wohnte, soll jedoch nach diesem
Auftritt die Domherren bald wieder zufrieden gestellt haben.
Am 14. Februar 1763 beendigte Ackermann in Mainz seine
Vorstellungen mit der Aufführung des Dramas „Cinna" und
zog über Hessen=Cassel nach den Elbländern. Von da wandte
er sich nach Hamburg, wo er jene Musterbühne errichtete, an
welcher sich die vorzüglichsten Schauspielkräfte zusammenfanden,
(Eckhof war 1764, von Kochs Truppe aus Lübeck kommend, an
das Hamburger Theater engagirt worden) die Lessing Veran=
lassung gaben, seine großartige Dramaturgie zu schreiben. Acker=
mann hatte mit dieser Bühne seinen edlen Bestrebungen die Krone
aufgesetzt und sich auch in der Literaturgeschichte einen unver=
gänglichen Platz erworben.

In Schwerin im Jahre 1710 geboren, hatte Acker=
mann sich 1740 der Schönemann'schen Truppe angeschlossen.
Nach einem längeren Aufenthalt in Rußland gründete er
im Jahre 1751 in Königsberg ein Theater unter eigener
Leitung. Im Mai 1755 kam Ackermann nach Berlin, jedoch
die Theilnahmlosigkeit des Publikums und das an Verachtung
grenzende Benehmen der feinen Welt veranlaßten ihn, wieder nach
Königsberg zu ziehen. Das Verhalten Friedrichs des Großen

war nicht geeignet, der deutschen Bühne in Berlin eine bessere
Zukunft zu verschaffen. Ackermann konnte es auf kaum acht
Vorstellungen mit einer Einnahme von 400 Thlr. bringen. Von
Königsberg kam er nach einigen Wanderungen nach Mainz,
wo er, wie oben geschildert, eine segensreiche Thätigkeit entfal=
tete. Ein Kritiker der damaligen Zeit sagt: „Als Director hatte
Ackermann die genaueste Aufmerksamkeit auf das sittliche Betragen
der Schauspieler und Schauspielerinnen seiner Gesellschaft: man
schätzte seinen Enthusiasmus für die Aufnahme seiner Bühne."
Ackermann, der hauptsächlich Charakterrollen spielte, war nach
Devrients Schilderung „von wohlgebildeter, imponirender Ge=
stalt, seltener Körperstärke und Gewandtheit, mit einer tönenden
Stimme begabt; eine soldatische Natur, die sich in der Jugend
unter dem Feldmarschall von Münnich im Türkenkrieg gestählt
hatte. Er verstand mehrere Sprachen, etwas von Wundarznei
und Landwirthschaft, vom Zeichnen und Malen, sowie das Tabak=
rauchen aus dem Grunde." Er starb 1771 nach einem stürmisch
bewegten Leben.

Madame Ackermann war eine feste Stütze ihres Mannes,
mit welchem sie sich im Jahre 1749 als Wittwe des Organisten
Schröder zu Moskau verheirathet hatte. In Mainz trat sie
stets unter großem Beifall auf. Auch bei der Uebernahme des
Hamburger Theaters hatte Madame Ackermann Gelegenheit,
ihrem Gatten treu zur Seite zu stehen. In ihr vereinigten sich
eine tüchtige Prinzipalin, Theaterdichterin, Schauspielerin und
Lehrerin der dramatischen Kunst, als welche sie noch bis zu
ihrem im Jahre 1792 erfolgten Tode thätig war. Als Schau=
spielerin gefielen ihre rührenden Mütter, eingebildeten Frauen
und zänkischen Eheweiber am besten. Ihre berühmte Tochter
Charlotte Ackermann, damals ein vierjähriges Mädchen,
versuchte sich hier in Mainz in Kinderrollen. Dieselbe wurde
in Hamburg in der Blüthe ihrer Jugend und der schönsten Ent=
faltung ihres großartigen Künstlertalentes vom Tode ereilt und
mit den größten Ehren zur Erde bestattet. Der berühmte Hel=
den= und Charakterspieler Brockmann hatte im Namen der Acker=
mann'schen Gesellschaft nach dem Begräbniß Charlottens (Mai
1775) tief bewegt eine Trauerrede gehalten, welcher wir folgende
charakteristische Stelle entnehmen:

„Leise tretet ihren Staub,
Mädchen gut wie sie;
Tretet näher, Hand in Hand,
Euch war sie verwandt.

Gott! — Da lieget sie, die im Fluge des begeisterten Genies
Euer Lächeln, eure Thränen kommen ließ.
Da lieget sie, die Siegerin
Vieles Unrechts, das schon keimte,
Mancher Bosheit, die der Frevler träumte,
Mancher guten That Vollenderin."

Neben Ackermann verdient unter den damaligen Mainzer
Bühnenmitgliedern noch Döbbelin rühmende Erwähnung. Er
war wegen der Kriegsunruhen genöthigt gewesen, seine Truppe
aufzulösen und in die Ackermann'sche Gesellschaft als Schauspieler
einzutreten. Döbbelin, welcher nachmals die Koch'sche Truppe
in Berlin leitete, wird in dem Gothaer Theater-Kalender folgendermaßen geschildert: „H. Döbbelin ist ein Mann, der als
Acteur sich nach französischen Schauspielern bildete und in einigen tragischen Rollen und Vätern Beifall verdient; als Director
bleibt ihm der Ruhm, daß er, vom ersten Anfange seiner Prin-
cipalschaft an, meistens gesittete Stücke, vorzüglich aber deutsche
Originale aufgeführt hat."

Außer den Vorgenannten waren noch die Herren Mylius,
Kirchhof, Michael Böck (debutirte als Barbiergeselle),
Mericour und Garbrecht nebst Frauen tüchtige Kräfte der
Mainzer Bühne. Neben Schröder glänzte noch dessen Freund
Halley als Tänzer. Auch Madame Hensel, die nachmalige
Seylerin, auf welche wir später zurückkommen werden, fand
großen Beifall. Das waren die Apostel der ächten Schau-
spielkunst in Mainz. Mit großem Schmerze sah man die
Truppe scheiden, welche sich rühmen konnte, bei den Mainzern
wahren Kunstsinn wachgerufen zu haben. Die unmittelbar folgenden Gesellschaften zeigten, wieviel die Mainzer mit dem Weggange Ackermanns verloren hatten.

IV.

Das Mainzer Theater zur Zeit Emmerich Josephs, insbesondere unter der Direktion des Herrn v. Kurtz.

Die Truppe unter der Leitung des Bühnenprinzipals Borsch, welche im Jahre 1764 in Mainz spielte, hatte noch zu sehr mit den Erinnerungen an Ackermann zu kämpfen. Trotz ihrer guten Leistungen konnte sie nur wenig Erfolg erringen. Nach einjährigem Aufenthalt verließ die Gesellschaft, welche u. A. Moliere, Gellert und Holberg eifrig gepflegt hatte, Mainz. Unter den Mitgliedern der Truppe hinterließen der Direktor und seine Frau ein gutes Andenken.

Auf Borsch folgte der Direktor Sebastiani mit einem ziemlich geschulten Personal. Er schlug im „Römischen König" seine Bühne auf. Die Truppe, unter welcher sich Mamsell Brochard (spätere Madame Marchand), Mamsell Flein und Herr Huck besonders auszeichneten, gab vorzugsweise Operetten, die eine warme Aufnahme fanden. Beliebte Operetten waren u. A.: „Der betrogene Vormund", „Das Orakel", „Ninette à la cour" und „Das Serail", welche der Direktor komponirt hatte. Die beigegebenen Pantomimen wurden von Kindern ausgeführt, unter denen sich die Piloti'schen viel Ruhm erwarben.

Mit dem Regierungsantritte des Kurfürsten Emmerich Joseph von Breidenbach zu Bürresheim, welcher von jeher auch für die Bühne ein empfängliches Herz gehabt hatte, war für das Mainzer Theater eine neue, vielversprechende Zeit gekommen. Der Kurfürst ließ es sich angelegen sein, das Theater auf jede nur mögliche Weise zu unterstützen und zu heben. Mit klarem Blick erkannte er, gleich seinem großen Geistesgenossen, dem Kaiser und Menschenfreunde Joseph, daß die Bühne als ein getreues Bild des menschlichen Lebens die beste Sittenschule für das Volk sei. Hielt er es doch für die erste Pflicht des Regenten, das Wohl der Völker zu fördern, eine Pflicht, die er nach seiner

eigenen Versicherung nie mit seinem Wissen und Willen außer
Acht lassen wollte. Er miethete sich eine Loge und empfahl auch
der Geistlichkeit, welche, um die Menschen erziehen zu können,
dieselben auch studiren mußte, den Besuch des Theaters. Es
war daher nicht zu verwundern, daß mit dem durch Ackermann
herbeigeführten geläuterten Geschmack und dem Eintreten des
Hofes für die Bühne das allgemeine Interesse sich dem Theater
zuwendete. Man sah nun, wie unwürdig die Schauspielkunst in
elenden Bretterbuden und Wirthshäusern bisher zu Mainz ihr
Leben hatte fristen müssen. Es wurde daher im Herbste des Jahres
1766 mit dem Bau eines Komödienhauses begonnen.

Das Schauspielhaus wurde an der großen Bleiche, in dem
Hofe des adeligen Gesellschaftsgebäudes nach der Steingasse zu,
wo sich eben die Bembe'sche Möbelfabrik befindet, errichtet. Der
Bau, welcher in einfacher Weise aus Holz und Backsteinen ausgeführt war, kostete ungefähr 30,000 Gulden und konnte, da er
sehr geräumig war, 3000 Personen fassen. Trotz der Größe
des Hauses war der Bau nicht regelmäßig. Er hatte nebst dem
Parterre zwei Reihen Bogen, eine Gallerie und noch zwei
Stockwerke. Schon am 16. Januar 1767 konnte das Komödienhaus, das erste in seiner Art in Mainz, mit der Aufführung
eines Possenstückes, „Die Insel der Vernunft", eröffnet werden.
Der neue Direktor Joseph v. Kurtz, der von Oesterreich
aus mit seiner Gesellschaft nach den Rheinlanden gekommen war,
spielte den Bernardon, den verbesserten Hanswursten, einen
Charakter, welchen Gervinus als „in der Mitte zwischen Schel-
merei und Tölpelei" bezeichnet. In Wien hatte Kurtz, welcher
auch als Possendichter auftrat und dessen Stück „Der dreißig-
jährige ABC-Schütz" allgemein gefiel, neben Prehäuser große
Erfolge erzielt. Seine Witze, die er stets bei seinem Stegreifspiel geschickt auf örtliche Vorgänge leitete, verschafften ihm bald
bei den lebenslustigen Mainzern, welche überdies sein drolliger
österreichischer Dialekt bezauberte, einen bedeutenden Anhang.
Keiner verstand es aber auch so gut, nochmals den von Gottsched vertriebenen Hanswurst in Süddeutschland heimisch zu
machen, als Kurtz, der ein gebildeter Mann war und, wie wir
weiter unten sehen werden, ein sorgfältig gewähltes Repertoir
pflegte. Wenn er mit tiefem Ernste sang:

„Meine Brust zerreißt in Stücken
Und mein Herz bekommt ein Loch,
Welcher Schneider wird es flicken,
Welcher Tischler leimt es doch?"

Dann mußte man unwillkürlich in ein herzliches Lachen ausbrechen. Es vereinigte sich in Kurtz der urwüchsige Humor, dessen ernstsinniger Gehalt nicht allein den reinen Verstand, sondern auch das Gemüth ergreift. Höchst originell war auch die Art und Weise, wie er um Ostern 1767 S ch r ö d e r und einige andere neu angekommenen Künstler dem Mainzer Publikum bekannt machte. Schröder, der als Tänzer in einem Pas-de-trois mit der Tänzerin G u i z e t t i und dem Balletmeister G a r d e l l o debutirte, hatte sich inzwischen dem Schauspiele zugewendet, in welchem er später so Großes leisten sollte. Kurtz kündigte seinen neuen Schauspieler, Tänzer und Tenorbuffo Schröder und die anderen Neuengagirten, nachdem die Vorstellung mit „Graf Essex" eröffnet worden war, in dem Stegreifspiel „Mercure galant" an. Er erschien als Dame, welche sich bei dem Herausgeber einer Zeitung nach Meßneuigkeiten erkundigt und dergleichen erfährt (eine Art Reporterin des vorigen Jahrhunderts). Zu seiner Verwunderung vernahm Schröder, welcher vom Parterre aus dem Stegreifspiel zusah, daß die gesprächige Dame die Ankunft eines berühmten Herrn v. Kurtz erwähnte und sodann die Schilderung der Gesellschaft entwarf. Das edle Mannweib meinte: „E i t e l s sind von Hamburg gekommen. Bleiben dort nicht bessere, so schaut's schlecht aus. Es ist ein himmellanger Bengel, der sich für einen Sänger ausgibt. Herr v. Kurtz wird ihn bald wieder laufen lassen. In Hamburg müssen lauter Riesen sein. Daher ist auch ein S ch r ö d e r eingetroffen. Der springt wie ein Teufel. Die Leute sagen, er soll auch als Schauspieler gut sein." Ueber diese Empfehlungsweise soll Schröder sich sehr geärgert haben. Er hatte indessen bald Gelegenheit, den Mainzern sein vielversprechendes Talent als Charakterdarsteller zu zeigen und so die nach seiner Meinung bedenkliche Einführung vergessen zu machen.

Zu rechtem Frieden konnte jedoch Schröder mit dem Direktor nicht gelangen. Herr v. Kurtz schwärmte für das Stegreifspiel, da er meinte, es sei keine Kunst, etwas Fremdes einzurichtern und dann wieder herzubeten, wie ein ABC-Schütz. Er und

3

Prehäuser hätten in Wien Wunder verrichtet. Schröder huldigte jedoch nicht diesem Wunderglauben und fuhr fort, recht tief in die „Nachbeterei" einzudringen. Es schien ihm allzu gewagt, auf die Schauspieler zu warten, welche zugleich große Dramatiker sein mußten. Er sah mit Recht in der Freimachung des Schau=spielers von seiner Individualität die wahre Künstlerschaft. Schröder trennte sich im Februar 1768 von der Kurz'schen Truppe, mit der er auch während der Mainzer Direktionszeit einige Tage in Frankfurt a. M. gespielt hatte. So führte Herr v. Kurz, der sich auch zur Fastnachtszeit in Frankfurt auf=hielt, im Oktober 1767 (Herbstmesse) nach Dr. v. Ovens An=gabe*) in der alten Reichsstadt ein Faustspiel auf. Die betref=fende Ankündigung, die nebenbei auch das Programm von 14 Scenen enthielt, lautet:

„Mit gnädigster Bewilligung eines Hochedeln und Hochweisen Magistrats der Kaiserl. Wahl=Freien Reichs= und Handelsstadt Frankfurt wird heute unter der Direktion des Herrn Josephs von Kurz als Entrepreneur die neu=erbaute Schau=Büne eröffnet und auf derselben aufgeführet: Eine zwar uralte, weltbekannte, auch zum öftern vorgestellte, und auf verschiedene Art schon gesehene Große Maschinen=Komödie. Welche aber von uns heute auf solche Art soll aufgeführet werden, daß es solchergestalten wohl schwerlich von anderen Gesellschaften wird seyn gesehen worden; Genannt: In doctrina interitus oder: das lastervolle Leben, und erschröckliche Ende des weltberühmten, und jedermänniglich bekannten Erz=zauberers Doctoris Johannis Fausti Professoris Theologiae Witten=bergensis, mit Krispin, einem excludirten Studentenfamulo, von Geistern übel vexirten Reisenden, geplagten Kameraden des Mephi=stopheles, unglücklichen Luftfahrer, lächerlichen Bezahler seiner Schuldner, natürlichen Herenmeister und närrischen Nachtwächter. Nach dem Sinnspruch: „Multi de stygia sine fronte palude jocantur — Sed vereor fiat, ne jocus iste focus." Das ist: „Viel pflegen von der Höll nur ein Gespött zu machen, — Bis sich in Weinen kehrt ihr boshaft freches Lachen."

Neben diesem Faustspiele gab Kurtz, wie wir schon oben hörten, mit Vorliebe größere Possenstücke. Der nachfolgende Zettel gibt uns einen kleinen Begriff von den Genüssen, welche die Direktion einem kunstsinnigen Publikum bot. Herr v. Kurtz ließ verkündigen:

*) Das erste städtische Theater zu Frankfurt a. M.

Mit gnädiger und hochobrichteitlicher
Bewilligung werden die neu arrivirten hoch-
deutschen Comödianten die Ehre haben, heute zum ersten-
male ihren Schauplatz zu eröfnen und auf demselben zu
broduciren: Eine ganz neue, von dem Wienerischen
Theater entlehnte, aus einer gelehrten Feder geflossene,
aller Orten mit ungemeinem Applause approbirte, wegen
ihres gelehrten Innhalts von andern distinguirte, mit
Hanswursts Lustbarteiten durchwebte, und vom
Anfang bis zum Ende mit galantem Scherz
abwechselnde
Haupt- und Staatsacion
betitelt
Heinrich und Heinrich
oder
Das durchlaugtige Schäferpaar
sonsten auch genannt
Der grausame Tyrann
und
Der verstellte Narr und Liebe
mit
Hanswurst
1) einem klugen Hofnarren
2) einem verschmitztem Königlichen Reruettenmeister
3) einem von Gespenstern erschrekten Bavoriten
4) einem lustigen Narrenwächter
5) einem barmherzigen Scharfrichter
6) und letzlich einem beglükten Bräutigam seiner Geliebten.
Traunschel.
Zu mehrerer Satisfacion macht das gänzliche Finale
Ein erzlustiges Nachspiel,
genannt
Die Sau im Sacke
oder
Der betrogen Alte
wobey Hanswurst vorstellen wird:
1) einen dummen Diener seines Herrn
2) einen betrognen Eintäufer
3) eine lustige Sau im Sacke.
Und endlich einen nachdrücklichen Rückenaustlopfer zweyer
durchtriebener Spitzbuben.

Trotz dieses eifrigen Possen-Kultus bemühte sich v. Kurtz, wie wir bereits oben andeuteten, auch die besseren, neueren dramatischen Werke seinem Repertoir einzuverleiben. Unter den aufgeführten Lustspielen gefiel besonders „Der prächtige Freygebiche". Diesen Stücken wurde stets eine kleine Oper oder ein Ballet beigegeben, da der Direktor mit einer derartigen Einrichtung den verschiedenen Anforderungen Rechnung zu tragen versuchte. Die Oper hatte eine vortreffliche Stütze in der kurfürstlichen Hofkapelle, welche von dem kunstliebenden Fürsten dem Direktor bereitwilligst zur Verfügung gestellt worden war. Die Musik zu diesen Opern, unter denen sich namentlich „Der Weiberfeind" eines großen Beifalls erfreute, war, wie ein zeitgenössischer Berichterstatter nicht ohne eine gewisse Naivität sagt, „aus wälscher Musik zusammengestopelt". Unter den Mitgliedern der Kurtz'schen Truppe, die recht wacker spielte, war die Frau Direktorin Theresia sehr beliebt. Frau v. Kurtz zeichnete sich als Sängerin, Tänzerin und in Verkleidungsrollen besonders aus. Sie ging später nach Augsburg,*) um die Leitung der dortigen Bühne zu übernehmen. Auch Mamsell Richard, die später am Wiener Nationaltheater als Madame Sacco so große Triumphe „in zarten, sanften und ersten Liebhaberinnen im Lust- und Trauerspiel" feierte, legte in Mainz damals erfreuliche Beweise von ihrer großen Begabung ab. Vorzügliche Mitglieder waren ferner der Tragiker Bergopzoomer, der Stegreifspieler Grünberg, sowie die Ehepaare Denz, Wahr und Eitel, welch letztere von Kurtz mit Schröder in der oben geschilderten humoristischen Weise eingeführt worden waren. Auch Herr Boeck, der später in den Jahren 1774 und 1775 zu Leipzig unter Seylers Direktion nach Schuks Angaben als erster Liebhaber glänzte, gab sich in Mainz anerkennenswerthe Mühe. Er freute sich sehr über seine Erfolge, wußte jedoch als ein nachdenkender Schauspieler stets den Werth des Beifalles zu würdigen. Boeck äußerte sich einst bescheiden und nicht ohne eine ihn ehrende Selbstironie: „O jetzt hab ich's weg. Ich kann beklatscht werden, wenn ich will. Ich darf nur kurz vor meinem Abgange etwas leise reden und dann auf einmal losdonnern, so folgt der Beifall immer." Der Mann kannte seine Pappenheimer. Ob wohl

---

*) Witz, Geschichte des Augsburger Theaters.

viele unserer heutigen Bühnengrößen diese „unschuldigen Kunstgriffe" inne haben? Nach zweijährigem Aufenthalt verließ Kurtz mit seiner Truppe Mainz und ging nach Prag. Im Jahre 1783 zog er sich von der Bühne zurück und wurde zu Warschau Papiermüller. Er starb kurz darauf (1784) in Wien als ein 69jähriger Greis. Mit dem Tode des „Vater Bernardon", wie die Wiener den Herrn v. Kurtz, der auch bei der Kaiserin Maria Theresia ein großes Ansehen genoß, bezeichneten, war der Hanswurst endgültig verschieden. Lessings Klage, welche er noch im Jahre 1767 über den Harlekin erhoben hatte, brauchte jetzt nicht mehr mahnend zu ertönen. Wir führen diese höchst charakteristische Stelle, in welcher der Kritiker zugleich ein lebhaftes Bild von dem Pedanten Gottsched liefert, aus der Dramaturgie (30. Juni 1767) wörtlich an: „Seitdem die Neuberin, sub auspiciis Sr. Magnificenz des Herrn Professors Gottsched, den Harlekin öffentlich von ihrem Theater verbannte, haben alle deutsche Bühnen, denen daran gelegen war, regelmäßig zu heißen, dieser Verbannung beizutreten geschienen. Ich sage geschienen; denn im Grunde hatten sie nur das bunte Jäckchen und den Namen abgeschafft, aber den Narren behalten." Der Hanswurst war nun zur Ruhe gegangen. Man weinte ihm wenig Thränen nach, wenngleich mit ihm ein volksthümliches Element der Bühne entzogen wurde.

Auf Kurtz folgte im Jahre 1768 wieder Sebastiani. Die Possenstücke schwanden von dem Repertoir und machten besseren Schauspielen und den deutschen sowie italienischen Operetten Platz, welchen letzteren der Direktor seine besondere Aufmerksamkeit widmete. Die Mitglieder der Gesellschaft zeigten, daß sie seit ihrer Abwesenheit von Mainz große Fortschritte gemacht und tüchtige Kräfte als Genossen gewonnen hatten. Sehr beliebt war Marchand als erster Schauspieler und Komiker. Sebastiani selbst trat als Essex in dem gleichnamigen Trauerspiele unter großem Beifall auf. Wackere Mitglieder waren noch: Mad. Hohl, Mad. Marchand, Mad. Brochard, die Herren Schmitt, Huck und Piloti nebst seinen Schwestern. Balletmeister war ein Herr Gartello.

Sebastiani wird als ein Mann von gar keiner Erziehung bezeichnet, welche aber glücklicherweise nie in Betracht gekommen sei. Er führte, wie Freiherr v. Reden in seinem biographischen

Lexikon sagt, Anfangs Komödien in Buden auf, verdiente Geld
mit Kinderpantomimen, bis er endlich eine größere Gesellschaft
zusammenbrachte, mit welcher er in Straßburg und Mainz
schlechte Schauspiel - Uebersetzungen noch schlechterer Originale
und Opern aus dem Italienischen aufführte. Sebastiani legte
um 1777 die Direktion des Mainzer Theaters nieder und starb
bald darauf.

V.

Der allgemeine Aufschwung der deutschen Bühnenverhältnisse und das Mainzer Theater unter Marchand. Hebung der Mainzer Oper.

Ehe wir in unserer Bühnengeschichte fortfahren, sei es
uns gestattet, ein kurzes Bild der weiteren Entwickelung des
dramatischen und musikalischen Schaffens zu geben, in welcher
der durch Lessing und Gluck angefachte Geist zum vollen Aus=
druck kam und eine nachhaltige Wirkung auf die Gestaltung des
deutschen Theaters ausübte.

„Die literarische Epoche, in der ich geboren bin, entwickelte
sich durch Widerspruch", schildert Göthe höchst treffend jene Zeit,
welche die Vorboten der nahenden Umwälzung auf dem geistigen
und politischen Gebiete schuf. Klopstock, der neu erstandene
Barde Alldeutschlands, hatte durch seine tief aus dem Herzen
kommenden Gesänge wieder den Sinn für alles Edle geweckt und
den vaterländischen Gedanken gefeiert. Wieland gab durch
seine anmuthige Schreibweise der deutschen Sprache gefälligere
Formen und Lessing hatte mit seinen Großthaten auf dem
kritischen Gebiete die Fesseln gesprengt, welche einer freien Ent=
wicklung des deutschen Geistes entgegenstanden. Der alles Ver=
modernde hinwegfegende Sturmwind der französischen Revolu=
tion und die ihn verkündenden Erscheinungen übten einen groß=

artigen Einfluß auf das geistige Leben des deutschen Volkes aus. Jener Widerspruch, von dem Göthe spricht, entwickelte sich bald zu einem stürmischen Kampf gegen alle Vorurtheile und Untugen-den des 18. Jahrhunderts. Die Zeit der Stürmer und Dränger war gekommen und gestärkt an dem Vorbilde Shakspeares er-hoben sich die Genies, um jeden Regelzwang zu stürzen, somit die Natur, auf welche Rousseau seine kühnen Sätze gründete, in ihre Rechte einzusetzen. Im Norden Deutschlands war Hamann, der „Magus des Nordens" genannt, mit dem kraftverkündenden Satze aufgetreten, „der Aufschwung deutscher Bildung und Lite-ratur werde durch einen greisenhaften Geist der Ueberlebung, durch veraltete Schulsatzungen, Kleingeisterei und pedantische Ge-lehrsamkeit gehemmt." Hamann hatte in Herder einen ebenso treuen Schüler, wie hellsehenden Vorkämpfer der von ihm nur dunkel ausgedrückten Gedanken gefunden. „Der Geist der Zeit riß ihn mit", sagt Gervinus, „der Eifer, neben Lessing und die Literaturbriefe zu treten, die so vernehmlich sprachen und neben denen ein demüthiger Redner nicht mehr gehört worden wäre." Herder, der kühne Prediger der Humanität, hatte in Johann Wolfgang Göthe ein Genie geweckt, welches nachmals die ganze Welt mit seinem Ruhme erfüllte. Wir sehen in dem Verfasser des kraftstrotzenden „Götz von Berlichingen" den Füh-rer jener Genies am Mittelrheine, deren Namen mit der Geschichte der Mainzer Bühne theilweise auf das engste ver-knüpft sind. Vor Allem tritt uns Maximilian Friedrich Klinger entgegen, dessen Drama „Sturm und Drang" seiner Zeit den bezeichnendsten Namen gab. Wir werden bei der fol-genden Betrachtung der Mainzer Bühnenverhältnisse noch auf diesen hauptsächlichsten Vertreter der Original-Genies zurück-kommen. Neben Klinger und Leisewitz, dem Dramatiker des Göttinger Dichtervereins und Verfasser des „Julius von Tarent", erblicken wir noch den Jugendfreund Göthes, Reinhold Lenz, den Verfasser der „Anmerkungen über das Theater". „Aus wahrhafter Tiefe, aus unerschöpflicher Produktivität ging sein Talent hervor, in welchem Zartheit, Beweglichkeit und Spitz-findigkeit mit einander wetteiferten, das aber, bei aller seiner Schönheit, durchaus kränkelte." So schildert Göthe den ruhe-losen Lenz, dessen „Doctor Faust" im Jahre 1777 in Mainz erschien. Lenz litt nach Göthes eigenen Worten „von der Zeit-

stimmung, welche durch die Schilderung Werthers abgeschlossen
sein sollte."

Mit seinem „Werther" hatte sich Göthe von der Sentimen=
talität des Jahrhunderts befreit und durch seinen „Götz von
Berlichingen" zum Apostel einer neuen, freien Zeit bekannt.
In kurzer Zeit hatte sich der junge Dichter in ganz Deutschland
einen hochgeachteten Namen erworben. Sein bedeutender Ruf
war es auch, welcher einen preußischen Offizier, Hrn. v. Knebel,
der den kunstsinnigen Prinzen Karl August von Weimar=Eisenach
und den Prinzen Constantin auf einer Reise nach Frankreich be=
gleitete, veranlaßt hatte, den jungen Göthe aufzusuchen und mit
den Prinzen bekannt zu machen. Göthes geistreiches Gespräch,
namentlich über Mösers patriotische Phantasien, fesselte die
Prinzen derart, daß sie den vielversprechenden jungen Mann ein=
luden, ihnen auf einige Tage nach dem Mainzer Kurfürsten=Hof
zu folgen. Er kam der Aufforderung nach. Ueber diesen ersten
Aufenthalt Göthes in Mainz erfahren wir aus seiner Bio=
graphie „Wahrheit und Dichtung": „Ich gelangte also in sehr
kalter Jahreszeit (13. Dezember 1774) zur bestimmten Stunde
nach Mainz und wurde von den jungen Herrschaften und ihren
Begleitern, der Einladung gemäß, gar freundlich aufgenommen."
Hier in Mainz erzählte er seinen Freunden die Entstehungs=
geschichte der Farce „Götter, Helden und Wieland" und fuhr
nach einigen Tagen wieder in die Heimath zurück. „Die weni=
gen Tage des Mainzer Aufenthaltes", meint der Dichter, „ver=
strichen sehr angenehm; denn wenn die neuen Gönner durch Vi=
siten und Gastmähler außer dem Hause gehalten wurden, blieb
ich bei den Ihrigen, porträtirte Manchen, fuhr auch wohl Schlitt=
schuh, wozu die eingefrornen Festungsgräben die beste Gelegen=
heit verschafften." — Mit dieser neuen Bekanntschaft trat ein
wichtiger Wendepunkt in dem Leben des Dichters ein. Als der
Erbprinz Karl August sich mit der Prinzessin Luise von Hessen=
Darmstadt vermählte und die Regierung seines Landes im Jahre
1775 angetreten hatte, lud er Göthe zu einem Besuche nach
Weimar ein, welcher zu einem dauernden Aufenthalt werden
sollte. Ein Jahr nach seinem Mainzer Aufenthalt, der wohl
den Entschluß des Prinzen, den Dichter an sich zu fesseln, be=
festigt hatte, ging Göthe nach Weimar, wo er später jene Muster=
bühne schuf, welche uns noch heute mit Bewunderung erfüllt. —

Mit Göthe tritt auch sein würdiger Genosse Friedrich Schil=
ler, der Führer der süddeutschen Kraftgenies, in der Sturm=
und Drangperiode auf. In des großen Volksdichters gewaltiger
Tragödie „Die Räuber" spiegelte sich der Aufruhr der neuen
Zeit gegen längst morsch gewordene Zustände wieder. Mit seinem
„Fiesco" eröffnete er die Reihe jener historischen Dramen, welche
ihm später einen unvergänglichen Namen erwarben. — Schiller
und Göthe bauten auf dem Grundstein jener Bestrebungen,
welche der Geist der Zeit in Sturm und Drang geschaffen, das
nationale Drama an, das in Lessing einen begeisterten Vor=
kämpfer gefunden hatte, aber leider in seiner kaum erwachten
Blüte dahinsinken mußte.

Es schien, als ob dieser Zeitraum das deutsche Volk, ja die
ganze gebildete Welt mit einem Füllhorn geistiger Gaben be=
schenken wollte. Das letzte Viertel des 18. Jahrhunderts, wel=
ches im Reiche der Poesie einen Göthe und Schiller schuf und
den scharfen Denker Kant zeugte, sah auch die anmuthige Schwe=
ster der Poesie, die Musik, in nie geahntem Glanze. Auch an
ihr ging die Sturm= und Drangperiode nicht ohne Einfluß vor=
über. Wir haben schon im vorigen Abschnitt gesehen, wie die
Oper, von ihrem Heimathlande Italien in Deutschland einge=
pflanzt, hauptsächlich auch bei deutschen Componisten den ita=
lienischen Stil beibehielt. Erst Gluck, den man in seinem Wir=
ken sowie dessen Folgen mit Lessing vergleichen möchte, wurde
der Schöpfer des musikalischen Dramas. Mit seiner
Oper „Alceste" versuchte er in die neue Bahn einzulenken. Nach=
dem er einige Zeit selbst dem italienischen Opernstil gehuldigt
hatte, war es nun sein eifrigstes Bestreben, wie er selbst sagt,
„alle die Mißbräuche, welche die falsch angebrachte Eitelkeit der
Sänger und die allzu große Gefälligkeit der Componisten in die
italienische Oper eingeführt hatten, sorgfältig zu vermeiden. Ich
suchte daher die Musik zu ihrer wahren Bestimmung zurückzu=
führen, das ist die Dichtung zu unterstützen, um den Ausdruck
der Gefühle und das Interesse der Situationen zu verstärken,
ohne die Handlung zu unterbrechen." Es war auch hohe Zeit,
daß Gluck, von dem Berufe der Kunst erfüllt, der Verflachung
der Musik, welche auch heute sich wieder in den sog. Offenbachiaden
zeigt, sich entgegenstellte. In Paris errangen seine Grundsätze
den Sieg. Lully, der italienische Begründer der französischen

Oper, hatte zwar in der französischen Hauptstadt schon ziemlich erfolgreich der Alleinherrschaft der italienischen Oper ein Ende gemacht, aber erst dem deutschen Componisten Gluck war es vorbehalten, mit seinem Sieg über Piccini der italienischen Oper einen empfindlichen Schlag zu versetzen. Neben Joseph Haydn, dem klassischen Vertreter der Instrumentalmusik, welche von dem Meister der Kirchenmusik, Sebastian Bach, ihren Ausgang genommen hatte und durch dessen Söhne eifrig fortentwickelt worden war, gelang es Gluck, dem Welt-Tondichter Wolfgang Amadeus Mozart, dem Göthe der Musik, sein großartiges Schaffen zu ermöglichen.

Neben der italienischen Oper hatten sich auch die deutsche komische Oper, die Operette und das Melodrama allmälig entwickelt. Hiller, welchen wir bereits oben erwähnten, fand in Dittersdorf, dem Componisten der komischen Oper „Doktor und Apotheker", die sich bis auf den heutigen Tag auf dem Repertoir der deutschen Bühnen erhalten hat, einen würdigen Genossen. Neben Dittersdorf erwarb sich Wenzel Müller, nach Riehl der größte Bänkelsänger, den die Geschichte der deutschen Musik aufzuweisen hat, großen Beifall. Wir werden seinen Operetten im Verlaufe unserer Bühnengeschichte noch oft begegnen. Das Melodrama kam durch den Kapellmeister Georg Benda in Deutschland auf; seine „Ariadne auf Naxos" wurde ein sehr beliebtes Repertoirstück.

Mit dem Aufschwung der Dichtung und Musik war auch eine bessere Zeit für die deutsche Schauspielkunst gekommen. Neben Eckhof, welchen wir schon oben erwähnten, machte sich nun Schröder, der in Mainz bereits bei seinem Auftreten zu großen Hoffnungen berechtigt hatte, als der genialste Vermittler der tragischen Gestalten und Uebersetzer der dramatischen Werke Shakespeares bemerkbar. Von Hamburg, dessen Theater sich der umsichtigen Leitung Schröders erfreute, wo ein Brockmann u. A. auftraten, wurde auch bald nach Wien die ächte Kunst verbreitet und es gelang dem Kaiser Joseph II. im Jahre 1776, mit der Gründung eines Nationaltheaters eine großartige Umwälzung in der bisherigen Gestaltung der Schauspielkunst hervorzubringen. Der edle Kaiser hatte die Wichtigkeit der Bühne für das Volk wohl erkannt, wenn er die ewig wahren Worte aussprach, daß „zur Verbreitung guten Geschmackes und zur

Veredlung der Sitten" das Theater beitragen soll. Durch die Errichtung dieser nationalen Bühne war auch dem vaterländischen Drama, welches sich eben in herrlicher Blüte entfaltete, eine freie Bahn geschaffen. Man bemühte sich, den deutschen Dichtern, welche bisher nur mit tiefer Beschämung auf das Ausland blicken konnten, eine Stätte zu bereiten, die zur Pflege der nationalen Kunst bestimmt war, und bestrebte sich, sie zu neuen Schöpfungen zu begeistern.

Die Kais. Königl. Theater-Hof-Direktion erließ ein Preisausschreiben für gute, deutsche Originalschauspiele. Die betreffende Bekanntmachung lautete in ihrem Eingange: „Wien, 15. Februar 1777. Originalschauspiele für die deutsche Nation, Werke des ächten Genies, wo Natur und Kunst richtig verbunden sind und deren Verfasser nicht regellos umherschweifen, noch von willführlichen Vorschriften sich im besten Dichterfluge hemmen lassen, Schauspiele dieser Art gibt es immer noch sehr wenige: deren Zahl vermehrt zu wissen, ist ein Wunsch aller Freunde der deutschen Nationalschaubühne." Die Dichter erhielten die Einnahme, wie sie bei der dritten Vorstellung baar einging, „ohne den mindesten Abzug". Bei dem Regisseur des Nationaltheaters, Stephanie dem Aeltern, waren die Stücke einzureichen. Es lagen den Preisrichtern 84 Stücke vor, wovon folgenden der Preis zuerkannt wurde: „Der Unterschied bey Dienstbewerbungen", Lustspiel in 5 Akten von H. Stephanie dem Jüngern; „Der Gläubiger", Lustspiel in 5 Aufzügen, und „Die Feldmühle", Lustspiel in 2 Akten von Richter; das Drama „Hermanide" und „Wer ist in der Liebe unbeständig?" Lustspiel von dem Weimarschen Comm.-Rath Schmidt, und „Der Bankerottier" von Lessing dem Jüngeren.

Das rühmliche Vorgehen des kaiserlichen Hofes veranlaßte nun auch die Fürsten und adeligen Herren, der Schauspielkunst eine regere Aufmerksamkeit als bisher zuzuwenden. Die Gründungen von Nationalbühnen folgten rasch aufeinander. Wir erwähnen nur die Stiftung des Nationaltheaters zu Mannheim, welches mit der Geschichte der Mainzer Bühne auf das innigste verbunden ist. Aber nicht allein in der Errichtung von besseren Bühnen, sondern auch mit Preisausschreiben suchten die Adeligen die erwachte Theilnahme an der Hebung des Theaters zu bethätigen. Wir erwähnen in dieser Beziehung u. A.

das Preisausschreiben eines Gliedes des Riedesel'schen Ge=
schlechtes im „Deutschen Museum". Dieser Herr von Riedesel
setzte 20 Dukaten für das beste Drama über folgende Familien=
anekdote aus: „Hermann Riedesel von der Brackenburg, auf dem
Schoder Berge zwischen Göttingen und Münden, Ritter, war
in der Mitte des funfzehnten Jahrhunderts am Hofe des Land=
grafen Ludwig von Hessen. Röhrig von Röhrenfurth, Erbmar=
schall von Hessen, der letzte seines Geschlechtes, lebte am näm=
lichen Hofe und hatte eine Tochter Margarethe, seine einzige
Erbin. Riedesel und Margarethe liebten sich — jedermann,
selbst der Landgraf, wünschte sie vereinigt zu sehen, nur Röhren=
furth versagte alles Bittens und Verwendens ohngeachtet hart=
näckig seine Einwilligung, weil er eine vortheilhafte Heirath für
die reiche Erbin suchte. Einst war Riedesel auf der Jagd; er
hört um Hülfe rufen; er eilt als ein rechtschaffener Ritter dem
Rufe des Nothleidenden entgegen; er kommt näher und erblickt
— den Vater seiner Geliebten unter den Händen der Räuber,
die eben im Begriff waren, dem wehrlosen Greis das Leben zu
nehmen; er eilt vollends hinzu, verjagt die Räuber und rettet
Röhrenfurthen. Dieser dankt dem unbekannten Ritter — er war
im Harnisch und hatte den Helm auf'm Haupte — und bittet
ihn, etwas als einen Beweis seiner Erkenntlichkeit von ihm zu
verlangen. Riedesel bittet um Margarethens Hand — Röhren=
furth verspricht sie ihm, unter der Bedingung, daß er Ritter
sein müsse. Riedesel nimmt den Helm ab; ohngeachtet nun aber
der Erbmarschall in seinem Retter denjenigen erblickt, dem er
seine Tochter so hartnäckig versagt hatte, so bestätigt er doch
sein Versprechen, nimmt Riedeseln mit sich und stellt ihn seiner
erstaunten Tochter als seinen Retter und ihren Bräutigam vor.
Kurze Zeit darauf wurde dieses liebende Paar unter Jedermanns
Beyfall vereinigt, besonders gab der Landgraf seine Zufrieden=
heit dadurch zu erkennen, daß er Riedeseln im Jahre 1457 mit
dem Erbmarschall=Amte in Hessen belehnte. Aus dieser Ver=
bindung stammt das ganze heutige Geschlecht derer Riedesel,
Freiherrn zu Eisenbach, Erbmarschalle in Hessen, her, nachdem
die beiden älteren Linien, die Cambergische und Bellersheimische,
ausgestorben sind, und von Margarethe von Röhrenfurth rühret
der größte Theil derer Güter her, die dieses Geschlecht im frän=
kischen Ritterkanton, Rhön und Werra und in Hessen besitzt." —

Lessing war zum Schiedsrichter über die eingereichten Manu=
scripte gesetzt. Ueber das Ergebniß des Preisausschreibens,
welches die Geschichte eines noch heute in Hessen blühenden Ge=
schlechtes berührt, liegen uns keine Nachrichten vor.

Ueberall galt nun, da es einmal Mode geworden war, die
Hebung der Bühne für eine Ehrensache. Wohl einzig in seiner
Art und charakteristisch für die ganze Zeitströmung ist das Preis=
ausschreiben der dramatischen Societät zu Neapel, die von
Franciscus Sangro und Prinz San Serero gegründet worden
war. Preisrichter war der Präsident der Akademie der Wissen=
schaften, Prinz von Francavilla. Es wurden die besten euro=
päischen Bühnenstücke geprüft und dann zur Aufführung gebracht.

Auch in Mainz war nun für das Theater ein günstiger
Boden. Wir haben schon oben gelegentlich der Besprechung der
Direktion Sebastiani des rasch beliebt gewordenen Schauspielers
Marchand gedacht, der mit seiner im Jahre 1770 erfolgten
Uebernahme der Mainzer Bühne eine neue Epoche derselben be=
gründete. Marchand war ein helldenkender Kopf und gab sich
mit ganzer Seele seinem Künstlerberufe hin. Er verstand es,
die Winke, welche die zeitgenössischen Kritiker, namentlich Lessing,
gaben, genau zu beachten und im Interesse der Kunst praktisch
zu verwerthen. Seine edlen Bestrebungen fanden bei dem Mainzer
Adel eine anerkennenswerthe Unterstützung; namentlich machte
sich das gräflich Wartensleben'sche Haus in dieser Hinsicht höchst
verdient. Besonders war die Reichsgräfin von Wartens=
leben eine warme Freundin des Theaters; sie wird als eine
Dame bezeichnet, „die dem Theater Unterstützung gönne und mit
Rath und That sich bemühe, dessen Würde glänzend und vor=
theilhaft zu machen. Man sei es bereits gewohnt, daß ihr Name
von Aus= und Inländern mit Entzückung ausgesprochen werde,
da ihr Ansehen hierinnen auf den Geschmack und dessen Folgen
den besten Einfluß habe.“ Das so immer mehr sich bildende
Publikum würdigte auch die Bemühungen des Direktors, auf
dessen Repertoir die besseren neuen Stücke, namentlich Opern
standen. So wurden nach einem uns vorliegenden Verzeichniß
in der Zeit von Januar bis November des Jahres 1776 fol=
gende Stücke aufgeführt: „Anton und Antonette“ oder „Die ver=
schmitzte Vorsicht“, Lustspiel von Beaumarchais; „Das Duell“,
Lustspiel von Jestern; „Der Edelknabe“, Lustspiel von Engel;

„Der Eiferfüchtige, der es nicht fein will", Luftspiel nach dem
Französischen von Pfeffel; „Der Effigmann mit feinem Schub=
karrn", Drama von Mercier, ein damals fehr beliebtes Stück;
„Fee Urgelle", Operette von Hiller; „Die Freundschaft auf
Probe", Singspiel nach Favart; „Der Freygeist", Trauerspiel
von Brawe; „Graf Waltron" oder „Die Subordination", Trauer=
spiel von Möller; „Der Hausvater", Drama von Diderot; „Der
Hufschmied", Singspiel nach dem Französischen, überfetzt und
komponirt von dem mit Göthe befreundeten Kaufmann Johann
André zu Offenbach), der später unter Döbbelin in Berlin die
Oper leitete; „Der Kaufmann von Smyrna", Luftspiel von
Schwan; „Der Mann nach der Uhr", Singspiel von Hippel;
„Mariandel" oder „Die natürliche Zauberey", eine Maschinen=
komödie von H. Stephanie dem Jüngeren; „Die beiden Mili=
zen", Singspiel von D'Azemar; „Milton", Singspiel von Rein=
wald; „Der Poftzug" oder „Die noblen Paffionen", das bekannte
Luftspiel von Ayrenhoff, das Friedrich dem Großen am beften
von allen deutschen Stücken gefiel; „Röschen", Singspiel von
Sedaine; „Jones", Singspiel von Gotter, und „Zemir und Azor",
komische Oper nach Marmontel (die Arien waren von H. Schubert
nachkomponirt und der Dialog durch Herrn v. Baumgarten über=
fetzt). Eine warme Aufnahme wurde den an „heitern und ergrei=
fenden Melodien" reichen Opern Gretrys zu Theil. Unter den
Werken, welche der in Italien gebildete Meifter schuf, machte
befonders feine kleine Oper „Huron" Glück. — Die Spieltage
waren Montag, Dienstag, Donnerstag und Sonnabend.

Trotz des vorzüglichen Spieles der Gefellschaft, deren her=
vorragendfte Mitglieder wir unten berühren werden, litt der
Direktor an dem Krebsschaden, welcher jeder nicht ftändigen
Bühne anhaften wird. Er war genöthigt, während des Som=
mers (von März bis Oktober) in auswärtigen Städten, wie
Straßburg, Frankfurt und Hanau, Vorftellungen zu geben. In
der Hauptftadt des schönen Elfaß fand befonders Sedaines
Singspiel „Der Deferteur" reichen Beifall. Während der erften
Abwesenheit Marchands im Sommer 1771 gab eine französische
Truppe unter Leitung eines gewissen Bernardi einige Opern
und kleinere Luftspiele. Am 1. Oktober eröffnete Marchand wie=
der die Saifon mit dem Schauspiel „Der Graf von Olzbach" von
Brandes. Der Schluß der Saifon war jedesmal ein höchft

feierlicher. So sprach Marchand am 19. Februar 1776 folgende,
von Dr. H. L. Wagner aus Frankfurt gedichtete, Abschiedsrede:

„Des edlen Schauspiels hohe Gönner,
Und Ihr — der Deklamation,
Musik und Dekoration
Erleuchtete und unpartheysche Kenner,
Die Ihr mit scharfem Adlersblicke
Natur von Affektation,
Guts von dem Bösen, Stelzen von der Krücke
Zu unterscheiden wißt, — nehmt unsern wärmsten Dank
für Eure Nachsicht hin!
Ihr danken wir's, wenn unser eifriges Bemühn,
Euch zu vergnügen — wenn Euch unser Spiel
Zum wenigsten nicht ganz mißfiel.
Vollkommenheit auf dieser holperichten Erde
Sucht nur ein Geck, der zu der Herde
Der Selbstischen gehört, die alles tadelt und verlacht,
Was ihr liebenswerthes Ich nicht selbst gemacht.
Hinieden ist nie alles, wie es soll —
Dies fühlten Sie und wir vielleicht nur allzuwohl.
He nun! auch schon der gute Willen
Muß oft des Weisen Wunsch — wo nicht befriedigen —
doch stillen.
Dies haben wir seit mehrern Jahren —
Da wir in Euren Mauern Gäste waren —
Zu nicht geringem Fortgang unserer Kunst erfahren.
Jetzt heißt das Schicksal — wie schon mehr geschehn —
Uns wiederum von hinnen gehn.
Wann werden wir uns wiedersehn?
Dies zu bestimmen, wird bei Euch, Ihr Gönner, stehn.
Ein Wink von Euch, nur wenig Worte,
So sehn wir uns an eben diesem Orte
Zwar etwas älter — doch dabei
Wahrscheinlich auch was klüger — wiederum auf's neu.
Indeß empfiehlt durch mich die deutsche Schauspielkunst
Sich Eurer fernern Gnad', Gewogenheit und Gunst."

Unter dem Personal waren u. A. die Damen Brochard
und Marchand, sowie die Herren Huck und der Direktor vorzügliche Kräfte. Madame Brochard, welcher das Fach der ersten
Rollen im Singspiel und der zärtlichen Rollen im Schauspiel
übertragen war, hatte sich als Operettensängerin in Mainz bald
einen großen Ruf erworben. Diese vortreffliche Sopranistin

zählte das Rosenmädchen von Salency, Zemire, Louise (Deserteur) und Coralli (Freundschaft auf Probe) zu ihren Glanzrollen.
Erste Liebhaberin war Madame Marchand. Ihre Marie (Clavigo) und Gräfin Waltron fanden lebhafte Anerkennung. In
der Oper zeichnete sich die Frau Direktor als wackere Soubrette
aus, wie sie denn auch eine tüchtige Tänzerin war. Als Glanzrolle des fein charakterisirenden Huck, wie Devrient diesen Vertreter der ersten Rollen des Schauspiels in Marchands Gesellschaft nennt, galt der Beaumarchais in Göthes „Clavigo",
welches Trauerspiel (1774 vollendet) mit diesen Künstlern zum
ersten Male in Mainz aufgeführt wurde. Huck war vorzüglich
in Chevaliersrollen, sowie im Fache der ersten Liebhaber. Wir
erwähnen nur seinen Deserteur in dem gleichnamigen Singspiel,
welche Gestalt auch von dem als Stutzer großen Marchand vortrefflich vermittelt wurde. „Wenn Huck diese Rolle spielt", meint
ein poetischer Verehrer des Künstlers:

> „Dann eilt die Göttin selbst und windet
> Ihm um das Haupt den Kranz, den er verdient,
> Von jedem Lorbeerkranz, der nicht für Stümper grünt."

Dieser gefeierte Schauspieler hatte die Ehre, der erste Künstler
zu sein, welcher in Mainz von dem Publikum hervorgerufen
wurde. Marchand selbst that sich als Charakterdarsteller und
komischer Alter im Singspiel rühmlich hervor. Sein Geronte
in Goldoni's Lustspiel „Der wohlthätige Murrkopf", Dominik
im „Essigfieder" und Meister Sock in „Die seidenen Schuhe"
waren Prachtleistungen. Göthe gibt von Marchand folgende
Schilderung: „In Frankfurt dirigirte zu der Zeit (1775) Marchand das Theater und suchte durch seine eigene Person das
Mögliche zu leisten. Er war ein schöner, groß und wohlgestal-
teter Mann in den besten Jahren; das Behagliche, Weichliche
erschien bei ihm vorwaltend: seine Gegenwart auf dem Theater
war daher angenehm genug. Er mochte so viel Stimme haben,
als man damals zur Ausführung musikalischer Werke wohl allenfalls bedurfte; deshalb er denn die kleineren und größeren französischen Opern herüber zu bequemen bemüht war. Der Vater
in der Gretry'schen Oper „Die Schöne bei dem Ungeheuer" gelang ihm besonders wohl, wo er sich in der hinter dem Flor
veranstalteten Vision gar ausdrücklich zu geberden wußte." —
Auch die Tochter Marchands, welche als Edelknabe in dem

gleichnamigen Schauspiel sehr gefiel, sowie der Komiker F r i e d = r i ch H e l l m u t h, der später zur Seyler'schen Gesellschaft über= trat, waren schätzbare Kräfte der Mainzer Bühne. Von den übrigen Mitgliedern der Truppe erwähnen wir: Mad. F r a n = z i s k a H e l l m u t h als Liebhaberin im Sing= und Schauspiel, eine geborne Mainzerin (geboren 1746, debutirte 1770), deren Tochter Marianne Müller (geboren 1772) die erste „Königin der Nacht" am 12. Mai 1794 am Berliner Hoftheater sang; die Sängerinnen M i e r k, S t i e r l e und U r b a n, welch' letzterer das Fach der Mütter übertragen war, sowie den ersten Lieb= haber Herrn S t i e r l e und den komischen Alten Herrn M i e r k. In Anstandsrollen war Herr T i e t k e glücklich, und ein ausge= zeichneter Baß=Buffo war Herr B r a n d e l, welcher sogar oft am Hofe singen mußte. Die Regie führte der Direktor, das Orchester stand unter der Leitung des Musikdirektors H. B a l = d e n e c k e r und Balletmeister war Herr B r o ch a r d der Aeltere.

Aus diesen Angaben ersieht man, wie sich unter Marchands strebsamer Direktion alle Umstände vereinigten, um das Mainzer Theater zu einem achtungswerthen Rang in Deutschland zu er= heben. Marchand hatte das Verdienst, durch seine eifrige und kunstverständige Pflege der Oper in Mainz den musikalischen Geschmack geläutert zu haben. Sein Name wurde bald aus= wärts mit hoher Achtung genannt. Nachdem er bereits im Jahre 1773 zum kurpfälzischen Hofschauspieler ernannt worden war, erhielt er vier Jahre darauf einen Ruf an das Mannheimer Theater, welchem er auch mit mehreren vorzüglichen Kräften der Truppe Folge leistete. Das Mainzer Publikum sah die Gesell= schaft nur ungern ziehen, und auch den Künstlern ward es schwer, sich von der kunstsinnigen und lebensfrohen Stadt zu trennen; davon legte die von Herrn Huck gedichtete und Ma= dame Marchand bei der letzten Vorstellung im März 1777 ge= sprochene Abschiedsrede Zeugniß ab. Die Rede lautete:

  „Ihr Würdigen, im weiten Gönnerkreise
Versammelt hier, vernehmt —
Nach der gewöhnten Weise
Mit Huld und Güte — unser Abschiedswort!
  Des Schicksals Ruf, dem Fürsten, Helden
Und Jeder, der sich sonst der Freiheit Muth erlaubt,
Und — wie der Vorzeit Sagen melden,

Wie die antike Welt so fest geglaubt —
Selbst Götter tiefgehorsam folgen müssen;
Das Unerbittliche! — es treibt uns fort
Von Euch, vom Rhein, von tausend Hochgenüssen,
Von tausend Reizen da und dort,
Die wir zum letztenmal begrüßen. —
Es treibt uns fort!
Und diese Brust,
Von lodernden Dankes gewaltsamer Lust
Gewaltsam bewegt —
Sie wird im Gedanken an Scheiden zerrissen.
　　Hier sollte uns golden ein Stern aufgehen.
Auch sahen wir ihn prachtvoll, unverschleiert,
Auf den Thyriushügeln von Mainz erstehen,
Den Hämosverwandten, und hoch gefeiert
Am Aganippe-Rhenus stehen;
Und hier, im seeligsten Wohlergehen,
In treu geweihter Liebeshege,
In hochgesinnter Gönnerpflege,
Hier haben wir die Saturnzeit gefeiert,
Und diese soll — ja es sei laut betheuert —
Zum mindesten im Dank nie untergehn!
Kann solchen Segen auch die Zeit verwehn? —
Hier, wo einst Roma's Adler sich erhoben,
Wo zwischen Thyrien Athenä und Phöbos ruht,
Wo Horen den Reigen der Musen geschlungen,
Hier tauchet von Oben
Kein Name in Letheflut,
Den Klio des Neides Vippern entrungen,
Den sie auf himmlischen Schwingen erhoben.
Mit Selbstvertrauen drum scheiden wir,
Und doch mit Wehmuth, mit Schmerz von hier.
　　Indem wir nun, im Innersten betrübet,
Mit Seufzern und Thränen tief und schwer
Verlassen, was theuer uns war und hehr,
Die schöne Stadt und das lachende Eden umher,
Den hohen erlauchtigen Adel, der Kunst und Wissen liebt,
Und, edlen Sinnes, Bürgertugenden übet,
Und Bürger, die wahrhaft edel sind,
So wagen wir nun die letzte Bitte,
In Hoffnung, sie schwinde nicht hin in Wind. —
Was glaubt Ihr wohl, was wir zu bitten wagen?
O quält Euch mit rathen nicht, will's Euch geschwind
Hier offen zwar, doch im Vertrauen sagen:

Um Lieb' in Erinnerung bitten wir!
Ha! Gebt Ihr uns diese,
So scheiden getröstet wir
Aus Mainz, aus unserem Paradiese;
Und stellt sich vor's Thor der Himmelserde
Ein Engel abwehrend mit flammendem Schwerte,
So denken wir doch:
Die da drinnen die nennen uns noch,
Die Edlen, die Guten dem Angedenken
An uns noch Vertrauen und Liebe schenken;
Und wo in des Lebens Wüste wir stehn,
Von Sehnsucht ergriffen nach Wiedersehn,
Da wünschen wir Euch, Ihr Edlen, Ihr Guten!
In den ewig bewegten Zeitenfluthen
Ein ewig befestigtes Wohlergehn.
Lebt wohl!
Ewig, ewig wohl!"

VI.

Eine Glanz-Epoche der Mainzer Bühne unter der Direktion Seyler.

Mit großer Spannung sah man jetzt in Mainz der Ankunft der berühmten Seyler'schen Truppe entgegen. Marchand hatte durch ein gediegenes Repertoir und eine entsprechende Darstellung einen Kunstsinn bei dem Publikum hervorgerufen, der nur schwer zu befriedigende Ansprüche machte. Das Bedürfniß nach einem guten deutschen Theater war fast bis in die untersten Schichten der Bevölkerung gedrungen, während der Adel nun unter der Regierung des Kurfürsten Erthal sich von der Bühne mehr und mehr zurückzog. Das letzte Zeichen lebhafter Theilnahme des Adels an dem Theater war die Aufführung zweier Stücke in französischer Sprache durch Adelige. Es wurde am 21. April 1777, etwa sieben Wochen vor Seylers Ankunft, „Le Glorieux" nebst dem Nachspiel „Les moeurs du tems", und acht Tage darauf dasselbe Stück mit dem Nachspiel „L'impromptu de campagne" gegeben. Freiherr v. Dalberg, damals kurmainzischer Kämmerer, welcher sich später als Leiter der Mainzer Nationalbühne große Verdienste um das deutsche Theater erwarb, spielte die Titelrolle. Die übrigen Rollen waren besetzt: Lysimon: Freiherr v. Kerpen, Domherr; Valere: Graf v. Schlick; Philinte: Freiherr v. Bibra, Vicedom; Likander: Graf Stockhammer; La Fleur: Graf v. Stadion: Pasquin: Herr Lucius, Sekretär bei der holländischen Gesandtschaft; Isabella: Frau Gräfin v. Schönborn; Lisette: Frau Gräfin v. Werthern. In dem Nachspiel „Les moeurs du tems" war folgende Rollenvertheilung vorgenommen: Geronte: Herr Lucius; Le Marquis: Freiherr v. Kerpen; Dorante: Freiherr v. Geismar; Dumont: Graf Stockhammer; Julie: Gräfin Friederike v. Wartensleben; La Comtesse: Gräfin Karoline v. Wartensleben; Cidalise: Frau Gräfin v. Stadion. Im „L'impromptu de campagne" spielten mit: Herr Lucius: Le Comte; Freiherr v. Kerpen: Crast; Freiherr v. Geismar: Damis; Graf v. Wartensleben: Frontin; Frau Gräfin v. Stadion: Isabelle; Gräfin Karoline v. Wartensleben: La Comtesse; Gräfin Friederike v. Wartensleben: Lisette.

Unter den vorgenannten Darstellern war Freiherr Friedrich Hugo v. Kerpen als ein vortrefflicher Tonkünstler und der Sekretär Lucius als dramatischer Schriftsteller rühmlich bekannt. Mit solchen gebildeten Dilettanten mußte eine gute Vorstellung zu Stande kommen. Ein zeitgenössischer Kritiker äußerte sich auch am 30. April 1777 anerkennend über diese Aufführungen. Der Kritiker sagt u. A.: „Die Frau Gräfinn von Werthern und die Gräfin Karolin von Wartensleben haben durch ihr vortreffliches Spiel das innigste Vergnügen in dem Herzen der Freunde der Wissenschaft und der Schauspielkunst, und die Bewunderung jedes Kenners erwecket. Herr v. Dahlberg und Herr v. Kerpen sezten sich in die Lage ihres Karakters so meisterhaft, als man es von Schauspieler wünschen kann. Möchte mancher Schauspieler, der mit einer stolzen Zuversicht die Bühne betritt, weil er davon lebt, sie mit eben der Liebe für die Kunst, wie diese beyde Kavaliers besteigen, kein Mensch würde mehr klagen. Solche Auftritte sind unschätzbar, da sie so selten erscheinen.

Herr v. Kerpen, dessen Talente, Wissenschaften und großes Herz jeder Menschfreund verehren muß, hatte das Hauptgeschäfte bei diesem Unternehmen, und bewies, daß er hierin eben so weite Kenntnisse habe, als in wichtigern Wissenschaft und in der Ton- kunst. Der Zulauf war unglaublich und der Beyfall des füh- lenden Publikums von Herzen. Nur blieb ein Wunsch zurük, da wir auf unsren großen Leßing so stolz sind, und so manches herrliche deutsche Schauspiel haben, die Kunst würde weit dankbarer gewesen seyn." — Dieser schüchterne Wunsch, welcher sich, da der Verfasser wohl den Hofkreisen nahe stand, nur auf Andeutungen zu be- schränken wagte, war leider in hohem Grade berechtigt. Der Adel wurde von Tag zu Tag verwälschter und verschwendete seine Zeit mit französischen Seichtigkeiten, während die vater- ländische Literatur die großartigsten Werke nach Inhalt wie Formenschönheit hervorbrachte.

Unter solchen Umständen war es Seyler schwer genug ge- macht, in Mainz Boden zu gewinnen. Der hohe Adel, der, wie wir oben sahen, seinen Kunstsinn je nach den Ansichten des regierenden Fürsten modelte und der Bühne nur wenig Auf- merksamkeit schenkte, wurde noch durch das weitere Verhalten des Kurfürsten in seiner Theilnahmlosigkeit bestärkt. Erthal ent- zog nämlich dem neuen Direktor unter anderen Vortheilen, welche die früheren Bühnenleiter genossen hatten, auch die Hofmusik. Es bedurfte bei solchen dem Theater höchst ungünstigen Verhält- nissen der ganzen Thatkraft eines Seyler, um der Mainzer Bühne ihr Ansehen zu erhalten. Seyler löste diese Aufgabe mit be- wundernswerthem Eifer. Seine Bühnenleitung war um so höher zu schätzen, als er darin nicht allein Marchand erreichte, sondern weit überflügelte und das Mainzer Theater zu einer Musteranstalt Deutschlands umschuf. Er hat den gro- ßen Ruf, welcher ihm und seiner Truppe vorausging, glänzend gerechtfertigt. Seyler war es, der im Jahre 1767 (damals ein fallirter Kaufmann) mit Bubbers und Tillemann die sogenannte „Hamburger Entreprise" bezw. das erste deutsche National- theater, an welchem die Ackermann'sche Truppe spielte, ins Leben rief und damit Lessing Gelegenheit gab, als Dramaturg seine kritischen Gedanken zu entwickeln. Die Entstehungsgeschichte des Nationaltheaters beweist wieder die Wahrheit des in neuerer

Zeit besonders beliebt gewordenen Spruches: „Wo steckt die Frau?" Es war nicht sowohl das Streben, der deutschen Bühne eine neue Zukunft zu schaffen, worauf man im Hinblick auf die spätere Thätigkeit Seylers in Mainz schließen könnte, als vielmehr die Allgewalt der Liebe, welche Seyler zur Stiftung des Nationaltheaters veranlaßte. Am Hamburger Theater wirkte nämlich unter großem Beifall die Schauspielerin Sophie Friederike Hensel, welche vor den Augen des Kaufmannes Abel Seyler Gnade gefunden hatte. Die Hensel war, wie wir auch noch weiter unten erfahren werden, an jener Künstlereitelkeit erkrankt, welche nichts weniger als einen Fortschritt in der künstlerischen Entwickelung bedeutet, nämlich an der unleidlichsten Rollen- und Beifallsucht. Es konnte ihr daher nicht behagen, daß auch ihre Genossin Karoline Schulz bei dem Publikum eine freundliche Aufnahme fand. In Hamburg bildeten sich bald zwei Parteien und schließlich trug die Hensel mit Hülfe ihres nachmaligen Gatten Seyler den Sieg davon. Dieser verband sich mit den obengenannten Hamburger Kaufleuten und schuf seiner Geliebten einen eigenen Schauplatz mit der Gründung des Nationaltheaters. So wurde der Eigensinn eines Weibes die Ursache einer Schöpfung, die der deutschen Schauspielkunst eine große Zeit eröffnete.

Die Hensel, die später als Seylerin zu Mainz sich in dem Fache der Königinnen, ersten zärtlichen Mütter und in hochkomischen Charakterrollen eines großen Beifalls erfreute, war übrigens eine tüchtige Schauspielerin. Lessing gedenkt ihrer in seiner Dramaturgie höchst lobend. Neben der Sarah Sampson glänzte sie als Cenie in einem Uebersetzungsstück der Gottschedin. Der große Kritiker sagt: „Cenie ist Madame Hensel. Kein Wort fällt aus ihrem Munde auf die Erde. Was sie sagt, hat sie nicht gelernt; es kommt aus ihrem eigenen Kopfe, aus ihrem eigenen Herzen. Sie mag sprechen oder sie mag nicht sprechen, ihr Spiel geht ununterbrochen fort." Lessing fand nur einen Fehler an ihr, nämlich ihre Körpergröße. Trotz des Lobes, das ihr ein so scharfer Denker wie Lessing spendete, gerieth sie auch mit diesem in Streit und war mit der Anlaß, daß er seine Schauspielerkritik ganz aufgab und sich auf die Würdigung der Stücke beschränkte. Auf diese Weise verdrängen oft auch heutzutage die Schauspieler zum größten Schaden ihrer Kunst die

ehrlichen Kritiker und erziehen eine Bande von Lobhudlern,
welche um einige Markstücke oder einen liebenswürdigen Blick
der betreffenden Mimen diese und das Publikum betrügen. Doch
verfolgen wir die Schicksale Seylers weiter.

Seyler widmete sich nun ganz der Bühne und hatte
auch bald Gelegenheit zu zeigen, daß in einem bankerotten
Kaufmann eine ächte Künstlernatur stecken kann. Als im Jahre
1769 Ackermann bei dem Statthalter von Hannover in Un-
gnade fiel, bildete Seyler — das Hamburger Nationaltheater war
an der Theilnahmlosigkeit des Publikums gescheitert — im Auftrage des Statthalters eine Königl. privilegirte Gesellschaft, die
erste Truppe, welche einen eigenen Theaterdichter, Michaelis,
hatte. Nachdem Seyler mit seiner Truppe einige Zeit auch in
Celle, Stade und Lüneburg gespielt hatte, folgte er einer Einladung der kunstsinnigen Herzogin Regentin im Jahre 1773 nach
Weimar. Seyler bürgerte in dem zukünftigen deutschen Athen
die Dramen Lessings ein und wandte auch der Oper, welche
unter der Leitung des durch seine Zerstreutheit berühmten Komponisten Benda stand, große Aufmerksamkeit zu. Benda ging
auch mit nach Gotha, wo neben ihm noch der Komponist
Schweitzer, welcher Wielands „Alceste" in Musik gesetzt hatte,
als Musikdirektor der Seyler'schen Truppe thätig war. Als im
Jahre 1774 das Weimarer Schloß und Theater abbrannten,
ging Seyler nach Gotha, wo der Herzog eine große Vorliebe für
das deutsche Schauspiel hegte. Dort wirkte er einige Zeit und
überließ dann Eckhof, bei welchem sich damals Iffland ausbildete, die Leitung des Gothaer Hoftheaters. Nachdem Seyler
im Jahre 1775 das kursächsische Privilegium erhalten hatte, siedelte
er nach Dresden über, wo jedoch seines Bleibens auch nicht lange
war. Graf Bondini errichtete eine eigene Bühne, und Seyler
wandte sich daher aus den sächsischen Ländern nach dem Rhein.
Er nahm vermuthlich den Weg über Wetzlar, wo Gotter, der
„eifrigste Nachfolger Weißes", Operntexte für die Seyler'sche
Truppe zurecht machte, ging dann nach Düsseldorf und von da
nach kurzem Aufenthalt nach Mainz.

Das war der Mann, welcher, dem Drange der Zeit folgend, das deutsche Schauspiel auch in der alten Rheinstadt unter
den oben berührten mißlichen Verhältnissen einzubürgern ver-

suchte. Seyler war aber auch, wie kein anderer Schauspieler-
Prinzipal seiner Zeit, fähig, eine so hohe Aufgabe zu erfüllen.
Mit einer seltenen Thatkraft verband Seyler eine gediegene
Kenntniß der dramatischen Literatur und Schauspielkunst, welche
es ihm ermöglichte, mit klarem Auge alle Mängel zu erkennen
und denselben in zweckmäßigster Weise abzuhelfen. Er war der
erste Direktor, welcher, die Wichtigkeit eines Dramaturgen für
die Hebung des Theaters erkennend, bereits im Jahre 1769 zu
Hannover den Theaterdichter Michaelis anstellte, dem im
Jahre 1776 der hervorragendste Vertreter der Sturm= und
Drangperiode, Maximilian Klinger, als Dramaturg folgte.
„Klingers Aeußere", meint sein Freund Göthe, „war sehr vortheilhaft. Die Natur hatte ihm eine große, schlanke, wohlgebaute
Gestalt und eine regelmäßige Gesichtsbildung gegeben. Er hielt
auf seine Person und trug sich nett. Klinger gehörte unter Die
welche sich aus sich selbst, aus ihrem Gemüthe und Verstande
heraus zur Welt gebildet hatten. In seinen Produktionen zeigt
sich ein strenger Verstand, ein biederer Sinn, eine rege Einbil=
dungskraft, eine glückliche Beobachtung der menschlichen Mannich=
faltigkeit und eine charakteristische Nachbildung der gegnerischen
Unterschiede." Klinger, der dem strebsamen Personal sogar Vor=
lesungen über das Drama und die Schauspielkunst hielt, ver=
faßte bei seiner Ankunft in Mainz für die Seylerin folgende
Antrittsrede, die namentlich einen interessanten Einblick in die
Entwicklungsgeschichte der deutschen Schauspielkunst gewährt.
Madame Seyler sprach am 17. Juni 1777 zum Schluß der
Vorstellung:

> Mit nie gefühlter Lust betret' ich heut
> Den Tempel, den ein hoher Adel
> Dem Ernst' Melpomenens, Thaliens Scherz geweiht! —
> Ihr nahmt uns auf, Erhabne! Obgleich bittrer Tadel
> Des Neides, der Chikane Gift,
> Das gern die unbesorgte Unschuld trifft,
> Uns auch bey Euch verdächtig machte. —
> Schon freute seines Sieges sich und lachte
> Der hämisch düstre Neid — allein beschämt
> Verstummt er nun, wo ich zu unserm Glücke
> Nur Huld, Vertraun, Zufriedenheit erblicke.
> O nehmt dafür, erhabne Gönner! nehmt

Von einer Tempelpriesterin
Des wärmsten Dankes Thräne hin!

Als biedre Deutsche, mit der Nachsicht Miene
Selbst in Kritik erweisend Gönnerhuld,
Steht ihr vor einer deutschen Bühne
Und habt mit Schwächen gern Geduld.
Nicht Täuschung ist der Beifall, der uns schallte,
Nicht in der Selbstverblendung Schuld
Das Herz betrogen, das so dankbar wallte.

Heil uns! die deutsche Kunst gewann Euch schon
Für redliches Bemühn, das wir als Pflicht erkennen;
Weg ist das Vorurtheil für Albion,
Für Gallien, die Garrik's, Oldfield's, Quennen,
Ein Lekain, und die Dumenil, Clairon
Sind nicht allein vor Euren Augen groß,
Auch deutsche Namen sind es, die ihr kennet,
Und dankerfüllt mit Beifall nennet;
Das Vorurtheil entweicht, und Eure Liebe brennet
Für deutsche Art und Kunst; wir preisen unser Loos,
Und dieses edle Zutrau'n zu verdienen
Sind mit dem besten Willen wir erschienen.

Wie? flüstern Zweifler hier? O treibt nicht Scherz,
Ihr Herrn, und legt die Hand auf's Herz! —
Soll's uns ergehn, wie etwa mit den Moden? —
Mit ihnen, wo was fremd nur ist gefällt;
Nicht das, was deutscher Grund und Boden
Hervorgebracht? — Und doch erzählt
Uns mancher Reisende, und schwört dazu,
Nachdem er London und Paris gesehen,
Es sei doch Alles — comme chez nous. —

Doch wahr bleibt wahr! Wir wollen's gern gestehen,
Daß uns die Tempel noch nicht lange stehen,
Und in den Propyläen erst getagt.
(Doch das sei unter uns gesagt!) —
Als Proserpinens Raub, das Reich der Todten,
Die bunte Hirtenwelt, und — Gott sei es geklagt! —
Manch tolles Zeug, halb Unsinn und halb Zoten,
Als Schwulst noch und Bombast dem Gusto zugesagt,
Und grave Haupt= und Staatsaktionen,
Mit Stapins, Burlins, Bernardonen
In Mode waren; kurz, da es kein Lessing gab,

Da gab's auch keine deutschen Garrifs; und den Stab
In einer Hand und in der andern
Die prima Donna sah man, leicht an Hab
Den primo Amoroso wandern.
Der Thespistarren hinterher,
Und oben drauf noch manches lamentoso
Vom Lazaret; ein lahmer Virtuoso,
Auch der Garderobier, selbst ein Virtu und etwas mehr,
Und dann ein Plunderkram von ausgesteiften Röcken,
Viel Glitzglas, Goldpapier und Zindel,
Und pappne Harnische voll Löcher und voll Flecken,
Die griechischen und röm'schen Helden drein zu stecken,
Dann etwa auch noch ein Paar Bündel
Von Puder, Schminke, Spiegelstücken,
Notarienmäntel und Perücken,
Und statt des Pegasus gar lobesam
Fein eingespannt das Roß von Bileam. —
Auf einem kleinen Anhangkarren
Sah man, von Durst und Hunger zahm,
Den Don Hanswurst, den armen Narren,
Auf seine Lorbeern etwas gram,
Beschäftigt seinen Witz und auch sein Wams zu flicken,
Worin er bald als Kavalier stolzirte,
Und bald als Kesselflicker figurirte. —

Auf solcher öden Distelbahn
Ha! welcher Gott sollt' da die Kunst beglücken?
Die holden Musen wandten ihr den Rücken,
Und Deutschland hieß mit solcher Wanderwaare
Mit Recht: La nation barbare. —

Nun aber gieng's voran mit kühnern Schritten
Die vor von Deutschen lang verfehlte Bahn;
Der Dichter, der Akteur, rasch strebten sie voran.
Mit Muth und Glück ward blinder Wahn
Und roher Sinn, und jedes Vorurtheil bestritten,
Die Schlegel's, Cronegk's, Göthe's kamen
(Wer kennt sie nicht die großen Namen?!)
Und voll Verwundrung sehn
Die stolzen Gallier und die noch stolzern Britten
An Wahrheit, Glanz und Kühnheit sich bestritten;
Sie sehn (nur wollen sie's so leicht nicht eingestehn)
In unserm Lessing mehr gesunde
Kritik als Diderot und Warbuton zur Kunde

Der heut'gen Bühnenwelt gebracht;
Sehn manch Genie bei uns, das von der Macht
Des Musengottes hochbeseiert,
Selbst Gräciens Kothurn erneuert,
Und mit den Grazien auf niedren Socken lacht.

Jetzt bau'n Germaniens Städte Bühnen,
Von Steinen hier, von Brettern dort;
Nachdem zur vaterländ'schen Kunst bei ihnen
Die Liebe heiß ist oder lau. — Kein Ort —
So zeuge künftig die Geschichte! — thut mehr
für Kunst
Als du, o Mainz! Wie huldreich schützest
Du deutsche Schauspielkunst! Du unterstützest
Durch Freundessinn und klingendreiche Gunst
Den frohen Fleiß, den Muth der jungen Kunst,
Du wirbst ihr alle Großen zu Mezänen,
Und selbst die Liebe der Kamönen.

Empfange, holde Stadt! von mir
Des Herzens reichsten Dank dafür!
Ihr Gönner! Hocherhabne! Schenkt uns Allen
Beständig Eure Huld;
Bisweilen Nachsicht und Geduld,
Doch ewig Euer Wohlgefallen!

In diesen Versen zeigt sich auch so recht der Kunstsinn des damaligen Publikums und das ernste Streben des Direktors, nur Gediegenes zu leisten. Sein Repertoir war ein sehr gewähltes. Obgleich er noch mit manchen Vorurtheilen gegen die vaterländischen Stücke zu kämpfen hatte, gelang es ihm doch nach und nach, das Publikum heranzubilden, eine Pflicht, die jedem Direktor heilig sein müßte. Aus einem vorliegenden Repertoir der Saison 1777 78 heben wir folgende Stücke hervor: „Richard III.", Trauerspiel von J. Weise; „Eduard Montrose", Trauerspiel von Dyk; „Graf Waltron" von Möller, dem beliebten Mitglied der Truppe; „Clavigo" und „Götz von Berlichingen" von Göthe, welches Drama zum ersten Male in Mainz erschien; „Sarah Sampson", „Emilia Galotti" und „Minna von Barnhelm" von Lessing, letzteres als Novität; „Julius von Tarent", Trauerspiel von Leisewitz; „Graf Olzbach", Trauerspiel von Brandes; „Othello" und „Hamlet" von Shakespeare

in Schröders Uebersetzung: „Henriette", Lustspiel von Groß=
mann, dem Charakterdarsteller der Gesellschaft; „Die Eifersüch=
tige", Lustspiel von Stephanie: „Der Postzug", Lustspiel von
Ayrenhoff, und „Sturm und Drang", Schauspiel von Klinger.

Die Oper — welcher Seyler ein eigenes Orchester gegeben
hatte, unter dessen Mitgliedern die beiden Geiger Benda, sowie
der Oboist Küttel und der Hornist Schmidt, beide geborne
Mainzer, hervorragten — stand unter der Leitung des Kapell=
meisters Christian Gottlob Neefe. Derselbe hatte sich als
Komponist von Klopstocks Oden und der Operetten: „Amors
Guckkasten", „Der Einspruch", „Die Apotheke", „Zemire und
Azor" nach Thümmels Uebersetzung, „Adelstan und Röschen",
sowie des Monodramas „Sophonisbe" einen allgemein geachteten
Namen erworben. Besonderen Gefallen scheint seine Musik zu
der Farce „Die Zigeuner" gefunden zu haben. Dieses Stück,
welches in der Meßwoche des Jahres 1777 von Seyler zu Frank=
furt aufgeführt wurde — Seyler spielte während des Sommers
in Köln und Frankfurt — brachte dem Direktor reiche Einnah=
men. Gegen den Text des Stückes, welches von dem dichtenden
Heldenvater der Truppe, Möller, abgefaßt war, erschienen
mehrere polemische Schriften. Dessenungeachtet drang man, wie
ein Brief vom 6. Dezember 1777 besagt, darauf, daß Seyler
das Stück auch in Mainz gebe, was denn hier unter großem
Beifall geschah. „Es hatte", wie ein Berichterstatter naiv bemerkt,
„das Verdienst, gleich allen Möller'schen Stücken, daß es der
Kasse des Direktors Vortheil brachte." Die heute so oft beklagte
Operettensucht scheint also schon damals in dieser Form grassirt
zu haben. — Außer den vorgenannten Singspielen wurden u. A.
noch folgende Opern gegeben: „Der gerechte Fürst" von Schink,
„Die Liebe auf dem Lande" von Weiße, „Der Barbier von
Sevilla" von André, „Otto der Schütz" von Schmieder, „Der
Faßbinder" von Faber, „Günther von Schwarzburg" von Klein,
„Die Sklaven" von Faber, „Das Gärtnermädchen von Frescati"
von Musäus, „Die Dorfgalla" von Gotter und „Theseus und
Ariadne" von Gretry, dem französischen Komponisten, einem
Nachfolger Lullys, welchem wir später noch oft begegnen. Großes
Aufsehen erregten die Opern Glucks, welcher Seyler seine
Einführung in Mainz verdankt. Von den Opern dieses Meisters
wurden u. A. „Alceste", „Orpheus" und „Euridice" aufgeführt.

In letzterer Oper hatten sich Glucks Reformen, und zwar besonders hinsichtlich der Chöre, zuerst gezeigt.

Das Ballet unter der musterhaften Leitung des Herrn Schulz, welcher durch die Tänzerinnen Madame Müller und Dem. Opitz in seinen Bemühungen wacker unterstützt wurde, brachte u. A.: „Die grönländische Vermählung", „Orpheus und Euridice", „Das Rosenfest", „Der verliebte Gärtner", „Pygmalion", „Schuster bleib' bei deinem Leisten" und „Der Necker Rübezahl".

Das Personal war des Direktors und seines Repertoirs würdig. Schauspiel wie Oper zählten gleich gute Kräfte, so daß sehr oft die Sänger mit großem Glück auch im Drama mitspielten. Von den Herren erwähnen wir: den ersten Vater und Charakterliebhaber Herrn Borchers, welcher mit Meisterschaft in Mimik und Deklamation seine Rollen gab; den komischen Alten Herrn Hensel; den bereits oben angeführten Heldenvater Herrn Möller, der auch in Tyrannen und Carricaturen groß war; den Komiker Pöschel; den zärtlichen Vater Kirchhofer, welcher nebenbei das Amt des Maschinenmeisters verwaltete; den zweiten Liebhaber Herrn Zuccarini und den ersten Liebhaber Herrn Opitz, der seine Abkunft von dem berühmten schlesischen Dichter gleichen Namens ableitete. Ein vorzüglicher Charakterdarsteller war Herr Großmann, der jedoch schon während der zweiten Saison Seylers in Mainz, im November 1778, mit Hellmuth, dem Gatten der bereits erwähnten Mainzerin Franziska Hellmuth, nach Bonn ging, wo der Kurfürst sie zu Hofschauspielern ernannte. Auch das Ehepaar Fiala und der Tenorist Friedrich Hellmuth der Jüngere waren abgegangen. Die Tenoristen Dauer und Demmler, sowie der Bassist Müller blieben. Außer der Seylerin wirkten noch folgende Damen sowohl im Schauspiel als in der Oper mit: Madame Borchers als erste Liebhaberin, welche auch als erste Soubrette sehr gefiel; Mad. Dauer als naive Liebhaberin; die Heldenmutter Mad. Reese und die zweite Liebhaberin Mad. Pöschel. Erste dramatische Sängerin war Mad. Benda, die Gattin des oben erwähnten ersten Geigers und Correpetitors (zweiter Kapellmeister). — Außer den darstellenden Mitgliedern der Gesellschaft hatte Seyler noch ein zahlreiches Dienstpersonal, wie einen

Costümzeichner, Fechtmeister, Kassirer, Maschinisten, zwei De-
korationsmaler, Appiani und Balthasar, und mehrere
Theaterdiener.

Leider waren die Umstände nicht geeignet, die edlen Bestrebungen Seylers mit dem gebührenden Erfolg zu krönen.
Sein großes Personal, das nahezu 200 Mitglieder zählte, und
alle die Vorrichtungen, welche eine geregelte Bühne erforderte,
kosteten ihn große Summen. Seine jährlichen Ausgaben betrugen 90,000 Gulden. So hatte er außerordentlich hohe Gagen
zu zahlen: ein Schauspieler oder Sänger ersten Ranges erhielt
von ihm 25—30 Reichsthaler die Woche. Das gebildete Publikum, als welches sich damals hauptsächlich der reiche Adel
ansah, redete zwar viel von der Hebung der Kunst, mied jedoch
gleich dem Kurfürsten das Theater. Seyler konnte daher unmöglich alle Kosten aufbringen. Sein mit so edlen Absichten
begonnenes Unternehmen mußte an der Theilnahmlosigkeit des
gebildeten Publikums und der Regierung scheitern. Die Doctoren
Moors und Ziegler von Frankfurt belegten Seylers Garderobe
mit Arrest. Die Mitglieder (Seyler war am 17. Septbr. 1779
mit seiner Frau nach Mannheim gegangen) erhielten vom Ma-
gistrate mit großer Mühe die Erlaubniß, zwar nicht unter Seylers Namen, jedoch als „vereinigte Gesellschaft" einige Tage
weiter zu spielen. Am 4. Oktober trennte sich die Gesellschaft,
nachdem sie den Ueberschuß getheilt hatte. Mad. Neese, Herr
und Mad. Opitz, sowie Mamsell Courte gingen zum kurfürstlichen Hoftheater nach Bonn, das Ehepaar Borchers nach
Hamburg, Herr und Mad. Benda nach Berlin. Herr Neese
ging ebenfalls nach Bonn, wo Großmann das Hoftheater leitete,
und kam, als dieser später die Mainzer Bühne übernahm, wieder
nach Mainz zurück. Der unstete Klinger hatte es in seiner
Stellung nicht lange ausgehalten. Als der bayerische Erbfolge-
krieg (1778) ausbrach, nahm er an demselben Theil. Später
ging er nach Rußland, wo er, als Vorleser des Großfürsten
Paul beginnend, sich immer mehr aufschwang und am 25.
Februar 1831 als General starb.

In der letzten Zeit seines Mainzer Aufenthalts hatte Seyler
alle Sonntage in Mannheim Vorstellungen gegeben und nach
dem Krach des Mainzer Theaters wurde er von dem kunstsin-

nigen Kurfürsten Karl Theodor veranlaßt, mit einigen seiner trefflichsten Mitglieder ganz nach Mannheim zu gehen*), wo die Gesellschaft den Grundstein zur Mannheimer Nationalbühne legte. Jedoch kaum zwei Jahre sollte Seyler das Glück genießen, neben Iffland, Beck und Beil zu wirken. Die Seylerin, welche schon in Hamburg einen Bruch mit Lessing herbeigeführt hatte, gerieth aus Künstler-Eifersucht auch bald an der Mannheimer Bühne in Streit. Der Spruch des kurfürstlichen Schiedsgerichts lautete auf Verabschiedung des Paares. Nach einem kaum einjährigen Aufenthalt war die Seyler'sche Gesellschaft in Mannheim auseinandergegangen. Im September 1783 finden wir Seyler als Leiter der Schleswiger Hofbühne und seine Frau wieder auf der alten Stätte ihres Wirkens in Hamburg unter der Direktion Schröders. Im Jahre 1787 ging sie zu ihrem Gatten nach Schleswig, wo Seyler bis zu seiner Pensionirung im Jahre 1792 die Direktion des Hoftheaters führte. Er zog sich hierauf nach Hamburg zurück und starb im Jahre 1801 zu Rellingen bei Hamburg. Die einst so berühmte Hensel (Seylerin) war ihrem Gatten 11 Jahre im Tode vorausgegangen.

In der Bühnengeschichte hat sich Seyler ein unvergängliches Denkmal gesetzt. Waren auch Noth und Mühseligkeiten die steten Begleiter seines bewegten Künstlerlebens, so blieb sein Ringen nicht vergebens. Sein Name wird von den spätesten Geschlechtern als der eines ehrlich strebenden Vorkämpfers für die Hebung der deutschen Bühne genannt werden.

*) Der Kurfürst hatte die Marchand'sche Schauspieler-Gesellschaft mit nach München genommen, wo sich die abgehende Nieser'sche Truppe theilweise mit derselben vereinigte. Die Bühne ward am 6. Ottober 1778 unter der Intendantur des Grafen v. Seeau und der Direktion Marchands eröffnet.

VII

Das Mainzer Theater unter der Direktion Böhm und Großmann.

Bald zeigte es sich, wie viel das Mainzer Theater an Seyler verloren hatte. Marchand, welcher nun die Bühne zum zweiten Male übernahm, versuchte zwar Seyler zu ersetzen, aber es gelang ihm dies durchaus nicht. Der Besuch der Vorstellungen war gering, und auch in Hanau, wo er einige Wochen spielte, schwebte kein günstiger Stern über seinem Unternehmen. Der folgende Direktor, H. Böhm, war weniger Künstler, als Kassenstückmann. Daher lag ihm auch wenig an der Pflege des Schauspiels und er neigte sich mehr der Oper zu, welche in seinem etwa 47 Mitglieder zählenden Personal, das unter der Leitung des Musikdirektors und Hofmusikers Höfelmayer stand, ganz geeignete Kräfte aufzuweisen hatte. Wir erwähnen nur: Mamsell Nanette Böhm (jugendliche und zärtliche Mädchen sowie Liebhaberin), die Soubretten Mad. Diestel und Engst, die erste Soubrette Mad. Müller und den ersten Tenoristen Grünberg. Erste Liebhaberin im Singspiel, d. h. Sängerin, war Mamsell Jonasson und Baß-Buffos die Herren Stierle und Brandt. Im Schauspiel waren thätig: die erste Mutter und Heldin Mad. Böhm, Mad. Christel als vertraute Frau, die erste Heldin und Liebhaberin Mad. Gallo, der erste Held und Liebhaber Herr Bielau, welcher auch in der Oper vorzüglich war, sowie die Herren Gallo in den Rollen der ersten Liebhaber und Philosophen, Rothe als Heldenvater, Müller und Smitt als zweite Liebhaber. Das Ballet stand in der ersten Zeit unter Herrn Vogt, später unter dem Italiener Amor. — Durch das theilnahmlose Verhalten der reichen und gebildeten Kreise, das einem strebsamen Direktor es schwer machte zu bestehen, war die Mainzer Bühne, welche eine Bildungsstätte zu werden versprach, zu einem Vergnügungsort für blasirte Damen und Herren, sowie Müssiggänger aller Art herabgesunken. Die Bemühungen Seylers schienen vergebens gewesen zu sein; es war daher hohe Zeit, daß Böhm's Gesellschaft abzog, damit nicht der letzte Rest von Kunstsinn, welcher hier und da im Verborgenen fortglimmte, in sich erlosch. Böhm nahm, nach dreijähriger Thätigkeit, im Anfange des Jahres 1783 von Mainz Abschied.

Nun übernahm der kurfürstl. Hof-Schauspieldirektor Gustav Friedrich Wilhelm Großmann, der früher unter Seyler in Mainz gespielt hatte und dann mit der Leitung des Bonner Hoftheaters betraut worden war, die Direktion der Mainzer Bühne. Seine Gesellschaft, welche aus einzelnen Kräften der Bonner Truppe gebildet war, spielte während des Winters ab-wechselnd in Mainz und Frankfurt, wo der fürstlich Waldeck'sche Hofrath Joh. August Tabor, der das neu erbaute Theater gemiethet hatte*), Großmann zunächst mit seiner Truppe enga-girte. Bezeichnend für die Meinung, die trotz des sich entwickeln-den Künstlerthums damals noch über die Schauspieler herrschte, ist die Vertragsbestimmung zwischen Tabor und dem Rathe der Stadt Frankfurt, nach welcher die Schauspieler zwar Permissions-scheine erhielten, aber „keine bürgerliche Nahrung durch Unter-richtgeben im Tanzen oder im Französischen, durch Galanterie-arbeit, Abschreiben oder sonsten betreiben" durften. Ob die Großmann'sche Truppe in Göttingen (1783), Pyrmont (1784) und Kassel (1785), in welchen Städten sie während der Som-merzeit spielte, sich ähnlicher liebenswürdiger Vorschriften zu er-freuen hatte, ist uns nicht bekannt. Das Vorhandensein dieser einzigen Bestimmung dürfte indessen von dem Kunstsinne der damaligen Behörden, welche einen Direktor wie Großmann, dem ein bedeutender Ruf vorausging, solchen Verfügungen unterwarfen, ein charakteristisches Zeugniß ablegen.

Im Jahre 1744 zu Stettin geboren, wurde Gust. Friedr. Wilh. Großmann zum Staatsbeamten ausgebildet. Jedoch ein unbezwinglicher Hang zur Schauspielkunst ließ ihn im Jahre 1774 zu Gotha in die Seyler'sche Truppe treten, woselbst er bei Eckhof eine tüchtige Ausbildung genoß. Seine Name als Lustspieldichter (wir erwähnen nur seine „Wilhelmine von Blond-

---

*) Sein Mitbewerber um das Haus war der Mainzer Direktor Böhm gewesen.

**) Dr. v. Oven a. a. O.

5

heim", sowie seine französische Uebersetzung der „Minna von
Barnhelm") war nicht sehr begründet, da er sich selbst, ähn=
lich wie Lessing, aber mit mehr Berechtigung, das Talent zum
Dichten absprach. Sein ernstes Streben blieb jedoch nicht un=
beachtet. Im J. 1779 rief der Theaterfreund Kurfürst Maxi=
milian Großmann nach Bonn*), um ihm die Leitung der dortigen
Hofbühne zu übertragen. Der Kurfürst hatte den hohen Beruf
der Bühne „als einer Sittenschule" mit klarem Blick erkannt. Als
Großmann nun im J. 1783 die Mainzer Bühne übernahm, über=
ließ er die Bonner Direktion seiner Frau (durch eine frühere Ehe
Mutter der berühmten Schauspielerin Bethmann), welche jedoch
bald darauf starb. Kapellmeister Neese beschrieb ihr Leben.

Großmann rechtfertigte in Mainz das Vertrauen, welches man
in ihn setzte. In seiner Antrittsrede sagte er zu dem vollen Hause:

„Das Schicksal hat gewinkt, gehorsam stehn
Nach manchem Sonnentag, nach manchen Hagel=Wettern,
Zum zweitenmal wir hier auf diesen Brettern,
Und — wie wir hoffen — gern gesehn. —
  Inzwischen haben auch die Zeiten
Bald Farb und Form, bald Klang und Ton
Im kunterbunten Lauf gewechselt;
Denn das Geschöpf, das einst Pygmaleon,
Der größte Plastiker, gedrechselt,
Liebt, weiß man, die Veränderung,
Obgleich der Funke, der von oben stammt,
Und, göttlicher Natur, an Jovis Thron geflammt,
Unwandelbar derselbe bleibt,
Der Götterfunke, der zum kühnsten Schwung
Bald aufwärts treibt
Bald durch der Klüfte Dämmerung
Zu Orkus Nacht, in Plutos dunkles Reich.
  So bringen wir denn auch für Euch,
Erhab'ne Gönner! vom Altare
Der Musen funkelneue Waare,
Die Euch gefallen wird, wofern
Durch Huld und Nachsicht Ihr auch gern
Uns die Zufriedenheit bereitet,
Die uns so nöthig ist auf dieser Bahn der Mühen,
Wo wahrlich uns, die wir für Kunst erglühen,

*) Anfänglich soll Hellmuth den Auftrag zur Bildung einer Schau=
spielergesellschaft erhalten und zu diesem Zwecke sich mit Großmann vereinigt
haben, der ihn aber verdrängte. R. Prölß, „Gesch. d. Hoftheat. zu Dresden".

Ein guter Wille treulich leitet,
Doch manchmal auch — denn mehr als Menschen sind wir nicht —
Im regsten Streben uns die Kraft gebricht. —
    Du schönes Mainz, du Sitz der Weisen und der Guten!
Du Sitz der Treuen und der Lieben!
Auf Rhenus silberhellen Fluthen
Hat, von der Hoffnung Rudern angetrieben,
Uns unsre Argos hergebracht zu Dir;
Und daß von deiner Gärten goldner Blüte
Und goldner Frucht kein Theil uns werde — das behüte
Apollo! — ihm geweiht sind wir. —
Ja für das Gegentheil bürgt Eure Güte,
Und dieses volle Haus — so bleib' es für und für! —
Und mögen wir nach Jahren sagen:
Ein Glücksschiff war's das uns zu Euch getragen."

Sein Repertoir genügte den Ansprüchen des Publikums. So wurden von Michaelis 1783 bis dahin 1784 folgende neu einstudirte Stücke gegeben: „Das öffentliche Geheimniß", Lustspiel von Gozzi und Gotter; „Doktor Guldenschmitt", Lustspiel von Stephanie; „Alzire", Trauerspiel von Voltaire; „Die zwei Schatzgräber", Singspiel von Fleischer; „Der Fähndrich", Lustspiel von Schröder; „Kephalus und Prokris", Melodrama von Ramler und v. Kerpen; „Armida", tragische Oper von Cramer und Salieri; „Der junkerirende Philister" von Moliere; „Die verwandelten Weiber", Singspiel von Weise und Hiller; „Kabale und Liebe", bürgerliches Trauerspiel von Schiller, welches kurz vorher (am 9. März 1784) zum ersten Male in Mannheim gegeben worden war; „Die Messe zu Venedig", Singspiel von Salieri; „Der Wankelmüthige", Lustspiel von Kibber und Schröder; „Das Verbrechen aus Ehrsucht", Trauerspiel von Iffland; „Der Irrwisch", Singspiel von Bretzner; „Der Hurone", Singspiel von Gretry; „Der Freigeist", Trauerspiel von Brawe; „Der schwarze Mann", Lustspiel von Gotter; „Der Diener zweier Herrn", Lustspiel von Goldoni; „Die Sklavin", Singspiel von Piccini; „Glück bessert Thorheit", Lustspiel aus dem Englischen von Schröder; „Zemire und Azor", Singspiel von Marmontel und Gretry; „Der erste Dank", Lustspiel von Wezel; „Die Reue vor der That", Singspiel aus dem Französischen von Großmann; „Otto von Wittelsbach", historisches Trauerspiel von Babo, welches noch lange das deutsche Repertoir beherrschte: „Miß Sarah Sampson", Trauerspiel von Lessing: „König Lear", Tragödie von Shakespeare (übersetzt von Bock); „Der Antiquitätensammler", Singspiel von André, der nun in Frankfurt privatisirte; „Die Entführung aus dem Serail", Singspiel von Bretzner und Mozart, jene reizende Oper, welche der große Tondichter zwei Jahre vorher im Auftrage Kaiser Joseph II. geschaffen hatte; „Alte Liebe rostet nicht", Lustspiel von Ayrenhofer; „Richard II.", Trauerspiel von Shakespeare (übersetzt von Gemmingen); „Die Verschwörung des Fiesco zu Genua", republikanisches Trauerspiel von Schiller (das Stück war am 11. Januar desselben Jahres zum ersten Male in Mannheim in Scene gegangen). Die letzte Novität des Jahres 1784 war: „Die Pilgrimme von Mekka" von Ritter Gluck. — Das Jahr 1785 brachte u. A. an Novitäten: „Die Mündel", Schauspiel von Iffland; „Der politische Kannegießer", Lustspiel von Hollberg, verbessert von Bock zu Mannheim; Göthes Schauspiel „Die Geschwister", welches er 1776 zu Weimar gedichtet hatte; das ländliche Sittengemälde „Die Jäger" von Iffland; „Die sechs Schüsseln", Lustspiel von Großmann; „Der Vetter aus Lissabon", Lustspiel von Schröder, und „Figaro's Hochzeit", Lustspiel von Beaumarchais, das durch seine beißende Satire auf die damaligen Zustände in Frankreich zum Ausbruch der französischen Revolution nicht wenig beitrug.

Auch das Personal war höchst strebsam. Es seien hier angeführt: die erste Liebhaberin im Singspiel Mad. Beckenkam; Mamsell Bösenberg, eine sehr beliebte Soubrette im Schau- und Singspiel; die Liebhaberin Mad. Ruth, die Aeltere, und die Herren: Beck, der in munteren Rollen sehr gefiel, der Tenorist Brandt, der Heldenvater Dengel, der tüchtige Schauspieler und Sänger Stegmann, Schmidt als Philosoph und der erste Held und Liebhaber Steiger. Auch der Theaterdichter Seyfried, ein geborener Frankfurter, der u. A. für das Liebhabertheater seiner Vaterstadt ein Lustspiel in Sachsenhäuser Mundart verfaßt und einen „Entwurf der Geschichte der Frankfurter Schauspielkunst" geschrieben hatte, soll einige Zeit unter Großmann als Schauspieler in Mainz gewirkt haben. Im J. 1785 war er Theaterdichter bei der Kessel'schen Gesellschaft. Als Musikdirektor wirkte der uns schon von Seyler her bekannte

Kapellmeister Reese. Der Direktor selbst war ein vortrefflicher Charakterdarsteller und fand besonders als Marinelli in Lessings „Emilia Galotti" Beifall. Kurz nach Großmanns Direktions= antritt vermehrte sich die Truppe noch um einige schätzenswerthe Kräfte. Es führten sich während der Saison 1783'84 ein: Herr Kunst als Doktor Linse (Eheprokurator), Herr Zindar als Licentiat Frank (Der argwöhnische Ehemann), Herr Peyſel als Petronia (Der eingebildete Philoſoph), der Chevalier Herr Wolſchowsky als Marquis (Die drei Töchter), der Liebhaber Herr Unzelmann als Giro (Die Liebe unter den Handwerkern), die zärtliche Mutter Mad. Brandel als Obriſtin in Groß= manns „Henriette", der Tenoriſt Herr Lippert als Belmonte (Die Entführung aus dem Serail), die Liebhaberin Mad. Wol= ſchowsky als Franziska (Der Schmuck) und Herr Rothe als Obract (Hausfreund). Auch Herr Döbbelin (Sohn) spielte einige Zeit während der Direktion Großmanns in Mainz. Be= ſonderen Beifall erntete die erste Liebhaberin Mad. Albrecht welche der beliebten Heldin Mad. Fiala, sowie der Liebhabe= rin Mad. Stegmann in keiner Weise nachstand. Schon bei ihrem ersten Auftreten am Mainzer Theater (4. Novbr. 1783) fand die Künstlerin eine überaus warme Aufnahme. „Ihr Wuchs", sagt ein damaliger Recenſent, „ist für erste Liebhabe= rinnen im Trauer= und Lustspiel wie gemacht. Sie hat Vor= züge, welche ihr alles sehr erleichtern. Sie lernt leicht und so richtig, daß sie nie fehlt und hat gewöhnlich das Stück ganz inne. Sie sieht fast mit keinem Blick ins Parterre, sondern ist beständig auf der Bühne im Hause. Sanfte, zärtliche Rollen gelingen ihr am besten. Auch das Fach der Wuth ist ihr nicht unangemessen und als Gräfin Waltron hat sie sich ein lautes Bravo erworben. So sehr Mad. Albrecht darauf Ansprüche machen kann, eine gute Schauspielerin zu seyn, und bessere zu werden, ebenso sehr darf sie auf die Achtung der Welt rechnen, da sie auf ihrer neuen Laufbahn (sie wählte das Theater aus Neigung) nicht allein ein unsträfliches Leben führt, sondern auch noch alles beizutragen sucht, um die Schule der guten Sitten, welches das Theater doch eigent= lich seyn sollte, von den Mißbräuchen zu reinigen, die sie immer noch in so vieler Augen verächtlich macht." Bei ihrem Debut als Lottchen im Schauspiel „Der

deutsche Hausvater" von Gemmingen (nach Diderot) gab Herr
Ruth den Graf Wodmar, Herr Schmidt den Karl, Mad.
Stegmann die Gräfin Amalie und Herr Großmann den
Maler.

Aber nicht allein durch ein vorzügliches Personal suchte
Großmann, der inzwischen auch dem Ballet=Unfug ein Ende
gemacht hatte, das Publikum für die Bühne zu gewinnen, son=
dern er veranlaßte auch einige Gastspiele, die gerade damals
in Aufnahme kamen. Unter ihnen nehmen die der Mannheimer
Künstler Iffland und Beil eine hervorragende Stelle ein.*)
Die beiden Gäste traten zunächst am 30. April 1784 in Ifflands
Trauerspiel „Das Verbrechen aus Ehrsucht" auf. Der Verfasser
gab den Ruhberg und sein würdiger Genosse Beil, der in komi=
schen Charakterrollen groß war, und dem eine Empfehlung des
Coadjutors Karl Dalberg an das Hoftheater zu Gotha die
Ruhmesbahn eröffnet hatte, den Oberkommissär Ahlden. Das
Publikum rief die berühmten Gäste am Schluß des Stückes her=
aus. Am 1. Mai spielten Iffland den Wallberg und Beil den
Siegmund in „Die väterliche Rache". Die Künstler verabschie=
deten sich am 3. Mai in Schillers „Kabale und Liebe"; Iffland
gab den Kammerdiener des Fürsten und Beil den Stadtmusikant
Miller. Großen Beifall fand noch die Sängerin Mad. Aloysia
Lange, eine Schwester der Gemahlin Mozarts, der Constanze
Weber,**) vom „Kaiserl. Nationaltheater zu Wien", welche be=
sonders als Louise (Der Deserteur) und Constanze (Die Ent=
führung aus dem Serail) gefiel und sich im September in letzterer
Rolle verabschiedete. Ihr Gatte Joseph Lange gab den Albin
(Der deutsche Hausvater) befriedigend. — Großes Aufsehen erregte

---

*) Iffland war besonders von der Einwirkung der Gastspiele auf
das Publikum und die Künstler entzückt. Er meinte: „Das Vergnügen,
das ein Künstler einem neuen Publikum gibt und von ihm empfängt,
verleiht frisches Blut, neue Aussichten, erhöhte Kraft." Hätte der große
Schauspieler und Dramatiker die heutigen Gastspiel=Hetzjagden und den
damit verbundenen Personenkultus geahnt, so würde er wahrscheinlich
mit seiner Empfehlung etwas zurückhaltender gewesen sein.

**) Mozart meint in einem Briefe an seinen Vater u. A.: „Die
Lange ist eine falsche, schlecht denkende Person und eine Coquette."
„W. A. Mozart" von Otto Jahn.

das zweite Gastspiel des Künstlerpaares Iffland und Beil im Januar 1785. Beil spielte den General (Die Adjutanten), den Oberkommissär Ahlden (Das Verbrechen aus Ehrsucht) und David (Ton der Welt). Iffland trat in folgenden Rollen unter stürmischem Beifall auf: Graf Wodmar (Der deutsche Hausvater), Barbier Schnaps (Die beiden Billets), Sparmann (Zwei Onkel für einen), Rentmeister Ruhberg (Verbrechen aus Ehrsucht), Cantor Ferbius (Wer wird sie kriegen) und Lord (Der Ton der großen Welt). Als der große Darsteller in seinem „Verbrechen aus Ehrsucht" und dem Lustspiel „Wer wird sie kriegen" an einem Sonntag, an welchem sonst nicht gespielt werden durfte, auftrat, war das Haus vollständig ausverkauft. Wenn auch der gefeierte Künstler, im Gegensatz zu dem Naturalismus Eckhofs und Schröders, als Darsteller mehr der Reflexion huldigte und mit seiner Berechnung den Grundstein zum Virtuosenthum legen half, so war er doch in chargirten, hochkomischen und gemüthvoll rührenden Rollen meisterhaft und erregte mit Recht überall eine aufrichtige Bewunderung. Schiller, der Iffland zu Mannheim kennen gelernt hatte, urtheilt in einem aus Jena vom 4. Mai 1798 an Göthe nach Weimar gerichteten Briefe über den großen Künstler: „Meine Frau hat mir von Ihrer freundschaftlichen Aufnahme, von der bunten, lebhaften Gesellschaft bei Ihnen und von Ifflands lustigem Apotheker sehr viel zu erzählen und rühmen gewußt. In solchen närrischen Originalen ist es eigentlich, wo mich Iffland immer entzückt hat; denn das Naturell thut hier so viel, alles scheint hier augenblicklicher Einfall und Genialität; daher ist es unbegreiflich, und man wird zugleich erfreut und außer sich gesetzt. Hingegen in edeln, ernsten und empfindungsvollen Rollen bewundere ich mehr seine Geschicklichkeit, seinen Verstand, seinen Calcul und Besonnenheit. Hier ist er mir immer bedeutend, planvoll, und beschäftigt und spannt die Aufmerksamkeit und das Nachdenken: aber ich kann nicht sagen, daß er mich in solchen Rollen eigentlich entzückt oder hingerissen hätte, wie von weit weniger vollkommenen Schauspielern geschehen ist; daher würde er mir für die Tragödie kaum eine poetische Stimmung geben können." Iffland war in der That nicht für die Tragödie geschaffen. Selbst seine körperliche Beschaffenheit eignete ihn wenig für die Vermittlung tragischer Gestalten. Göthe, der den Künstler in seinen zwanziger Jahren kennen lernte, schilderte denselben als „einen jungen Mann von mittlerer Größe, wohlproportionirtem Körperbau, runden, vollen und heiteren Gesichts, in seiner ganzen Erscheinung behaglich." Wenn er, wie in seinen Mainzer Gastrollen, auf seinem eigentlichen Gebiete wirkte, war er unübertrefflich und die Mainzer waren ihrem Direktor für derartige Kunstgenüsse zu großem Dank verpflichtet.

So schuf Großmann ein neues Bühnenleben in Mainz und bereitete das Publikum auf die Blütezeit des Mainzer Theaters vor. Unter seiner Direktion stoßen wir auch auf die ersten Mainzer Theaterkritiken. Die erste deutsche Theaterkritik, „Schildereien der Koch'schen Bühne", welche im J. 1755 erschienen war, und Lessings „Dramaturgie" hatten das Zeichen zu einer wahren Sturmfluth von ähnlichen Schriften gegeben. Ueber die Mainzer Bühne liegt uns nur der halbe Jahrgang des „Tagebuchs der Mainzer Schaubühne" von dem Theaterdichter Dr. Schmieder vor, dessen alte Theater-Journale einen werthvollen Beitrag zur Geschichte des Mainzer Theaters bilden. Der Zweck des im Märzmonate 1788 erschienenen Tagebuchs war nach des Verfassers Angabe, „sich auszubreiten über den Werth und Unwerth der in Mainz, sowie in Frankfurt aufgeführten Theaterstücke, des Spiels der Schauspieler, über die interessantesten Charaktere in unsern vorzüglicheren Schauspielen und ihre beste Darstellung." Im Verlaufe einer seiner Abhandlungen*) meint der Kritiker: „Die Bühne hat einen unverkennbaren Einfluß auf den Geschmack eines Volkes, und man sollte diese Seite um so weniger vernachläßigen, je näher das Gefühl des Schönen mit dem des Guten gränzet." „Für unsere Nachkommen sollen", nach des Verfassers Ansicht, „diese Blätter (Schaubühne = Tagebuch), wenn sie ihr ephemerisches Leben so weit bringen sollten, einen Beitrag zur Geschichte des Fortgangs der Geisteskultur in unserem Jahrzehnt bleiben."

Verschiedene Unglücksfälle, wie der Brand des Frankfurter Theaters am 16. April 1785, der im Arbeitszimmer Großmanns ausgebrochen war und denselben seine ganze Habe kostete,

---

*) Schmieder entwickelte in seiner Ihro Excellenz der Freifrau von Coudenhoven geb. Gräfin von Haßfeld gewidmeten „Schaubühne" einen Plan zur Errichtung eines stehenden Theaters in Mainz.

veranlaßten Großmann, die Direktion der Mainzer und Frankfurter
Bühne im Juli 1786 niederzulegen.*) Großmann spielte nun, mit
der Gesellschaft des Direktors Klos vereinigt, in Köln, Düssel=
dorf und Bonn. In ersterer Stadt war das Theater unter seiner
Direktion am 5. Oktober 1786 eröffnet worden. Später wandte
er sich nach Hannover, wo er am 20. Mai 1796 starb. Er hat
den Ruhm eines wissenschaftlich gebildeten Direktors hinterlassen,
der ein tiefes Verständniß für die Kunst mit einem praktischen
Sinne und Unternehmungsgeist verband. Wenn auch die nun
folgende Blütezeit des Mainzer Theaters Großmanns Leistun=
gen weniger bedeutend erscheinen läßt, so ist ihm doch das
Andenken eines würdigen Vorläufers der Mainzer Na=
tionalbühne für immer bewahrt.

VIII.

Die weitere Entwicklung der dramatischen und musikalischen Literatur, die Nachfolger Großmanns und die Errichtung der Mainzer Nationalbühne.

Man hätte glauben sollen, daß das nationale Drama,
welches in der Periode des Sturmes und Dranges erstanden
war, sich im Laufe der Zeit immer mehr entwickeln, daß der
gährende Most zu einem kräftigen Weine werden würde. Leider
erfüllten sich die Hoffnungen, zu welchen das rege Vorwärts=
streben in der Literatur berechtigt hatte, nicht in dem gewünsch=
ten Maße. Schon in den Verirrungen eines Zschokke, Babo
u. A. m. zeigte sich, auf welche Abwege das deutsche Drama
gerathen war. Das Ritterstück, welches der Menge durch

---

*) Die Frankfurter hatten, wie wir aus einem Briefe der Frau
Rath Göthe an Fr. Stein ersehen, für den Schwergeprüften drei Col=
lecten eröffnet und ihn bei seinem nächsten Auftreten als Maler in „Der
deutsche Hausvater" durch Bravorufen geehrt, um ihn zum Bleiben zu
ermuntern.

seinen naturalistisch sein sollenden, aber in der That leeren Wortschwall, Achtung einflößte, erhielt sich einige Zeit auf dem Repertoir der deutschen Bühnen, von dem es dann, als das Publikum diese Schauerstücke satt hatte, nicht etwa durch ein ächtes Volksstück, sondern durch die Philisterhaftigkeit im Drama und die Blasirtheit im Lustspiel verdrängt wurde. Erstere Richtung war durch Iffland vertreten, letztere durch Kotzebue, der zur Zeit des Antritts seines Amtes als Repertoriumsrath des Mainzer Nationaltheaters seine Schriftstellerlaufbahn begann. Wenn auch Ifflands Rührstücke, als eine nothwendige Reaktion der Sturm= und Drangdramen, nicht von jenem poetischen Geiste erfüllt waren, die sie geeignet gemacht hätten, ein nationales Drama aufbauen zu helfen, so bergen sie doch ein sittliches Motiv, das uns mit dem gar zu schlichten Realismus derselben versöhnen kann, während der leichtfertige Ton Kotzebues das ganze Schaffen desselben charakterisirt.

Unter solchen Dramatikern und inmitten dieser wenig hoffnungsvollen Zeit erheben sich die Lichtgestalten unserer zwei größten Dichter, Göthe und Schiller. Göthe war, wie wir oben sahen, mit seinem „Götz von Berlichingen", Schiller mit „Die Räuber" und „Kabale und Liebe" für das nationale Drama eingetreten. Namentlich war der letztere von der hohen Wichtigkeit der Schaffung einer Nationalbühne für das deutsche Volk überzeugt, eine Frage, die schon von Lessing und im Jahre 1781 auch von der kurfürstlichen Akademie der Wissenschaften zu München durch das gestellte Thema angeregt worden war: „Warum hat Deutschland noch kein Nationaltheater, d. i. kein Theater deutscher Sitten und Denkungsart?" Schiller trat nun mit der ihm eigenen Herzlichkeit und seinem jugendlichen Feuer u. A. in einer Vorlesung, die er in der öffentlichen Sitzung der kurfürstlichen deutschen Gesellschaft zu Mannheim im J. 1784 über das Thema „Die Schaubühne als eine moralische Anstalt betrachtet" hielt, für die Verwirklichung dieses großen Gedankens ein. Er sagte: „Unmöglich kann ich hier den großen Einfluß übergehen, den eine gute stehende Bühne auf den Geist der Nation haben würde. Nationalgeist eines Volkes nenne ich die Aehnlichkeit und Uebereinstimmung seiner Meinungen und Neigungen bei Gegenständen, worüber eine andere Nation anders meint und empfindet. Nur der Schaubühne ist es möglich, diese Uebereinstimmung in einem

hohen Grad zu bewirken, weil sie das ganze Gebiet des mensch=
lichen Wissens durchwandert, alle Situationen des Lebens er=
schöpft und in alle Winkel des Herzens hinunter leuchtet; weil
sie alle Stände und Klassen in sich vereinigt und den gebahn=
testen Weg zum Verstand und Herzen hat. Die Schaubühne ist
mehr als jede andere öffentliche Anstalt des Staates eine Schule
der praktischen Weisheit, ein Wegweiser durch das bürgerliche
Leben." Nachdem Schiller so die sittlich=erziehende Bedeutung
der Bühne hervorgehoben, kommt er auf das eigentliche Thema
zu sprechen: „Wenn in unseren Stücken ein Hauptzug herrschte,
wenn unsere Dichter unter sich einig werden und einen festen
Bund zu diesem Endzwecke errichten wollten, wenn strenge Aus=
wahl ihre Arbeiten leitete, ihre Pinsel nur Volksgegenständen
sich weihten, mit einem Worte, wenn wir es erlebten, eine
National bühne zu haben, so würden wir auch eine Nation."
Zum Schluß wies der Dichter auf den Antheil der vaterlän=
dischen Stücke an der Hebung des hellenischen Volkes hin. —

Leider blieb Schiller, als er sich später in Weimar mit
Göthe zur Hebung der deutschen Bühne verband, diesen Grund=
sätzen nicht treu. Die beiden Poeten verließen das naturalistische
und nationale Prinzip, von dem sie ausgegangen waren, und
wandten fremden Stoffen, namentlich dem hellenischen Sagen=
kreis ihre Aufmerksamkeit zu. Durch das Antike in ihren Dra=
men schufen sie denselben einen fremden Boden. Die Weimar'sche
Bühne, das Idealtheater unserer größten Dichter, rief zwar eine
Glanzzeit in unserer Theatergeschichte hervor, konnte jedoch aus
den angegebenen Umständen nicht den gewünschten Einfluß auf
die Entwicklung des nationalen Dramas ausüben. Abgesehen
von den Uebersetzungen, welche die Dichter eines „Faust" und
„Wallenstein" auf der Bühne heimisch machten, artete auch die
von Göthe herbeigeführte Reaktion zu Gunsten der künstlerischen
Form gegenüber dem Naturalismus eines Eckhof und dem Rea=
lismus Jfflands zu einem reinen Formalismus aus, der mit
dem Tode seiner Schöpfer zu einem leeren Wesen erstarb. Den
poetischen Nachfolgern fehlte jener geniale Geist, von dem ein
Göthe und Schiller erfüllt waren, und daher gingen die glän=
zenden Ergebnisse der Weimar'schen Schule verloren. Wir
schließen uns vollständig der Ansicht Devrients an, welcher
meint: „Was nun der Weimar'schen Schule ihre größte künst=

geschichtliche Bedeutung gibt, ist: daß mit ihr das System sich erschöpft, der Kreislauf seiner Ausweichungen abschließt." Mit dem Verschwinden der Weimarer Bühne vom Schauplatze der Theaterwelt war auch das Schwanenlied des gehofften deutschen Theaters gesungen, dessen Anfänge sich so glänzend gestaltet hatten. Das begeisternde Vorgehen Lessings in Hamburg, sowie Kaiser Josephs in Wien in Verbindung mit gleichstrebenden Theaterdirektoren zur Gründung einer Nationalbühne hatte, wie wir sahen, zu den schönsten Hoffnungen auf eine herrliche Zukunft des deutschen Theaters berechtigt, indem jenes Streben bald in ganz Deutschland eine eifrige Nachahmung fand. Kaum hatte der Kurfürst Karl Theodor in Mannheim ein Nationaltheater errichtet, als auch in anderen Städten sich nationale Bühnen erhoben. Nachdem Eckhof von Gotha geschieden war, wurde Mannheim die Pflegestätte ächter Kunst. Wir sahen, wie auch hier ein Mainzer Schauspieler=Prinzipal, Marchand, den Reigen eröffnete, und wie später Seyler diese Bühne, an welcher Iffland eine eigene Schule begründete, die nach Devrient ein Uebergangsstadium zu der neuen Bühnenzeit bildete, zu einer Musteranstalt für ganz Deutschland machte.

Bei einer solchen Regsamkeit auf den Gebieten der dramatischen Literatur und Schauspielkunst bedurfte es seitens der Componisten großer Anstrengungen, um der Oper ihren alten, langgewohnten Platz zu wahren. Wir hörten bereits, wie der italienische Singsang durch Glucks Opern besiegt wurde und die Werke deutscher Meister sich einen immer größeren Beifall erwarben. In den Mozart'schen Tonwerken, deren kosmopolitischer Charakter denselben in der Geschichte der Musik aller Nationen und aller Zeiten einen hervorragenden Rang sicherte, erreichte die deutsche Oper dieser Zeit ihren Höhepunkt. Es ist nicht unsere Aufgabe, hier auf die einzelnen Opern des Meisters näher einzugehen; der mächtige Zauber derselben, welcher noch heute alle Herzen bestrickt, zeugt, wie tief Mozart gefühlt und welche musikalische Kraft ihm innewohnte, um den ewigen Gefühlen einen ewigen Ausdruck zu verleihen. Es ist der Triumph des Schönen, welcher sich in diesen universellen Werken offenbart, die vielleicht, mehr auf nationalen Grundsätzen beruhend, einen noch größeren Einfluß auf das Volk ausgeübt haben würden. Die unmittelbaren Nachfolger des Meisters, wie der Ju-

genossreund Schillers, Zumsteeg, Winter, ein geborner Mann=
heimer der Komponist des „Unterbrochenen Opferfestes", Wra=
nitzky, Weigl u. A., welche Riehl treffend die Schule der
„göttlichen Philister" nennt, „machten" zwar mehr natio=
nale Musik, jedoch nicht etwa aus innerem Drang, sondern weil
sie die Universalität Mozarts nicht im entferntesten zu erreichen
vermochten. Mozart war und blieb der einzige Tondichter in
seiner Art. Zu seiner Zeit, auf die wir nach dieser nothwendi=
gen Ausschau in unserer Geschichte nun näher eingehen werden,
wirkten Poesie und Musik, durch ebenso strebsame wie geniale
Künstler vermittelt, zusammen, um das deutsche Theater auf eine
zuvor noch nicht erreichte Stufe zu erheben.

In der soeben kurz geschilderten Bewegung, welche sich in
so erfreulicher Weise auf dem dramatischen wie musikalischen
Gebiete gezeigt hatte, blieb auch Mainz nicht zurück. Der un=
mittelbar nach Großmann in Mainz spielenden Hochfürstlich
Markgräflich Baadischen Hof=Schauspieler=Gesellschaft des Herrn
Johann Appelt, welche u. A. unter ziemlichem Beifall die
komische Oper „Der Kaminfeger" oder „Die Weiberversteigerung"
von Saliere gab, folgte nach einer kurzen theaterlosen Zeit, über
welche uns keine genauen Nachrichten vorliegen, wieder eine
Truppe*) des Hofrathes Tabor, die mit der Uebernahme der
Direktion durch den ehemaligen Leiter der Rigaer Bühne,
Siegfried Gotthilf Eckhard genannt Koch**), einen un=
erwarteten Aufschwung nahm. Der neue Direktor des sog.
Mainz=Frankfurter Nationaltheaters führte sich am
18. April 1788 mit folgender warmen Antrittsrede in Frankfurt,
wo er als Marquis von Posa debutirt hatte, ein:

---

*) Die Truppe scheint, nach den Personalverzeichnissen zu urtheilen,
zum großen Theil aus Mitgliedern der Großmann'schen Gesellschaft ge=
bildet worden zu sein.

**) Koch hatte diesen Namen bei seinem ersten Auftreten am Hof=
theater zu Schleswig als Edelsel in Ayrenhoffs „Postzug" (1778) an=
genommen. Nach einem kurzen Engagement bei der Schuch'schen Truppe
übernahm Koch die Direktion der Rigaer Bühne, von wo er in Folge
eines glänzenden Gastspiels in Frankfurt zum Leiter des Mainz=Frank=
furter Theaters berufen wurde.

„Vergönnet, Theuerste! dorthin zurük
zu kehren, einmal noch, dem Thränenblit,
wo er am Dünastrom sein Vaterland
bei guten Menschen wiederfand.
Das lezte feierliche Opfer frommer Pflicht!
Bezahlt wird dann, was ich gelobte, sein,
Und dieser Abenddämmrung Purpurlicht,
die sich an deinen Rebenhügeln, stolzer Main, —
ein lang entbehrtes Schauspiel — bricht,
wird seine lezten Stralen traulicher
zum Minnesold, hinauf vom Abendmeer,
um deinen Neuvermählten streun.

Er aber, nicht mehr Fremdling, weihet Hand
und Herz in dieser Stunde — selbst ein teutscher Mann
mit teutschem Biedersinn — nur Euch! Bekannt
mit seinen Pflichten, wird fortan,
Verehrungswürdigste! nur Euer Kunstgefühl
sein Richter — wird sein Strebeziel
nur Euer Beifall sein, und Euer Gerngesehn
wird obenan vor allen Wünschen stehn.

Nehmt diesen Handschlag, und der Eurige
verbürge mir, Verehrungswürdigste!
„daß meiner Zukunft Misgeschik besiegt,
„in Eures Wohlthuns goldnen Fesseln liegt;
verbürge mir das Glük, an Eurem Sonnenschein,
„erhabne Väter dieser Stadt! zu wärmen mich,
„und so des Pilgerlebens froh zu sein:
Dann regt kein Schmerzgefühl im Busen sich,
und jede Sorge wird an diesem Kunstaltar
vom Vorgefühl der Wonne aufgeküßt:
„daß Euch der Neuvermählte Alles ist,
„was Euch der Gastfreund war. —

Ihr aber, die der Künste Rosenband
an meinen Busen knüpft! ich bitt' Euch, seid
mir Schwestern — seid mir Brüder! Unbekannt
bleib Neid und Zwietracht uns! Nur dann gedeiht
die Lorbeersaat, zur Erndte ausgestreut."

In Mainz, wo während des Sommers nur wenige Vor=
stellungen gegeben werden konnten, wurde das Theater mit der
Operette „Die Liebe unter den Handwerksleuten" eröffnet, wo=

rauf Babos „Otto von Wittelsbach" mit Koch in der Titel
rolle folgte. Im Anfang der Saison scheint man in Frank
furt sowohl wie in Mainz mit der Leitung der Bühne nicht
sonderlich zufrieden gewesen zu sein. So erhob der Kritiker
der „Mainzer Schaubühne" nach der Aufführung einer seichten
Operette folgende Klage: „Warum gibt man uns nur immer
mittelmäßige oder schlechte Stücke? Warum bleiben so manche
vorzügliche Lustspiele und Trauerspiele aus den älteren Perioden
der Literatur gänzlich zurück? Am wenigsten sollten einige
ältere Stücke von unsern neueren Produkten verdrängt werden,
die meistens aus jenen zusammengestoppelte Waare sind. Ich
darf nur von ausländischen den Westindier, die eifersüchtige
Frau, Miß Obre, von einheimischen — Julius von Tarent,
Marianne, die Stücke von Lessing und Wezzel (ein damals viel=
versprechender Tragiker) nennen, um meine Klage zu rechtferti=
gen." Auch mit den Leistungen der einzelnen Mitglieder der
Tabor'schen Gesellschaft, die übrigens als „eine der besten Wan=
dertruppen Deutschlands" bezeichnet wird, schien die Kritik nicht
ganz zufrieden. Ein Beweis, wie weit damals der Kunstsinn
in Mainz gediehen war, geht aus den Aeußerungen des Prä=
ceptors Aloysius Wilhelm Schreiber hervor, welcher in
seinen „Dramaturgischen Blättern" *) die Mängel der Gesell=
schaft einer scharfen Kritik unterzog. „Wenn in einem Stücke, sagt
Lessing, einige Schauspieler vortrefflich, die übrigen gut
spielen, so hat man Ursache mit ihnen zufrieden zu sein. Mit
dieser Forderung würde man", meint Schreiber weiter, „in Mainz
und Frankfurt selten zufrieden aus einer Vorstellung gehen, denn
nur selten kann da ein Stück durchaus gut besetzt werden."
Es fehlte nach des Herrn Kritikus Ansicht an einem „Subjekt"
für junge Helden, sowie an zwei Liebhabern und jungen Lieb=

---

*) Eine im Julius 1788 erfolgte Fortsetzung der früher unter dem
Titel „Mainzer Schaubühne" erschienenen kritischen Blätter, welche
Schreiber der Frau Räthin Göthe in Frankfurt widmete. Schreiber,
welcher von einem zeitgenössischen Schriftsteller neben Lessing, Schint
und andere Dramaturgen gestellt wird, verfaßte „unter anderer Spreu
auch schlechte Theaterstücke". Seine Abhandlung über eine stehende Bühne
und eine Schauspielerschule, welche er im August des Jahres 1788 schrieb,
zeugt übrigens von einem ernstlichen Streben für Besserung der deutschen
Bühnenzustände.

haberinnen. Außerdem will der gestrenge Herr Präceptor noch „ein Subjekt für naive unschuldige Mädchen". Allerdings war diese Kritik nicht ganz unberechtigt: das Mainzer Theater hatte unter anderen hervorragenden Kräften auch das Künstlerpaar U n z e l m a n n, welches schon unter Großmann in Mainz gespielt hatte, verloren: dasselbe war an die unter Engels Leitung stehende Berliner Hofbühne berufen worden.*)

Trotz dieser Verluste an tüchtigen Künstlern verblieben der Mainzer Bühne doch immer noch vorzügliche Kräfte, denen auch bald Gelegenheit geboten wurde, in gediegeneren Stücken auf-zutreten. Die herbe Kritik, welche die Theaterleitung erfahren hatte, war für Koch ein Sporn geworden, nach Kräften den gerügten Mängeln abzuhelfen. Das R e p e r t o i r gewann nach und nach ein besseres Aussehen. So finden wir auf demselben von April bis November 1788 u. A. folgende Stücke: „Der Vetter aus Lissabon" (Schröder): „Das Räuschgen" (Lustspiel von Bretzner, einem Genossen Großmanns): „Clavigo" (Göthe); „Der doppelte Liebhaber" (Jünger, ein Dichter, welchem, wie Gervinus sagt, die Welt und ihr Treiben aus dem Standpunkte eines wohllebenden Leipziger Studenten erschien); „Minna von

---

*) Der kurmainzer Hof hatte sich alle Mühe gegeben, das Paar der Mainzer Bühne zu erhalten, und war in diesem Streben sogar · so weit gegangen, daß es, wie Brachvogel in seiner Geschichte des Ber- liner Hoftheaters erzählt, zu einem diplomatischen Notenwechsel zwischen Mainz und Berlin kam. Der kurmainzische Kammerherr S p a u r , ein eifriger Theaterfreund, der nebenbei auch dramaturgische Schriften verfaßte, ließ es an Drohungen und Einschüchterungen nicht fehlen, um Unzelmann, der bereits nach Frankfurt abgereist war, zur Rückkehr zu bewegen. Er scheute sich sogar nicht, einen Entsagungsbrief an die Direktoren des Nationaltheaters aufzusetzen und mit der Unterschrift Unzelmanns zu versehen, die dieser sich später anzuerkennen weigerte. Der Streit wurde dadurch thatsächlich beigelegt, daß Unzelmanns am 19. April 1788 in Berlin eintrafen und Unzelmann am 28. April als junger Ruhberg in Jfflands „Das Bewußtsein", Friederike Unzelmann, geborene Flittner, am 3. Mai in der Oper „Nina" debutirten. Beide Künstler hatten mit ihrem ersten Auftreten einen durchschlagenden Erfolg erzielt und die Direktion fand sich veranlaßt, alle Forderungen des Künstlerpaares zu bewilligen, so schwer der Kasse auch die Ausgaben fallen mochten.

Barnhelm" und „Emilia Galotti" (Lessing); „Lilla", Singspiel in 2 Aufzügen aus dem Italienischen, mit Musik von Martin; „Der betrogene Geizige", Oper: „Die Heirath durch ein Wochen=blatt", Lustspiel; „Heinrich IV.", Schauspiel von Schröder; „Der Seelenverkäufer", Lustspiel von Schmieder; „Der Baum der Diana", Oper; „Neue versöhnt", Schauspiel von Iffland, und die Oper „Die Liebe im Narrenhaus". Am 29. August 1788 erschien Schillers „Don Carlos" zum ersten Male auf der Mainzer Bühne. Auch hier spielte Herr Koch den Marquis von Posa „mit einer solchen Wahrheit und Schönheit des Spiels, daß man seinen Körperbau, welcher mit der Rolle im Widerspruch stand, vergaß". Am 23. September wurde das Stück wiederholt. Den König Philipp gab Herr Stegmann und Mad. Fiala die Königin. Der Don Carlos des Herrn Mattausch wurde von der Kritik als eine Leistung bezeichnet, die als das schönste Zeugniß seines Künstlertalents gelte. Mad. Böheim gab die Eboli und ihr Gatte den Alba.

Inzwischen war für das Mainzer Theater ein Ereigniß von nachhaltiger Bedeutung eingetreten. Kurfürst Friedrich Karl Joseph Erthal, der bisher nur der Mainzer Hochschule, an der Männer wie Forster und Johannes Müller wirkten, seine Aufmerksamkeit geschenkt und dem Theater gegenüber eine große Theilnahm=losigkeit gezeigt hatte, wurde durch das Beispiel der übrigen fürstlichen Theaterfreunde veranlaßt, eine Nationalbühne zu errichten, mit der er später vor den zahlreichen französischen Emigranten, die am Rhein ihr Parasitenthum trieben, glänzen konnte. So wurde der Kurfürst der Gründer und Förderer eines Instituts, welchem in der deutschen Theatergeschichte für immer eine ehrenvolle Stelle gesichert bleibt.

Die Oberleitung des Mainzer Nationaltheaters wurde dem Freiherrn Friedrich Karl v. Dalberg*), einem Nachkommen jenes Adeligen gleichen Namens, dessen Verdiensten um die Hebung des Mainzer Theaters wir schon in einem früheren Abschnitt gedachten, und Vetter des berühmten Mannheimer Theaterleiters, übertragen. Der neue Intendant rechtfertigte

---

*) Geboren am 21. März 1751 zu Mainz, gestorben am 8. März 1811 zu Aschaffenburg.

in reichem Maße den Ruf, welchen seine kunstsinnige Familie
genoß. Um dem neuen Unternehmen einen gewissen Halt zu
sichern, schloß die kurfürstliche Intendanz zunächst mit Tabor
einen Vertrag dahin ab, daß dieser seine Rechte an die Frank=
furter Bühne dem Mainzer Hofe abtrat.*) Es wurden nun die
besten Kräfte aus der Tabor'schen Truppe, sowie vorzügliche
Künstler aus allen Theilen Deutschlands für die Mainzer Na
tionalbühne gewonnen. Zum technischen Director wurde Koch
ernannt.

Der neue Direktor war, als er die Leitung des Mainzer Natio=
naltheaters antrat, ungefähr 35 Jahre alt. Ein Mitarbeiter der
Berliner Literatur= und Theater=Zeitung entwirft im J. 1780 von
dem Künstler folgendes Bild: „Sein Wuchs ist schlank und durch=
aus verhältnißmäßig. Seine Muskeln sind stark, jedoch nachgebend.
Er — seiner ganz mächtig und daher reich an Ausdruck und Minen=
spiel; die Stimme — männlich; was ihr an volltönendem Wohl=
laut abgeht — die Folgen eines gehabten Blutsturzes — ersetzen
richtige Deklamation, überlegtes Spiel, wahres Gefühl und Hin=
zauberung eines jeden Charakters, in dem er auftritt. Sein
Vortrag der Rollen ist nie auswendig gelerntes Pensum,
ist Ergießung eigner Empfindungen, Hinströmung eig=
ner Worte. So sein Spiel — eigne Handlung; sein Aus=
druck — sichtbares Gefühl, unvorbereitet — Natur. Da ihn
nur der wahre Ruhm anspornt, so ist er weder stolz noch voller
Eigendünkel. Jede freundschaftliche Erinnerung ist ihm
willkommen, jeder Wink des Kenners — Besuch einer Muse.“

Koch und Dalberg trafen nun die umfassendsten Vorberei=
tungen für die im Herbst bevorstehende Eröffnung des Mainzer

*) Da die Mainzer Gesellschaft nur an Messen und im Sommer,
im Winter jedoch fast gar keine Vorstellungen in Frankfurt gab, so fühlten
sich mehrere Bürger wegen dieser Beschränkung, „die einer Stadt wie
Frankfurt fast zum Hohne gereiche“, berufen, eine Aktiengesellschaft zu
bilden, die im Jahre 1791 das Theater übernahm. Die nun sofort erfolgte
Engagirung eines tüchtigen Personals veranlaßte am 11. Oktober 1791 den
Kurfürst von Mainz sich bei dem Frankfurter Rathe dahin zu beschweren,
daß der Gesellschaft die Engagirung Mainzer Kräfte verboten werde. Die
Gesellschaft lehnte den ihr gemachten Vorwurf, daß sie das dortige
Personal habe abspänstig machen wollen, ab, bat aber bei Mainz um
gleiche Zusicherung, was auch geschah. Dr. v. Oven a. a. O.

Nationaltheaters. So wurde in der Person des mit den Mainzer Theaterverhältnissen vertrauten Dr. Schmieder ein Theaterdichter gewonnen und Kotzebue, der damals das Amt eines Präsidenten des Gouvernementmagistrates der Provinz Esthland bekleidete, zum Repertoriumsrath ernannt. Der Kurfürst stellte dem Theater sein Hoforchester zur Verfügung und ließ die Hofsängerinnen zur Bühne gehen. Von den damaligen kurfürstlichen Kammersängerinnen traten denn auch sofort die Damen Dem. Margarethe Luise Hamel und Mad. Josepha Hellmuth geb. Heist*) in den Verband des Nationaltheaters. Den übrigen gewonnenen Kräften werden wir noch im Verlaufe des nächsten Abschnittes begegnen.

Auch das Komödienhaus wurde im Innern neu hergestellt, das Orchester erweitert und die Bühne mit einem schönen Vorhang versehen. Der Zuschauerraum blieb jedoch trotz Vermehrung der Logen ziemlich beschränkt. Das Hauptpublikum bildete damals der Adel, welcher über alle Logen des Theaters verfügte und sich dort sehr ungenirt benahm. Den Neu- oder Halbadeligen, sowie den kurfürstlichen Beamten stand die Gallerie zur Verfügung, während die Bürger sich mit dem Parterre, der mittleren und oberen Gallerie begnügen mußten. Iffland äußerte sich in seiner graden, humoristischen Weise über das neu hergerichtete Haus folgendermaßen: „Der alte, bretterne, schmutzige Theaterkasten hat zwar neue und zwar Feiertagskleider an, aber er taugt von Plan aus nicht viel. Daß die Zahl der Logen vermehrt und das Orchester erweitert ist, war nothwendig. Der fette Adel und die Musik sind sozusagen in sich selbst erstickt. Die Dekorationen eures Roth, an dem sonst nicht viel ist, zeigen Quaglio's Schule**); auch eure Garderobe ist gut, in manchen Stücken reich und geschmackvoll, in andern unzureichend und falsch. Ueberhaupt liegen wir mit diesem Artikel gegen die Franzosen noch sehr verschnürt da unterm Wiegenband."

Unter diesen Vorbereitungen war der Herbst herbeigekommen und endlich am 27. Oktober 1788 war Direktor Koch in

---

*) Sie war die Gattin des früheren Opernsängers und nunmehrigen Musikus Friedrich Hellmuth, der s. Z. unter Seyler in Mainz gewirkt hatte. Mad. Hellmuth starb auch in Mainz.

**) Quaglio war kurfürstlicher Rath und Hofmaler zu Mannheim.

der Lage, dem Publikum die nahe Eröffnung der „ständigen
Nationalschaubühne zu Mainz" anzuzeigen. Von den Frank=
furtern nahm er tiefbewegt Abschied. Die herzlichen Scheide=
worte, die er an das volle Haus richtete, zeugen von den freund=
schaftlichen Beziehungen, die zwischen dem Theaterpersonal und
dem Publikum bestanden. Koch sagte u. A.:

> „Trat je mit innigen Gefühlen ich,
> Verehrungswürdigste! zu Euch hervor;
> Hob je bei Euren Beifallsblicken sich
> Von süßem heißen Dank mein Herz empor,
> So klopft es heute doppelt laut, da ich
> Für jetzt zum letztenmale vor Euch steh,
> Und überall, wohin mein Auge blickt,
> So viele theure Freunde vor mir seh."

IX.

Die Blüteperiode der Mainzer Bühne zur Zeit des Nationaltheaters.

Die kurfürstlich Mainzer Nationalbühne wurde am
5. November 1788 mit einem von dem Theaterdichter Schmie=
der eigens für diesen Tag verfaßten musikalischen Prolog „Die
Ausbreitung der Kunst", in Musik gesetzt von Herrn Concert=
meister Kreusser, und dem Lustspiel „Die offene Fehde", nach
dem Französischen von Hübner, feierlich eröffnet. Ueber die Wahl
der Stücke äußerte sich die Kritik höchst ungünstig. „Der soge=
nannte musikalische Prolog", meint Schreiber *), war ohne großen
poetischen Werth, ohne alle Freiheit der Gedanken, des Ausdrucks
und der Anwendung, die bei solchen unnatürlichen Allegorien den
Zuschauer doch allein schadlos halten können; in Anlage und
Ausführung voll der auffallendsten Inkonsequenzen. Dies süllte

---

*) „Dramaturgische Blätter." Frankfurt a. M. 1788.

Jedermann." Nur die Musik „unseres Kreutzer", welche sich „durch die reinste Harmonie und erhabensten Gedanken" aus- zeichnete und unter der Direktion des Orchester-Dirigenten und ersten Violinspielers Ernst Schick besonders vortrefflich von den Chören ausgeführt wurde, fand bei der Kritik und dem Publikum Gnade. Die Vorstellung zeigte, daß bei solchen Kräften, wie sie der Verband des Mainzer Nationaltheaters vereinigte, selbst das Unbedeutende einen gewissen Erfolg davontragen mußte. — Die Rollen des allegorischen Prologs waren in folgender Weise vertheilt: Genius des Ruhms: Dem. Hamel; Griechenland: Mad. Hellmuth; Italien: Mad. Walter; Deutschland: Herr Walter *); England: Herr Lux; Rhein: Herr Stegmann; Oberpriester: Herr Brandel. Unter den Darstellenden des damals beliebten Lustspiels „Die offene Fehde" fand Herr Mattausch den meisten Beifall. Wir stimmen dem Kritiker vollständig bei, wenn er seiner Verwunderung über die Wahl eines solchen Stückes für die Eröffnungs-Vorstellung, da es „gewiß nicht an guten Originalstükken fehlte, die mit größerem Rechte auf diese Ehre hätten Anspruch machen können", scharfen Ausdruck verleiht.

Unter den folgenden Aufführungen fand namentlich die Dar- stellung von Jfflands Schauspiel „Die Jäger" großen Beifall. Mad. Beck trat an diesem Abend als Oberförsterin zum ersten Male in Mainz auf. Ihr Gatte debutirte am 10. Novbr. als Licenciat Frank in Gotters Lustspiel „Der argwöhnische Ehe- mann", welche eine seiner Glanzrollen war. Dem. Hamel **)

---

*) Dieser Künstler wird nach Auflösung des Nationaltheaters mit dem Titel Kammersänger der Mainzer Kapelle als ein vorzüglicher Tenorist des Hannöverischen Theaters gerühmt.

**) Dem. Hamel, spätere Mad. Schick, wurde als die Tochter des Fagottisten in der kurfürstlichen Hofkapelle, Johann Nepomuk Hamel, am 26. April 1773 zu Mainz geboren. Sie war die älteste von vier Schwestern, von denen sich die jüngste, Margarethe Josephine verehe- lichte Lanz, später zu Berlin als Sängerin am Nationaltheater rühm- lichst auszeichnete. Unsere Heldin Margarethe Luise war, als sie kaum das 6. Lebensjahr erreicht hatte, von ihrem Vater im Klavierspielen und bald darauf von der Sängerin Hellmuth im Gesang unterrichtet worden. Die junge Sängerin machte solche Fortschritte, daß der auf ihr Talent aufmerksam gewordene Kurfürst sie in ihrem zehnten Jahre

trat am 15. Novbr. in Martins Singspiel „Lilla" in der Titel=
rolle zum ersten Male als Opernsängerin auf und errang durch
ihren „entzückenden Gesang" einen solchen Erfolg, daß sie heraus=
gerufen wurde. Dieses Beifallszeichen hatte einen um so höheren
Werth, als das Publikum damals, in richtiger Würdigung der
Kunst, etwas mehr mit einer derartigen Anerkennung kargte.

Im November und Dezember 1788 gingen außer den ge=
nannten noch folgende beachtenswerthe Stücke in Scene: „Die
Grafen Guiscardi", Trauerspiel von Edler von Ehrenberg: „Die
Liebe im Narrenhause, ein Originalsingspiel in zwei Aufzügen"
von Dittersdorf, und „Natur und Liebe im Streit", Schauspiel
in fünf Aufzügen von d'Arien. Als neu einstudirte Stücke vom
November 1788 bis dahin 1789 werden angeführt: „Reinold",
Operette nach Renaud d'Ast von Schmieder (Musik von d'Alay=
rac': „Der alte böse General", Lustspiel von Kretschmann; „Der
Sonderling", Lustspiel von Weidmann: „Der gutherzige Alte",
Lustspiel nach Florian; „Die große Toilette", Lustspiel: „Das
Portrait", Nachspiel: „Das Abentheuer einer Nacht", Lustspiel
aus dem Französischen von Huber: „Der vorgebliche Todte",
Lustspiel nach dem Französischen: „Die Wilden", Oper nach dem
Französischen von Schmieder ·Musik von d'Alayrac): „Der Bür=
germeister" vom Grafen Brühl, Lustspiel; „Die Nachschrift",
Nachspiel; „Der Revers", Lustspiel von Jünger; „Irrthum an
allen Ecken", Lustspiel nach dem Englischen: „Die Schwärme=
reien des Hasses und der Liebe", Trauerspiel von Hempel: „Der
Wechsel", Lustspiel von Jünger; „Die Heirath durch Irrthum",
Nachspiel: „Der gutherzige Sohn", Lustspiel von Schmieder;
„Es ist ihm Alles Recht", Lustspiel von Schmieder; „Den gan=
zen Kram und das Mädchen darzu", Nachspiel vom Grafen
Brühl: „Die Maske", Nachspiel: „Der Vicekanzler", Schauspiel
von Kratter: „Töffel und Dortchen", Oper aus dem Französi=
ischen: „Die ausgerechnete Heirath", Nachspiel; „Konradin" von
Klinger, und „Der Graf von Griesbach", Trauerspiel von

nach Würzburg schickte, um sie von dem berühmten Kapellmeister und
Gesanglehrer Stephani gründlich ausbilden zu lassen. Nach ihrer Rück=
kehr nach Mainz vollendete der Unterricht des Kapellmeisters Righini
die Vorbildung der jungen Hamel. (Levezow, Leben und Kunst der
Frau Margarethe Louise Schick geb. Hamel. Berlin 1801.)

Ziegler. Von dem französischen Komponisten G r e t r y verzeich=
nen wir die Oper „Graf Albert", Text nach dem Französischen
von Schmieder. Außer dem bereits erwähnten kurfürstl. Concert=
meister K r e u ß e r versuchte sich auch der kurfürstl. Kapellmeister
V i n c e n z o R i g h i n i*) im Komponiren. Es wurde von ihm
eine italienische Oper „Armide" aufgeführt. Mozart urtheilt über
Righini: „Er schreibt recht hübsch; er ist nicht ungründlich, aber
ein großer Dieb. Er giebt seine gestohlene Sachen aber so mit
Ueberfluß wieder öffentlich Preis und in so ungeheurer Menge,
daß es die Leute kaum verdauen können." — Von den Werken
unserer großen Dramatiker und Komponisten erschienen auf dem
Repertoir: „Egmont" von G ö t h e, zur Aufführung bearbeitet;
„Das verstellte Gärtnermädchen", Oper nach dem Italienischen,
Musik von M o z a r t; „Don Juan", Text von S c h m i e d e r,
Musik von M o z a r t, und „Die Hochzeit des Figaro", in Musik
gesetzt von demselben Meister. Auch K o t z e b u e s epochemachendes
Schauspiel „Menschenhaß und Reue" ging sofort nach seiner Vol=
lendung an der Mainzer Bühne in Scene. Von P a e s i e l l o,
der neben Piccini als ein fleißiger Vertreter der italienischen
Oper erscheint, wurde „Die beiden Flüchtlinge" gegeben, wozu
Schmieder einen deutschen Text anfertigte.

Die erste Saison der Mainzer Nationalbühne (1788 89)
hatte, einige Repertoirstörungen abgerechnet, einen allseitig be=
friedigenden Verlauf genommen. Das P u b l i k u m, welches in
seiner Zusammensetzung ein recht buntes Bild bot, nahm die
Leistungen des äußerst strebsamen Personals recht beifällig auf.
Die eigentlichen Kunstkenner, unter denen die Studenten der
Mainzer Hochschule den Ton angaben, befanden sich, wie dies
auch heute noch hie und da der Fall sein soll, auf dem hohen
Olymp**), während sich im Parterre die „Damen" und kurfürst=

---

*) Righini war ein geborner Bolognese, welcher s. Z. als Nach=
folger Salieris im Dienste der Herzogin Elisabeth von Württemberg
gestanden und die italienische Oper geleitet hatte. Er wird als ein
liebenswürdiger, anspruchsloser Mann geschildert, der „wissentlich wohl
niemals Jemanden wehe gethan hat."

**) Die Eintrittspreise betrugen für: die hohe Gallerie 12 kr., die
mittlere Gallerie 24 kr., das Parterre 36 kr., die Gallerie 1 fl. und
die Logen 4 fl.

lichen Soldaten herumtrieben. Die letzteren, welchen das Ein=
trittsgeld von ihrem Gehalte abgezogen wurde, benahmen sich
ziemlich frei. In einem uns aus damaliger Zeit vorliegenden
Brief *) läßt sich ein Mainzer über die kurfürstlichen Helden
mit folgenden Worten aus: „Sie wollen sich hier auch so, wie
an manchem Orte, mit einem dreisten Stolze über die Gattung
besserer Menschen hinaussetzen, und erregen mit ihren Stöcken
nicht selten einen solchen Lärm, der einem gesunden Menschen=
kopf ganz unausstehlich ist, als worauf die Theaterpolizei wach=
samer seyn sollte. Man hegt auch hier, wie in allen geistlichen
Fürstenthümern den schädlichen Grundsatz, daß keiner zur Fahne
schwören dürfe, dem noch ein Fünkchen Mutterwitz übrig sey.
Möchte doch der Theater=Ausschuß, um die Ehre seines Parterrs
zu retten, den Entrepreis für die hiesigen Akademiker, wie auf
anderen Universitäten, um die Hälfte wenigstens verringern.
Dann wanderte nicht mehr aller Geschmack auf die oberste
Gallerie." Wenn auch die Kriegsknechte des Kurfürsten in dieser
Weise ab und zu ihren Heldenmuth zu kühlen versuchten, so trug
doch das große Publikum, wie wir oben hörten, den Künstlern
ein warmes Verständniß entgegen. Von dem innigen Verkehr,
der damals zwischen dem Mainzer Publikum und dem Theater=
personal bestand, legt die Rede des Direktors Koch, welche der=
selbe am Sylvesterabende 1788 hielt, das beste Zeugniß ab. Er
sprach:

> „Am Feuer Eurer Gunst
> hebt sich des Künstlers Muth,
> glüht unseres Schauspiels Kunst,
> und wird bei Eures Beifalls Zeichen
> in neuer heißer Gluth
> bis zu des Nachruhms Flammentempel steigen.
> Oft mußt', Erhabenste und Gütigste! ich hier
> vor Euch erscheinen, um — wohl bangt' es immer mir —
> unschuldig einer Unwahrheit mich anzuklagen,
> und Euch bei einer Krankheit plötzlichen Gesahr, —
> vielleicht zu minderm Wohlbehagen, —
> statt des versprochnen Stück's ein anderes anzusagen.
> Doch was ich heute vorzutragen
> gekommen bin, soll wahrlich nicht Unwahrheit sein.

---

*) „Ueber Mainz" auf einer Rheininsel 1792.

Nein, unsern Dank will ich, eh' noch dies Jahr
mit seinen Freuden und mit seinen Plagen
uns ganz entflieht, Euch weih'n, —
den Dank für Eure Nachsicht, die bei all' den Stürmen,
auf denen unser leichtes Schiffchen wogt, —
bei all' den Wettern, die an unserm Horizont sich thürmen,
Ihr doch nicht gänzlich uns entzogt;
denn einmal kann nun doch auf Erden
nichts fleckenlos und gleich vollkommen werden.
Jedoch bei all' den Stürmen der Natur —
und ihnen ist auf dieser Welt,
vom Sclaven bis zum Fürsten und zum Held,
ein jeder unterworfen, wie vielmehr
wir Bürger dieser bunten Welt! —
Bei all' des Winters Schnee und Frost
zeigt uns im neuen Jahre nur
durch häufigen Besuch und warmes Antheilnehmen,
Behaglichkeit an unsrer Hausmannskost,
und nichts sei uns zu groß und nichts sei uns zu schwer,
wozu wir uns nicht herzlich gern bequemen;
und was noch nicht in diesen Monden möglich war,
gewähr' in Freudenfülle Euch das künft'ge Jahr!"

In so kurzer Zeit hatte sich die Mainzer Bühne emporge=
schwungen und war mit dem früheren Theater nicht mehr zu
vergleichen. Iffland, der bisher nicht viel von der Mainzer
Bühne gehalten hatte, war ganz entzückt über die neuen Verhält=
nisse. In einem an den später so berühmt gewordenen Schau=
spieler und Naturforscher Ochsenheimer *) gerichteten Brief
entwirft der große Mannheimer Bühnenleiter ein so charakteri=
stisches Bild von dem Mainzer Theater, daß wir es uns nicht
versagen können, das bezügliche Schreiben**) hier vollständig
mitzutheilen. Dasselbe ist aus „Mannheim den 15. May 1789"
datirt und lautet:

---

*) Ferdinand Ochsenheimer wurde im Jahre 1756 zu Mainz ge=
boren und war einer der tüchtigsten Charakterdarsteller Deutschlands.
— Als er diesen Brief erhielt, weilte er in Mainz bei seiner Mutter.
Wir werden später noch auf ihn zu sprechen kommen.
**) „Der Spiegel", Mainz 1823.

Alter Raupenjäger,

zum Voraus Gruß, Kuß und Handschlag!

Du wirst durch den Wormser Kutscher das versprochene Dutzend
rarer, schönfärbiger Aurikeln erhalten haben; ich habe sie mühevoll zu=
sammen getrieben, gebettelt, gestohlen. Nun kann Deine Mutter, die gute
Frau, der wir so viele Noth und Sorge gemacht haben, ihren aufgebrachten
Bruder, deinen griesgramen geistlichen Oheim, wieder beschwichtigen.
Ich hielt von allen Redressirmitteln und captationibus benevolentiae,
dieses für das unschuldigste; und du kennst mich ja, wie ich es mit der
Unschuld und lieben Natureinfalt halte, seit mir die F. in's Auge sticht. —
Du hast mir versprochen auf Sibillatag bei mir zu seyn, wegen der
Carmina an die Alte, aber Du bist nun in deinem Magontiaco aureo
wie angepicht. Freilich, nun ich eure Bühne kenne, wun=
dert's mich nichts; das hat sich aber auch unsäglich um=
geformt. Vor zwei Jahren noch war mir euer Theater
ein Gräuel, und dir selbst. Aber auch nur eine fixirte
Bühne, an deren Spitze ein Gekrönter steht, oder eine
reiche Gemeinde, kann sich so zu ihrem Vortheile ver=
ändern. Auch Tabors ewiger Refrain bei den Frankfurtern das,
aber die Vernagelten lernen nicht begreifen, was den Hamburgern einen so
schönen Ruhm bringt! Die vermaledeite Ambulanz des Thespiskarren!
Ich hab sie in hogarth'schen Zeichnungen gesehen, wie aus deutschem
Leben kopirt. Euer mixtum compositum von Tabor und Kower=
wein*) hatte freilich schon edle Ingredienzien unter seinem Brausemalz
aber vor zwei Jahren gukte das Schofle noch immer aus jener Trödel=
bude hervor, Chodowiecke hätte es der Nachwelt verewigen sollen.
Künstler-Erdewallen im steinigten Arabien! —

Ich hab mir viel Vertrauen auf euren großnasigen, stolzen Kur=
fürsten, den violetten Erthal erfaßt, er ist ein magnifiter Restaurator,
ein stolzstrebender Geist; ihr habt ihm viel zu danken und erkennt es
kaum. Euer mattbefittigter Intendant (Frhr. von Dalberg) kann
ihm nicht nach; und dann fehlen die Leute von entschiedenem Einfluß
bei euch. Eure grossen Gelehrten stehen um den Hochaltar der Weis=
heit wie gezapfte Osternkerzen, sie riechen nach der Bienen ungebleichter
Arbeit und brennen nicht ohne Qualm. Ihr habt Nachträbler der
Geschmackslehre, aber die ästhetischen Genies fehlen euch. Ich hab an
euren Labrone vollends satt gekriegt. Eure Dramatiker liegen ewig im
Gebähren wie der schwangere Berg, sie sind — Dich selbst mit deinen
verzwickten Versuchen mit eingerechnet — Banko's Stuhl ohne Geist.

Kozebue kennt eure Schwächen, er ist der Mann, der sein
Terrain zu rekognosziren und zu benutzen versteht, er macht Glück, aber
er wird euren unschuldigen Halbgeschmack abwürgen, wie der Stößer
den Grammetsvogel, und er selbst das Lieschen. — Und euer Schmie=
der? Nehme ihm sei das d aus dem Rahmen und setz ein r an die
Stell und du hast den Kerl wie er ist. Bertram sollte sein flaches
Bildniß vor seine flachen Annalen setzen mit der Unterschrift: Seelen=

---

*) Koberwein spielte im Jahre 1786 von Straßburg kommend, wie
Frau Rath Göthe in einem an Fr. Stein gerichteten Briefe mittheilt,
in Frankfurt a. M. Ob er damals wie alle Tabor'schen Truppen nach
Mainz kam, ist unbestimmt. Zuverläßige Nachrichten aus
diesem Jahre liegen, wie bereits oben bemerkt, nicht vor.

verkäufer, Langweilverkäufer! Aber das würde die zarte, blond=
haarige Hofkammerräthin in Wiesbaden verdrießen. — Mag es das! —
Troß dem, ich muß gerecht seyn, habt ihr ißt das
beste Theater Deutschlands, das unsere ausgenommen,
weil ich darauf spiele, versteht sich. — Noch, der kräftige
Ankömmling vom Dünastrande, Stegmann, euer Proteus, Mat=
tausch, euer Adonis, die routinirten Böheim, Mend, Beck und
die niedliche Gurli Eunike ohne ihren schwindsüchtigen berliner Stu=
denten — sind treffliche Theatermöbel. Du wirst sie mir alle in
Silhouetten liefern. Euren Wolschowsky und Böheim, auch eure
dicke Fiala mag ich nicht. So was findet sich überall. — Durch die
Hofmusik ist eure Oper vortrefflich geworden, aber das Opern=Spiel?
Pfui! — Die Hellmuth ist eine Närrin, die Hamel ist noch
Drahtpuppe, aber sie gibt Hoffnung, beide sind noch wahre Hofsängerinnen
in prätiöse Parade gestellt. Euer Leporello Lux ist ein wackerer Kerl,
aber euer Walter ein hölzerner Gliedermann, euer Günther
vollends das veritable Ebenbild vom Garkoch im schwarzen Schlüssel,
auch dessen Schattenriß fordere ich Dir ab, ich weiß wofür. Euer Or=
chesterdirektor Schick sagirt mehr als Alle zusammen; warum er den
Jakobi supplantirt?

Viel, das Unglaubliche ist schon bei euch geschehen, und ich hoffe,
es wird sich Alles vollends hinaufarbeiten zur schönen Einheit unsers
Ideals, und das zurückgebliebene Gepräge der Bandeninnung wird sich
ausbilden in den Generaltypus der Wahrheit.

Was mich am meisten freut bei euch, das ist der so lebendig
erwachte Kunstsinn; der ist mehr als alle Reform, die
vom Geldkasten hervorgeht. Mit euren vornehmen Herrn und
Damen bin ich ganz ausgesöhnt, denn principis ad exemplum be=
nehmen sie sich nun im Theater fein sittlich, wie in der Hofkapelle
unterm Sanctus. Dabei vikiren sie sich Kenner zu seyn, haben aber doch
klüglich die Kritik dem Paradies überlassen, wo die Univer=
sität herrscht.

Erinnere mir doch den pudelnärrischen Kreußer an sein Ver=
sprechen wegen dem bewußten Kanon, und sage dem Weidner, er wäre
ein Schachtelmacher; er weiß warum. Dem Pinsler Welte spreche
Hoffnung in's Herz, aber ich zweifle, ob der laurige Gottlieb dort gut
thut. Herr Geheim. v. R—l. spricht recht achtungsvoll von Dir und
das Kammermädchen seiner Gemahlin recht verliebt. Das bestärke ich
denn auf beiden Seiten, im Ober= und Unterhause, nach Vermögen.
Wenn mein Projekt durchgeht, so kommen wir nach Sommerjohanni
zusammen, und dann treiben wir's in Gloria mit uns und den Unseren,
und in Schimpf und Ernst mit den Weltphilistern.

Vale et fave

Dein

Iffland.

Wie ganz anders lautete Ifflands Urtheil noch vor 4
Jahren. Da schrieb er am 29. Jänner 1785 an den Mann=
heimer Theater=Intendanten Heribert Frhrn. v. Dalberg:

— Wahrlich, man muß Mainz gesehen haben, um Mannheim
zu lieben. Ich liebe den General Osten, ich schätze den Professor Klein,

ich will mich freuen, wenn Frau von Z..... uns ewig den Rücken wendet, das laute Gähnen des Monsieur S.... M..... ist himmlische Musik gegen das, was ich in Mainz sah! die Häupter der rothen Dom= herrn leuchteten aus den finsteren Cavernen dieses Tempels der Thalia, der einem Christmartts=Pallast so ähnlich ist. Bewaffnet mit Papier= fächern warteten sie in den herzlichsten Szenen der Verdauung des Fast= tages ab. Schlafend oder mit stieren Augen auf einen leeren Fleck sah ich diese glorwürdige Versammlung des h. römischen Reichs in der Bude zerstreut. — Die Frauenzimmer sorgfältig en face gegen Logen und die Verfechter der Mutter Gottes, in weiß und die Farbe der Hoffnung gekleidet; die andere Parthie der Damen trug auf ihrem Toiletten= arrangement deutlich das Jahr 1769. Dämmerung des Geistes schien noch wie zu Leopolds des Großen Zeit! O! wie sehne ich mich nach Mannheim und nach unserer Bühne, wie nach einer Geliebten. Mainz ist ein entsetzlicher Ort. Die Menschen, fast alle, sahen aus, als ob sie den Kreis um Clavides geschlafen hätten. Das Hospital St. Rochus druckt gegen die Ketzer, Zienbil ist verbannt, Pater Hellersdorf prorector perpetuus, und Unzelmann spielt Liebhaber. Wenn die Silberflotte nur nicht an dem gefährlichen Cap de la caisse zerstreut wird! —

Ich bitte Gott mit Eifer für die Erhaltung der Kunstliebe Euer Excellenz und unsrer Bühne. Mainz hat mich erschreckt. Euer Excellenz

unterthäniger Iffland.*)

Wenn Iffland damals in solcher, wie wir aus dem Wirken Großmanns sicher schließen können, wenig gerechtfertigten Weise die Mainzer Bühnenverhältnisse geißelte, um wieviel mehr legen seine in dem Schreiben an Ochsenheimer niedergelegten An= sichten über die Nationalbühne von dem großartigen Aufschwung des Mainzer Theaters ein wichtiges Zeugniß ab.

Das von Iffland mit so liebenswürdigem Künstlerhumor ge= schilderte Personal, welches zum Theil aus den besten Bühnen= kräften der damaligen Zeit gebildet war, hatte sich, durch strenge Gesetze geleitet**), zu einer Mustertruppe herangebildet, wie sie des besten deutschen Theaters neben dem Mannheimer würdig war. Von den Schauspielern erwähnen wir zunächst den Komiker Beck (komische Charakterrollen) und Christ (erste ko= mische Charakterrollen, erste Alte). Letzterer hatte an Brockmanns Stelle in Hamburg und unter Döbbelin am Berliner Theater ge= spielt und zählte den Riccaut zu seinen Glanzrollen. Iffland, welcher Christ in Mainz spielen sah, rühmt von dem Künstler, daß ihm gelinge, durch „die einfachsten Mittel und leise Züge große

---

*) Charis, Rheinische Morgenzeitung für gebildete Leser. Mann=
heim 1823.

**) Siehe Beilage: Gesetze des Mainzer Nationaltheaters.

Wirkungen abzugewinnen". Christ wird in einem Briefe aus jener Zeit als der Mann bezeichnet, welcher sich als Lehrer aller jüngeren Schauspieler am meisten um das kurfürstliche Theater verdient gemacht habe. Er debutirte als Amtsrath Poll in „Das Blatt hat sich gewendet". Der Direktor Koch spielte erste Helden und Charakterrollen. Als Posa, Friedrich von Oesterreich, Otto von Wittelsbach und Falstaff war er ausgezeichnet. In Mende besaß die Bühne einen vortrefflichen komischen Alten, der als Hans v. Ullerdorf in „Irrthum an allen Ecken" glänzte. Erster Liebhaber und Held war in der ersten Zeit Mattausch, welcher leider bald nach Berlin ging, wo er später unter Iffland mit seinen alten Mainzer Freunden, dem Ehepaar Unzelmann, große Erfolge erzielte. Seine Hauptrollen waren Karl Moor, Fiesco und Don Carlos. An Mattauschs Stelle trat Porsch, welcher sich in der letztgenannten Rolle einführte. Später glänzte er als Graf Klingsberg in Kotzebues bekanntem Lustspiel „Die beiden Klingsberg". Kurze Zeit war auch der bekannte dramatische Dichter Ziegler, welcher später neben der Weissenthurn in Wien wirkte, erster und zweiter Liebhaber am Mainzer Theater. Als zweitem Liebhaber und Intriguanten begegnen wir ferner Herrn Wolschowsky. Herr Czike gab die Chevaliers und Deutsch-Franzosen, und Herr Groß die komischen Bedienten-rollen. — Unter den Damen des Schauspiels waren ganz vor-zügliche Kräfte. Mad. Fiala, welche schon unter Großmanns Direktion als Heldin große Erfolge erzielt hatte, gab jetzt Köni-ginnen, Mütter u. s. w. und Mad. Porsch erste Liebhaberinnen. Letztere trat als Luise in „Kabale und Liebe" zum ersten Male in Mainz auf. Auch die Maria Stuart fand durch sie eine gute Wiedergabe. Die junge Tochter des Direktors, Betty Koch, spielte naive Liebhaberinnen.

Der Oper bezw. dem Singspiel stand Stegmann vor, welcher mit seiner Frau viel zur Hebung der Hamburger Oper unter Schröder beigetragen hatte und später auch wieder nach Hamburg ging. Ennicke war ein prächtiger erster Tenorist Der jüngere Walter sang kleinere Parthien. Bassist war der Kammersänger Krug, welcher sich als Basyl in Großmanns „Barbier von Sevilla" einführte. Auch Lux und Brandel werden als tüchtige Opernsänger erwähnt. Walter (Vater) war neben Ennicke erster Tenor und trat gleich Stegmann, Lux

und Brandel auch als Schauspieler auf. — Unter den Damen
der Oper waren die ersten Parthien Mad. Schick übertragen,
welche schon, wie wir oben gesehen, bei ihrem ersten Auftreten
als Lilla einen großen Erfolg errang und nun den gehegten Er=
wartungen im reichsten Maße entsprach. Von ihren Glanzrollen
aus der ersten Zeit ihres Wirkens am Mainzer Nationaltheater
erwähnen wir nur den Amor (Baum der Diana), die Zauberin
im „Talisman" von Salieri, Susanne (Hochzeit des Figaro),
Blondchen (Belmonte und Constanze) und Zerlinchen (Don Juan).
Bei Durchführung dieser Rollen kam ihr „eine unbefangene Ju=
gend, sowie der Wohlklang und die Gewandheit einer sorgfältig
gebildeten Stimme" zu Statten. Bald jedoch erkannte der Re=
gisseur Stegmann, daß Dem. Hamel (wie Mad. Schick damals
noch hieß) sich nicht allein zur Wiedergabe naiver Rollen eigne,
sondern daß ihr auch heroische Parthien ganz gut übertragen
werden könnten. Und diese Rollen begründeten denn auch erst
ihren Ruf als ausgezeichnete Sängerin. Ihre Alceste und Dido
in den gleichnamigen Opern von Gluck und Piccini waren einzig
in ihrer Art und machten die Künstlerin zu einem Liebling der
Mainzer und Frankfurter. „Sie verband", wie ein damaliger
Kritiker sagt, „mit der reinsten Intonation einen Umfang von
Stimme über zwei Octaven, die größte Exekution in dieser Art
von Musik, und eine solche beispiellose Sicherheit, daß ihr in
den schwersten Passagen niemals oder selten ein Ton versagte.
Ein sprechendes Auge, ein Mund, der wenn er sich öffnet eine
schöne Reihe von Zähnen zeigt, eine Gestalt, die zwischen Größe
und Kleinheit in glücklicher Mitte steht und ebensoviel Lebhaftig=
keit und Lust zum Spiel und Sprechen als zum Gesange, drücken
die tragische Empfindung aus, welche ihren Rollen vorgeschrieben
ist." Neben dieser „Perle der Mainzer Oper" zeichneten sich die
Kammersängerinnen Mad. Walter und die Hellmuth aus,
welch' letztere jedoch bald der Bühne Valet sagte. Mad. Mende
und Dem. Stegmann, sowie Mad. Eunicke, die später so
berühmte Händel=Schütz, welche auch im Schauspiel, besonders
in Kotzebue'schen Stücken, glänzte, waren ebenfalls gediegene
Kräfte. Als Soubrette wirkte Mad. Wolschowsky. — Im
J. 1790 gewann die Oper noch den Bassisten Hübich (Stößel
in „Doctor und Apotheker") und einen Bariton in Hrn. Paußer.

Ein solches Personal bedurfte natürlich eines so guten Or=

chesters, wie es in der kurfürstlichen Hofkapelle vorhanden war.
Es zählte 48 Mitglieder, denen Righini als erster, der Gatte
der Dem. Hamel, Schick*), als zweiter Kapellmeister und Hö=
felmayer als Dirigent der Symphonien vorstand. Als Concertmeister fungirten außer Kreußer noch die Herren Sterkel
und Schmitt. Chorrepetitor war Herr Jakobi.

Dr. Schmieder fungirte nicht allein als Theaterkritiker,
sondern er bereicherte auch das Mainzer Repertoir, wie wir ge=
sehen, durch verschiedene Textdichtungen. Er bezog 600 fl. Gehalt
und hatte das Recht, seine dramatischen Dichtungen auch anderen
Theatern zur Aufführung zu übergeben.

Der Kurfürst, durch dessen Anregung und reiche Unter=
stützung die Mainzer Nationalbühne ins Leben gerufen wurde,
besuchte gleichwohl das Theater nur selten. Wie alle diejenigen,
welche für die Aufgabe der Bühne wenig Verständniß besitzen,
liebte er die Oper mehr als das Schauspiel. In den schon mehr=
fach angeführten, von einem Mainzer geschriebenen Briefen wird
über Erthal u. A. berichtet: „Als der Kurfürst ins Theater
trat, ward er von vielen Seiten mit einem Getöse und Ge=
klatsche bewillkommnet, worüber er gar höflich gegen das Publi=
kum dankte. Er scheint aber nicht vieles Vergnügen am Theater=
wesen zu haben, denn ich sah ihn die ganze Zeit mit einem
Kammerherrn sprechen, und selten einen Blick auf die Akteurs
werfen, aber bei einer guten Darstellung recht herzlich zuklat-
schen." —

Die Hoffnungen, welche eine so reich unterstützte Bühne
mit solch vortrefflichem Personal erweckte, erfüllten sich auch in
der zweiten Saison (1789/90) in der befriedigendsten Weise;
jedoch standen die neu aufgeführten Stücke den Novitäten des
Vorjahres bedeutend nach. So gingen u. A. in Scene: „Die
Indianer in England", Lustspiel in 3 Akten von Kotzebue, in
welchem Mad. Eunicke die Gurli in der vollendetsten Weise gab:
„Frauenstand", Lustspiel in 5 Akten von Iffland; „Friedrich von
Oestreich" und „Der Herbsttag", Schauspiele von Iffland; „Die

---

*) Als s. Z. der Solo=Geiger Schick bei dem Kurfürsten um die
Hand der schönen Sängerin anhielt, meinte dieser: „Glaubt Er, ich habe
die Margreth für Ihn reisen lassen, daß Er mir nun die gute Stimme
verdirbt?"

Schule der Graubärte", nach dem Englischen von dem Mainzer Intendanten v. Dalberg, und „Er will Soldat werden", Lustspiel in 5 Akten von Frhr. v. Dalberg zu Mannheim. Ferner erschienen noch Stücke von Gotter, Ziegler, Beil, Kretschmann, Beck, Schmieder, Schröder. Im Jahre 1791 kam auch Glucks „Iphigenia in Tauris" zur Aufführung. Winter, der Mannheimer Komponist, trat damals in die Theaterwelt. Es wurde von ihm die Oper „Helena und Paris" gegeben. Von Salieri, der auf Winter einen unverkennbaren Einfluß ausübte, erschien: „Der Talisman" und Dittersdorf trat mit dem Singspiel „Demokrit" auf. Schmieder machte zu allen diesen Opern die Texte zurecht.

Einen Glanzpunkt in dieser Saison bildet das Auftreten der Mainzer Gesellschaft in Frankfurt gelegentlich der daselbst im Oktober 1790 erfolgten Krönung Leopold II. zum deutschen Kaiser. Ein in dem Theaterkalender von 1791 veröffentlichter Brief aus Mainz, datirt vom 4. November 1790, enthält folgenden Bericht über die Leistungen der Mainzer Gesellschaft: „In Frankfurt spielte außer dem Mainzer Nationaltheater während der Kaiserwahl- und Krönungszeit in dazu neu erbauten bretternen Häusern, eine französische und die vereinigte Böhm- und Koberweinische Gesellschaft. Doch alles zog das Mainzer Theater im großen Stadt-Schauspielhause vor, und der Zulauf dahin war am Ende allgemein. An mehreren Tagen mußten Zuschauer wieder zurückgewiesen werden. Die Preise waren so, wie im französischen Theater, blos bis auf einen halben französischen Thaler für die Person erhöht. Oper und Singspiel wetteiferten mit den größten bestbesetzesten Opern ab, unter denen übrigens König Axur, nach Salierischer Musik und Beaumarchais „Tarare", von Dr. Schmieder bearbeitet, den Preiß erhielt, und immer wiederholt wurde. Auch die Bälle in diesem Hause waren die zahlreichsten, geschmackvollsten und glänzensten. Am Sonntag vor dem Einzug Sr. Maj. des Kaisers waren 1300 Masken. Die ganze Einrichtung gereichte der Direktion sehr zur Ehre." — Unter dem Publikum, welches die prächtigen Leistungen der Mainzer Gesellschaft bewunderte, befand sich auch Mozart, der namentlich von der schönen Stimme der Mad. Schick entzückt war. Schon bei ihrem ersten Auftreten in einem von dem großen Tondichter gegebenen Concert hatte sie sich dessen hohe Achtung erworben. Als er die Sängerin nun auch auf der Bühne hörte, brach er, hingerissen von ihrem herrlichen Gesang, in die zumal in seinem Munde so bedeutungsvollen Worte aus: „Nun will ich nicht weiter singen hören!"

Mit solchem Ruhm bedeckt kehrten die Künstler zu neuem Wirken begeistert nach Mainz zurück, welches auch Mozart*) auf seiner Rückreise nach München berührte. Der Meister hielt sich einige Tage in Mainz auf**) und gab im Akademiesaale unter großem Beifall ein Concert. Für die Pflege der Musik wurde überhaupt seitens des Kurfürsten viel gethan. Wenn er auch am Theater weniger Gefallen fand, so waren doch Concerte an seinem Hofe an der Tagesordnung. Er hatte einen eigenen Concertsaal errichtet, in welchem die sog. „Akademie der Musik" ihre Aufführungen veranstaltete. Von sonstigen Concerten, welche uns in der Zeit des Nationaltheaters entgegentreten, erwähnen wir die musikalische Soirée der Mad. Slawick, einer Sängerin „Sr. Durchlaucht des Erbstatthalters Prinz von Oranien". Sie gab im Verein mit einem Herrn Bona Seyla im Schröder'schen Saale***) unter großem Beifall ein Vokal- und Instrumental-concert.

Außer diesen Concerten boten die in der Carnevalszeit eben-

---

*) Der Mainzer Maler Tischbein entwarf von Mozart ein Bild, welches nach Jahn „eine Mischung von Sinnlichkeit, Laune und Schwermuth zeigt, die dem Wesen Mozarts sehr wohl entspricht." Die Herren Prof. Arenz in Mainz und Hoforganist Schulz in Mannheim bezeugten die Aechtheit des Bildes.

**) Es soll Mozart in dem goldenen Mainz sehr wohl zu Muthe gewesen sein; ja, man machte ihm den neckischen Vorwurf, zu tief in die Augen einer schönen Mainzerin geschaut und aus diesem Anlaß die Arie „Io ti lascio" komponirt zu haben. Jahn spricht den Meister — natürlich nur von der „musikalischen" — Galanterie frei und bezeichnet Gottfried v. Jacquin aus Wien als den Komponisten der Arie.

***) Der Schröder'sche Saal (errichtet von einem kurfürstl. Kammerdiener Namens Schröder, jetzt „Hof zum Gutenberg") diente seit dem Jahre 1786, bis zu welcher Zeit die Bälle, geselligen Vergnügungen und Concerte im adeligen Gesellschaftshaus abgehalten worden waren, zu derartigen Aufführungen.

falls bei Schröder abgehaltenen „Vauxhalls"*) den Mainzern
reichliche Abwechselung, wie überhaupt damals ein reges Leben
herrschte und die Stadt des Gutenberg mit Recht das goldene
Mainz genannt werden konnte. Mainz besaß eine berühmte
Hochschule, eine vortreffliche Lesegesellschaft**) und eine Musterbühne, an der die vorzüglichsten Künstler des römischen Reiches
teutscher Nation wirkten, sowie neben den Gelehrten viele acht-
bare Schöngeister, unter denen sich Dem. Marianne Sophie
Weickard***) als dramatische Schriftstellerin hervorthat. Leider
sollte diese perikleische Zeit des rheinischen Athen nicht lange
dauern. Der Sturmwind der französischen Revolution, der so
vieles Veraltete hinwegfegte, machte leider auch dem neuen vielversprechenden Leben in Mainz und damit der schönsten Blüte
desselben, dem Nationaltheater ein Ende. Wir werden über
diesen tragischen Akt im nächsten Abschnitt berichten.

*) Man war den Besuchern solcher Festlichkeiten in jeder Beziehung
entgegenkommend. So wurden den Gästen des Sonnengartens vor dem
Münsterthore unentgeltlich Kutschen zur Verfügung gestellt, die bei
schlechtem Wetter benutzt werden konnten.

**) Die Gesellschaft, welche einen Kreis geistig strebender Männer
in sich schloß, tagte im Schröder'schen Kaffeehaus, wo die Zeitschriften
offen lagen. -- Dem Publikum war die öffentliche Leihbibliothek des
Schutzjuden Ingelheim, der nur „eine kurfürstliche Censur durchlaufene
Bücher" ausleihen durfte, zugänglich.

***) Wir erwähnen von ihr die Lustspiele „Die seltene Beständig,
keit", „Der gereiste Bräutigam" und „Das nächtliche Rendez-vous"
nach dem Französischen; sämmtlich Einakter.

X

Der Untergang des Mainzer Nationaltheaters.

— · —

Die französische Revolution und ihre unmittelbaren Folgen
warfen bald in der kurfürstlichen Residenz, in der es noch nach
alter Sitte hoch herging, ihre Schatten. Bereits im September
des Jahres 1790 war in Mainz ein Handwerkeraufstand aus=
gebrochen, welchem nur durch die Hülfe der Truppen des Land=
grafen von Hessen ein Ende gemacht werden konnte. Unter
solchen Verhältnissen konnte auch das Interesse für die Kunst
nicht mehr in der ursprünglichen Weise erhalten bleiben. Neben
der Nationalbühne hatten sich mehrere Liebhabertheater gebildet,
die in diesen Zeiten nur ein kümmerliches Leben zu fristen ver=
mochten. Ueber die Nationalbühne selbst liegen uns leider keine
genaueren Angaben vor. Auch der Gothaer Theaterkalender, wel=
cher wohl als eine der Hauptquellen für die damalige deutsche
Theatergeschichte gelten darf, enthält keinerlei Notizen über
Mainz. Wahrscheinlich sind die betreffenden Berichte in diesen
unruhigen Zeiten nicht an die Herausgeber gelangt. Unter solch'
kriegerischen Aussichten nahm auch das in unserer Bühnengeschichte
hochbedeutende Jahr 1792 seinen Anfang. Dem Kurfürsten
lagen die Emigranten fast täglich in den Ohren und es gelang
ihnen auch bald, den ohnedies eitlen Herrn, welcher gern eine
Rolle spielen wollte, für ihre Pläne zu gewinnen. Ihre Ab=
sichten sollten bald die gewünschte Erfüllung finden. Im Juli
des Jahres 1792 fand in dem benachbarten Frankfurt a. M.
die Krönung des Kaisers Franz II. statt. Am 17. Juli traf der
Kurfürst, auf seinem ganzen Wege von Frankfurt nach Mainz
von den Emigranten bewillkommt, wieder in seiner Residenz ein.
Monsieur Graf Artois begrüßte den Kurfürsten in Kastel.*)
Drei Tage darauf wurde, nachdem Kaiser Franz II. und dessen
Gemahlin angekommen waren, der Fürsten=Congreß eröffnet, auf
welchem über den bevorstehenden Krieg berathen wurde. Die

---

*) „Privilegirte Mainzer Zeitung."

Stadt war am Abend glänzend beleuchtet und fuhren die Herrschaften, an welche sich etwa 200 Wagen anschlossen, durch die
illuminirten Straßen. Die Anwesenheit der hohen Gäste, welche
bis zum 22. Juli währte, gab zu mannigfachen Vergnügungen
Anlaß. Wir finden einen Hofball verzeichnet, welchen der Kronprinz
von Preußen mit der Kaiserin eröffnete und dessen Glanz noch
durch die Theilnahme der Akademiker bedeutend erhöht wurde.
Eine Theatervorstellung ist unter den angeführten Festlichkeiten
nicht erwähnt. Die Berathungen der Fürsten nahmen unter
diesen Feierlichkeiten ihren ruhigen Fortgang. In der Favorite
wurde jenes Manifest verfaßt, welches nicht allein Deutschland,
sondern ganz Europa in einen langwierigen Krieg verwickeln
sollte. Am 30. Juli veröffentlichte man die „Erklärung Seiner
Durchlaucht, des regierenden Herzogs von Braunschweig und
Lüneburg, Befehlshaber der vereinigten kaiserl. königl. und königl.
preuß. Armeen an die Einwohner Frankreichs." Es wurde in
dem Manifest u. A. die Absicht ausgesprochen, „die Anarchie
im innern Frankreich zu heben; den Angriffen auf den Thron
und die Kirche Einhalt zu thun, die gesetzmäßige Gewalt wieder
herzustellen, dem Könige wieder die Sicherheit und Freiheit zu
geben, deren er beraubt ist, und ihn in den Stand zu setzen,
die gesetzliche Würde auszuüben, die ihm zukommt." Diese Pläne
scheiterten an dem Muthe der von frischer Freiheitslust erfüllten
Franzosen. Der Geist einer neuen Zeit trug den Sieg davon.
Ganz Frankreich erhob sich einmüthig und trieb die fremden
Eindringlinge über die Grenzen. Ja, es dauerte nicht lange,
und die Franzosen standen vor Mainz. Feige waren die deutschen Truppen geflohen und das alte Reich erntete so recht die
Früchte unseliger Zerrissenheit. Auch waren die aufgeklärteren
Deutschen den Druck, welcher auf ihnen lastete, müde geworden.
Namentlich in der oben erwähnten Mainzer Lesegesellschaft wurden solche freiheitlichen Ideen gepredigt, daß sich der Domdechant
und Statthalter Georg Karl Freiherr von Fechenbach veranlaßt
sah, am 13. Oktober eine Mahnung an dieselbe zu richten.
Bald war eine solche Beschwichtigung nicht mehr nöthig. In
feiger Weise übergab die Mainzer Garnison acht Tage darauf
die Festung an den französischen General Custine. Mit
dem Sieg der Franzosen war auch die Ruhe der Mainzer
Bürger verschwunden. Die Kriegsfurcht lastete auf den Ge-

müthern, und daher konnten die alten Festlichkeiten nicht mehr aufkommen.*)

Das Theater nahm zwar mit der Genehmigung des fränkischen Generals Custine wieder seine Vorstellungen auf, jedoch die schöne Zeit der Mainzer Bühne war dahin. Am 24. und 25. Oktober wurden, wie die Mainzer priv. Zeitung berichtet, unter der Direktion des Herrn Stegmann vom Nationaltheater wieder Opern gegeben und von den fränkischen Herren Offizieren häufig besucht. In den Zwischenakten und zum Schluß wurde das französische Lied Ça ira vom Orchester gespielt. „Alles ging still und friedlich zu", meint der Kritiker, eine Bemerkung, die für die damals im Volk herrschende Gährung höchst bezeichnend ist. Am Sonntag, den 28. Oktober, ging die Oper „Rudolph von Creki", nach dem Französischen von Schmieder, in Scene. Ihre Ankündigung war von dem Publikum mit Bravorufen aufgenommen worden. Die Herrlichkeit währte nicht lange. Im Akademiesaale des kurfürstlichen Schlosses schlugen die Klubisten ihr Lager auf und die Wogen der politischen Erregung gingen in der alten Kurfürstenresidenz und Bücherstadt hoch. Da war natürlich Mainz nicht mehr die Stätte für die ruhige Entwickelung einer Kunstanstalt.

Koch sah dies auch ein und zeigte, nachdem die Gesellschaft noch etwa 14 Tage gespielt hatte, den Schluß des Mainzer Nationaltheaters an. In dieser Entschließung mag ihn auch das Verhalten der Mainzer Freiheitsfreunde gegenüber der Bühne bestärkt haben. „Forster und noch einige andere der eifrigsten Klubsbrüder beschäftigten sich, um den Gemeingeist der Freyheit ja recht zu verbreiten, mit der Verfertigung verschiedener Komödien, die bey ihren Vorstellungen in dem Schauspielhauße alles bewegen sollten, sich für die so hoch angepriesene Freyheit zu erklären; und so erschienen in einer sehr kurzen Zeit von wenigen Tagen mehrere Stücke, denen man es schon an ihrem Titel ansehen konnte, was damit bezweckt werden wollte. Die wegen ihrer Unverschämtheit sowohl durch Lästerungen, als auch in Einmischung ganz falscher Begriffe von der Glückseligkeit der Staaten merkwürdigste Stücke waren, die Aristokraten in Teutsch-

*) „Darstellung der Mainzer Revolution." Frankfurt und Leipzig 1792.

land, die Despoten auf dem Lande, der Aristokrat auf Lügen
ertappt und der Aristokrat in der Klemme."*) Letzteres Stück,
welches von Forster verfaßt war, wurde von diesem republikanisch
gesinnten Gelehrten dem Direktor Koch mit der Weisung zuge=
schickt, dasselbe baldmöglichst aufzuführen. Koch, „der mit der
Verbreitung von Freyheit und Gleichheit auf keine Weise etwas
zu thun haben wollte und doch Anfangs besonders wegen seinem
Souffleur Sommer, der auch in die Konstitutionsgesellschaft ein=
getreten war", in keine geringe Verlegenheit gerathen war, wußte
sich zu helfen. Er nahm das Stück zwar an, verspätete aber, da er
das Forster'sche Musenprodukt um keinen Preis aufführen wollte,
das Abschreiben der Rollen bis kurz vor der bereits in Folge der
kriegerischen Wirren beschlossenen Abreise der Gesellschaft.**) Als
Forster ihn bitten ließ, doch sein Stück wenigstens als letzte Vor=
stellung der Mainzer Nationaltheater=Gesellschaft zur Aufführung
zu bringen, sandte Koch dem Verfasser das Freiheitsstück mit der
Versicherung zurück, daß er die ausgeschriebenen Rollen erst vor
wenigen Stunden empfangen habe, und „nunmehro die Zeit so
kurz seye, um dieselben einzustudieren; es seye ihm also sehr
leid, daß der Aristokrat in der Klemme bleiben müsse." Wäh=
rend diesem Zwischenfall war die Anzeige von der Abreise der
Gesellschaft in der Mainzer National=Zeitung erschienen. Die
Trauerbotschaft, welche das Ende einer herrlichen Zeit nicht
allein in der Mainzer, sondern auch der deutschen Theaterge=
schichte den ohnedies hartgeprüften Mainzern verkündete, lautet
in dürren Worten: „Das hiesige Nationaltheater wird nächsten
15. dieses die letzte Vorstellung geben, und die Mitglieder des=
selben von hier reisen. Wer also an einen von den hier noch
befindlichen Schauspielern eine Foderung hat, wird ersucht, sich
bei demjenigen, den die Forderung betrifft, zu melden." Zu
gleicher Zeit mit dieser Bekanntmachung des Direktors Koch er=
schien noch folgende Anzeige der Schauspielerin Fiala: „Da ich
Willens bin, nächsten Mittwoch, als den 15. dieses von hier
abzureisen, so will ich hiermit bekannt machen, daß derjenige,
so etwas an mir zu fordern hat, sich gefälligst bei mir zu mel=
den habe. Mein Logie ist auf der mittleren Bleiche bei Herrn

---

*) Darstellung 2c.

**) „Die damahlen schon vorgenommen war". Darstellung 2c.

Laquierer Schäfer 103." — Diese Ankündigungen erregten im Publikum eine große Aufregung. Ueberall war man bemüht, ein Kunstinstitut der Stadt zu erhalten, an welches die schönsten Erinnerungen geknüpft waren. Höchst bezeichnend für die damals herrschende Stimmung ist ein Mahnruf „An die Schauspieler", welcher am 2. Novbr. in der republikanischen Zeitung „Der Bürgerfreund" veröffentlicht wurde. Derselbe lautet: „An die hiesigen Schauspieler! — Die Sage ist's, daß ihr wolltet unsere Stadt verlassen; o! das darf, das soll nicht wahr werden. Nein der deutsche Schauspieler wird im Biedersinn so wenig dem französischen als in der Kunst nachstehn. Der Bürgerfreund zählt ganz auf Eure Unterstützung in der Volksstimmung. Ich kann Eurem Ruhme nichts beysetzen, er ist vollstimmig entschieden. Deutsche Meister der Kunst! Euch fodere ich auf einen Brutus und ähnliche Stücke, die den Menschen zu seiner Würde erheben, hier zu verlebendigen und dann erwartet oft vom Bürgerfreunde lauten Dank, Beifall." Die Gesellschaft leistete jedoch auch dieser letzten Bitte der Republikaner, bei welcher indeß eine erfreuliche Erkenntniß des Einflusses der Bühne auf das Volk zu Tage tritt, keine Folge.

Interessant dürfte das Schreiben*) sein, welches der bisherige Intendant Frhr. v. Dalberg an den Direktor Koch bei der Entlassung der Gesellschaft richtete. Dalberg sagt in diesem für unsere Bühnengeschichte so merkwürdigen Brief u. A.:

.... Machen Sie aber einstweilen der Gesellschaft meinen lebhaften Dank, für den, während meiner Oberaufsicht fünf Jahre lang bezeigten Diensteifer; für die Fortschritte in der Kunst; für die Befriedigung des Publikums in dem Schauspiel und in der Oper, bekannt. Ich habe das Vergnügen erreicht, die beste Bühne Teutschland's durch eigene Kosten und unermüdeten Eifer, der durch keinen Verdruß, keine Hindernisse erschüttert wurde; errichtet zu haben. So sehr das Theater mit allen möglichen Schwierigkeiten verknüpft ist, wovon Sie täglich Zeuge waren, so war es doch meine Puppe, mein Liebling, womit ich gern gespielt habe, fast mein einziges Vergnügen. Wenn ich nun dieß nach langem Kampf zu genießen glaubte, so traten unglückliche Begebenheiten ein, die mit einem Spiel dieß Gebäude niederreißen. Mir blutet das Herz darüber und so unübersehbar mein persönliches Unglück ist, welches ich mit so viel tausend Menschen theile, so ist der Verlust des Theaters eine Wunde, die ich unter andern sehr fühle. — Theilen Sie diese meine Gesinnungen der Gesellschaft mit; sagen Sie ihr: daß ich diesen Verlust destomehr empfinde, als ich nicht allein gute Schauspieler, sondern auch Menschen hatte, deren sitt-

*) „Annalen des Theaters." Berlin 1793.

66

liches Betragen sich gewiß vor andern Bühnen ausgezeichnet hat, und sind auch manchmal Kleinigkeiten vorgefallen, oder es war auch ein räudiges Schaaf darunter, so war gewiß die von mir angewandte Behandlung Bürge, daß es keinen Einfluß auf das Ganze hatte. Sollte sich über kurz oder lang die Lage ändern, so würde ich mit Vergnügen sehen, wenn die Mitglieder von der Gesellschaft wieder in ihre vorige Verbindung treten wollten.

Dalberg mp.

Die Mitglieder der Gesellschaft reisten nun nach und nach ab. Koch brachte seine Familie nach Zerbst, eilte dann wieder an den Rhein zurück, wo er mit der preußischen Armee der Belagerung von Mainz beiwohnte, und nahm später mit seiner Tochter Betty, der nachmaligen Roose, ein Engagement an der Mannheimer Bühne, an der er die Stelle des kurz vorher verstorbenen Böck auf das beste ausfüllte. Der inzwischen wieder mit Frankreich ausgebrochene Krieg bereitete auch den Mannheimer Herrlichkeiten ein rasches Ende. Sein Freund Iffland folgte einem Rufe nach Berlin, wo er mit der Uebernahme der Direktion des Hoftheaters „die Blütezeit der deutschen Schauspielkunst der preußischen Hauptstadt" begründete, während Koch nach einigen Gastspielen an verschiedenen deutschen Bühnen am Wiener Burgtheater engagirt wurde und dort eine langjährige, ruhmvolle Wirksamkeit entfaltete. Er starb am 11. Juni 1831 zu Alland unweit Baden bei Wien. — Beck ging nach Weimar, wo er u. A. als Schnaps in „Die beyden Billets" den Beifall Göthes fand. Später wurde er der Nachfolger Ifflands in Mannheim und starb zu München. — Christ trat in die kurfürstlich sächsische Schauspieler-Gesellschaft des Herrn Franz Seconda in Prag, bei welcher er als Wagner im „Vetter aus Lissabon" debutirte, ein. Porsch, Hübsch und Lux wurden aus Frankfurter, Herr und Mad. Ennicke an das Bonner Theater engagirt. Stegmann nebst Familie reiste nach Hamburg und Mad. Fiala nach Berlin. Unter den übrigen Mitgliedern schlug noch Mad. Schick eine glänzende Laufbahn ein. Nachdem ihre Vaterstadt in die Hände des Generals Custine gefallen war, flüchtete sie sich nebst ihrem Gatten nach Frankfurt, wo der damals gerade dort anwesende König Friedrich Wilhelm von Preußen die vielgerühmte Sängerin zu hören wünschte. Der König war von den Leistungen der Künstlerin höchst entzückt und stellte diese sowie ihren Gatten bei seiner Hofkapelle, laut einem eigenhändigen Kabinetsschreiben, an (1793). Mad. Schick erfreute sich

bald großartiger Erfolge. Ihr Auftreten auf dem kleinen Schloß-
theater in einer kleinen Oper des Kapellmeisters Righini, der
nach dem Untergange des Mainzer Nationaltheaters die Leitung
der Berliner Oper übernommen hatte, war von dem seltensten
Beifall begleitet und veranlaßte ihre Berufung als erste Sängerin an die aufblühende deutsche Nationalschaubühne, wo sie,
wie z. B. als beste Vertreterin der Gluck'schen Iphigenia, die
Krone der Vollendung in ihrer Kunst errang und der deutschen
Oper in Berlin zum Siege verhalf. Leider wurde die Künstlerin bald durch den Tod von ihrer Ruhmesstätte abgerufen.
Margarethe Luise Schick starb am 29. April 1809, erst 36 Jahre
alt, in den Armen ihres Gatten, in Folge eines „gänzlich unerwarteten Durchbruchs der großen Rückenpulsader". Sie wurde
mit großen Ehren auf dem Friedhofe der Katholiken vor dem
Oranienburger Thore zur Ruhe gebettet.

So hatten sich denn die Mitglieder der Mainzer Nationaltheater-Gesellschaft nach allen Weltgegenden zerstreut und, indem
sie fast überall durch ihr Wirken den Theatern zum Aufschwung
verhalfen, den Ruhm der leider so früh von den Stürmen des
Krieges hinweggewehten Mainzer Nationalbühne in der beredt-
sten Weise verkündet. In Mainz aber hatte die Künstlerschaft
in dem Herzen des Publikums einen Kunstsinn erweckt, der selbst
in den kriegerischen Zeiten, welche nun Noth und Trauer über
die alte Reichsfeste brachten, nicht verloren ging, sondern sich
bis zur heutigen Stunde erhielt und in der verschiedenartigsten
Form später zum Ausdruck gelangte.

XI.

Ochsenheimer, Haide und Herdt. Herdts Ehrenrettung des Schauspielerstandes gegenüber der französischen Nationalversammlung.

Um die im vorigen Abschnitte geschilderte Zeit treten uns in der Theatergeschichte die Namen dreier Mainzer entgegen, die durch ihr künstlerisches Wirken wohl zum Theil den Schmerz ihrer Landsleute über den Verlust der Nationalbühne lindern konnten. Es sind dies die berühmten Schauspieler Ochsenheimer, Haide und Herdt, mit denen wir uns hier zunächst bekannt machen wollen, ehe wir zur Schilderung der trostlosen Periode unmittelbar nach dem Nationaltheater übergehen.

Ochsenheimer, der, wie wir bereits oben sahen, mit Iffland in Verbindung stand, war nach tüchtigen Vorstudien bei der Böjann'schen Gesellschaft in die Seconda'sche Truppe eingetreten, in welcher damals Christ, das frühere Mitglied des Nationaltheaters, wirkte. Im Jahre 1807 ging Ochsenheimer nach Wien, wo er der Bühne durch seine trefflichen Leistungen, namentlich im Conversationsstück, zur höchsten Ehre gereichte. Auch in den klassischen Rollen war er vortrefflich und ist sein Talbot (Jungfrau von Orleans) und Sekretär Wurm (Kabale und Liebe) einzig dastehend. „Sein Mienenspiel und seine Betonung mochten wohl nur von Iffland übertroffen werden." *) Er hatte „den Ausdruck verwegener, halsstarriger Fassung eines ertappten Bösewichts, teuflisches Hohnlachen und ähnliche Färbungen, bis zur erschütternden Wirkung in seiner Gewalt." **) Sein Spiel soll Ludwig Devrient die erste Anregung zu seiner Ruhmeslaufbahn gegeben haben. Ochsenheimer, welchen Iffland in dem bereits oben abgedruckten Briefe „Raupenjäger" genannt hatte, blieb auch seinen gelehrten Studien treu. Sein Werk „Die Schmetterlinge von Europa" hat ihm auch einen dauernden Platz in der Naturgeschichte gesichert. So verband dieser „große Intriguant" die Natur eines Gelehrten mit der des Künstlers, wohl

---

*) „Zeitung für die elegante Welt."
**) Devrient, „Geschichte der deutschen Schauspielkunst."

nicht zum Schaden der letzteren. Sein Aeußeres kündete mehr
den Gelehrten als den Künstler an. Er war nämlich von schmäch-
tiger Gestalt, oft nachlässiger Haltung, trug den Kopf gewöhnlich
seitwärts oder vorgeneigt: die Gesichtszüge waren bedeutend."
Ochsenheimer starb im Jahre 1822.

Der zweite Mainzer, welcher in den neunziger Jahren des
vorigen Jahrhunderts sich neben Ochsenheimer zum Schauspieler
bildete, war Haide. Dieser Künstler ging im Jahre 1795 als
25jähriger Jüngling, nachdem er das Studium der Medicin an
den Nagel gehängt hatte, nach Weimar an das Hoftheater, wo
er als Liebhaber angestellt wurde. Sein Karl Moor war vortrefflich und er soll sich durch die ausgezeichnete Wiedergabe dieser
Rolle die Freundschaft Schillers erworben haben. Als Schiller
gestorben war, eilte Haide nach Wien. Weitere zuverlässige
Nachrichten über ihn fehlen uns.

Als dritter bedeutender Mainzer Schauspieler tritt uns um
diese Periode Herdt*) entgegen, welcher seit dem Jahre 1786
am Berliner Nationaltheater neben dem berühmten Helden Fleck
angestellt war und eine Zierde der Bühne bildete. Herdt war
im Fache der „edelen Geistlichen, komischen und ernsthaften Alten" vorzüglich. So soll er als Ritter von Renß in Babos
„Otto von Wittelsbach" ausgezeichnet gewesen sein. Seine Begeisterung für die Kunst und die Ehre seines Standes war es
auch, die ihn kurz nach dem Ausbruche der französischen Revolution zu einem Schreiben an den Präsidenten der französischen
Nationalversammlung veranlaßte, welches nicht allein auf den
Verfasser, sondern auch auf die Verhältnisse der damaligen
Schauspieler ein höchst charakteristisches Licht wirft und einen
interessanten Beitrag zur Geschichte der Schauspielkunst bilden
dürfte. Herdt schrieb am 12. Januar 1790 von Berlin aus
folgenden Brief an den Präsidenten der französischen
Nationalversammlung, Herrn Freteau, Necker und
Abbé Maury:

In den berlinischen Nachrichten von Staats und gelehrten Sachen
Nr. 4 vom 9ten Jan. 1790 finde ich in dem Artikul von Paris vom
28sten Dec. 1789 folgendes: „Der Wahlfähigkeit eines Bürgers zu allen
Civil und Militärämtern könne keine andere Ausschließungsursachen ent-
gegengesetzt werden, als solche, die aus den Decreten der Constitution

---

*) Geb. 1755 zu Mainz; deb. 1782.

herfließen. Diese letztere bezögen sich auf Scharfrichter, Komödianten und Henker." Diese Dekreten nun sind mir so unbekannt wie das Motiv dazu nur das Resultat eifersüchtiger Priester zu sein scheint, und daß man solche Dekrete registriren könnte, bringt mich beinahe auf die Idee, daß vor den Augen der französischen National-Versammlung noch nicht aller Nebel gefallen ist, wie könnte sie sonst Komödianten, Scharfrichter und Henker zusammensetzen?? — Wenn es positive Nothwendigkeit war, drei Sorten von Menschen von der Wahlfähigkeit eines Bürgers zu allen Civil- und Militärämtern auszuschließen, so hätte man nach meiner Meinung, und nach den Beispielen aus der französischen Geschichte zu urtheilen, an die Stelle der Komödianten, alle gewisse französische Pfaffen registriren sollen, und daß aus einer ganz simpeln natürlichen Ursache, weil der Endzweck dieser drei Menschensorten, das Hinrichten der Menschen zur Basis hatte. Denn Erstere, mordeten ihre Könige, brachten den Calas aufs Schafot, erwürgten hunderttausende in der Bartolomeus Nacht, und die flammende Lava Sorbonnischer Maximen brannte Nationen und ganze Provinzen auf, und diese: (die Scharfrichter und Henker) hauen dem Verurtheilten den Kopf herunter oder rädern den einzelnen Verbrecher. Daraus folgt dann, daß jene und die Scharfrichter und Henker so ziemlich zusammten passen. Daß man aber die armen Komödianten unter die Firma der Henker bringt, heißt die Büsten eines Corneille, Racine und Moliere mit Koth besprihen, und wer dadurch geschändet wird, bedarf wohl keiner Preißfrage!

Entweder sind die französische Schauspieler Schurken oder Dummköpfe? Sind es Schurken? Warum sollten sie zu allen Civil und Militärämtern ausgeschlossen seien? Würden sie mehr Verderben bei der Nation anrichten können, als die Bedienten der öffentlichen Angelegenheiten, Pächter, Generalpächter, Staatsräthe und Minister unter Ludwig dem 14ten? Würden sie mehr Grausamkeiten begehen können, als die Herrn von der Sorbonne unter Karl dem 9ten? Würden sie mehr Schlachtopfer, der verheerenden Wuth preußischer Kanonen aussehen können, als Pompadurs und Barrys Creaturen? Sind es Dummköpfe? Warum sollten sie sich nicht so gut die Verdienste, die Tapferkeit und die Tugenden des Ministers, des Helden und des Bischofs mit Geld erkaufen können, die so mancher Minister, Held und Bischof Jahrhunderte lang in Frankreich gekauft hat? Daß sie aber beides nicht sind, wenigstens im Ganzen genommen nicht sind, ist wohl nicht schwer zu beweisen, denn eine Kunst, die allen Mißgestalten den Spiegel vorhält: die die Seele zum Mitleid erhebt; die den Edelmuth erweckt; die Wohlthun, Menschenliebe und Aufklärung verbreitet; die ohne Furcht dem fürstlichen Barbar mit des Donners Stimme zuruft „sei menschlich, sei weise." Eine Kunst, die im Angesicht des Volkes dem gekrönten Mörder sagt, daß er Tyrann ist! die dem Heuchler die Larve abreißt, so wie sie den Thoren klüger lacht. Die die Unschuld rächt, die das schändliche Gewebe enthüllt worin die Kabale gegen den Tugendhaften verschworen lag, eine solche Kunst in lebendigen Gemälden darzustellen, sezt in der Person des Künstlers mehr Homogenität mit dem guten Menschen und dem Mann von Talent voraus, als mit dem Schurken oder Dummkopf.

Ich bedaure übrigens den guten Grafen von Clermont Tonnere daß seine menschenfreundliche Gesinnungen für die Schauspieler von dem Bischof von Nancy und dem Herrn Abt Maurh mit so starker Heftigkeit widersprochen wurde, noch mehr bedaure ich die Nationalversammlung selbst, daß sie, da sie gegenwärtig unter dem neuen Panire der weißesten Gesetzgebung die französische Nation zur ersten der Welt machen will, daß sie, sage ich, in ihrer Mitte einen Bischof von Nancy und einen Abt Maury dulten muß, dessen ganze Größe vielleicht auf das Vorurtheil ihrer Ahnen und die Leichtgläubigkeit des Pöbels gegründet ist, und die mich immer an die Worte eines deutschen Dichters erinnern „was Böses ist geschehen, daß nicht ein Priester that."

Ich bin mit unbegränzter Hochachtung

Mein Herr Präsident

Ergebenster H e r d t Königl. Preußisch. Nationalschauspieler.

Herdt erhielt auf diesen Brief von D i o n e t, ancien advocat et à présent Député à l'Assemblée Nationale, eine Erwiderung, in welcher es u. A. heißt: „Schließlich wünscht der Präsident der National-Versammlung, daß man einst von dem Königl. Preußischen National-Schauspieler sagen könnte, was vormals ein großer Staatsmann von dem republikanisch-römischen Schauspieler Roscius urtheilte: Er sei ein Künstler, der nur allein auf der Bühne gesehen zu werden verdiene, und ein Mann, den die Bühne nicht verdiene." Wir ersehen aus diesem Antwortschreiben, welche Begriffe die französische Behörde, trotz der vor wenigen Monaten verkündeten Menschenrechte, von der Schauspielkunst und ihren Jüngern hegte, und es erweckt in uns ein berechtigtes Gefühl des Stolzes, daß gerade ein Mainzer es war, der solchen Ansichten gegenüber für die Ehre der Kunst wenn auch mit allzu scharfen, dem Tone seiner Zeit entsprechenden Worten eintrat.

XII.

Das Mainzer Theater während der ersten Frankenzeit. Die Direktoren Ruth, Bossau, Haßloch, Hunnius, Koberwein und Büchner.

In Mainz sah es nach dem Scheiden der Nationaltheater-Gesellschaft mit dem Bühnenwesen trübe aus. Eine dem Theater, wie wir oben hörten, so unverständig gegenüberstehende Regierung wie die französische, welche nun durch den General Custine in Mainz vertreten war, und die große Aufregung in der Stadt

waren ganz dazu geschaffen, die Bühne vergessen zu machen.
Im Komödienhaus, wo noch vor einem Jahre die tüchtigsten
Künstler Deutschlands unter dem Beifall eines kunstverständigen
Publikums sich Ruhmeskränze erworben hatten, schlugen nun die
Klubisten, da das bisherige Sitzungslokal, der Akademiesaal,
zum Lazareth hergerichtet worden war, ihr Quartier auf. Am
8. Dezember 1792 fand die erste Klubsitzung im Schau-
spielhause statt.*) An der Spitze des Schauplatzes, wo vorher
der Souffleur seinen Sitz hatte, war die Rednerbühne errichtet.
Im Orchester hatte der Präsident unterhalb der Rednerbühne
seinen Tisch, so daß er gerade auf den Eingang sehen konnte;
zu Rechten befand sich ein Freiheitsbaum, zur Linken eine Pike.
Unter diesem Präsidententische, etwas mehr gesenkt, stand der
Schreibtisch für die Sekretäre. Die Mitglieder saßen im Parterre, insofern sie nicht zu dem Oekonomischen oder Sicherheits-
Ausschusse gehörten, wovon erstere ihren Platz im Orchester gerade unter dem Freiheitsbaum, letztere auf verschiedenen Plätzen
unter den Zuschauern, für welche die Logen, die Gallerie und
die übrigen Plätze bestimmt waren, ihren Sitz hatten. „Außer
dem Licht auf der Rednerbühne, auf dem Tisch des Präsidenten
und den Lichtern auf dem Tische des Sekretairs, war der ganze
große und hohe Saal etwas sparsam und nur mit einer in der
Höhe hängenden achtzölligten Lampe beleuchtet, so daß manche
unkeusche Zuschauer Gelegenheit fanden in den Logen und auf
anderen Plätzen das Spiel der Liebe ungehindert zu treiben.“

Trotz diesen höchst ungünstigen Verhältnissen blieb den Mainzern noch immer der Sinn für das Theater bewahrt und erhielt
durch die Veranstaltung mehrerer Vorstellungen einiger Kunstfreunde (unter Leitung des Herrn Professors Niklas Müller)
in dem zu diesem Zwecke geräumten Komödienhause einen charak-
teristischen Ausdruck. Die Vorstellungen, welche im Anfang des
Jahres 1793 stattfanden, wurden zur Linderung der allgemein
herrschenden Noth gegeben und trugen nicht weniger als 3000 fl.
ein, eine Summe, die nicht allein auf den Wohlthätigkeitssinn,
sondern auch das immer noch rege Interesse der Mainzer an
dem Theater ein bezeichnendes Licht wirft. Die aufgeführten
Stücke waren natürlich republikanischer Natur. So wurden z. B.

*) Darstellung 2c.

die s. Z. von Koch verschmähten Stücke, wie „Der Sieg des Despotismus“, „Die Aristokraten auf dem Lande“ u. a. m. gegeben. Inzwischen hatten die Deutschen bei Frankfurt gesiegt und sich allmälig Mainz genähert. Nun sollte die alte Reichsfestung alle Drangsale einer Belagerung, welche im April begann, erdulden. Göthe, der im August des Vorjahres sich in Mainz zwei Tage aufgehalten hatte und dort u. A. mit Forster *), sowie dem preußischen Residenten von Stein (Bruder des berühmten Ministers) zusammen war, sah von dem Mariaborner Chausseehaus der Belagerung der Stadt zu. **) Am 27. Juni begann das Bombardement, welchem auch das Komödienhaus zum Opfer fallen sollte. Trotz der allgemeinen Aufregung, die in der Stadt herrschte, hatten die Schauspieler ihr wohlthätiges Werk fortgesetzt, bis die deutschen Geschosse den Vorstellungen ein Ende machten. Am 1. Juli 1793 gerieth nämlich, als das Stück „Irrthum an allen Ecken“ gegeben werden sollte, das Komödienhaus in Brand, ebenso der Dalberg'sche Palast zu den „drei Sauköpfen“ ***), wohin man die Dekorationen geschleppt hatte. Die Garderobe und viele Theaterschriftstücke gingen in jener unseligen Nacht zu Grunde, wodurch zum großen Theile den Nachkommen manche interessante Nachricht aus der alten Bühnenzeit entzogen wurde. In der Mainzer Zeitung wird über den Brand des Schauspielhauses Folgendes berichtet: „Kaum als der Abend hereinbrach, sah man wieder die Luft mit Haubitzen in Menge beschwert, die diesmal die Wendung größtentheils nach der Großen Bleiche zu nahmen, und schon um 9 Uhr stand das Komödienhaus in vollen Flammen, die dem dortigen ganzen Quadrat den Untergang drohten.“ Der anscheinend gut unterrichtete Verfasser der „Darstellung der Mainzer Revolution“ schreibt bozhaften Menschen die Niederlegung des Komödienhauses durch Feuer zu, da man in mehreren andern Häusern Pechkränze, Pulver und andere brennbare Stoffe aufgefunden habe. „Die Mainzer erhielten“, meint er, „von der Mordbrennerei ein neues Beispiel, denn gegen 9 Uhr stand das Komödien= oder Redoutenhaus, wohin nur einige Haubitzen geflogen waren, auf einmal

---

*) Klein, „Georg Forster in Mainz 1788 bis 1793.“
**) Göthe, „Belagerung von Mainz.“
***) Jetziger Justizpalast.

in hellen Flammen, die dieſes Gebäude nebſt einem daran ſtoßen=
den Haus ganz verzehrten." — So war denn auch das Komö=
dienhaus*), das letzte Erinnerungsmal an eine ſchöne Bühnen=
zeit, nachdem es im Verlaufe von 26 Jahren die verſchiedenſten
Truppen und zuletzt die Nationaltheater=Geſellſchaft in ſeinen
Mauern geſehen hatte, verſchwunden. Die Beſchießung, bei
welcher auf eine ſo tragiſche Weiſe das Schauſpielhaus unter=
ging, hatte den gewünſchten Erfolg. Am 22. Juli 1793 über=
gab der fränkiſche General d'Oyre, Kommandant en chef von
Mainz, Kaſtel und den dazu gehörigen Poſten, die Feſtung an
Se. Majeſtät den König von Preußen bezw. den Oberbefehls=
haber der Teutſchen, Grafen von Kalkreuth.

Nun kamen vier Jahre des Friedens, welche auch für das
Theater eine kurze Zeit der Erholung bildeten. Kurz nach dem
Einzuge des Kurfürſten erſchien der Direktor einer Kindergeſell=
ſchaft**) Namens Ruth in Mainz, um ein Theater zu errich=
ten. Ruth, welcher früher ſchon unter Großmanns Direktion
an der Mainzer Bühne thätig war, erhielt vom Kurfürſten ſo=
fort die Erlaubniß, Vorſtellungen zu geben. Da jedoch das
Komödienhaus während des Bombardements abgebrannt war,
gab der Kurfürſt den Befehl, die Reitſchule***) in der Mittleren
Bleiche zu einem Schauſpielhauſe einzurichten. Der kurfürſtliche
Hofkammerrath Gniolet entledigte ſich ſeiner Aufgabe in an=
erkennenswerther Weiſe. Ruth konnte nun die Bühne eröffnen
und gab ſich redlich Mühe, das Publikum zufrieden zu ſtellen.
Er führte Schau= und Luſtſpiele, kleine Opern, Pantomimen
u. dergl. auf. Von den Opernvorſtellungen erwähnen wir die
am 9. Dezember erfolgte Aufführung der damals beliebten Oper
„Das rothe Käppchen" von Tittersdorf, welche ſo gefiel, daß ſie

---

*) An ſeiner Stelle erhob ſich ſpäter das Gebäude, in welchem die
Central=Unterſuchungscommiſſion ihre Inquiſitionsverhandlungen über
die deutſchen Patrioten pflog. Jetzt befindet ſich dort, wie bereits oben
bemerkt, die Bembé'ſche Möbelfabrik.

**) Eigentliche Schauſpielertruppen hatten ſich in Rheinheſſen wäh=
rend des Krieges wenige aufgehalten. Wir hören nur von der Winter=
ſchen Truppe, die ſich im Jahre 1792 in der Gegend von Worms,
Mainz, Darmſtadt herumtrieb und wegen Mangels an „Sommerörtern"
zu Grunde ging.

***) Sie war, gleich dem Schauſpielhaus, im J. 1767 erbaut worden.

zweimal nacheinander gegeben wurde. Ein mitwirkender kaum 9jähriger Knabe Namens Müller zeichnete sich in dieser Vorstellung besonders aus, was die anwesenden preuß. Offiziere veranlaßte, für den Jungen eine Geldsumme unter sich zu sammeln.

Obgleich Ruths Kindergesellschaft großen Beifall erntete, so sah der Direktor doch ein, daß nur mit einem gediegenen Schauspielerpersonal der Concurrenz der damals in Mainz sich herumtreibenden Seiltänzerbanden*) die Spitze geboten werden konnte. Ruth verband sich im März 1794 mit dem Direktor Bossan, dessen Truppe**) damals gerade in dem benachbarten Offenbach spielte. Auf dem Repertoir der Bossan-Ruth'schen Gesellschaft standen bis zu ihrem im Anfange des Jahres 1795 erfolgten Wegzuge u. A. die Opern: „Lilla" oder „Schönheit und Tugend"; „La cosa rara"; „Die Entführung aus dem Serail, türkische Oper von Mozart"; „Doktor und Apotheker" und „Hieronymus Knicker", komische Opern von Dittersdorf; „Rudolph von Crequi, ernsthafte Oper von d'Alayrac"; „Die verwandelten Weiber" oder „Der Teufel ist los", Fastnachtsoper von Hiller, und „Das Kästchen mit der Chiffre", komische Oper von Salieri. Im Schauspiel wurden u. A. gegeben: „Alte und neue Zeit" und „Die Jäger", Schauspiele von Iffland; „Hamlet, heroisch Trauerspiel von Shakespeare"; „Der Eremit auf Formentara" von Kotzebue; „Die Tochter der Natur", Familiengemälde von La Fontaine; „Ludwig der Springer, heroisch Schauspiel von Hagemann"; „Otto der Schütz, Prinz von Hessen" (Hagemann); „Clara von Hoheneichen", heroisches Schauspiel von Spieß. Allgemeinen Beifall fand „Herrn von Schillers großes Schauspiel in sieben Aufzügen Die Räuber". Unter den Novitäten schlug besonders Mozarts „Zauberflöte" durch, die in kurzer Zeit sieben Wiederholungen erlebte. Auch die Oper „Oberon" oder „Der König der Elfen" von Wranitzky gefiel.

---

*) Im Frühjahr 1794 gaben z. B. mehrere „Luftspringer" und Tänzer Vorstellungen von „wunderbaren und neuen klassischen Stücken, sowohl auf dem eisernen Draht mit Holzschuhen, als mit Luftspringen." Eine Schlußpantomime „Der Harlekin in dem schwarzen Wald" fand allgemeinen Beifall.

**) Diese Gesellschaft hatte sich im Jahre 1791 zu Wiesbaden und im darauffolgenden Jahre zu Worms, Speyer und Offenbach aufgehalten.

8

Das Personal bestand aus den Herren Bossau (Väter), Elsner, Mittel (Liebhaber), Opel, Sehring (Intriguant), Spangler (Chevalier), Urspruch und Zeis (Buffo), sowie den Damen Dem. Homberg (zänkische Weiber), Mad. Opel (Soubrette), Sehring (Mütter), Spangler (Soubrette), Zeis (Naive im Singspiel), Bossau und Mittel (erste Sängerinnen). Letztere war eine recht gute Primadonna und auch in der Tragödie als Schauspielerin beschäftigt. Großen Beifall fanden außer den vorgenannten Damen noch Mad. Deroche, welche die Lilla zu ihren Glanzrollen zählte, und Dem. Margarethe Reese*), bei der ein damaliger Kritiker bedauert, daß „das Sprach-Organ dieses lieben Mädchens so tief, fast männlich tone, da sonst die Akkorde ihrer Flötenstimme so hell, so lieblich und so rein klingen." Dem. Reese war eine Tochter des hier schon oft genannten Kapellmeisters gleichen Namens, der nun neben dem früheren Chorrepetitor des früheren Nationaltheaters, Herrn Jakobi, das Bossau'sche Orchester**) leitete.

Wie wir sehen, bestrebte sich Bossau, den in solchen Zeiten etwas gemäßigteren Anforderungen des Publikums zu genügen. So veranstaltete er auch mehrere Gastspiele. Als Gäste traten u. A. der frühere Bassist der Mainzer Nationalbühne, Herr Hübsch vom Frankfurter Theater, in „Doktor und Apotheker" und ein Herr Geiling als Sarastro in der „Zauberflöte" auf. — Am 25. April beendete die Bossau'sche Gesellschaft mit der Oper „Richard Löwenherz" von Gretry ihre Vorstellungen in Mainz und ging nach Dessau, wo Bossau die Leitung des dortigen Hoftheaters übernahm. Der neue Hof-Schauspieldirektor wird von der Dessauer Kritik als „ein Mann der Ordnungsliebe, Pünktlichkeit und Moralität" bezeichnet, der es verstand, tüchtige Schauspieler zu gewinnen und dieselben an ihren Platz zu stellen.

Dem Direktor Bossau folgte Haßloch, ein geborner Mainzer, mit seiner Gesellschaft, die während des vergangenen Win-

---

*) Sie vermählte sich 1807 mit dem großen Schauspieler Ludwig Devrient, der damals am Dessauer Hoftheater sich seine ersten Lorbeern erwarb.

**) Die kurfürstliche Hofkapelle trat während dieser Zeit mit einigen Concerten wieder in die Oeffentlichkeit.

ters am Kasseler Hoftheater gespielt hatte. Haßloch wandte hauptsächlich der Oper seine Aufmerksamkeit zu. Unter den aufgeführten Stücken gefielen namentlich die komische Oper „Der Geisterseher" von Müller und „Das zeitige Kleeblatt", große Ritteroper von Großheim. Die letztgenannte Oper, deren Sujet nach Veits „Ueber Sagen der Vorzeit" gemacht war, hatte nebst vielem „Pomp durchgehends neue vortreffliche Dekorationen". Haßloch, der als ein junger thätiger Mann bezeichnet wird, wirkte in den einzelnen Vorstellungen als erster Tenorist mit. Von dem Personal war besonders die junge Sängerin und Schauspielerin Mad. Keilholz in Mainz sehr beliebt. Erste Sängerin und Liebhaberin war Mad. Haßloch (Ophelia) und eine beliebte Sängerin und Schauspielerin Mad. Wachsmuth, welche die Pamina und Friederike (Die Jäger) zu ihren besten Rollen zählte. Als zweiter Tenor trat Herr Keilholz und Herr Wachsmuth als Bassist auf. Letzterer gefiel als Papageno.

Während des Winters 1795/96 hielt sich die Gesellschaft des Herrn Hunnius, der s. Z. in Düsseldorf gespielt hatte, in Mainz auf. Bei seiner Truppe war eine Mainzerin, Mad. Spalding geb. Münch, thätig, die sich „zur Custine'schen Frankenzeit" an einem Liebhabertheater ihrer Vaterstadt ausgebildet hatte, sodann zur Ehrhard'schen Gesellschaft überging und von da zu Düsseldorf in die Truppe des Direktors Hunnius trat. *)

Am 28. März eröffnete Haßloch, welcher den Winter über vermuthlich in Kassel sich aufhielt, wieder das Theater mit der Oper „Der Baum der Diana" und spielte bis zum September 1796, in welchem Monat er von Mainz für immer Abschied nahm. Haßloch ging wieder nach Kassel, wo er und seine Gesellschaft noch die schönsten Erfolge errangen. „Keine einzige Gesellschaft fand", wie ein Kasseler Kritiker sagt, „so sehr den Beifall des Hofes als des Publikums", wie die Haßloch'sche Truppe.

Neben Haßloch spielte noch in der Zeit vom 29. Juli (1796) bis gegen September die Koberwein'sche Truppe, dieselbe,

---

*) Sie wandte sich hierauf zu der vereinigten Gesellschaft nach Hanau. (Wahrscheinlich die Gesellschaft unter Hunnius und Grecourt, die später in Mainz spielte.)

welche i. Z. in Frankfurt Vorstellungen gegeben haben soll*), in
Mainz. Die Koberwein'sche Gesellschaft bestand im Ganzen aus
18 Personen, worunter sich 6 Damen befanden. Der Direktor
spielte „ernsthafte und komische Alte", während sein Sohn als
erster Liebhaber und Solotänzer wirkte. Erster Liebhaber, Ballet=
meister sowie Held in einer Person war Herr Horscheldt und
zweiter Liebhaber Herr Tanzwohl, welcher sich auch in komischen
und Charakterrollen versuchte. Als erster und zweiter Liebhaber
trat auch Herr Urspruch auf. Ferner erwähnen wir noch die Mit=
glieder Hochkirch der Aeltere und der Jüngere, sowie den naiven
Liebhaber Lessinger, die Intriguanten Rheinfels und Schubert.
Der erste Bassist Hunnius leitete die Oper. Tenorist war Herr
Temmer junior und Herr Gehlhaar übernahm Baritonparthien.
Unter den „Frauenzimmern" glänzte die Directrice Mad. Kober=
wein als edle Mütter, Soubrette und Tänzerin. Als Liebhaberin=
nen wirkten die Solotänzerinnen Horscheldt (sonstige Dem. Kober=
wein), Fetz und Mad. Brock, als Sängerinnen Mad. Gehlhaar,
Mad. Hunnius und Dem. Neese. Außer den Damen Bogner und
Hochkirch, welche Mütter und komische Rollen spielten, waren alle
übrigen weiblichen Bühnenmitglieder Tänzerinnen. — Ein Blick
auf dieses Personal, welches im Ballet seine Stärke suchte, zeigt
zur Genüge, wie weit die ehemals so große Mainzer Bühne herab=
gekommen war. Von Mainz ging Koberwein**) nach Heidelberg.

Die traurigen Erfahrungen, welche man in letzter Zeit mit
den Wandertruppen gemacht hatte, brachten wieder die Frage
einer ordentlichen Bühne in Fluß und Kurfürst Friedrich Karl
nahm sich, eingedenk der Glanzzeit des Nationaltheaters, von
Neuem der Bühne an. Auf eine Empfehlung des Mannheimer
Theaterintendanten v. Dalberg hin berief er den vormaligen Regis=
seur der Nationalbühne zu Mannheim und nunmehrigen artistischen
Direktor des neu gegründeten Frankfurter Stadttheaters***), Büch=
ner, genannt Rennschüb, nach Mainz. Büchner sollte der Mainzer
Schaubühne wieder den alten Glanz verleihen. Wenn er auch
nicht die glänzenden Eigenschaften Koch's in sich vereinigte, so
hatte er doch eine Laufbahn hinter sich, welche zu den besten

---

*) Siehe Brief der Frau Rath Göthe.
**) Laut seinen eigenen Aufzeichnungen.
***) Siehe S. 82, Anmerkung.

Hoffnungen berechtigte. Büchner war in Frankfurt a. M. als der ältejte Sohn des Frankfurter Schullehrers Büchner geboren, hatte in seiner Vaterstadt bei einem Joh. Friedrich Schmidt die Hand= lung erlernt und war dann bei diesem und de Smeet in Amster= dam als Commis thätig. In letzterem Orte ging er unter dem Namen Rennschüb zur Bühne, später nach Gotha, wirkte dann als Mitglied der Ackermann'schen Gesellschaft unter Schröder und nahm später eine Stelle als Regisseur der Mannheimer Bühne an, von welcher er dann in seine Vaterstadt berufen wurde. Gegen sein Engagement in Frankfurt erhob seine Fa= milie*), gestützt auf eine Bestimmung des Theatervertrags, nach welcher Einheimische nicht in ihrem Geburtsorte spielen durften, Beschwerde, konnte es aber nur für einige Zeit fertig bringen, daß Büchner nebst seiner Frau keine Rollen übernehmen durf= ten.**) Büchner wurde nämlich laut einer milderen Auffassung des Paragraphen von dieser Beschränkung freigesprochen. Kaum waren diese Familienstreitigkeiten für den armen Regisseur aus= geglichen, als ihn im Februar 1795 die Oberdirektion wegen „Mißhelligkeit und Ueberschuldung" entließ. Er klagte gegen die Direktion und erwirkte beim Schöffenrath „ein Mandat zum Schutze im Besitze seiner Stelle", wogegen eine höchst leidenschaft= liche Beschwerde bei dem Rathe zu erheben versucht, aber an die Gerichte verwiesen wurde. Bei diesen Verhältnissen, welche Büchner einen längeren Aufenthalt in seiner Vaterstadt verlei= deten, kam diesem die Berufung nach Mainz sehr gelegen.

Am 5. Dezember 1796 eröffnete Büchner die Mainzer Bühne mit der Aufführung der damals sehr beliebten Räubertragödie „Abällino" von Zschokke. Ueber diese Eröffnungsvorstellung liegt uns die erste Zeitungskritik***) von Mainz vor. Dieselbe lautet: „Unsern Wünschen nach eröfnete sich endlich die Bühne, ganz dem entsprechend, was wir von einem Manne wie Herrn Bühner erwarteten; der sich längstens den Ruhm von gründ= licher Kenntniß des Wahren und Schönen für die Schauspiel=

*) Dr. v. Oven a. a. O.
**) Mannheimer Theaterkalender 1795.
***) Priv. Mainzer Zeitung vom 17. Dezember 1796. In der Kritik heißt es irrthümlich Bühner anstatt Büchner. Die Namen des Personals stimmen.

kunst erworben, doch übertraf alles unsere Erwartung an Pracht
und Kunst. Der Prolog wurde sehr gut mit Anstand und Ge=
fühl durch Mad. Hansen gesagt, das Ballet sehr gut den Cha=
rakteren nach getanzt. Was die Aufführung des Abellino be=
trift, so haben sich sämmtliche Damen und Herren des Beifalls
würdig gemacht, vorzüglich hat Mad. Hansen, Hr. Horny, Steg=
mann und Hennemann sich des besondern Beifalls jeden Kenners
würdig gemacht. Und wir schmeicheln uns nicht zu viel, wenn
unter Leitung eines verdienstvollen Herrn Büchners und fort=
dauerndem Eifer wir unserm ehemaligen Nationaltheater ein
ähnliches Aequivalent wieder hier zu sehen glauben, und ersuchen,
die Aufführung des Abellino baldig zu wiederholen."

Diesen Erwartungen zu entsprechen, bemühte sich Büchner
in jeglicher Weise. So brachte sein reichhaltiges Repertoir
in der Zeit vom Dezember 1796 bis August 1797 u. A.: „Ar=
muth und Edelsinn"; „Jurist und Bauer"; „Die Indianer in
England" von Kotzebue, in welchem Stücke die Soubrette Mad.
Ernst*) als Gurli debutirte; „Das rothe Käppchen"**), Oper
von Dittersdorf; „Die Zauberzither"; „Clara von Hocheneichen"
von Spieß; „Hieronymus Knicker", „Der Barbier von Sevilla",
Oper; „Die Jäger", Schauspiel von Iffland, in welchem die
Soubrette und Liebhaberin Dem. Weinstöter als Friederike sich
in Mainz einführte; „Die Entführung aus dem Serail" von
Mozart, welche Oper Mad. Hollmann***) Gelegenheit gab,
sich als Constanze großen Beifall zu erringen; „Otto der Schütz";
„Die Freunde", Schauspiel von Ziegler; „Axur", in welchem
Herr Ehrhardt als Artenio debutirte; „Zemire und Azor";
„Oberon", in der Dem. Ehrhard als Titania debutirte; „Ham=

---

*) Mad. Ernst starb einige Monate nach ihrem Mainzer Debut,
am 17. Juli 1797 zu Haag. Sie war, wie ein Bericht über die Büch=
ner'sche Gesellschaft sagt, im Gothaischen geboren und hatte sich in ihrer
theatralischen und bürgerlichen Laufbahn den Ruhm einer guten Mutter
und Gattin erworben.

**) Die Besetzung dieser beliebten komischen Oper war im Jahre
1798 folgende: Rittmeister Lindau: Hr. Hansen; Lina: Dem. Kreß;
Lieutenant Felsenberg: Hr. Demmer; Sander: Hr. Erhard; Mariane,
seine Frau: Dem. Hansen; Der Schulz: Hr. Gehlhaar; Hedwig, seine
Frau: Dem. Ernst; Ein Bauer: Hr. Roland.

***) Sie debutirte unter dem Namen Antonie Cru von München.

let"; „Otto von Wittelsbach": „Euphrosine", Musik von Mehul, und „Abällino", mit welchem sich Herr Kiefer im August 1797 bei dem Publikum gut einführte. Im großen Ganzen beherrschte Ziegler, der s. Z. in Mainz als Schauspieler gewirkt hatte, das Repertoir.

Von dem Personal seien noch außer den bereits oben angeführten Mitgliedern erwähnt die Herren: Hermann (edle Väter und launige Alte), Stegmann (1. zärtliche Väter), Kellner (Intriguant), Ernst (Alte), Carli (Charakterrollen), Horn (1. Held und Liebhaber, 1. Tenor), Ehlers (2. Liebhaber und Chevalier), Demmer (1. Tenor), Ihlein (Komiker und Baßbuffo), Roland (Tenorbuffo) und Opitz (2. Baß), sowie die Damen: Mad. Hansen (2. Liebhaberin), Mad. Kellner (1. Mütter und komische Rollen), Mad. Müllerin (1. Sängerin) und Dem. Kreß (Sängerin). Als Musikdirektor war eines der „ausgezeichnetsten Subjekte" der Gesellschaft Namens Burgmüller thätig.

Kaum schienen sich die Mainzer Bühnenverhältnisse bei diesem Streben Büchners und seines Personals wieder zu bessern, als das auf dem Rastatter Friedenscongreß in unverantwortlicher Weise den Franzosen preisgegebene Mainz durch den am 30. Dezember 1797 erfolgten Einzug der Franken in eine ganz neue Lage versetzt wurde. Die Franzosen richteten sich nun häuslich ein und wurden auch bald auf das Theater aufmerksam. Schon kurz nach ihrer Ankunft setzten sie mit Hülfe der Schauspieler eine große Komödie in Scene. Die Bürgerinnen Hollmann, Ernst und Kreß, sowie der Bürger Gehlhaar mußten nämlich am 21. Januar 1798 bei dem „Feste des hingerichteten Tyrannen" mitwirken. Nachdem auf dem Markte der „Eid des Hasses des Königthums" abgelegt und die Marseillaise von den republikanischen Mädchen und Bürgern gesungen worden war, sangen die genannten Opernmitglieder republikanische Lieder. Das Schauspielhaus wie die Straßen der Stadt waren beleuchtet. Büchner wurde auch von den Franzosen, da sie in sehr großer Anzahl das Theater besuchten, genöthigt, neben seiner deutschen Gesellschaft noch eine französische Truppe zu halten*), welche

---

*) Die Theaterzettel erschienen nun in deutscher und französischer Sprache.

ihm aus Brüssel verschrieben wurde. Die deutsche Gesellschaft spielte nun wöchentlich einmal in Hanau*), wohin sie der kunstsinnige Prinz von Hessen berufen hatte. Obgleich diese Wochenreise dem Direktor viel eintrug, so fing sein Unternehmen in Mainz bald zu wanken an. Die Franzosen stellten an das Theater die unverschämtesten Anforderungen, welchen der fast aller Mittel entblößte Büchner nicht nachzukommen vermochte. Er reiste daher am 13. Juni 1798 auf einige Monate mit seiner Gesellschaft nach Köln, wo er sich mit seinen Opernaufführungen aus der augenblicklichen Nothlage herauszuhelfen versuchte.

Während der Abwesenheit Büchners versuchte eine deutsche Liebhaber-Gesellschaft den Mainzern einen kleinen Ersatz für das geschlossene deutsche Theater zu bieten. So gab die Gesellschaft am 14. Messidor des sechsten Jahres der fränkischen Republik**) im Schauspielhause zum Besten der Armen „Das Mädchen aus Marienburg". Ferner wurden noch im Verlaufe des Jahres 1798 das Schauspiel „Die Jesuiten" oder „Pfaffenränke" und das republikanische Lustspiel „Die Aristokraten in Deutschland" gegeben.

Die deutschen Schauspieler waren mit dem Anfange des Jahres 1799 wieder nach Mainz zurückgekehrt. Aus dem reichhaltigen Repertoir dieser Saison erwähnen wir u. A.: „Ariadne auf Naxos"; „Die Entführung aus dem Serail" von Mozart, Text von Bretzner: „Oberon" von Wranitzky; „Das Sonnenfest der Braminen", heroisch-komische Operette von Wranitzky; „Das unterbrochene Opferfest", heroisch-komische Oper von Winter; „Die Zauberflöte", Operette von Schikaneder; „Telemach", Operette; „Don Juan", Operette nach dem Italienischen von Mozart; „Hamlet" von Shakespeare und das Schauspiel „Der Opfertod" von Kotzebue. Auch das Ballet, welches unter der Leitung eines Herrn Morelli stand, wurde in dieser Saison gepflegt. So führte man die Pantomime „Die getrennte Ehe",

---

*) Die deutsche Gesellschaft pflegte nun vorzugsweise das Singspiel. Im Winter 1798 trennten sich einige Mitglieder, wie Mad. Weinstöter, Stegmann u. a. m., zu Hanau von der Büchner'schen Truppe und bildeten eine Schauspieler-Gesellschaft unter der Direktion eines Herrn Hauff.

**) Von dieser Zeit an war in Mainz der republikanische Kalende eingeführt.

Morellis phantastisches Ballet „Don Juan“ oder „Der steinerne Gast“ auf. Ein zweites „Werk“ des Balletmeisters war „ein karakteristisch komisches Ballet, welches mit militärischen Uebungen und Gefechten ausreichend versehen wurde“. Ungeachtet aller dieser Bemühungen konnte sich die Büchner'sche Gesellschaft nicht mehr in Mainz halten. Mit dem Jahre 1799 verschwindet sie plötzlich aus der Mainzer Theatergeschichte. Wohin Büchner seinen Weg genommen, darüber liegen keine bestimmten Nachrichten vor. Mit dem Weggange Büchners, der unter anderen Verhältnissen *) das Mainzer Theater vielleicht wieder auf einen anständigen Stand hätte bringen können, war die deutsche Bühne auf eine lange Reihe von Jahren in dem unter fränkischer Herrschaft stehenden Mainz in den Hintergrund gerückt.

XIII.

Die Mainzer Bühne während der napoleonischen Herrschaft.
Das deutsche und das französische Theater in Mainz.

Die französische Herrschaft brachte nur wenig Licht in das Mainzer Theaterleben. Der Krieg forderte unzählige Opfer und dem Publikum stand während dieser vielen Mühseligkeiten der Kopf natürlich nicht nach einem Kunstgenuß. Mit dem Weggang Büchners schien die letzte Hoffnung auf eine bessere Zukunft dahingeschwunden. Die Direktoren Hunnius und Grecourt versuchten mit einem Doppeltheater für Deutsche und Franzosen aufzukommen, ihre Bemühungen blieben jedoch ohne Erfolg. — Im Jahre 1800 übernahm Deloi die Leitung der Mainzer Bühne. Seine Direktion währte bis 1805. Das Repertoir Delois bestand, dem französischen Geschmacke Rechnung

---

*) Auch das Concertwesen lag gänzlich darnieder. Wir finden nur die musikalischen Aufführungen der Herren Freyhold und Hoffmann erwähnenswerth.

tragend, zumeist aus Opern und Lustspielen; namentlich fanden die sog. Zauberopern großen Beifall. Da Herr Deloi jedoch nur französische Stücke aufführte, so machten die Mainzer bald ihr gutes Recht auf eine deutsche Bühne geltend. Es bildeten sich daher mehrere kleinere deutsche Theatergesellschaften, welche im Greiffenklauer Hof und Römischen König spielten. Am 26. Pluviose 1801 eröffnete Herr Direktor Hofmann im Römischen König eine Schaubühne, zu deren Besuch „alle deutschen Theaterfreunde" eingeladen wurden. Aus seinem Repertoir erwähnen wir ein am 30. Pluviose (Weihnachtsabend) aufgeführtes „ganz neues Schauspiel" von Hagemann und vom 30. Nivose 1801 ein neues Schauspiel von Steigentesch „Der Schiffbruch" oder „Die Erben". Bemerkenswerth in m u s i k a l i s c h e r B e z i e h u n g ist noch die in diesem Jahre erfolgte erste Aufführung von H a y d n s „Schöpfung" in Mainz im Schröder'schen Saale.

Im folgenden Jahre wurde im Greiffenklauer Hof ein sog. Liebhabertheater gebildet. Neben Deloi werden als Nachfolger Hofmanns in diesem Zeitraum die Direktoren Rüdesheimer und der Vater der großen Sontag*) erwähnt. Das Jahr 1802 war an eigentlichen Kunstgenüssen arm: wir finden nur ein Concert in den damaligen Blättern angezeigt. Im Schröder'schen Saale ließ sich ein Mechanikus Namens Schnell mit einem Anemo-Corde (Wind-Saiteninstrument) hören, welches er selbst erfunden hatte und das von Haydn, Salieri sowie Täubert geprüft worden sein soll.

Die langwierigen Kriege hatten Noth und Elend in das sonst so fröhliche Mainz gebracht. Der Wohlthätigkeitssinn der Mainzer bewährte sich trotz den ungünstigen Zeitverhältnissen auf eine ebenso edele wie sinnige Weise. Es traten mehrere Kunstfreunde der Stadt zu einem kleinen Dilettantenverein zusammen und gaben im Römischen König zum Besten der Armen eine Reihe von Theatervorstellungen. Während des Winters (1803) fanden an 15 Aufführungen statt. Nach einer uns aus diesem Jahre vom 14. Nivose vorliegenden Rechnung hatte das

---

*) Der Vater der berühmten Sängerin war der Sohn eines kurmainzischen Beamten, ging später, nachdem er sich mit Franziska Markloff, die er auf dem Mainzer Liebhaber-Theater kennen lernte, verheirathet hatte, ganz zur Bühne.

erste Abonnement eine Reineinnahme von 117 fl. 56 kr. Die
Kosten waren verhältnißmäßig hoch, indem sie 219 fl. 8 kr. betrugen, während nur die Summe von 337 fl. 4 kr. einging. —
Diese Wohlthätigkeits-Vorstellungen wurden im folgenden Jahre
(1804) mit gleichem Eifer fortgesetzt. Da sich der Römische
König für die Vorstellungen zu klein erwies, so wurden die
Aufführungen im großen Theater anberaumt. Das zweite
Abonnement ergab eine recht gute Einnahme von 568 fl. 20 kr.,
wovon 280 fl. 30 kr. Ausgaben abgezogen, sich eine Reineinnahme für die Armen von 287 fl. 50 kr. ergab. Die Dekorationen hatten einen Werth von 200 fl. und der Musik mußten
für ihre Leistungen laut einer bezüglichen Aufstellung 190 fl.
20 kr. gegeben werden.

Bis in das Jahr 1806 dauerten diese kleinen Theatervorstellungen, als die Mainzer Bühne einen unerwarteten, leider nur
kurzen Glanz erhalten sollte. Im Herbst des Jahres 1806 gab
Napoleon den Befehl, die Reitschule, welche nach dem Einzug
der Franzosen zu militärischen Zwecken gedient hatte, wieder zu
einem Theater umzugestalten. Das Théâtre français sollte während der Anwesenheit des Kaisers*), der Kaiserin und der
Königin Hortense von Holland in Mainz Vorstellungen geben.
Der Baumeister Henriot entledigte sich seiner Aufgabe auf das
beste und wurden seitens des Professors Müller, welcher am
Kaiserl. Lyceum Zeichenunterricht ertheilte, die Dekorationen
gemalt. Talma soll selbst die näheren Angaben dazu gemacht
haben. Am 28. September Nachmittags um 1 Uhr trafen der
Kaiser und die Kaiserin der Franzosen unter dem Donner der
Kanonen und dem Geläute aller Glocken ein und stiegen im
„Deutschen Hause" ab. Im Gefolge des Kaisers befand sich
auch der verschmitzte Talleyrand. Vor diesen Gästen entfalteten
ein Talma und eine Duchenois ihre Kunst. Die Werke der

---

*) Einige Mainzer Geschichtschreiber, wie Schaab, lassen Napoleon
und Talma im Monat Januar hier sein, trotzdem die Briefe des Kaisers in dieser Zeit aus Paris und anderen Städten datirt sind. Napoleon weilte damals in München, wo er der Vermählung seines Stief-
sohnes Prinz Eugen mit der Prinzessin Auguste von Bayern beiwohnte
und nach der Hochzeitsfeier wieder über Stuttgart, Karlsruhe, Straßburg nach Paris zurückkehrte. Mainz berührte er gar nicht. Erst im
September kam Napoleon mit Talma nach Mainz.

französischen Klassiker kamen mit all' dem Glanze zur Aufführung, wie ihn nur die Gegenwart des Hofes erheischen konnte. Leider liegen uns aus dieser Zeit keine genaueren Daten*) über die Vorstellungen des Théâtre français vor, jedoch bezeichnen dieselben immerhin einen Lichtblick in dem Mainzer Bühnenleben. Nach kaum dreitägigem Aufenthalt eilte der Kaiser am 1. Oktober um 9 Uhr Abends**) über Aschaffenburg und Würzburg weiter, um bei Jena und Auerstädt die letzten Hoffnungen der deutschen Vaterlandsfreunde zu vernichten. Die Kaiserin blieb jedoch mit ihrem Hofstaate in Mainz und gab hierdurch mehreren Künstlern Gelegenheit, sich hier hören zu lassen. So liegt uns ein Concert-Bericht vom 16. Novbr. 1806 vor. Den Anfang des Concerts „machte" eine Symphonie, welche von dem Mitglied der königlich musikalischen Akademie und ersten spanischen Kammergeiger gesetzt war und unter Leitung des Komponisten aufgeführt wurde. Dem. Schmalz sang eine Arie von Zingarelli. Sämmtliche Künstler erfreuten sich des Beifalls „Sr. Majestät der Kaiserin sowie Sr. Majestät der Königin von Holland, Sr. kaiserlichen Hoheit der Herzogin von Baden und aller übrigen anwesenden hohen Standespersonen."***) — Nach handschriftlichen Aufzeichnungen in den „Annalen von Mainz seit der Gründung bis auf den heutigen Tag" soll die Truppe des Théâtre français schon einmal bei dem Aufenthalt Napoleons in Mainz im Jahre 1804 gespielt haben. Am 17. September dieses Jahres lief bei dem Präfekten von dem ersten Kammerherrn des Kaisers, Herrn Remusat, ein Brief ein, in welchem die Ankunft „eines Theiles der französischen Schauspieler des Théâtre français" gemeldet wurde. Das Gastspiel des Théâtre français, wie man den kurzen Aufenthalt der Truppe, welche nur während der Anwesenheit des Kaisers und der Kaiserin (21. September bis 4. Oktober) spielte, nennen kann, war auf 6 Vorstellungen berechnet. Von den Aufführungen werden die

---

*) Auch die unten citirten handschriftlichen Aufzeichnungen machen betr. Talma unrichtige Angaben. Ueberhaupt sind diese Aufzeichnungen theilweise nur mit Vorsicht aufzunehmen. So lassen die Annalen z. B. Großmann die Direktion des Nationaltheaters führen.

**) Au Maréchal Berthier. „Correspondance de Napoléon Ier, publiée par ordre de l'empereur Napoléon III."

***) „Neue Mainzer Zeitung."

des „Cinna" und des „Horaces", Dramen von Corneille, er=
wähnt. — Neben dem französischen Theater hatte im Jahre 1806 der
Direktor Vogel eine deutsche Bühne errichtet. Seine Ge=
sellschaft gab ihre Vorstellungen im Römischen König. Vogel
pflegte das Schauspiel und die Oper. Sein Repertoir wurde
von Kotzebue beherrscht; nur vereinzelt treten uns Shakespeare
mit „Romeo und Julie", Spieß mit seinem Ritterschauspiel
„Clara von Hoheneichen" und Schillers „Räuber" entgegen.
Beliebt war der Schauspieler Hennemann, welcher in Kotze=
bues Schauspiel „Das Kind der Liebe" mit Glück die Rolle des
Obersten spielte. In diesem Stücke traten im Dezember 1806
als Gäste vom hannöverischen Theater die Herren Rösece (Fritz)
und Conradi (Graf v. d. Mulde) auf. Als Novität wurde in
dieser Saison am 21. September ein großes „militärisches"
Schauspiel von Ziegler „Die Repressalien" gegeben.

Vor Ankunft der Truppe des Direktor Vogel hatte im An=
fange des Jahres sich noch eine Gesellschaft junger Leute unter
der Leitung des Gesanglehrers Heidolff gebildet, welche zum
Besten der Armen ein Liebhabertheater errichtete. Die Gesell=
schaft bestand aus den Herren Hofmann, Binkener, Nonnen=
macher, Müller, Seubert und den Gebrüdern Cause, sowie den
Damen Dem. Kämpf, Dem. Müller und Ernst. Der Eintritts=
preis betrug 24, 18 und 12 kr. Heidolff selbst hatte sich schon
gegenüber den Direktoren Seyler und Großmann durch Unter=
stützungen jeglicher Art als ein wahrer Kunstfreund gezeigt. Er
starb am 13. Septbr. 1823 als 83jähriger Greis, betrauert von
allen Mainzer Kunstfreunden.

Ueberhaupt wurden nun nach einer Bekanntmachung der
Armen=Commission vom 4. Januar 1806 die Schauspieler=
Gesellschaften genöthigt, eine Armentaxe zu entrichten,
worauf die Polizei die Spielerlaubniß ausstellte.

Am 8. Juni desselben Jahres erschien ein kaiserliches De=
kret, welches bezüglich der Schaubühnen im französischen Reiche
u. A. folgende Bestimmungen traf: „In der Hauptstadt kann
ohne besondere Autorisation Sr. Majestät kein Theater errichtet
werden. — Das Verzeichniß der bei der Opera, Comédie fran=
çaise und der komischen Oper zu gebenden Stücke wird von dem
Minister des Innern abgeschlossen, und kein anderes Theater in

Paris darf diese Stücke ohne ihre Einwilligung und die Bezah-
lung einer Entschädigung, über die sie übereingekommen, geben.
— Der Minister vom Innern kann jedem Theater die Gattung
von Stücken vorschreiben (!), auf die es sich einschränken muß.
— Die Opera allein kann Maskenbälle geben. — In den großen
Städten des Reichs darf es nicht mehr als zwei Theater geben;
in den anderen Städten wird nur eines gestattet. — Keine
herumziehende Schauspieler-Gesellschaft kann ohne Autorisation
der Minister vom Innern und der Polizei bestehen. — Es darf
kein Stück ohne Erlaubniß des Polizeiministers gespielt werden."

Es hätte nicht dieser diktatorischen Bestimmungen bedurft,
um die Bühne nicht „üppig" werden zu lassen. Die traurigen
Zeiten verscheuchten die Kunst. Um so mehr ist es anzuerkennen,
wenn sich trotz dieser schwierigen Verhältnisse immer noch eine
Stätte fand, wo sie gehegt wurde. Die „Gesellige Vereinigung der Musikfreunde" veranstaltete in der Winter-
saison 1806/7 eine Reihe von Concerten. Dieselben fanden im
Schröder'schen Saale statt. Wir erwähnen u. A. das dritte
Concert am 17. Dezbr. 1806, in welchem die Sängerin Mad.
Urspruch von der benachbarten Frankfurter Oper auftrat, und
die am 5. Februar 1807 erfolgte Aufführung der „Schöpfung"
von Haydn, in welchem Oratorium Mad. Lauge, die erste Sängerin des Frankfurter Theaters, den Gabriel sang.

Nachdem Vogel mit seiner Truppe Mainz verlassen hatte,
erhielt die Wittwe Deloi's, welche sich trotz ihrer Verheirathung
mit einem Hrn. Lagrainé Dame Deloi nannte, wieder die Alleinherrschaft der Bühne. Es wurde ihr im Mai 1807 die „brevetirte
Theaterdirektion des 24. Arrondissements", wovon Mainz Hauptstadt war, übertragen. Die Direktion der Mad. Deloi, welcher
Lagrainé als Regisseur beistand, hat keine geringen Erfolge zu
verzeichnen. Mad. Deloi gab sich redlich Mühe, ein gediegenes
„Lustspiel- und Opern-Repertoir" herzustellen, und behielt die
Bühnenleitung bis zum Jahre 1809, als die Reitschule wegen
Baufälligkeit geschlossen wurde. Wir kommen weiter unten auf
die nun aufgetauchten neuen Pläne zurück.

Neben der französischen Truppe der Mad. Deloi hatten sich
im Jahre 1808 Mainzer Theaterliebhaber mit der Krebs'schen
Schauspieler-Gesellschaft von Darmstadt vereinigt, um deutsche
Vorstellungen zu geben. Diese Truppe, unter der Direktion des

Herrn Xavier Krebs stehend, hatte durch ihr ansprechendes
Spiel den Großherzog Ludwig I. für ihre Aufführungen interes=
sirt und den kunstsinnigen Fürsten veranlaßt, auf eigene Kosten
ein Schauspielhaus zu errichten, bis zu dessen Herstellung sich
die Gesellschaft in Mainz aufhielt. Das Repertoir der Gesell=
schaft, deren Leistungen in der Oper befriedigten, war im Schau=
spiel förmlich von Kotzebue=Stücken überwuchert, welche man sich
bemühte „mit guten Dekorationen und neuer Garderobe ihrem
Werth (!) entsprechend darzustellen“. Neben Kotzebue stand ver=
einzelt Hagemann, Iffland, Ziegler und Zschokke auf dem Re=
pertoir. — Von dem Personal der Truppe erwähnen wir:
Mad. Krebs, Dem. Krebs, Herrn und Mad. Herold, Herrn
Illenberger, den Helden und Charakterdarsteller Steinau, den
Baßbuffo Friedel, den Tenoristen Fuchs, die ersten Liebhaber
Brock und Fischer, Frau Beuther (sentimentale Liebhaberin) und
den Balletmeister Uhlig aus Cassel. — Auch ein Gastspiel hat
die Krebs'sche Truppe während der kurzen Zeit ihres Mainzer
Aufenthaltes zu verzeichnen. Am 6. April trat der erste komische
Sänger an der Opera Buffa zu Wien in Paers komischer Oper
„Die Kunst ohne Geld die Welt zu durchreisen“ auf.

Die an den Aufführungen der Krebs'schen Truppe betheilig=
ten Mainzer Theaterliebhaber schienen eigentlich nur
auf Gewinn auszugehen und hielten es daher die Kunstfreunde,
welche bisher zum Besten der Armen gespielt hatten, für noth=
wendig, sich vor einer Verwechselung mit der neuen Truppe zu
verwahren. In einer Bekanntmachung vom 21. Februar 1808
erklärten die Herren S. Reinhard, C. Appiano und K. Dahm,
daß diese neue Schauspieler=Gesellschaft in keiner Verbindung
mit ihrem seitherigen Unternehmen stehe, da sie bereits die
Abonnementskarten zurückgegeben hätten. Forderungen seien an
den Prof. Maler Müller zu machen. Diese Vorsicht war bald
nicht mehr nothwendig. Bereits am 16. April 1808, nach kaum
dreimonatlicher Dauer, wurde die letzte Vorstellung zum Benefize
der deutschen Schauspieler=Gesellschaft gegeben. Es ging Kotze=
bues großes Schauspiel mit Chören „Die Hussiten vor Naum=
burg im Jahre 1439“ in Scene. Ferner wurde noch ein fran=
zösisches Intermezzo „Crespin, tout seul scène comique mêlée de
vaudevilles“, welches von einem französischen Theaterliebhaber
verfaßt war, gegeben. Mad. Herold hielt die Abschiedsrede.

Die Truppe ging nun nach Darmstadt zurück, wo sie den Grundstock des neuen Großh. Hoftheaters bildete.

Die kunstsinnige Welt von Mainz wurde auch in diesem
Jahre außer dem Theater mit einigen Concerten erfreut. So
kündigte der Theater-Ausschuß im Dezember den Wiederbeginn
der Winterconcerte an, welche wie gewöhnlich mit einem Balle
endigten.

Das folgende Jahr 1809 sollte ein wichtiges für die Mainzer
Bühne werden. Wir haben oben gehört, wie Mad. Deloi in
Folge der Schließung der plötzlich baufällig gewordenen Reitschule ihre Direktion aufgeben mußte. Wenn also wieder ein
ordentliches (französisches) Theater in Mainz bestehen sollte, so
mußte natürlich ein passendes Haus geschaffen werden. Diesem
Uebelstande bestrebte man sich bald abzuhelfen. Napoleon hatte
nämlich in einem Dekret vom 9. Vendémiaire XIII *) die Anlegung
des Gutenbergplatzes befohlen. Auf Anregung des Prof. Müller
entwarf nun der mit der Ausführung des neuen Platzes beauf-
tragte Oberingenieur des Departements Donnersberg, St.=Far,
einen Plan zu einem neuen Schauspielhause.**) Am
18. März 1809 wurde der Grundstein zu dem neuen Theatergebäude gelegt, welches nach dem Vorbilde des Petersburger
Schauspielhauses errichtet werden sollte. Ueber den Akt der
Grundsteinlegung berichtet der Richter und bekannte Mainzer
Geschichtsforscher Schaab, welcher demselben beiwohnte: „Der
Präfekt legte im Beisein mehrerer administrativer und Justiz-
beamten, unter denen auch ich mich befand, in den ersten großen
Eckstein oberhalb der Erde gegen Süden, in eine eingehauene
Höhlung ein bleiernes Kästchen mit mehreren goldenen und
silbernen Münzen vom damaligen Dezimalfuß und eine Metall-
platte mit der Inschrift: „Le 15 Mars 1809 de l'année chrétienne,
6me du règne de Napoléon, le grand Empereur des Français, Roi
d'Italie. Protecteur de la confédération du Rhin, a été posée sur
la place Gutenberg la première pierre du théâtre de ce nom par

*) 1. Oktober 1804.
**) Früher erhob sich auf diesem Platze die Domprobstei, ein im
Jahre 1786 vom dem prachtliebenden Domprobst Graf von der Leyen
errichtetes Gebäude. Dasselbe ging in der Nacht vom 29. auf 30. Juni
1793 in Folge des Bombardements nebst den anstoßenden stadionischen
Gewölben in Feuer auf.

Mr. Jean-Bon-St.-André, Préfect du Département du Mont-Tonnère, membre de la légion d'honneur, en présence de son sécrétaire général Mr. Ruel, Mr. Macké, maire de Mayence, membre de la légion d'honneur, Mr. Probst et Roth, ses adjoints, avec qui ce sont joint Messieurs du corps municipal et les autres autorités civiles et militaires, architecte de cet édifice J. E. E. St.-Far, ingénieur en chef de la première classe de ponts et chaussées, Mr. Chessey, architecte de la ville présente." — Der Plan des neuen Theatergebäudes war folgender: Dasselbe lief parallel mit den Häusern der Universitätsstraße. An seiner vorderen Seite gegen den Gutenbergsplatz war der Eingang unter einer Colonnade von sechs Säulen. Hinter der Colonnade sollte ein Vorplatz errichtet werden, von dem man auf die verschiedenen Plätze des Theaters gelangen konnte. Die Bühne wollte man gegen Südwest errichten. — Schon war der Bau im Entstehen*), als der neu ausgebrochene Krieg die Fortsetzung der Arbeit verhinderte und einen schönen Traum der Mainzer Bühnenfreunde zu nichte machte. Erst in späteren Jahren sollte der Gedanke der Errichtung eines Theatergebäudes wieder aufgegriffen und zur allgemeinen Befriedigung verwirklicht werden.

Jetzt wagte man es auch, wieder in der Reitschule Vorstellungen zu geben. Eine deutsche und eine französische Theatergesellschaft spielten abwechselnd zum Besten der Armen. Im Saale des Schröder'schen Kaffeehauses hatte ein gewisser Burrmeister eine Bühne aufgeschlagen, vermochte sich jedoch nicht lange zu halten. Im Anfange des Jahres 1810 gaben mit der Erlaubniß des Maire die Schauspieldirektoren Karl Döbbelin**) aus Amsterdam und W. Schwadke aus Bremen im Schauspielhause einige Vorstellungen. Auch ihr Repertoir huldigte dem unvermeidlichen Kotzebue. Unter den Mitgliedern der Gesellschaft werden die Sängerin Mad. Feige und der Baß-Buffo gleichen Namens, sowie die Familie Schönemann rühmend erwähnt.

Trotz der vielfachen Theater-Krache machte im Herbst 1810

---

*) Es waren schon 22,000 fl. verwendet.

**) Karl Döbbelin, der Sohn des berühmten Schauspielers gleichen Namens, ging mit seiner Truppe nach dem nahen Wiesbaden, wo er den Grundstock zu dem im Jahre 1810 errichteten Herzoglichen Hoftheater legte.

eine Aktiengesellschaft von Mainzer Kaufleuten den Versuch, ein neues französisches Theater zu gründen. Der frühere Direktor des Pariser Théâtre Lycée, Huffnet, welcher dem 24. Arrondissement zum Bühnenleiter bestimmt worden war, übernahm die Regie des neuen Theaters. Kaum hatte man einige Vorstellungen gegeben, als auch der Krach sich einstellte. Nicht allein war die Verwaltung des mißglückten Unternehmens wenig haushälterisch*) gewesen, sondern auch der Besuch des Theaters entsprach, woran wohl die schweren Zeiten schuld waren, nicht den gehegten Erwartungen.

Am 21. Juni 1811 eröffnete Direktor Herbst ein deutsches Theater. Der Preis der Plätze war auf 2 Frs. für das Parquet und 1 Fr. für das Parterre festgesetzt. Diese Ankündigung erregte bei den Mainzer Theaterfreunden, welche lange den Genuß einer ordentlichen deutschen Bühne hatten entbehren müssen, große Freude. Ein damaliger Theaterberichterstatter begrüßte die neue Gesellschaft in einem fast überschwänglich gehaltenen Berichte: „Seid uns willkommen, herzlich willkommen! rief ich den Fremdlingen entgegen, und gewiß eine gute Zahl meiner kunstliebenden Mitbürger mit mir." Nachdem das „gefährliche" Theatergebäude bezw. die Reitschule von der sachverständigen Behörde wieder geprüft worden war, erhielt die Truppe die Erlaubniß zum Spielen. Als Eröffnungsvorstellung wurde nach dem uns vorliegenden Theaterzettel gegeben: „Die Zauberzitter oder der große Fagotist. Die Handlung ist in Korrossan. Der erste Akt beginnt bei einer feuerspeienden Gebirgsgegend. Der zweite Akt am See und endet mit Sturm und Feuerregen. Der dritte Akt in Boshoros Garten, und endet in dessen Pallast. Vor Anfang der Oper wird der Direktor eine Rede halten." Herr Herbst sprach in seinem Prolog vom deutschen Vaterlande, von Napoleon, Luise und dem jungen König von Rom. Hierauf ging die Müller'sche Zauberoper in Scene. Die Besetzung war folgende: Armidoro Prinz von Eldorado: Herr Friedrich Müller (1. Tenor); Bitta, Begleiter des Prinzen: Herr Schielle (Baß-Buffo); Boshoras, der Zauberer: Herr Schmider (Bassist); Presterinne, die strahlende Fee: Mad.

*) Der Gagenetat betrug für die kurze Zeit des Bestehens der Gesellschaft 30,000 Frs.

Pröbster; Lidi: Mad. Brachmann (1. Sängerin); Frauen=
wächter Zumeo: Direktor Herbst (Charakterdarsteller). Die
Vorstellung fand Beifall, auch waren die „nicht schwach beset=
ten Chöre" zufriedenstellend. — In der Oper war überhaupt
Wenzel Müller vorherrschend. Am 21. August 1811 wurde
die bekannte komische Oper dieses Komponisten: „Die Teufels=
mühle am Wiener Berg", Text von Häußler, zum ersten Male
in Mainz aufgeführt und zwar als Benefiz des Regisseurs und
Operndirektors K. T. Hopfenstätter. Von Müller ging u. A. auch
die komische Oper „Die Schwestern von Prag" oder „Schneider
Kakadu" in Scene. Die Titelrollen waren Eduard und Theo=
dora Bachmann anvertraut. — Im Schauspiel treten uns
als Novitäten „Wilhelm Tell", Schweizergemälde in fünf Auf=
zügen von „unserem unvergeßlichen Schiller", und dessen
„Maria Stuart"*) entgegen. Den Tell spielte Herr Friedr.
Müller und die Stuart Wilhelmine Molitor. Letzterer
wurde die „Maria Stuart" auch als Benefiz=Vorstellung be=
willigt, zu welcher sie mit der naiven Bemerkung einlud, das
Publikum werde einen „vergnügten" Abend erleben können.

Außer dem Theater bestrebte sich noch die „musikalische
Akademie", welche von einer Gesellschaft von Musikfreunden
gebildet war, seltene Kunstgenüsse zu bieten. Hauptsächlich fan=
den die klassischen Komponisten eine anerkennenswerthe Pflege.
Während am Theater fast nur komische Opern gegeben wurden,
treten uns hier die Schöpfungen eines Haydn und Mozart ent=
gegen. Die Gesellschaft der Musikfreunde gab nämlich auch von
Zeit zu Zeit im Theatergebäude kleinere Opernvorstellungen. Das
Jahr 1811 wurde mit der Aufführung der Winter'schen Oper
„Das unterbrochene Opferfest" eröffnet. Am 8. Juli wurde von
den Mitgliedern der Gesellschaft Mozarts reizende Oper „Die
Entführung aus dem Serail", in der sich eine glückliche Lebens=
zeit des Komponisten wiederspiegelt, unter großem Beifall gegeben.
Die Leistungen der neuen Künstler, besonders der Frauenzimmer,
erschienen um so überraschender, als die meisten derselben zum
ersten Male in einer Oper auftraten. Das glückliche Gelingen
ihres ersten Unternehmens feuerte die Gesellschaft an, sich auch

*) In der, wie bereits oben bemerkt, die Mainzer Schauspielerin
Mad. Porsch später geglänzt hatte.

an das schwierigste Werk Mozarts, den „Don Juan" zu wagen. Die Oper ging am 28. September im Schauspielhause in Scene und fand die gediegene Aufführung allgemeinen Anklang. Unter den Mitwirkenden zeichnete sich besonders eine der ersten Dilet= tanten=Sängerinnen von Mainz, Mademoiselle Heilmann, aus. Rühmende Erwähnung fanden noch: Mad. Tael (Zerline), Dem. Janitsch (Elvira), Herr Dohm (Don Juan) und Molitor (Leporello). Besonderes Lob wurde auch dem Orchester, welches aus Mitgliedern der Gesellschaft gebildet war, zu Theil. Neben diesen Opern wurden noch „Die Schöpfung" von Haydn und Symphonien dieses Meisters von der musikalischen Akademie aufgeführt. Auch Gäste, wie Simoni, der erste Tenorsänger des österreichischen Kaisers, sangen in diesen Aufführungen. Bei den Symphonie=Concerten waren auch Deklamationen üblich. So trat Herr Hügel, ein vorzügliches Mitglied der Frankfurter Bühne, als Deklamator der Gedichte von Schiller und Bürger auf.

Vom Jahre 1812 liegt nichts Wesentliches aus dem Gebiete der Kunst vor. Der Krieg lastete auf allen Gemüthern und ließ keine rechte Lust an Aufführungen aufkommen. Im Februar dieses Jahres zeigte eine italienische Tänzergesellschaft „vom Amsterdamer Theater" in dem in der Balmy=Straße*) gelegenen Schauspielhause ihre Künste.

Das folgende Jahr 1813 brachte wieder einiges Leben in das beinahe schon erstarrte Kunstinteresse. Es bildete sich zum Besten der Armen eine „Gesellschaft von Liebhabern der dramatischen Kunst", welche, mit einigen Schauspielern vereint, unter der Leitung eines Schauspielers Namens Rein= hard im Römischen König Vorstellungen gab. Ein Theil des Erträgnisses fiel den mitwirkenden Künstlern zu. Das Reper= toir bestand zumeist aus Kotzebue=Stücken und sind von andern Dichtern nur Schiller (Kabale und Liebe, Die Räuber), Ziegler (Mathilde von Gießbach), Hagemann (Ludwig der Springer), sowie Spieß (Clara von Hoheneichen) vertreten. Zum ersten Male ging ein Lustspiel von Wasserburg „Die Zauberklause" in Scene. Diese „Liebhaber der dramatischen Kunst" spielten bis in das Jahr 1814.

*) Mittlere Bleiche. Zu Ehren des Siegers von Valmy, des Marschall Kellermann, so genannt.

Die musikalische Akademie setzte ihre Aufführungen unter glücklichem Erfolg mit „Titus" und „Cosi fan tutte" von Mozart im Casino=Saale fort, da in Folge eines Brevet der Regierung vom Mai 1813 Herr Julius Ferrand zum Di= rektor für den 18. Theater=Bezirk ernannt worden war und die bisher von der Akademie benützte Bühne im Schauspielhause in Besitz genommen hatte. Dieser Nachfolger Hüssnets eröffnete am 30. Mai 1813 die französische Bühne mit: „Les riveaux d'eux-mêmes", comédie de Mr. Pigault-Le-Brun, „Haine aux femmes", opéra vaudeville de Mr. Bouilly et „Blais et Babet", opéra de Monvelle et Dezaides. — Auf dem Repertoir dieses Direktors, welcher bis zum Ende der französischen Herrschaft in Mainz spielte, standen u. A. folgende Stücke: „Les Prétendus", Oper von Lemoine (Gluck'sche Richtung); „La leçon de botanique", Operette von Dupaty; „L'homme à trois visages", Melodrama von Quizain, ein schauerliches Musikstück, der Text nach „Abäl= lino"; „Le Tableau parlant", Oper von Gretry; „La Pucelle d'Orléans". Oper en vaudevilles; „L'Ami de la Maison", Oper von Gretry; „Adolphe et Clara", Oper von d'Alayrac; „Zémire et Azor", Oper von Gretry; „Roméo et Juliette", Oper von Steibelt; „Les Visitandines", Oper von Picard und Devienne. Mit dem Melodrama „Le Jugement de Salomon" endigten die Aufführungen der Gesellschaft Ferrands. Aus diesem Verzeich= niß ersieht man, daß Ferrand hauptsächlich die Oper pflegte und ihm das Schauspiel eine Nebensache war. Das Orchester wurde von einem Mr. Duquesnoy geleitet. Unter den Mitglie= dern zeichneten sich Mlle. Landier, Mme. Duquesnoy, Mlle. Lavaquerie, Mlles. Ferrand, Mittoneau, Henry und Mr. Chodoir (Bassist), sowie Mr. Lonie (Charakterdarsteller) aus.

Inzwischen war auf dem politischen Gebiete ein großartiger Umschwung eingetreten. Napoleon, der bisher von Sieg zu Sieg geeilt war, hatte seine besten Truppen auf den russischen Eisfeldern geopfert und sah nun das bisher geknechtete Europa sich gegen sich wenden. Noch einmal wollte er sein altes Waffen= glück versuchen und eilte am 1. August 1813 von Mainz aus nach Sachsen, um in der Völkerschlacht bei Leipzig seine bis= herigen Erfolge an der Begeisterung der neuerstandenen deut= schen Nation zerschellen zu sehen. Auch für Mainz, das noch immer unter französischer Herrschaft seufzte, schlug die Stunde

der Befreiung; jedoch vorerst sollte es noch mancherlei Drangsale erdulden. Nachdem am 2. November der besiegte Imperator
auf dem Rückzuge der Armee die Stadt berührt und den Mainzern so den Sieg ihrer alten deutschen Landsleute verkündigt *)
hatte, begann die große Retirade der um auch bei Hanau von
Wrede geschlagenen Franzosen nach Mainz. Hier sah es bald
traurig aus. Der Typhus brach unter den Flüchtigen, welche
jeden Winkel der Stadt besetzten, mit furchtbarer Gewalt aus
und machte die Stadt bald „zu einem großen Leichenhause" **).
Unterdessen hatten sich die siegreichen Deutschen ***) der Festung
genähert und begannen am 5. Januar 1814 die Stadt zu be-
lagern, welche endlich am 2. Mai in Folge der zwischen Frankreich und den verbündeten Mächten abgeschlossenen Waffenstill-
stands-Convention von dem Gouverneur Morand den Siegern
übergeben wurde. Mainz blieb nun in den Händen der Deutschen und kam mit dem endgültig abgeschlossenen Frieden unter
die Regierung des Großherzogs von Hessen. Nach allen diesen
Aufregungen furchtbarer Kriege, unter deren Einfluß, mochten
sie da oder dort toben, Mainz als Hauptwaffenplatz und Grenz-
veste schwer zu leiden hatte, begann nun eine Zeit der Ruhe,
welche auch der Kunst und dem Theater, das in diesen letzten
Schreckenstagen der französischen Herrschaft natürlich ganz dar-
niederlag, wieder eine freie Entfaltung gestattete.

*) Aus der Zeitung konnte man nur wenig ersehen. Die Presse
stand gänzlich unter dem Einflusse der Regierung, indem laut Dekret
vom 3. August 1810 in jedem Departement nur ein Journal bestehen
durfte, welches sich aber unter die Autorität des Präfekten beugen mußte.

**) Dr. Bockenheimer, „Erinnerungen an die Geschichte der Stadt
Mainz in den Jahren 1813 und 1814."

***) Das 5. deutsche Armeecorps unter dem Befehl des Herzogs
von Sachsen-Koburg.

XIV.

Die dramatische und musikalische Literatur der nachklassischen Periode. Das Theater und die Musik zu Mainz kurz nach den Kriegen mit Napoleon.

Ehe wir auf die durch die Wiederaufrichtung der deutschen Herrschaft in Mainz neu geschaffenen Theaterverhältnisse eingehen, sei noch in Kürze der Veränderung gedacht, die sich inzwischen auch auf dem literarischen und musikalischen Gebiete vollzogen hatte. Die hochgehenden Wogen der Freiheitskriege, welche theilweise in den Dramen Theodor Körner's einen stürmischen Ausdruck gefunden hatten, wichen mit der ungeschickten Erbin des Göthe-Schiller'schen Schaffens, der romantischen Schule, deren Entwicklungsgeschichte übrigens schon in die neunziger Jahre zurückreicht, einer tiefgehenden Reaktion. Die freigeistige Richtung des Klassicismus wurde von den Romantikern, welche sich in das Mittelalter zurückträumten und dort Trost für die herbe Wirklichkeit suchten, verlassen. Mit diesem irregeleiteten Idealismus, der in den Gedanken einer Weltliteratur gipfelte, vergaß man die Gegenwart und den rein nationalen Beruf der Poesie, welchen einst Kleist, ein würdiger Vorläufer der Romantik, noch verstanden hatte. Die jetzigen Dramatiker wandten sich fast ganz von dem wirklichen Leben ab und bestrebten sich, mit dilettantenartiger Hast die Tragödie weiter zu entwickeln. An Schillers „Braut von Messina", in welcher der Dichter, nicht ohne Widerspruch mit den neueren Anschauungen, das alt-hellenische Schicksal walten ließ, schlossen sich die Schicksalstragödien eines Werner, Müllner, Houwald und Grillparzer. Nur der Letztere, welcher einsah, daß er eine falsche Bahn eingeschlagen habe, und daher später auch ein wahrer Epigone unserer Klassiker wurde, hat von diesen Poeten ein günstiges Schicksal bei der literarischen Kritik gehabt. Auch das historische Drama, welches in Raupach, Grabbe, Oehlenschläger, Michael Beer und zum Theil auch in dem vortrefflichen Leiter der Düsseldorfer Bühne, Immermann, seine

Vertreter fand, litt mehr oder weniger unter dem Einflusse der Zeit. Im Lustspiel, das in Kleists „Zerbrochenem Krug" einen Aufschwung zu nehmen versprach, blieb Kotzebue noch un= umschränkter Gebieter des Repertoirs, während die Posse allein, durch Nestroy, Raimund und Bäuerle geadelt, den Volkston traf und eine eigentlich nationale Gestaltung erwarten ließ.

Während in der Literatur das Drama von den Roman= tikern in eine falsche Bahn gelenkt wurde und sich dem Leben des Volkes entfremdete, äußerte die romantische Richtung auf die Oper einen erfreulicheren Einfluß aus. Hier hatten die „göttlichen Philister" auf nationalem Boden bleiben müssen, wo= mit ermöglicht wurde, daß der vaterländische Geist, welcher die Werke Beethovens*) durchdringt, nicht, wie dies nach dem Tode Schillers in der Literatur geschah, falsch aufgefaßt wurde. Wenn auch die Glieder der sich nun bildenden romantischen Schule, wie Spohr, Weber und Marschner, sich nicht zur Höhe eines Beethoven emporzuschwingen vermochten, so fand doch das nationale Element, welches bei den Dramatikern an einem krän= kelnden Idealismus zu Grunde gegangen war, in der Oper einen frisch lebendigen Ausdruck. Dabei waren die Romantiker von strengen Grundsätzen erfüllt und bildeten hiermit einen wirksamen Gegensatz zu der italienischen Oper Rossinis, dessen landsmännische Vorläufer, wie wir aus den einzelnen Reper= toiren des Mainzer Theaters ersahen, in Deutschland rasch Eingang gefunden hatten. Wenn so dem Andringen der italie= nischen Oper durch die deutschen Romantiker ein kräftiger Damm geschaffen wurde, so hatten diese mit den Vertretern der fran= zösischen großen Oper, einem Cherubini, Mehul, Spontini u. A., welche den Mozart'schen Universalgeist besser erfaßt hatten, keinen so leichten Kampf zu bestehen. Frankreich schien

---

*) „Wenn Mozart überall verstanden und genossen wird, weil er den Kosmopolitismus des 18. Jahrhunderts in seiner Empfänglichkeit für die Kunstweise der verschiedenen Völker und in deren Verschmelzung darstellt, so ist Beethoven der siegreich vordringende Held und Priester des Germanenthums, das sich mit der Bildung Europas erfüllt hat, aber nun auch mit kühnem Trotz in derselben seine Eigen= art zur Geltung bringt, ja tonangebend macht." („Das Weltalter des Geistes im Aufgange. Literatur und Kunst im achtzehn= ten und neunzehnten Jahrhundert", von Moriz Carriere.)

überhaupt mit seiner Oper — wir erinnern nur noch an Adam, Boieldieu, Halevy, Herold, sowie später Auber — die Welt er= obern zu wollen. Erst in der neueren Zeit gelang es wieder Deutschland, nachdem es in Lortzing einen liebenswürdigen Ver= treter der komischen Oper gefunden hatte, mit dem Musik= dramatiker Wagner die Hauptaufmerksamkeit der musikalischen Welt auf sich zu lenken.

So sehen wir denn in den Erfolgen und Verirrungen der romantischen Schule im Drama sowohl wie in der Oper neben dem Bilde des Niedergangs einer klassischen Epoche zugleich auch die erfreulichen Zeichen des Ringens nach einer neuen Zukunft. Möge die durch die romantische Schule eröffnete neue Zeit einen Abschluß finden, den die Kunstgeschichte mit Stolz einzeichnen kann. —

Doch kehren wir nach dieser kurzen Umschau auf litera= rischem wie musikalischem Gebiete nach Mainz zurück, wo mit dem Frieden, der die alte Reichsstadt wieder dem deut= schen Vaterlande zurückgab, der deutschen Bühne eine vielver= sprechende Zukunft erschlossen wurde. Die Ruhe, welche jetzt in der Stadt eingekehrt, lenkte die Aufmerksamkeit des Publikums wieder der Kunst zu und dieser Stimmung entgegenkommend bil= dete sich sofort ein „Verwaltungs=Ausschuß des neuen Mainzer Nationaltheaters". Herr Jakob Kräzer wurde zum Vorsitzenden dieses Ausschusses gewählt, welcher sich zur Aufgabe setzte, „durch Abstellung jedes Mißbrauchs und gute Wahl der aufzunehmenden Stücke der in Mainz wieder aufleben= den dramatischen Kunst den Beifall des Publikums zu sichern." Herr Karl Zulehner, der vom Oberbürgermeister beauftragt worden war, die nöthigen Maßregeln zur Errichtung eines wür= digen Theaters zu treffen*), hatte sich bemüht, die Wiesbadener Bühne mit dem Mainzer Theater zu vereinigen, was ihm nach einigen Unterhandlungen auch gelang. Von dieser Zeit an blieb diese Vereinigung eine lange Reihe von Jahren, da sich der

---

*) Zulehner, der das Amt eines Concertmeisters beikleidete, be= sorgte u. A. auch, wie wir aus den uns aus damaliger Zeit vorliegen= den Theaterakten ersehen, im Auftrag des Theater=Ausschusses die En= gagements. Neben ihm waren noch Professor Lehne und Stadtrath Kramer thätige Mitglieder des Ausschusses.

allgemeinen Verhältnisse halber nur ein Saison-Theater zu halten vermochte.

Die Herbst'sche Truppe, welche vor wenigen Monaten mit Bewilligung Ferrands noch einige deutsche Vorstellungen*) gegeben hatte, war von Mainz weggegangen. Es übernahm daher Georg Dengler die Direktion des neuen Mainzer Nationaltheaters. Am ersten Jahrestag der Leipziger Befreiungsschlacht wurde die Saison eröffnet. Ein der Bedeutung des Tages entsprechender Prolog leitete die Vorstellung ein. Wir entnehmen diesem von einem ächt vaterländischen Geist erfüllten Prolog folgende Stelle:

Erste Scene.

Eine waldigte und felsigte Gegend. Thusnelda, von vier germanischen Frauen begleitet, tritt vor und spricht:

O schöner Tag der zweiten Hermannsschlacht,
Der fremde Willkühr stürzt und deutsche Freiheit rettet,
Dich feiern in Walhalla Herrmann und die Väter;
Mich aber lockt zur Erde meines Volkes Ruhm ....
Verklungen sind, die uns verhöhnt,
Der fremden Sprache Herrschertöne,
Und deutsche Väter bilden deutsche Söhne.
Thuiston herrscht an seinem eignen Heerd
Und nur für Deutschland kämpft das deutsche
Schwerdt.

Schon nach den ersten Vorstellungen, deren 16 an der Zahl jeden Monat in Mainz stattfanden, wurden Klagen über die Leistungen der Mitglieder laut, deren Ermattung man mit Recht dem Spielen in Wiesbaden zuschrieb, wo ein über den andern Tag Vorstellungen gegeben werden mußten.**) Neben Direktor Dengler wirkte Albert Küchler als Regisseur. Bernhard Anselm Weber, ein geborner Mannheimer, der s. Z. Kapellmeister des Großmann'schen Theaterorchesters war und sich auch als Komponist einzelner Musikstücke zu Schillers Jungfrau von

---

*) Am 21. März wurde mit Erlaubniß des Maires und des Herrn General-Direktors im Römischen König das Zschokke'sche Schauspiel „Julius von Saßen" aufgeführt.

**) In Wiesbaden hatte mit der Direktion des Kapellmeisters Guhr sich das Nassauische Hoftheater im Anfang des Jahres 1814 aufgelöst. Die Dengler'sche Truppe mag nach den gediegenen Aufführungen der früheren Gesellschaft auch dort keinen leichten Stand gehabt haben.

Orleans und Tell, sowie mehrerer Opern, wie „Hermann und
Thusnelda" auszeichnete, leitete bis zum 15. Januar 1815 die
Oper.*) Ihm folgte durch Vermittelung Zulehners der Musik=
director Uber aus Hessen-Cassel.

Das Personal zählte 30 und das Orchester 28 Mitglieder,
welche so viel leisteten als sie eben vermochten. Von den Bühnenmit=
gliedern erwähnen wir: Regisseur Hr. Küchler (Charakterrollen:
Präsident in „Kabale und Liebe"), Hr. Wolf (verschiedene Rol=
len, Gecken, Präsident in „Partheien=Wuth"), Hr. Großmann
(Charakterdarsteller), Hr. Sachs (Komiker), Hr. Müller und
Hr. Lecombe (Liebhaber), Mad. Richter (Liebhaberin) und
Mad. Nanette Julius (Heroine: Jungfrau von Orleans),
Hr. Wehrstädt (Bassist), Hr. Decker (Tenorist), Mad. Nowack
(Soubrette), Hr. Klein (erster Bassist) und Mad. Roland
(erste Sängerin).

Der Direktor, dessen jährliche Ausgaben etwa 44,000 fl.**)
betrugen, bemühte sich, da er schon bei seiner Ankunft stark
verschuldet war, seine Kasse zu füllen. Wenn ihm auch, wie
z. B. in Wiesbaden, seitens der Stadt eine gewisse Einnahme
verbürgt wurde, so konnte ihn doch nur ein gutes Abonnement
oben halten.***) Das Repertoir dieser Saison, welche vom
18. Oktober bis Ende April 1815 dauerte, brachte u. A. fol=
gende Stücke: „Die Radikalkur" von Weissenthurn; „Die schöne
Müllerin", Oper von Paesiello; „Don Juan" von Mozart; „Die
Jungfrau von Orleans", „Mackbeth", Tragödie, und „Maria
Stuart" von Schiller. Aber auch die romantische Richtung in
der Literatur machte sich unter dieser Direktion bereits bemerk=
bar. So ging am 28. März 1815 Werners historisches
Schauspiel „Martin Luther" zum ersten Male in Scene. Auch
von Kotzebue erschien eine Novität, das Lustspiel „Noth ohne
Sorgen und Sorgen ohne Noth". Als Gast trat die erste
dramatische Sängerin vom Hamburger Nationaltheater, Mad.
Gley, in einigen kleineren Singspielen auf. — Am 27. April

---

*) Weber starb 1821 zu Berlin.
**) Deingler gibt in einem Briefe vom 27. April 1815 an den
Theater=Ausschuß diese Summe an. Eine derartige Ausgabe erfordere
trotz seines „soviel als möglich beschränkten Personals" noch Zuschuß.
***) Der Abonnementspreis für 6 Personen in einer Loge des ersten
Ranges war auf 50 fl. für den Monat festgesetzt.

1815 endigte die Saison, und Herr Dengler zog allem Anschein nach mit seiner Truppe nach Wiesbaden, wo denn auch in den folgenden Jahren die Mainzer Gesellschaften während der Sommermonate Vorstellungen gaben.

Welche innere Zustände unter Dengler am Mainzer Theater herrschten, davon liefert uns ein Abschiedsgesuch der Mad. Nanette Julius und des Hrn. August Klein, welches diese Mitglieder am 23. Febr. 1815 an den Theater-Ausschuß richteten, ein trauriges Bild. „Der Souffleur", meinen die Beschwerdeführer u. A., „macht was er will, springt des Abends, wenn ihm etwa die Vorstellung zu lange währt, von einer Rede zur andern, und macht selbst das Mitglied, welches seine Rolle kann, fassungslos. Sein Weib besäuft sich, läuft dann in die Bier- und Branntweinhäuser und scandalisirt über die Schauspieler und Sänger." Herr Dengler sei zu gutmüthig und thue diesem Treiben wenig Einhalt.*)

Das Concertwesen wurde in dieser Saison wieder lebendig. So gaben am 20. Januar 1815 im Casino-Saale zwei geborne Mainzer, die Herren Hofmann (Concertmeister und erster Violinist im Frankfurter Orchester) und Aloys Schmitt „aus Kurmainz" (Klavierspieler), durch Vermittelung des Musikverlegers Schott ein großes Concert.

Die zweite Saison unter Denglers Direktion wurde am 1. Oktober eröffnet. Dengler schien durch den Schaden des Winter-Gastspiels seiner Gesellschaft in Wiesbaden klug geworden zu sein. Er setzte nun die Spieltage auf Samstag, Sonntag, Dienstag und Donnerstagfest. Die übrigen Tage waren für Benefiz-Vorstellungen vorgesehen. In Frau Müller-Rednitz, welche als Cendrillon glänzte, und Therese Vernier geb. Fischer, welche vormals erste Sängerin am Wiener Hoftheater gewesen war, wurden für die Oper recht gute Kräfte gewonnen. Unter den neuen Schauspielern ist Karl Lebrun, welcher sich durch die deutsche Bearbeitung des damals in Paris beliebten Schauspiels von Caignez und Andrieux „La Pie voleuse" (Die diebische Elster) bekannt gemacht hatte, bemerkenswerth. Als das Stück (am 6. März 1816) zum ersten Male in Mainz in Scene ging, ließ

---

*) In der zweiten Saison scheint es besser geworden zu sein: die beiden Mitglieder blieben bei der Truppe.

Lebrun die nöthige Maschinerie zur Aufführung vom Theater St. Martin aus Paris kommen. — Auf dem Schauspiel= Repertoir dieser Saison stand u. A.: „Götz von Berlichingen" von Göthe, „Fiesco" und „Don Carlos" von Schiller, „Jo= lontha", Schauspiel von Ziegler, und „Des Hasses und der Liebe Rache", historisches Schauspiel von Kotzebue. Von Opern wurden gegeben: „Sargines", heroisch=komische Oper von Paer; „Die Uniform" von Treitschke und „Das Donau= weibchen", komisches Volksmärchen.

Wie aus diesen kurzen Angaben ersichtlich ist, hat auch die zweite Saison Denglers keine hervorragenden Erfolge zu ver= zeichnen. Noch vor Schluß der Saison, welche am 2. April 1816 ihr Ende nahm, war Dengler gestorben. Seine Truppe zerstreute sich bald nach dem Tode des Direktors nach allen Windrichtungen. So gingen Nanette Julius und A. Klein nach Trier. Frau Dengler übernahm die Direktion des Theaters zu Freiburg im Breisgau. Einige Mitglieder der Dengler'schen Gesellschaft, wie Wolf, Mad. Müller=Rednitz und Karl Lebrun, blieben in Mainz, um in die Truppe der neuen Theaterdirektorin Karoline Müller einzutreten.

Frau Karoline Müller, welche zuvor die Augsburger Bühne geleitet hatte, ging gerade kein guter Ruf voraus. So hatte die Direktorin in Augsburg 728 fl. Vorschuß auf die nächst= jährigen Vorstellungen von gutwilligen Abonnenten eingesammelt und mit sich fortgenommen, und die Behörde war sogar ge= nöthigt, amtliche Recherchen über ihren Aufenthalt in Mainz anzustellen.*) Am 8. Juni 1816 übernahm Frau Müller die Di= rektion der Mainzer Bühne. Ihre Augsburger Erlebnisse schienen ihr eine gute Lehre gegeben zu haben und Mainz konnte sich zu dieser Erkenntniß der neuen Direktorin Glück wünschen. Von dem Personal, bei welchem uns Namen entgegentreten, die später in der Kunstwelt einen bedeutenden Klang hatten, erwähnen wir die Herren: Brand (1. Held), Bügel (Intriguant), Günther (Baß=Buffo und Heldenvater), W. Hofmann (Alte), Hofmann (Liebhaber), Körber (Baß), Lay der Aeltere (1. Baß), Lay der Jüngere (Väter), Lebrun (1. jugendl. Held und Liebhaber), Weichselbaum (1. Tenor) und Wolff (1. Intriguant), sowie

*) Witz, „Geschichte des Augsburger Theaters."

die Damen: Mad. Brand (1. Sängerin), Mad. Günther (erste
Mütter), Mad. W. Hofmann (Bravourparthien), Mad. Körber
(Soubrette), Dem. Lay (jugendl. Liebhaberin), Mad. Müller=
Rednitz (1. Sängerin) und Dem. Vohs (1. Liebhaberin). Re=
gisseur war das frühere Mitglied der Dengler'schen Truppe
Hr. Wolff und Musikdirektor Hr. Benzon. — Das Repertoir
war ein recht reichhaltiges und wurde von dem Publikum, da
sich überall ein regeres Kunstleben zeigte *), gebührend gewür=
digt. Von klassischen Stücken wurden gegeben: „Wallensteins
Tod", „Die Jungfrau von Orleans" und „Wilhelm Tell" von
Schiller, „König Lear" und „Hamlet" von Shakespeare. Unter
den Opernkomponisten waren Müller (ABC=Schütz), Berton (König
von Golkonda), Dittersdorf (Das rothe Käppchen) und Wranitzky
(Oberon) vertreten. Von dem älteren Lay wurde eine komische
Oper „Wandernde Komödianten" gegeben. An Novitäten
brachte Frau Direktor Müller u. A. von dem Komponisten der
„Schweizerfamilie" Weigl die Oper „Das Waisenhaus", welche
am 1. Mai 1817 zum ersten Male in Scene ging. Auch die
Schauspiel=Novitäten, wie Kotzebues Lustspiele „Der Rehbock" **)
und „Pagenstreiche", fanden großen Anklang. Bei der ersten
Aufführung der „Pagenstreiche", welche am 23. Septbr. 1816
stattfand, spielte eine Mad. Schiele den Pagen, Hr. Günther
den Stiefel, Mad. Günther die Deborra, Hr. Wolff den
Baron Stuhlbein, Hr. Körber den Brennesel, Hr. Schwing
den Kreuzquer und Hr. Hofmann den Heldensinn. Kleists
„Käthchen von Heilbronn", das am 23. Oktober folgte, fand
gleichen Beifall. Gegen Schluß der Saison brachte der Carneval
die Fastnachtsposse „Der travestirte Hamlet". — Von den Gästen
erwähnen wir die Herren Paulmann („Karl XII.", Schauspiel

---

*) Interessant dürfte die Thatsache sein, daß im Juli des Jahres
1818 zum ersten Male nach den Kriegen wieder ein Musikfest und
zwar in Wiesbaden abgehalten wurde. Es fand die Aufführung von
Haydns „Schöpfung" und Beethovens „Schlacht von Vittoria" statt.
100 Sänger betheiligten sich an dem Feste und das Orchester war 100
Instrumente stark. — Das erste Musikfest in Deutschland war im
Jahre 1807 in dem Städtchen Frankenhausen am südlichen Fuße des
Kyffhäuser veranstaltet worden.

**) Lortzing entnahm später diesem Lustspiel den Text zu seinem
„Wildschütz".

von Vulpius) und den Charakterdarsteller Wurm vom Berliner Nationaltheater, welcher u. A. in dem Iffland'schen Schauspiel „Dienstpflicht" auftrat. Auch der frühere kurmainzische Hofsänger Bassist Hübsch gab einige Gastrollen. Ferner traten die Sängerinnen Gley (Hamburg) und Marianne Sessi*) als Gäste auf, und am 1. Juli 1817 war die Familie Veltheim zu einem Gastspiel anwesend.

Wenn auch Karoline Müller sich bestrebte, die Mainzer Bühne zu heben, so konnte sie sich ihrer Geldverhältnisse halber nicht lange aufhalten. Im August 1817 gab sie die Direktion der Mainzer Bühne auf und wandte sich nach Straßburg.

Das musikalische Leben hatte inzwischen mit der Gründung des „Musikalischen Museums", einer Gesellschaft von Herren und Damen, durch Herrn Kreisgerichtsrath Gottfried Weber einen neuen Aufschwung genommen. Bei ihrem ersten öffentlichen Auftreten am 1. Novbr. 1816 errang sich die Gesellschaft, welche unter der Leitung G. Webers zu Ehren der anwesenden Großherzogin von Hessen eine von ihrem Dirigenten komponirte Cantate aufführte, die allgemeine Achtung. Weber, der auf diese Weise bei den Mainzern wieder den Sinn für bessere Musik weckte, hatte sich schon (1809) in Mannheim, wo er die Aufführungen des „Museums" leitete und durch seine akustischen Kenntnisse auf die Musiker einen ganz besonderen Einfluß ausübte**), um die Pflege der Kunst große Verdienste erworben. In Mainz entfaltete er seine segensreiche Wirksamkeit leider nur 4 Jahre: er wurde im Jahre 1818 nach Darmstadt versetzt und starb am 21. Novbr. 1839 zu Kreuznach.

*) Diese Sängerin wurde neben die Catalani gestellt.
**) Max Maria v. Weber, „Carl Maria v. Weber. Ein Lebensbild." — Gottfried Weber hatte sich als musikalischer Theoretiker einen großen Namen erworben. Er schrieb u. A.: „Versuch einer geordneten Theorie der Tonsetzkunst zum Selbstunterricht" (Mainz 1817) und „Die allgemeine Musiklehre" (Darmstadt 1831).

XV.

Die Errichtung der Großherzogl. Hessischen Nationalbühne zu Mainz. Zur Geschichte des Theaterbaues. Die Direktion Kramer. Göthe=Feier.

–

Nach dem Weggang der Direktorin Müller wurde vom Stadt=rath ein städtischer Theater=Ausschuß gebildet, welcher die Bühne gänzlich leiten sollte. Auch der Großherzog Ludwig I. wandte dem Mainzer Theater jetzt seine Aufmerksamkeit zu. Er setzte dem Theater, das von nun an den Namen „Großherzoglich Hessische Nationalbühne" führte, eine Geldunterstützung aus und veranlaßte u. A., da es der Mainzer Bühne an einer tüchtigen ersten Sängerin fehlte, die Hofsängerin Dem. Janitsch, nach Mainz zu gehen. Dieses Vorgehen des kunstsinnigen Für=sten*), sowie die rege Theilnahme der Stadt eröffneten dem neuen Theater eine vielversprechende Zukunft. Am 21. Septbr. 1817 wurde die „Großherzogliche Nationalbühne" mit einer Novität, Rossinis Oper „Tankred", eröffnet. Dem. Janitsch sang die Amenaide und Dem. Karoline Veltheim den Tankred. „Die Sängerinnen leisteten", wie ein Kritiker meint, „in Gesang und Spiel was man nur fodern kann. Die Chöre sangen mit Pre=cision und das Orchester machte sich und der Musikdirektion (Direktor Benzon) Ehre." — Das Personal bestrebte sich während der ganzen Saison, den gewonnenen ersten guten Ein=druck zu einem bleibenden zu machen, was auch den einzelnen Kräften der Gesellschaft gelang. Derselben gehörten u. A. an: der Tenorist Weichselbaum, die beiden Lay, der Charakter=darsteller Paulmann, die Herren Klein (1. Held und Liebhaber), Busch (2. Liebhaber), Gneib (Liebhaber) und der Frankfurter Hassel, welcher durch Gottfr. Webers Vermittelung als zweiter Bassist engagirt worden war. Mad. Julius war eine sehr beliebte Heldin und Liebhaberin. Sehr geschätzt war die oben

*) Ludwig I. war nicht allein ein bloßer Kunstfreund, sondern selbst in hervorragender Weise künstlerisch thätig. So studirte er u. A. die Opern an dem Darmstädter Hoftheater ein.

erwähnte Dem. L o u i s e J a n i t s ch, welche früher in Darmstadt als Hofkapellsängerin bei dem zur Aufführung von größeren Musikstücken (Oratorien) gebildeten Dilettantenchor gestanden hatte und nach der im Jahre 1810 erfolgten Auflösung desselben ein tüchtiges Mitglied der Hofoper wurde.*)

Die zweite S a i s o n 1818⁄19 erfuhr durch das Gastspiel des berühmten deutschen Heldenspielers und Regisseurs der Münchener Hofbühne, F e r d i n a n d E ß l a i r, eine große Verherrlichung. Am 8. Dezbr. 1818 trat Eßlair zum ersten Male an der Mainzer Bühne und zwar als Hugo in der „Schuld" auf. Seine nächsten Rollen waren König Lear und der Kriegsrath Daller in Ifflands Schauspiel „Die Dienstpflicht". Eßlair verabschiedete sich unter großem Beifall als Theseus in Schillers „Phädra". „Sein Theseus der Phädra", meint der Schauspieler Haake**), der neben dem Künstler s. 3. an der Karlsruher Hofbühne wirkte, „war vielleicht der Gipfel dessen, was er in der Tragödie vermochte, und eine von denjenigen Rollen, worin man ihm die erwähnte Effekthascherei nicht vorzuwerfen hatte. Es war eine Darstellung, die er zur vollendetsten Harmonie aus sich entwickelt hatte."

Unter solchen Eindrücken, welche wieder die glanzvollen Tage der goldenen Mainzer Bühnenzeit zurückzauberten, war es nicht zu verwundern, daß man den Plan zur E r b a u u n g e i n e s o r d e n t l i c h e n T h e a t e r s von Neuem aufnahm. Wir haben oben gehört, welche Schicksale der unter Napoleon beabsichtigte Theaterbau in Folge der langwierigen Kriege dieses Despoten hatte. Schon waren die Plätze im Raum des begonnenen Theatergebäudes zu andern Zwecken verpachtet worden, als die Anwesenheit Napoleons die Angelegenheit wieder zum Guten zu wenden schien. Der Kaiser hatte in einem Dekret vom 1. August 1813 die Summe von einer Million Francs zur Vollendung aller vorgeschlagenen Arbeiten auf dem Gutenbergsplatze bewilligt. Von dieser Summe waren 100,000 Frs. in vier Jahren auf die Stadtkasse angewiesen und 400,000 Frs. sollten

---

*) „Die Großherzogliche Hofkapelle, deren Personalstand und Wirken unter Ludewig I.", von Georg S. Thomas, Hofkapellmeister.

**) „Theater=Memoiren. Mittheilungen aus Aug. Haake's Künstlerleben von ihm selbst geschildert."

von dem Handelsstande durch Aktien aufgenommen, sowie 500,000 Frs. von den Domänen auf 5 Jahre vorgeschossen werden. Der Sturz Napoleons verhinderte die Ausführung dieser Pläne, welche die Theaterfrage in befriedigender Weise gelöst haben würden. Diese Frage trat nun im Jahre 1818 wieder an die Bürgerschaft heran. Das Reitschul-Theater, welches durch den Staatsvertrag dem General-Gouvernement der Bundesfestung zugefallen war, hatte, abgesehen von dem unsichern Wohnrecht der Bühne, noch verschiedene Mißstände aufzuweisen. Seine Lage an dem einen Ende der Stadt, sowie der beschränkte Raum machten das Theater für seine Bestimmung höchst ungeeignet. Es sollte jedoch noch ein ganzes Jahrzehnt vergehen, bis zur Erbauung eines würdigen Theatergebäudes geschritten wurde. Man ließ den Plan einfach wegen Mangels an Mitteln fallen. Die Stadt litt noch zu sehr an den Nachwehen des Krieges und war daher auch genöthigt, noch vor Beendigung der Saison 1818/19 die Verwaltung des Theaters anzugeben.

Am 29. Februar 1819 übernahm der Stadtrath Kramer die Mainzer Bühne. Der neue Direktor verwendete sofort ungefähr 30,000 fl. für das Theater. Von Seiten der Stadt, sowie des Großherzogs erhielt er einen jährlichen Zuschuß von je 4000 fl., mit welcher Summe man eine wesentliche Unterstützung des Theaters gefunden zu haben glaubte. Auch das in Folge der reicheren Mittel durch neue Kräfte verstärkte Personal versprach dem Mainzer Theater die sehnlichst gewünschte Hebung. Die Regie für das Schauspiel war dem Charakterdarsteller Mayerhofer und jene der Oper Herrn Huber übertragen. Da Herr Kramer, welcher Kaufmann gewesen war, nichts von dem Bühnenwesen verstand, so war den beiden Regisseuren eine große Macht in die Hand gegeben. Herr Benzon blieb Kapellmeister. Abgesehen von diesen mit dem Direktionswechsel verknüpften Vorgängen erregt noch das Verbot eines Stückes in der Saison 1818/19 unsere Aufmerksamkeit. Am 8. Januar sollte nämlich „Die Zauberin Sidonie" von Zschokke zur Aufführung gelangen. Man verbot jedoch das Stück, „weil der Abt Gregor darin sich schlecht und sittenlos aufführe."

Die Saison 1819/20 wurde mit Grillparzers Trauerspiel „Sappho" eröffnet. Die Tragödie, welche damals in Wien mit der berühmten Schröder als Vertreterin der Sappho in

Scene ging, fand auch in Mainz eine recht gute Aufnahme. Unter
den Mitspielenden werden die erste Heldin Dem. Lay als Mellytta
und der erste Liebhaber Herr Diehl als Phaon rühmend erwähnt.
Eine zweite Schauspiel-Novität war Römers Lustspiel „Der
Bürgermeister von Saardam", welches Stück bekanntlich später den
Text zu der beliebten Lortzing'schen Oper „Czar und Zimmermann" lieferte. Den Czar gab Herr Diehl, den Peter Fliman
(das Vorbild des Lortzing'schen Iwanow) der zweite Held Herr
Senk, den Lefort Herr Seidler, den Syndham der Helden-
vater Hr. Cornelius, die Marie Dem. Lay und der badische
Hofschauspieler Hr. Walther von Karlsruhe (als Gast) den
van Bett. — Während auf dem Schauspiel-Repertoir
Kotzebue, Iffland u. A. sich ablösten, fand die Oper eine sorg-
fältigere Pflege; die Leistungen des Personals in derselben be-
friedigten ungemein. Namentlich fand die Aufführung des
„Don Juan" großen Beifall. Mander sang den Don Juan,
Hassel den Leporello, Lay d. Aelt. den Gouverneur, Dem.
Cizzewsky die Anna, Dem. Janitsch die Elvira, Heyl den
Guzmann, Mad. Müller das Zerlinchen und Lay d. J. den
Masetto. Ueberhaupt war Mozart auf dem Repertoir am
häufigsten vertreten. Einen vorzüglichen Vertreter fand der
Osmin in der „Entführung" durch den Bassisten Herbold.
Von französischen Opern wurden aufgeführt Mehuls „Joseph
und seine Brüder", Garveaux' „Herr von der Schalmey", „Der
Gutsherr" von Boieldien und am 14. Mai 1820 zum ersten
Male „Joconde" von Nicolo. Der Großh. Kammersänger
Wild, welcher damals als Gast in Mainz weilte, hatte in
letzterer Oper die Titelrolle übernommen. Dieser folgte „Agnes
Sorel" von Gyrowetz mit Mad. Müller als Vertreterin der
Titelrolle. Großen Beifall fand Bäuerles komische Oper „Die
falsche Catalani", die am 23. April 1820 zum ersten Male in
Scene ging. Die letzte Opern-Novität der Saison war Paresis
„Marc Antonio". Herr Heil sang den Medoro.

Als Gäste traten der baierische Hofschauspieler und Direktor Karl nebst Frau von München im Dezember 1819 auf.
Ersterer fand als St. George im „Schwätzer" von Goldoni,
als Rudolf in „Hedwig" und Staberl in der Lokalposse „Sta-
berls Reiseabentheuer zu Mainz und Frankfurt" großen Beifall.
Das Künstlerpaar verabschiedete sich als Fürst und Fürstin in

Ifflands Schauspiel „Elise von Walberg". Im März und Mai gab der beliebte Tenorist der Darmstädter Hofbühne, Hr. Wild, außer der bereits erwähnten Rolle noch den Licinius in der „Vestalin", den Blondel in Boieldieus „Richard Löwenherz" und den Johann in „Johann von Paris". Die Kritik wußte an Wild zu loben, daß er die guten Eigenschaften eines Sängers mit denen eines ordentlichen Schauspielers zu vereinigen verstand.

Nach Schluß der Saison spielte Kramers Gesellschaft während des Sommers in Wiesbaden, was sie jedoch nicht hinderte, ab und zu ein paar Vorstellungen in Mainz zu geben. Neben diesen Theatervorstellungen wurden seitens des Orchesters unter Mitwirkung der Opernmitglieder sechs Abonnements-Concerte gegeben. Die musikalische Akademie war nämlich in eine seltene Unthätigkeit versunken und der Musikdirektor Benzon daher genöthigt, auf diese Weise das Kunstbedürfniß der Mainzer zu befriedigen.

Wenn auch in musikalischer Beziehung das Vereinsleben ein regeres hätte sein können, so treten uns doch im Laufe der Saison 1819 20 zwei Erscheinungen entgegen, welche, wenn sie auch nicht in direkter Beziehung zu dem Theater stehen, doch immerhin ein ehrenvolles Zeugniß von dem literarischen und künstlerischen Sinn der Mainzer ablegen. Wir erwähnen in dieser Beziehung die Göthe= und Rafael=Feier, welche beide Festlichkeiten von Kunstfreunden veranstaltet waren. Namentlich verdient die am 28. August 1819 seitens der „Lesegesellschaft" abgehaltene 70. Geburtstagsfeier Göthes unsere Beachtung. Das Fest wurde unter zahlreicher Betheiligung im „Casino zum Gutenberg" abgehalten und man brachte auf den greisen Dichter ein stürmisches Hoch aus. Auch des deutschen Volkes und Gutenbergs wurde von den Rednern gedacht. Göthe war über dieses Liebeszeichen der Mainzer so entzückt, daß er an die Lesegesellschaft ein Dankesschreiben richtete, welches wir wegen seines für Mainz so interessanten Inhaltes hier folgen lassen. Der Dichter schreibt:

Einer Hochansehnlichen, und gegen mich so freundlich und liebevoll gesinnten Lesegesellschaft zu Mainz statte hierdurch den verbindlichsten Dank ab, für den erquicklichen Festglanz, den Sie über meinen Tag verbreiten wollen. Sie waren in der feierlichen Stunde gewiß überzeugt, daß ich alles empfinden würde, wie es gegeben worden und daß in einem solchen Falle nur die treulichste Erwiederung Platz greifen kann.

Laſſen Sie mich aber zugleich die Wirkung Ihres lieblichen Festes auf deutſche Gemüther überhaupt ausſprechen und zu Ihrer Kenntniß bringen, was der öffentliche Bericht in edlen Seelen aufregte, mit denen ich zu jener Zeit in Karlsbad zufällig verbunden lebte.

Wir dürfen uns nicht läugnen, daß seit vielen Jahren, unter wohl= geſinnten Deutſchen, nur mit Betrübniß der guten Stadt Mainz gedacht wird. Wechſelnde Kriegsereigniſſe, Entfremdung und Annäherung, Zer= ſtören und Wiederherſtellen, alles gab dem nahen, wie dem fernen Be= trachter nur ein verworrenes Bild. Auch zuletzt, bei örtlicher, unver= änderlicher Lage, deutet jede neue Befeſtigungs-Anſtalt abermals auf künftiges Kriegsunheil, ſo wie das Staatsverhältniß dem wackern Deut= ſchen, der ſich gern am Entſchiedenen hält, unfaßlich und trübe ſcheint.

Dieſe Vorſtellungsweiſe, ſie treffe nun mit dem eigentlichſten Zu= ſtand zuſammen oder nicht, gewöhnt die Geiſter an eine düſtere Anſicht, die ich nicht geſchildert hätte, könnte ich nicht hinzufügen, daß es den deutſchgeſinnten Mainzern zu großer Freude gediehen wäre, wenn ſie das auf einmal erhellend aufheiternde Licht hätten beobachten können, welches durch Ihr Feſt in patriotiſchen Gemüthern ſich anfthat. Meine Perſönlichkeit war verſchwunden, Ihre geiſtige frohe Theilnahme an dem reinen, natürlichen, allgemein menſchlichen, was ich immer darzuſtellen bemüht geweſen, trat hervor und ſchien das linke Rheinuſer erſt eigent= lich zurück zu geben. Man erfreuete ſich des Zeugniſſes einer, im ſtillen beſtehenden Einheit deutſchen Denkens und Empfindens. Mit dem größten Vergnügen konnte ich gewahr wer= den, von welchem Sinn ſie alle durchdrungen ſehen, und es durfte mich nicht ſchmerzen, daß man über der Freude, eine ſolche überrheiniſche Brüderlichkeit entdeckt zu haben, mein eigenes Glück beinahe zu ſchätzen vergaß, der ich beſtimmt geweſen, eine ſo er= freuliche Offenbarung zu veranlaſſen.

Mit wiederholtem Dank und den aufrichtigſten Wünſchen Weimar den 10ten Oktober 1819.

Ergebenſt J. W. Goethe.

Dieſem Schreiben war folgendes Gedicht beigelegt:

Die Feier des achtundzwanzigſten Auguſts
dankbar zu erwiedern.

Gönnern und Freunden zu Mainz.

Sah gemalt, in Gold und Rahmen,
Grauen Barts, den Ritter reiten,
Und zu Pferd an ſeinen Seiten,
An die vierundzwanzig kamen;

Sie zum Thron des Kaiſers ritten,
Wohlempfangen, wohlgelitten;
Derb und kräftig, hold und ſchicklich.
Und man pries den Vater glücklich.

Sieht der Dichter nah und ferne,
Söhn' und Töchter, lichte Sterne,
Sieht ſie alle wohlgerathen,
Tüchtig, von geprüften Thaten;

Freigesinnt, sich selbst beschränkend,
Immerfort das Nächste denkend;
Thätig treu in jedem Kreise,
Still beharrlich jeder Weise;
Nicht vom Weg, dem graden weichend,
Und zuletzt das Ziel erreichend.

Bring er Töchter nun und Söhne,
Sittenreich in holder Schöne,
Vor dem Vater alles Guten,
In die reinen Himmelsgluten,
Mitgenossen ewiger Freuden!
Das erwarten wir bescheiden.

Carlsbad den 15. September 1819.

Goethe.

Göthe spielte in diesem Gedichte auf ein in einem fränkischen Schlosse befindliches Bild an, auf welchem ein alter Ritter
dem Kaiser Rudolph von Habsburg 24 bewaffnete Söhne vor-
führte. Der Dichter dachte sich nun selbst als Ritter, der
so viele Geistessöhne auf seinen Bahnen wandeln sieht, welche
seine Erwiederung den Mainzern wohl zur Ehre gereichte. Das
Gedicht rief natürlich einen großen Jubel hervor und wurde der
Beschluß gefaßt, dem Dichter bei seinem nächsten Geburtsfest
einen Steindruck-Brief zu übersenden, in welchem der Gedanke
des Göthe'schen Gedichts vom 15. Septbr. 1819 weiter verfolgt
wurde. F. Lehne, der damalige Redakteur der Mainzer Zeitung,
hatte das Gedicht verfaßt, welchem ein Bild von 2 Fuß Höhe
und 1½ Fuß Breite beigegeben war, das die Vorhalle eines
Reichssaales, in dessen Hintergrund man des Sängers Bild und
Kranz erblickt, vorstellte.

Auch die Rafael-Feier verdient hier weitere Erwähnung.
Am 6. April 1820 wurde von Mainzer Kunstfreunden die Gedächtnißfeier des 300jährigen Todestages des großen Meisters von Ur-
bino begangen, wobei die Herren Professoren Klein, Braun und
Müller entsprechende Reden hielten. Prof. Müller, welcher sich
auch als Maler versuchte, fand mit seinem Bilde Rafaels großen
Beifall.

Die dritte Saison 1820/21, welche im September 1820
ihren Anfang nahm, zeigte schon im Vergleich zu der vorigen
einen Rückgang. Nur die Oper erzielte einige Erfolge. Am

28. Oktober ging Rossinis Oper „Tankred" in der Original=
sprache in Scene. Die Besetzung war eine viel bessere als vor
drei Jahren. Den Tankred sang ein Anfänger, Herr Kühn,
unter stürmischem Beifall. Als Gäste wirkten das Ehepaar
Weichselbaum, Großherzogl. Badische Hofsänger, (Amenaide
und Argirio) und der Weimar'sche Hofsänger Pistor (Orbazzan)
mit. Ferner seien noch Herr Wolfram als Roderich und Mad.
Brandt als Isaura erwähnt. Auch die neuere französische
Oper erschien in dieser Saison auf der Mainzer Bühne. Von
dem nachmaligen Komponisten der „Weißen Dame", Boiel=
dieu, kam am 26. Dezbr. 1820 die Oper „Das Rothkäppchen"
mit Mad. Müller in der Titelparthie zur ersten Aufführung.
Der Theaterkapellmeister Benzon brachte am 6. Dezember
1820 eine komische Oper eigner Komposition „List gegen List"
zur Aufführung. — Was das Schauspiel betrifft, so wurde
vornehmlich das klassische Drama gepflegt. Man gab Stücke
von Shakespeare, Schiller und Göthe. Das Schauspiel „Die
Geschwister" von dem letztgenannten Dichter ging am 21. No=
vember 1820 zum ersten Male in Scene. Die Besetzung war
folgende: Hr. Brandt (Wilhelm), Mad. Brandt (Marianne),
Hr. Senk (Fabrice) und Hr. Standigl (Briefträger). Von
Schiller wurde u. A. „Wallensteins Tod" gegeben. Den Wallen=
stein gab Hr. Brandt, Hr. Mayerhofer den Graf Terzky
und Hr. Dertinger den Buttler. Ferner bemerken wir: Herr
Cornelius als Piccolomini, Hr. Diehl als Max, Dem. Lay
als Thekla und Mad. Standigl als Herzogin von Friedland.
    Concerte wurden in dieser Saison nur wenige gegeben.
Erwähnenswerth ist der kurze Aufenthalt des Komponisten und
Violinvirtuosen Ludwig Spohr, der sich am 27. Novbr. 1820
mit mehreren seiner Kompositionen im „Darmstädter Hof" hören
ließ. —
    Auch die Saison 1821 22 war matt. Während die Oper
noch immer mit dem alten Repertoir haushielt, zeigte nur das
Schauspiel wieder einiges Leben. Das Gastspiel der ehemaligen
Schauspielerin an der Berliner Hofbühne Dem. Maas brachte
einige klassische Sachen auf das Repertoir. Die Gastin trat
u. A. als Donna Diana in Morettos gleichnamigem Lustspiel
und als Jungfrau von Orleans auf. Als Novität erschien ein
großes historisches Schauspiel von Prof. Nikolaus Müller

„Diether von Jsenburg, erster und erwählter Kurfürst von Mainz“. Herr Senk spielte die Titelrolle.

Die Saison 1821/22 ist noch durch einen Theaterskandal eigner Art merkwürdig. Ein gewisser Pitschaft, der sich den Philosophen und Unaufhaltsamen nannte, schrieb an Kramer, er wolle zum Besten der Armen entweder als Otto von Wittelsbach oder Tell auftreten. Kramer ging natürlich nicht auf die Absicht des Närrischen ein, konnte jedoch nicht verhindern, daß dieser sich in der Vorstellung auf die Bühne begab und dem Publikum sein Begehren vortrug, das in ein „wieherndes Ja“ ausbrach. Als Pitschaft am 6. Januar 1822 dem Verlangen des Publikums wirklich Rechnung tragen und die Bühne betreten wollte, verhinderte ihn die Polizei am Spielen. Entrüstet wandte sich der Unglückliche nach Frankfurt, um dort als Tell aufzutreten, jedoch auch hier fand er seinen Geßler. Nachdem er einige Zeit im Irrenhaus verweilt hatte, ging er nach der baierischen Pfalz, wo er u. A. in Zweibrücken Vorträge hielt und vom dortigen Bürgermeister Esebeck eine Belobung ausgestellt bekam, ja sogar sein Bild lithographirt und in Kupfer gestochen wurde. Seitdem war der wahnsinnige Deklamator verschollen. —

In der folgenden Saison 1822/23 trat die Oper in den Vordergrund. Den Glanzpunkt des Opernrepertoirs bildete die am 16. Novbr. 1822 stattgehabte erstmalige Aufführung des Weber'schen „Freischütz“.[*] Diese Oper, welche am 21. Juni 1821 am Berliner Hoftheater zum ersten Male in Scene gegangen war und in Darmstadt kurz vor ihrer Mainzer Aufführung so große Erfolge erzielt hatte, fand mit ihren ewig reizenden, deutschen Waldesduft athmenden Melodieen natürlich auch in Mainz eine warme Aufnahme und wurde ungefähr zehnmal in dieser Saison bei stets ausverkauftem Hause gegeben. Den Max sang Hr. Kastner, Hr. Herbold den satanischen Jägerburschen Kaspar, Mad. Müller die Agathe, Mad. Freund das Aennchen, Hr. Freund den Kuno und Hr. Schmitt den

---

[*] Weber hatte sein Werk, womit bekanntlich die deutsche Musik über Spontini einen Sieg erfocht, ursprünglich „Die Jägersbraut“ genannt, jedoch auf den Rath des Intendanten des Berliner Theaters, Grafen Brühl, der Oper den Titel „Der Freischütz“ gegeben. Max Maria v. Weber a. a. O.

Kilian. Den Samiel gab Hr. Cornelius. Die neuen Deko=
rationen zu der Oper waren von Herrn Prof. Nik. Müller an=
gefertigt. Ferner finden wir Rossini's „Othello" zum ersten
Male auf dem Repertoir. Die Oper ging am 21. Januar 1823
mit folgender Besetzung in Scene: Othello: Hr. Kastner: Des=
demona: Mad. Müller; Rodrigo: Hr. Wolfram; Braban=
tio: Hr. Herbold; Doge: Hr. Frennd; Emilie: Dem. Pell=
kofen; Jago: Hr. Marchand. — Das Schauspiel stand
der Oper nach, obgleich es einzelne recht tüchtige Kräfte, wie den
Charakterdarsteller Cornelius und den Liebhaber Diehl, unter
seinen Mitgliedern zählte. Den Löwenantheil am Repertoir hatte
Kotzebue. Als man sich einmal an Schiller heranwagte, sahen
die Mitglieder ein, daß trotz emsigen Fleißes ihre Kräfte zu
solchen Aufführungen nicht ausreichten. Ein solcher Versuch war
die Aufführung des „Don Carlos". Dieses dramatische Gedicht,
das seit langer Zeit nicht mehr mit einem regelrechten Personal
gegeben worden war, hatte folgende Rollenbesetzung: Don Carlos:
Hr. Diehl; König Philipp: Hr. Cornelius; Elisabeth: Mad.
Kaufmann; Eboli: Dem. Vohs (vom königl. priv. Theater in
Breslau, als Gast); Posa: Hr. Draghcim; Alba: Hr. Her=
bold; Domingo: Hr. Wohlbrück. Unter diesen Darstellern
reichte nur Cornelius an den früheren berühmten König Philipp
des Hrn. Stegmann vom kurfürstl. Nationaltheater heran. Mad.
Kaufmann war keine Fiala und Diehl nicht der feurige Mattausch.
    Am 15. Mai 1823 schloß die Saison mit der „Zauberflöte",
in welcher die Großh. Hofsängerin Marianne Wohlbrück als
Königin der Nacht ihr von glänzendem Erfolg begleitetes Gast=
spiel beendigte. Wenn Kramer dem Publikum auch theilweise
recht Gutes geboten und die Oper zur Freude der musikliebenden
Mainzer gehoben hatte, so standen doch die Einnahmen zu den
Ausgaben nicht im richtigen Verhältniß. Er war daher, wenn
er nicht länger sein Geld zusetzen wollte, genöthigt, seinen auf vier
Jahre abgeschlossenen Vertrag am 1. März 1823 zu kündigen.
Der Theater=Ausschuß schrieb nun die Bühnenleitung aus, es
meldete sich aber kein Bewerber und man war schließlich froh,
in den Herren Kramer und Diehl zwei opferfreudige Direk=
toren gefunden zu haben. Kramer verband sich nämlich mit dem
in seiner Gesellschaft angestellten Schauspieler Diehl, der als
Künstler mit Recht als ein werthvoller Theilhaber erschien und

durch seine Verheirathung mit einer Mainzerin gleichsam ein Bürger der Stadt geworden war.

Die Bühne wurde am 2. September 1823 unter der neuen Direktion Kramer-Diehl mit der Oper „Sargines" oder „Der Zögling der Liebe" von Paer eröffnet. Herr Diehl sprach einen selbstverfaßten Prolog und man sah mit guten Hoffnungen der Zukunft des Theaters entgegen. Das Abonnement war etwas besser geworden, da das Innere des Theaters, bedeutend verschönert, einen angenehmeren Aufenthalt wie bisher bot. Das Personal zählte im Ganzen 28 Mitglieder und 18 Choristen. Es waren u. A. engagirt die Herren: Cornelius (zärtliche Väter, humoristische Alte), Haake (1. Helden und Liebhaber), Herbold (Väter und Helden im Schauspiel, 1. Baßist), Kastner (1. Tenorist), Lippe (2. Liebhaber), Marchand (2. Liebhaber und 2. Tenorist), Freund (Baß-Buffo), Hartig (jugendliche Liebhaber und Helden, Bariton) und Mayer (Komiker). Von den Damen erwähnen wir: Mad. Cornelius (Mütter, komische Alte), Mad. Freund (Sängerin), Mad. Haake (chargirte Lustspielrollen), Mad. Kaufmann (muntere und tragische Liebhaberin), Dem. Pohs (Liebhaberin), Dem. Pellkofen (Soubrette in Oper und Schauspiel), Mad. Müller (Heldin) und Mad. Mayer (Bravourparthien in der Oper). Das Orchester stand unter der Leitung des Kapellmeisters Ganz.

Mit einem guten Personal unter einer so tüchtigen Direktion konnte die Mainzer Bühne neuem Glanze entgegensehen. Bald zeigte es sich auch, daß ein neuer Geist eingezogen war. Wenn nun auch die bisher eifrigst gepflegte Oper trotz tüchtiger Kräfte mehr in den Hintergrund trat, so fand das lange Zeit ziemlich vernachläßigte Schauspiel jetzt einen größeren Boden. Schon die Gastdarstellungen des Künstlerpaares Verdy vom Braunschweiger Hoftheater verschafften den Freunden des Schauspiels lange vermißte Genüsse. Herr und Frau Verdy traten in Dyk's nach dem Englischen bearbeiteten Trauerspiel „Graf von Essex" als Essex und Elisabeth und in den „Jägern" von Iffland (Oberförster und Försterin) unter großem Beifall auf. Verdy's Shylock war eine ausgezeichnete Leistung. Das Künstlerpaar verabschiedete sich als Odoardo und Orsina in Lessing's „Emilia Galotti". Auch die Gastdarstellungen des

Herrn Becker*) vom Darmstädter Hoftheater in Klingemanns Drama „Faust" und als Bayard in Kotzebues gleichnamigem Trauerspiel boten eine angenehme Abwechselung. Am 2. October 1823 traten Herr und Frau Haake, welche wahre Perlen der Mainzer Bühne wurden, zum ersten Male als Regierungs- rath von Uhlen und Gattin in Kotzebues Lustspiel „Die eifer- süchtige Frau" auf. Ueberhaupt bildeten die Kotzebueiaden noch immer einen Hauptbestandtheil des Repertoirs, doch ihre frühere Alleinherrschaft war gebrochen. Auf dem Repertoir finden wir Namen wie Theodor Körner, Iffland, Babo, Wolf, Julius v. Voß, Costenoble, Weißenthurn, Spieß, Beck, West, Clauren und die Schicksalsdramen Müllners, Grillparzers (Ahnfrau), sowie Houwalds. Tiegl wandte auch den Klassikern eine an- erkennenswerthe Aufmerksamkeit zu. Es wurde von Schiller ge- geben: „Kabale und Liebe" mit Cornelius als Präsident, Haake als Ferdinand und Dem. Vohs als Luise; „Maria Stuart" mit Mad. Müller als Maria und Mad. Haake als Elisabeth, und „Die Jungfrau von Orleans", worin Dem. Vohs die Hel- din gab. Göthe war mit „Torquato Tasso" vertreten, worin Haake in der Titelrolle glänzte. Von fremden Klassikern stan- den Calderon (Das Leben ein Traum), Moreto (Donna Diana) und Shakespeare auf dem Repertoir. — An Schauspiel- Novitäten brachte diese Saison: „Der Maler" von Hou- wald, „Faust" von Klingemann, P. A. Wolfs „Preciosa" mit der herrlichen Weber'schen Musik, sowie am 30. März 1824 Oehlenschlägers „Correggio".

Aber auch die Oper wurde nicht vernachlässigt. Freilich waren die Novitäten karg bemessen und die Opernabende nicht allzu häufig, jedoch standen immerhin recht gute Sachen auf dem Repertoir. Mozarts „Zauberflöte" (Hr. Kastner: Tamino, Hr. Freund: Papageno, und Mad. Freund: Pamina), „Hochzeit des Figaro" und „Entführung aus dem Serail", sowie Webers „Freischütz" bildeten die Glanzpunkte der Opernaufführungen. Im „Figaro" sang Hr. Freund den Figaro, Hr. Herbold den

*) Franz Joseph Becker war im Jahre 1794 zu Mainz geboren, deb. zu Hamburg, ging 1821 nach Darmstadt, von da 1825 an das Dresdener Hoftheater und später wieder zurück nach Darmstadt, wo er 1848 starb.

Graf Almaviva, Mad. Mayer die Gräfin und Mad. Freund
die Susanna. Von deutschen Komponisten waren noch Dittersdorf, Winter, Weigl, Seyfried, Kauer (Donauweibchen) und
Süßmayer (Der Spiegel von Arkadien) vertreten. Die italienische Oper fand in Rossini (Othello, Tankred, Diebische
Elster und Barbier von Sevilla), sowie Salieri (Palmira) und
die französische Richtung in Boieldieu (Der Gutsherr, Johann
von Paris), sowie Mehul (Joseph und seine Brüder) ihre Vertretung. Von älteren Opern übten Martinis „Lilla" und kleinere Sachen von d'Alayrac noch immer ihre Anziehungskraft.
— Das Personal erfuhr im Laufe des Jahres durch eine Mainzerin, Dem. H a u s, welche durch ihre Gesangsvorträge in Di-
lettanten-Concerten die Aufmerksamkeit von Kunstkennern auf
sich gezogen hatte, eine schätzbare Vermehrung. Dem. Haus
trat unter großem Beifall am 18. Dezbr. 1823 bei ausverkauftem Hause zum ersten Male auf und zwar in der keineswegs
leichten Rolle der Constanze in der „Entführung aus dem Serail". Ein anderes Mainzer Kind, der erste Bassist des Berliner Hoftheaters Herr H i l l e b r a n d, welcher auf einer Kunstreise nach Italien begriffen war, erntete bei seinem Gastspiel
als Don Juan gleichfalls großen Beifall. Auch er war an der
Bühne seiner Vaterstadt ausgebildet worden. — Die für die
Direktion so ehrenvolle Saison schloß am 15. Mai 1824 mit
Schenks „Dorfbarbier".

Auch das Concertwesen, welches durch die Auflösung der
Musikalischen Akademie in Folge des Wegganges ihres Stifters
Gottfried Weber eingeschlummert war, nahm nun wieder einen
kleinen Aufschwung. Der Concertmeister Karl Zulehner und der
preußische Major v. Unruh hatten einen Verein zur Aufführung
größerer Tonwerke ins Leben gerufen, der bereits am Charfreitag den 16. April 1824 mit großem Erfolg zum ersten Male
sich öffentlich hören ließ. Es wurde Grauns Oratorium „Das
Leben Jesu" zur Aufführung gebracht. Neben diesem Concert
bildete noch das Auftreten der Sängerin Nina Cornega vom
St. Carlotheater, die sich in mehreren Concerten hören ließ, ein
musikalisches Ereigniß.

So hatte denn nach langen schweren Kämpfen gegen die
Trangsale des Krieges der alte Geist, welcher einst die kunstsinnigen Mainzer zur Zeit des Nationaltheaters erfüllte, wieder

seinen Einzug gehalten. Nicht allein auf dem Gebiete des Thea=
ters und des Concertwesens zeigte sich diese neue Bewegung,
auch die gesammte Bürgerschaft wurde von derselben erfaßt.
Im Juli 1823 wurde nämlich von dem Hofrath W i l h e l m
J u n g der für die Mainzer Kunstgeschichte so bedeutungsvolle
V e r e i n f ü r K u n s t u n d L i t e r a t u r gestiftet, „der nicht allein
eine bloße Lesegesellschaft sein sollte, sondern eine Art g e i st i=
g e r B ö r s e, in deren Zusammenkünften die Mitglieder durch
gegenseitige Belehrungen, von allen Welthändeln abgewandt, sich
eine h ö h e r e B i l d u n g erwerben würden." Durch Veranstaltung
von Vorträgen, Concerten und jährlichen Kunstausstellungen,
welch letztere später bei der Gründung derartiger Vereine in
andern Städten einen nicht zu unterschätzenden Einfluß auf die
Entwicklung der deutschen Kunst ausübten, suchte der Verein *)
seinen schönen Zweck zu erfüllen und wurde in der That auch
das Organ aller Mainzer Kunstfreunde. So hielt er es z. B.
für seine Pflicht, das Säcularfest der Geburt Klopstocks am
2. Juli 1824 durch eine sinnige Feier zu begehen.

Unter solch günstigen Verhältnissen nahm die zweite Sai=
son 1824/25 der Direktion Kramer=Diehl am 12. September
mit der Oper „Agnes Sorel" ihren Anfang. Von dem alten
Personal waren u. A. die Herren Haake, Cornelius, Herbold,
Hartig und die Frauen Nau. Müller, Haake, Cornelius, Kauf=
mann und Herbold der Bühne erhalten geblieben. Als erster
Tenorist wurde Hr. B e n e s c h vom Mannheimer und als zweiter
Tenor Hr. Honesta vom Regensburger Theater engagirt. Baß=
Buffo wurde Hr. Mayer vom Mecklenburger Theater, tragische
Liebhaberin Dem. Fleckenstein vom Theater zu Würzburg und
Primadonna Dem. S t e r n, eine geborne Mainzerin, welche seit=
her am Hoftheater zu Stuttgart sang. Dem. Haus hatte einen
ehrenvollen Ruf nach Frankfurt erhalten, wo sie bei ihrem ersten
Auftreten als Königin der Nacht in der „Zauberflöte" sehr gefiel.

Auch diese Saison entsprach vollständig den gehegten Er=
wartungen. Besonders wurde der Pflege des klassischen Dramas
die größte Aufmerksamkeit zugewendet. Als eine Musterdarstel=

---

*) Er war die erste ordentliche Lesegesellschaft nach der Kurfürsten=
zeit. Während der napoleonischen Herrschaft war die im März 1801
gegründete Gesellschaft für Kunst und Wissenschaft der Vereinigungspunkt
der Bildungsfreunde gewesen.

lung dieser Art ist die am 30. Novbr. 1824 erfolgte Aufführung von Göthes „Iphigenia" zu erwähnen, in welcher die besten Mitglieder der Bühne — Hr. Haake (Orest), Frau Haake (Iphigenia) und Hr. Cornelius (Thoas) — in ihren Leistungen sich überboten. An Novitäten brachte das Schauspiel nur Collins Drama „Regulus", welches am 8. Januar 1825 zum ersten Male in Scene ging und durch seine vortreffliche Besetzung — Regulus: Hr. Cornelius, Attilia: Mad. Herbold, Publius: Hr. Hartig und Metellus: Hr. Haake — einen großen Erfolg errang. Auch die Oper wurde etwas mehr als in dem vergangenen Jahre berücksichtigt. Der baierische Kammersänger Fischer sang als Gast den Figaro mit vielem Beifall. Das frühere Mitglied der Bühne, Hr. Lay, welcher Regisseur am Mannheimer Theater geworden war, brachte als Gast Spindlers Zauberoper „Der Alte Ueberall und Nirgends" in Mainz im Januar 1825 zum ersten Male zu Gehör. Ein längeres Gastspiel veranstaltete im September 1824 eine französische Schauspieler-Gesellschaft. Sie gab u. A.: „Michel et Christine", vaudeville par M. Scribe und „La carte à payer ou le perruquier-avocat", vaudeville par M. Melesville.

Die Concertsaison war recht lebhaft; es traten u. A. die Violinspieler Gebrüder Ganz, geborne Mainzer, und die oben erwähnte Dem. Stern in mehreren Concerten auf. Eine von Herrn Endres gegründete Musikschule fand bei dem sangesliebenden Publikum großen Zuspruch. — Auch eine Zeitschrift für die musikalische Welt „Cäcilia" wurde im Jahre 1824 von der berühmten Hof-Musikhandlung B. Schotts Söhne unter Mitwirkung eines Vereins von Gelehrten, Kunstverständigen und Künstlern herausgegeben. Die Zeitschrift, welche u. A. Gottfr. Weber zu ihren Hauptmitarbeitern zählte, suchte „neben den in Teutschland bereits bestehenden musikalischen Zeitungen ihr Verdienst hauptsächlich darin, ihren Lesern nach und nach eine Sammlung interessant unterhaltender und belehrender Aufsätze, Abhandlungen und sonstiger Geistesblüthen von bleibendem Interesse heftweise in die Hände zu geben, und nebenbey dem Austausche von Ideen und Ansichten über Kunst und Kunstgegenstände einen neuen, freyen*) Markt zu öffnen."

---

*) Die Redaktion war von jedem Einflusse der Verlagshandlung, gemäß einer schriftlichen Uebereinkunft, unabhängig.

Im Ganzen war das Jahr 1824/25 geeignet, die schönsten Hoffnungen für das Kunstleben in Mainz zu wecken. Leider wurden diese Aussichten bald zu nichte. Der unermüdliche Direktor Diehl starb und Herr Haake nahm, nachdem er kurze Zeit an Diehls Stelle Regisseur gewesen war, im April 1825 von der Mainzer Bühne Abschied, um auf einer Gastspielreise in Wien, Berlin und Leipzig die Zustände der deutschen Bühne, für deren Hebung sein Herz stets warm geschlagen hatte, zu studiren und in Breslau das Amt eines Regisseurs zu übernehmen, in welcher Eigenschaft er viele seiner Pläne zur Verwirklichung bringen konnte. Sein Weggehen erregte in Mainz großes Bedauern, das in der verschiedensten Weise Ausdruck fand. So widmete der Kunstfreund Prof. Braun dem scheidenden Künstler ein Abschiedsgedicht, in welchem er Haake zurief:

„Wir wunschen Glück Dir, Wandrer auf der Reise,
Indeß die Sehnsucht liebend mit Dir zieht;
Denn eine Ahnung flüstert oft uns leise:
Wenn nur die beß're Kunst nicht mit ihm flieht."

Die Ahnung des Dichters war wohlberechtigt gewesen, denn das Theater zeigte unter der folgenden Direktion, daß die bessere Kunst geflohen war.

XV.
Die Mainzer Bühne unter Gehlhaar und Neukäusler. Beethoven und die Gebrüder Schott.

Der seitherige Regisseur des Hannoverischen Theaters, Herr Gehlhaar, welcher schon unter Büchner in Mainz gewirkt hatte, übernahm nun die Direktion. Von dem alten Personal waren folgende Mitglieder geblieben: Herr und Frau Cornelius, Herr Hartig, Herr und Frau Herbold, Herr und Frau Mayer, Herr Wolfram, Dem. Fleckenstein, Frau Kaufmann und Dem. Stern. Neu engagirt wurden u. A. die Herren: Boucher (1. Tenorist),

Haas 1. Liebhaber und Held, Neukünstler (Buffo), und die Da=
men: Frau Direktor Gehlhaar (Mütter, Damen vom Stande),
Dem. Legaye d. Aelt. (Sopran), Dem. Legaye d. J. (Soubrette)
und Dem. Stern d. J. (tragische Liebhaberin und Altsängerin).
Der Chor bestand aus 24 und das Orchester unter der Leitung
des Herrn Kapellmeister G a n z aus 36 Mitgliedern. — Am
24. September 1825 wurde die Saison mit Webers „Freischütz"
eröffnet. Das Repertoir war ziemlich befriedigend. Während
in der Oper die Italiener, namentlich Rossini, herrschten, war
das Schauspiel sehr oft mit klassischen Stücken vertreten. Das
Gastspiel des Herrn U r b a n vom Münchener Hoftheater als
Ferdinand (Kabale und Liebe) brachte eine angenehme Abwech=
selung in das Schauspiel=Repertoir.

Obgleich Gehlhaar alle Anstrengungen machte, sich zu hal=
ten, so war er doch bald genöthigt, wegen der geringen Ein=
nahmen*) seine Zahlungen einzustellen. Er legte daher im März
1826 die Direktion nieder. Die Mitglieder der Gesellschaft wären
nun brodlos geworden, wenn nicht der städtische Theater=Aus=
schuß die Künstler in den Stand gesetzt hätte, bis zum Schluß
der Saison die Vorstellungen ohne Direktion fortsetzen zu können.
Einen unerwarteten Glanzpunkt dieser Zeit bildete das Gastspiel
der Mad. N e u m a n n vom Hoftheater zu Karlsruhe, welche
als Donna Diana, Margaretha (Die Hagestolzen) und Johanna
(Jungfrau von Orleans) großartige Erfolge erzielte. Die Künst=
lerin wurde mit Huldigungsgedichten u. dergl. förmlich über=
fluthet. Ein begeisterter Kritiker erzählt, sie habe das Publikum
„durch ihr zur Natur gewordenes kunstreiches Spiel hingerissen".
Als Novität erschien „Die Flucht nach dem Schlosse Kenil=
woort", Trauerspiel von Lembert, welches am 24. April mit Dem.
Antoinette Fournier**) als Gast in Scene ging.

Die n e u e m u s i k a l i s c h e A k a d e m i e gab auch in dieser
Saison am Charfreitag ein Concert. Diesmal kamen Haydns
„Jahreszeiten" zur Aufführung.

---

*) Das Publikum hatte wegen des ungenügenden Personals für
das Schauspiel diesem nur wenig Aufmerksamkeit gewidmet und besuchte
fast nur die Oper.

**) Dem. Fournier, später eine geschätzte Liebhaberin des Dresdener
Hoftheaters, war im Jahre 1809 zu Mainz geboren.

Das Theater wurde jetzt laut Vertrag vom 8. Mai 1826 dem bisherigen Bühnenmitgliede Anton Neukäufler gegen eine Caution von 2000 fl. auf 3 Jahre übertragen. Neukäufler bildete während des Sommers ein Personal von 25 darstellenden Mitgliedern und 18 Choristen.*) Die Oper bestand aus folgenden Mitgliedern: Hr. Urspruch vom Dessauer Hoftheater (1. Tenorist), Mad. Schirmer vom Mannheimer Theater (erste Bravourjängerin), Hr. Herbold (1. Bassist), Mad. Urspruch (1. Sängerin), Hr. Direktor Neukäufler (Baß- und Tenor-Buffo), Dem. Wiesen vom Düsseldorfer Nationaltheater (2. Sängerin und Soubrette), Hr. Birnbaum (2. Bassist), Dem. Poser (dritte Sängerin) und Hr. Wolfram (2. Tenorist). Das Orchester hatte 34 Mitglieder und wurde von Herrn Musikdirektor Ganz geleitet. Das Schauspiel zählte folgende eigentliche Mitglieder: Hr. Neustädt von Stettin (Charakterrollen), Hr. Weitig vom Düsseldorfer Nationaltheater (erster Held und Liebhaber), Dem. Knoll ebendaher (1. Heldin), Hr. Wolfram (jugendl. Liebhaber), die oben erwähnte Mainzerin Dem. Fournier (1. Liebhaberin) und Mad. Neukäufler (1. Liebhaberin). Die übrigen Rollen wurden von dem Opern-Personal übernommen.

Schon die erste Saison zeigte, daß die Zeiten einer Direktion Diehl, eines Cornelius, Haake u. s. w. vorüber waren. Das Schauspiel, welches bisher gediegene Stücke brachte und wahre Musterdarstellungen erlebte, war fast nur mit erbärmlichen Machwerken vertreten. Es regnete förmlich kleinere Lustspiele u. dergl., so daß man sich eher in ein Sommertheater als an ein Nationaltheater versetzt glaubte. Wenn man Neukäufler im Allgemeinen nachredete, daß er sein künstlerisches Ziel in der Füllung des Geldbeutels gesucht habe, so scheint sein Repertoir dies vollständig zu bestätigen. Freilich finden wir auch die Namen eines Schiller, Lessing, Shakespeare, Grillparzer und Körner neben einem Kotzebue, Iffland, Ziegler, Holbein, Weissen-

---

*) Es dürfte in unserer Tenor-Zeit für die Leser nicht uninteressant sein, die Gagen einiger der damaligen Mitglieder kennen zu lernen. Der erste Tenorist Urspruch und seine Frau (Primadonna) bezogen zusammen 150 fl. monatlich. Herbold und Frau erhielten 125 und der erste Liebhaber Weitig 93 fl. Der Kapellmeister Ganz hatte einen Gehalt von kaum 800 fl. für die ganze Saison.

thurm u. A., aber nur vereinzelt. Vom rein geschäftlichen Standpunkte aus hatte Neukäufler leider nicht ganz unrecht. Die Schicksale Haakes, auf dessen Direktion wir später zu sprechen kommen, zeigen, daß selbst das reinste Streben nicht immer die ihm gebührenden Früchte trägt.

Während Neukäufler auf das Schauspiel nur wenig achtete, widmete er der Oper eine große Aufmerksamkeit. Schon die Eröffnung der Saison (sie umfaßte 148 Vorstellungen) am 27. August 1826 brachte einen seltenen Genuß. Dem. Sontag, welche gerade von ihrer Triumphreise aus Paris zurückkehrte und sich einige Zeit bei ihren Mainzer Verwandten aufhielt, sang unter stürmischem Beifall die Cavatine aus Rossinis „Barbier von Sevilla". Dem. Sontag folgte bald darauf eine berühmte Collegin, die Mainzerin Sabine Heinefetter, welche damals am Frankfurter Nationaltheater wirkte. Sie sang im Oktober 1826 unter stürmischem Beifall die Susanne im „Figaro", den Sextus in Mozarts „Titus" und die Pamina in der „Zauberflöte". In der letztgenannten Oper wirkte die ganze Familie Heinefetter*) mit. Genovefa, Johann Baptist und Adolph Heinefetter, sämmtlich vom Frankfurter Nationaltheater, waren die Genien im Gefolge des Sarastro und die beiden Dem. Heinefetter, wovon die eine an der Mainzer Bühne engagirt war, traten als die Damen der Königin auf. Nachdem noch Herr

---

*) Diese Familie gab der Kunstwelt drei ausgezeichnete Sängerinnen: Sabine, Klara und Kathinka Heinefetter. Sabine, die berühmteste der drei Schwestern, war am 19. August 1809 zu Mainz geboren und wurde nach sorgfältiger musikalischer Ausbildung an das Theater zu Frankfurt und später an das Casseler Hoftheater engagirt. Nachdem sie einige Zeit an der italienischen Oper zu Paris geglänzt hatte, ließ die große Künstlerin sich nur noch auf Kunstreisen hören. Die einst so gefeierte Sängerin (im Jahre 1853 an einen Herrn Marquet in Marseille vermählt) starb am 18. Novbr. 1872 im Irrenhause zu Illenau. Sabinens Schwester Klara, nach ihrer Verheirathung Stöckel-Heinefetter genannt, erwarb sich als Concertsängerin einen großen Ruf. Sie starb am 23. Febr. 1857 ebenfalls in einer Irrenanstalt und zwar zu Wien. Die dritte Schwester Kathinka erwarb sich als Opernsängerin gleichfalls einen bedeutenden Ruhm. Sie starb in Freiburg i. Br. am 20. Dezbr. 1858 in ihrem 38. Lebensjahre. Wir werden den Sängerinnen im Verlaufe unserer Bühnengeschichte noch oft begegnen.

und Frau Hillebrand vom Hoftheater zu Hannover (Myrha und Maffern im „Unterbrochenen Opferfest") als Gäste aufgetreten waren, gab der berühmte Haizinger als Lindor in Rossinis „Die Italiener in Algier", als Johann von Paris und Graf Almaviva im „Figaro" der Opern-Saison einen glänzenden Schluß. Neben diesen Gastspielen war die Saison auch an Opern-Novitäten sehr reich. Am 20. Oktober 1826 ging Boieldieus „Weiße Dame" zum ersten Male in Scene. Die Besetzung dieser höchst beifällig aufgenommenen Oper, welche noch heute ihre Anziehungskraft ausübt, war folgende: Gaveston: Hr. Herbold, Anna: Mad. Schirmer, Georg: Hr. Urspruch, Dickson: Hr. Wolfram, Jenny: Dem. Wiesen, Margaretha: Dem. Huber, und Mac Irton: Hr. Birnbaum. Die Oper wurde im Laufe der Saison noch ungefähr achtmal gegeben. Von Spohr erschien am 4. Januar 1827 die Zauberoper „Zemire und Azor" mit Hrn. Urspruch in der Titelrolle und Dem. Bernard von München als Zemire. Einen ähnlichen Erfolg wie die „Weiße Dame" hatte Aubers reizende komische Oper „Maurer und Schlosser", die am 29. März 1827 zum ersten Male gegeben wurde. Die Rollen vertheilten sich: Irma: Mad. Urspruch, Roger: Hr. Adam vom Schweriner Hoftheater als Gast, Baptiste: Hr. Neukäufler, Henriette: Dem. Wiesen, Madame Bertrand: Mad. Schirmer, und Leon von Merinville: Hr. Urspruch. Von italienischen Komponisten kam am 11. Februar „Achilles" von Paer und am 27. April 1827 „Elisabeth von England" von Rossini zur Aufführung. Ueberhaupt beherrschte letzterer neben Spontini, Cherubini, Paer, Fioravanti und Salieri noch immer das Repertoir. Von deutschen Komponisten waren in erster Linie Weber und Mozart, sowie Weigl, Winter und W. Müller vertreten. Unter den Franzosen behauptete Boieldieu den Vorrang. — Das stark vernachlässigte Schauspiel konnte keine hervorragenden Novitäten aufweisen: „Graf Tilly", ein Schauspiel von dem damaligen Lustspieldichter Schmitt, ist allein bemerkenswerth. Wenn nicht das Gastspiel der Dem. Urspruch als Johanna und Luise die Aufführung einiger Schillerdramen veranlaßt und das Auftreten der Mad. Neumann (nun Gemahlin Haizingers) eine kurze Abwechselung in das Repertoir gebracht hätten, so wäre die Oede des Schauspiels noch fürchterlicher gewesen.

Die Concertsaison nahm einen befriedigenden Verlauf. Eine besondere Bedeutung gewinnt die am 15. April 1827 stattgehabte Aufführung des Beethoven'schen Oratoriums „Christus am Oelberg" durch den wenige Tage vorher erfolgten Tod des Meisters. Um diese Zeit erschien auch das letzte Quartett des großen Komponisten in Mainz bei den Gebrüdern Schott, zu welchen er seit einer Reihe von Jahren nicht allein in geschäftlichen, sondern auch freundschaftlichen Beziehungen gestanden hatte.

An dieses Quartett „Cis moll für zwei Violinen, Viola und Cello" knüpfen sich die Erinnerungen an die letzten Lebenstage des großen Beethoven. Der Meister hatte, wie wir aus einem uns vorliegenden an die Gebrüder Schott gerichteten Briefe*) ersehen, am 22. Februar 1827 bezüglich des Opus u. A. bestimmt: „Die Dedication ist gewidmet meinem Freunde Johann Nepomut Wolfmayer". Nach einigen weiteren Bemerkungen fährt Beethoven, der damals schon den Todeskeim in sich trug, fort: „Sobald es meine Kräfte nur erlauben, werden Sie auch die Messe**) metronomesirt erhalten, denn ich bin gerade in der Periode, wo die 4te Operation erfolgen wird." Einige Wochen darauf traf Beethoven hinsichtlich der Widmung andere Bestimmungen. Am 10. März schrieb er:

Euer Wohlgeboren!

Nach meinem Briefe sollte das Quartett jemanden dedicirt werden, dessen Nahmen ich Ihnen schon überschickte. Ein Ereigniß findet statt, welches mich hat bestimmen müssen, hierin eine Aenderung treffen zu müssen. Es muß dem hiesigen Feldmarschall-Lieutenant Baron v. Stutterheim, dem ich große Verbindlichkeiten schuldig bin, gewidmet werden. Sollten Sie vielleicht die erste Dedication schon gestochen haben, so bitte ich Sie um alles in der Welt, dieß abzuändern, und will Ihnen gerne die Kosten dafür ersetzen. Nehmen Sie dieß nicht als leere Versprechungen, allein es liegt mir so viel daran, daß ich gern jede Vergütung zu leisten bereit bin. . . . .

Meine Gesundheit, welche sich noch lange nicht einfinden wird, bittet Sie um erbethene Weine***), welche mir gewiß Erquickung, Stärke und Gesundheit verschaffen werden.

Ich beharre mit größter Hochachtung

Euer Wohlgeboren
ergebenster
Ludwig van Beethoven.

*) Die Adresse lautet: „An die Gebrüder Schott berühmte Musikverleger."

**) Missa solennis in D dur, Opus 123.

***) Beethoven hatte Schott um Uebersendung unverfälschter Rheinweine, welche er auf Anrathen des Arztes trinken sollte, ersucht.

Seine Gesundheit sollte sich leider nicht mehr einfinden. Er nahte seinem Ende. Auf seinem Sterbebett unterzeichnete er noch die folgende Erklärung, durch welche er das Quartett der Verlagshandlung in Eigenthum überließ. Das interessante Dokument *) lautet:

Erklärung,

Vermöge welcher ich der Verlagshandlung von B. Schott's Söhne in Mainz, über mein letztes Quartett in Cis moll, Opus 131 das alleinige Eigenthum, sowie auch das alleinige Verlagsrecht hiermit übertrage, mit dem Beysatze, dasselbe sowohl in Paris und Mainz als auch an allen Orten, wo obige Verlagshandlung es für gut findet, als ihr Eigenthum in Stich herausgeben zu können.

Wien, 20. März 1827.

Ludw. van Beethoven.

Stephan v. Breuning
k. k. Hofrath
als ersuchter Zeuge.

A. Schindler
Musikdirektor
als ersuchter Zeuge.

Wenige Tage darauf hauchte der Meister seinen hohen Geist aus. Noch in den letzten Stunden hatte er um das vorstehende Dokument Sorge getragen. Sein treuer Freund Schindler, der an Beethovens Sterbebett geeilt war, schreibt in einem längeren interessanten Briefe an die Gebrüder Schott:

Leider war es nicht möglich, dieses Dokument **) legalisiren zu lassen, in diesem Falle hätte die Unterschrift Beethovens vor Gericht geschehen müssen, und dieß war denn doch die größte Unmöglichkeit. Indessen ersuchte Beethoven H. Hofrath v. Breuning und mich frdl. als Zeugen mitzufertigen, weil wir beyden zugegen waren. Und so glauben wir, wird es auch seine erforderlichen Dienste thun. — Bemerken muß ich Ihnen aber doch, daß Sie in diesem Dokumente die letzte Unterschrift dieses unsterblichen Mannes besitzen, denn dieß war der letzte Federzug. ... Beethoven sagte mir dann: ich bitte Sie nur noch um das, an Schott zu schreiben und ihm das Dokument zu schicken. Er wird's brauchen. Und schreiben Sie ihm in meinem Namen, denn ich bin ihn zu schwach. Ich laß ihn erst sehr bitten um den versprochenen Wein. — In diesem Augenblick trat der Kanzley-Diener des Hrn. Hofrath v. Breuning mit dem Kistchen Wein und dem Tranke ***) von Ihnen geschickt, in's Zimmer. Dieß war gegen ¾ auf 1 Uhr. Ich stellte ihm die zwei Bouteillen mit dem Tranke auf den Tisch zu seinem Bette. Er sah sie an und sagte: Schade! — Schade! — — zu spät. Dieß waren seine letzten Worte. . . . . .

Ant. Schindler.

*) Dasselbe liegt uns, wie sämmtliche hier angeführten Briefe, im Original vor.
**) Obige Erklärung lag dem Briefe bei.
***) Kräuterwein.

Die Firma Schott, der Beethoven so in seiner Scheidestunde ge= dacht hatte, gewann durch ihre Beziehungen zu den hervorragendsten Componisten immer größeren Ruf und machte Mainz zu einem musikalischen Verlagsorte von europäischer Bedeutung.

Am 1. September 1827 wurde die zweite Saison unter Neukäufler *) (1827/28) mit der „Weißen Dame" eröffnet. Das Personal war im Wesentlichen sehr verändert. Für die Oper waren u. A. neu engagirt: Herr Köcher (1. Tenorist), Mad. Brauer (1. Sängerin), Dem. Köck (Sängerin) und Mad. Unzel= mann (Primadonna). Herr Herbold und Dem. Wiesen waren der Bühne erhalten geblieben. Im Schauspiel treten uns fol= gende neue Namen entgegen: Herr Neustädt (Charakterrollen), Hr. Unzelmann vom Mannheimer Hoftheater (1. Held und Lieb= haber), Hr. Baudins vom Düsseldorfer Nationaltheater (Komiker), Hr. Vogel (1. Liebhaber) und Hr. Böhm (Liebhaber). Als erste Liebhaberin wurde Dem. Urspruch vom Frankfurter National= theater engagirt.

Durch die neu gewonnenen Kräfte hob sich das Schauspiel ein wenig; es brachte auch einige Novitäten. Raupach, wel= cher bald alle Bühnen mit seinen Stücken förmlich überschwem= men sollte, erschien am 4. Oktober 1827 mit dem Lustspiel „Der geraubte Kuß", und von dem äußerst fruchtbaren Auffenberg wurde am 26. Dezember ein Schauspiel „Der Löwe von Kur= distan" zum ersten Male gegeben. Am Schluß der Saison ge= langte noch Klingemanns „Ahasver" zur ersten Aufführung. Im Ganzen war übrigens das Repertoir ein recht trauriges, Bäuerle mit seinen Possen und Kotzebue mit seinen Lustspielen

---

*) Neukäufler hatte sich während des Sommers wieder in Wies= baden aufgehalten. In dem seitherigen Verhältniß des Mainzer Thea= ters zur Wiesbadener Bühne war indessen eine Aenderung eingetreten. Der Herzog von Nassau leistete jetzt, nach Erbauung eines neuen Schau= spielhauses zu Wiesbaden, welches am 14. Juni 1827 mit Spontinis „Vestalin" eröffnet wurde, für die Deckung der Kosten Garantie, und mit Neukäufler wurde ein Vertrag abgeschlossen, in welchem u. A. die Bestimmung enthalten war, daß während des Sommers wöchentlich zwei Opern und zwei Schauspiele und im Winter zwei Vorstellungen in Wiesbaden gegeben werden sollten. Diese Einrichtung blieb im Wesent= lichen bis zu der im Jahre 1838 erfolgten Trennung des Wiesbadener und Mainzer Theaters bestehen.

beherrschten es vollständig; nur das Gastspiel der Mad. Neu=
mann=Haizinger als Donna Diana und der Dem. Lindner
von Frankfurt als Margarethe (Die Hagestolzen), sowie das des
Hrn. Paulmann als König in „König Karl XII." brachte dem
tief gesunkenen Schauspiel einige Lichtblicke. — Was die Oper
betrifft, so war man im Allgemeinen auch mit ihr nicht sehr
zufrieden. Auf dem Repertoir behauptete noch immer Boieldieu
mit seiner „Weißen Dame" den Vorrang. Neben den Fran=
zosen herrschte Rossini, dessen „Belagerung von Korinth"
am 3. Oktober 1827 zum ersten Male mit folgender Besetzung
in Scene ging: Mahomet: Hr. Herbold, Kleomenes: Hr. Len=
hard, Pamyra: Mad. Brunner, und Neokles: Hr. Köcher.
Die Oper, welche der damaligen Griechen=Manie ziemlich Rech=
nung trug, fand eine gute Aufnahme und wurde ungefähr fünf=
mal in der Saison gegeben. Die deutschen Tondichter waren
am schwächsten vertreten. Nur Webers neue Oper „Silvana",
welche am 11. April 1828 zum ersten Male gegeben wurde,
erzielte einigen Erfolg. Dem. Ursprach sang die Silvana,
Hr. Herbold den Graf Adelhart, Mad. Lenhard die Ma=
thilde, Hr. Köcher den Graf Rudolph von Helfenstein, Herr
Lenhard den Albert von Kleeburg, Hr. Götz den Just, Hr.
Neukäufler den Krips, Hr. Neustädt den Ulrich, Dem.
Wiesen die Klara und Hr. Popp den Hugo. — Als Gäste
traten in der Oper das frühere Bühnenmitglied Hassel vom
Frankfurter Theater, Regisseur Freund von Mannheim (Lepo=
rello), Paulmann (Don Juan), Haizinger von Karlsruhe
als George, und Dem. Canzi von Dresden als Anna in der
„Weißen Dame" auf. — Außer diesen Gästen ist noch das Auf=
treten einer französischen Truppe an der Mainzer Bühne
zu erwähnen, welche am 23. Januar mit Molieres „Tartuffe"
ihr etwa vierwöchentliches Gastspiel schloß. Auch eine Ballet=
Gesellschaft unter Leitung des Italieners Casorti machte viel
von sich reden. — Der Sommer des Jahres 1828 brachte eine
originelle Vorstellung. Es führte nämlich im Juni d. J. der
Gesanglehrer Kieffer mit seinen Schülern und Schülerinnen
im Theatergebäude eine von ihm gedichtete und komponirte ko=
mische Oper „Die Zuflucht reisender dramatischer Künstler" auf.
Die letzte Saison unter Neukäuflers Direktion (1828/29)
zeigte kaum einen Unterschied gegen diejenigen der vorhergegan=

genen Jahre. Die Oper war noch immer bevorzugt und brachte auch die einzig bemerkenswerthen Novitäten. Am 7. September 1828 wurde zur Eröffnung der Saison die Oper „Ferdinand Cortez" von Spontini zum ersten Male gegeben. Die Besetzung der Oper mit dem ziemlich neuen Personal war folgende: Ferdinand Cortez: Hr. Köcher, Montezuma: Hr. Berg, Telasko: Hr. Lenhard, Alvaro: Hr. Popp, Amazilli: Mad. Brauer, Oberpriester: Hr. Herbold, Moralez: Hr. Götz. Die Oper fand jedoch kaum rechten Anklang und mußte bald von dem Repertoir abgesetzt werden, auf welchem noch immer Rossini die Oberhand behielt. Einen glänzenden Erfolg trug dagegen ein deutscher Meister, der schon oben erwähnte Spohr, mit seinem „Faust", der zahlreiche Wiederholungen erlebte, davon. Diese Oper ging am 1. Novbr. 1828 zum ersten Male mit folgender Besetzung in Scene: Faust: Hr. Hammermeister vom Hoftheater zu Braunschweig, Mephisto: Hr. Herbold, Graf Hugo: Hr. Köcher, Kunigunde: Mad. Lenhard, Klara: Dem. Rojer, Gulf: Hr. Berg, Röschen: Mad. Brauer, Sycorax: Mad. Bandius, und Franz: Hr. Lenhard. Die französische Oper war wieder durch Boieldieu in erster Linie und die deutsche Oper durch Mangold, Müller, Weigl und Winter vertreten. Auch an Gastspielen fehlte es in der Oper nicht. Den Reigen der Gäste eröffnete ein früheres Mitglied der Mainzer Bühne, Herr Benesch vom Hoftheater zu Stuttgart, als Graf Almaviva in Rossini's „Barbier von Sevilla". Ihm folgten u. A. Mad. Eichborn (eine geborene Mainzerin) als Königin der Nacht, die k. k. Hofopernsängerin Dem. Rojer (Sextus) und Herr Beils (Titus), sowie Herr Haizinger am 12. April 1829 als Gianetto in Rossini's „Diebische Elster". — Das Schauspiel verblieb im großen Ganzen auf seinem niedrigen Stand. Die freilich wenig werthvollen Novitäten stellten sich etwas zahlreicher ein. Den größten Erfolg hatte Deinhardsteins dramatisches Gedicht „Hans Sachs" *), welches

*) Göthe hatte für die Berliner Aufführung des „Hans Sachs" einen Prolog gedichtet, in welchem folgendes Lob des Verfassers enthalten war:

„Er hat sie geschrieben mit leichter Hand,
Als stünd' es farbig an der Wand
Und zwar mit Worten so verständig,
Als würde Gemaltes wieder lebendig."

am 5. Oktober 1828 zum ersten Male in Scene ging. Rau pach's Possen „Der versiegelte Bürgermeister" und „Die Schleich händler" gefielen weniger. Töpfer erschien am 13. Januar 1829 mit dem Lustspiel „Nehmt Euch ein Exempel dran" und Angely mit dem Drama „Drei Tage aus dem Leben eines Spielers". Die Saison schloß am 30. April mit der Novität „Vergangenheit, Schreckenstage und Gegenwart", einem histori schen Gemälde nach Scribe und Delavigne. Das an guten Sachen ziemlich werthlose Repertoir brachte nur aus Anlaß einiger Gastspiele meurere klassische Dramen. Dem. Lindner vom Frankfurter Nationaltheater trat als Klärchen (Egmont), Käthchen (Käthchen von Heilbronn) und Margarethe (Die Hage stolzen) mit großem Erfolg auf. Von den sonstigen Gästen er wähnen wir noch den bereits genannten Mainzer Hrn. Becker vom Dresdener Hoftheater als Cäsar (Donna Diana) und Mad. Neumann-Haizinger, die als Maria Stuart und Marga rethe (Die Hagestolzen) das Publikum wieder entzückte. Außer diesen Gastspielen ist noch der erste theatralische Versuch des Fräul. Löw aus Frankfurt als Agathe (Freischütz) und der Dem. Traut, einer gebornen Mainzerin, als Zetulbe in Rossini's „Chalif von Bagdad" erwähnenswerth.

Am 1. Mai 1829 legte Neukäufler die Direktion nieder. In seinem „Abschied" versicherte er, daß „es nicht außer seinem Willen gelegen habe, der Bühne einen höheren Glanz zu geben, jedoch außer der Möglichkeit solider, dauernder Verhältnisse."

XVI.

Das Mainzer Theater unter der Direktion von August Haake. Blüte des Schauspiels. Döring, Dessoir, Cornelius. Das musikalische Leben. Die Stiftung der Liedertafel.

Die Direktion der Mainzer Bühne wurde nun dem früheren verdienstvollen Mitgliede derselben, dem erprobten Regisseur des Theaters zu Breslau Herrn August Haake übertragen. Am 5. Mai 1793 zu Königsberg in der Neumark geboren, war Haake schon in früher Kindheit für die Bühne begeistert und setzte es nach schweren Kämpfen durch, daß ihm seine Familie die Erlaubniß gab, sich dem Künstlerberufe zu widmen. Der junge Haake eilte nach Berlin, wo er seine erste künstlerische Ausbildung durch Iffland erhielt und dann seine Wanderjahre antrat, eine Zeit der bittersten Prüfungen, aus welcher jedoch der von seiner Kunst wahrhaft begeisterte Haake nur gestärkt hervorging. Nachdem Haake in Karlsruhe ein festes Engagement gefunden und sich bei Eßlair vollständig ausgebildet hatte, spielte er im Jahre 1816 eine kurze Zeit unter der Direktion der Frau Müller in Mainz und ging von da nach Braunschweig, wo er als Regisseur des Hoftheaters bis zum J. 1823 wirkte. Hierauf kam Haake zum zweiten Male nach Mainz und machte sich als wackerer Darsteller unter der Direktion Kramer-Diehl um das Schauspiel sehr verdient. Wir hörten, mit welcher Wehmuth die Mainzer ihren Haake scheiden sahen, der nun nach seiner erfolgreichen Thätigkeit in Breslau, in der Blüte seines künstlerischen Strebens stehend und mit jungen, viel versprechenden Kräften an der Seite, in Mainz seinen Einzug hielt, um eine neue Blütezeit des Mainzer Theaters zu begründen.

Schon die erste Vorstellung unter Haakes Direktion, welcher noch die Saison 1828/29 beendigte, zeigte, daß ein neuer Geist über das Mainzer Theater gekommen war. Shakespeares „Hamlet", welcher seit langer Zeit nicht mehr gesehen worden

war, ging in Scene. Haake spielte die Titelrolle, der wieder
gewonnene Cornelius (seither am Darmstädter Hoftheater) den
Geist, der später so berühmt gewordene Döring*) den Polo=
nius und Peters von Darmstadt den Horatio. Vor dem Ab=
gang der Gesellschaft nach Wiesbaden wurde Molieres „Tartuffe"
als Schlußvorstellung gegeben. Aus diesen zwei Vorstellungen
war schon deutlich genug das künstlerische Streben des neuen
Direktors zu erkennen, der für das Mainzer Theater eine Zeit
herbeiführen sollte, die sich fast der kurfürstlichen Bühnenepoche
anreihen konnte.

Ehe wir der Wirksamkeit Haakes näher treten, verlohnt es
sich, noch einen Blick auf die Kunstgenüsse zu werfen, welche
den Mainzern während der verflossenen Saison neben dem
Theater geboten wurden. Der Verein für Kunst und
Literatur, der in stetem Wachsthum begriffen war und eine
eigene Zeitschrift*) ins Leben gerufen hatte, zeigte nicht allein
mit der am 23. Januar 1829 abgehaltenen Gedächtnißfeier des
100jährigen Geburtstages von Lessing, daß in dem Verein noch
stets der alte Sinn für Kunst und Wissenschaft lebte, sondern
er zog nun auch die Musik in das Bereich seines Wirkens.
Es wurde im Winter 1828 der Versuch gemacht, am ersten
Freitag eines jeden Monats musikalische Unterhaltungen
zu veranstalten, die bis zur heutigen Stunde stets der Sammel=
platz aller ächten Musikfreunde geblieben sind. Zu diesen Auf=
führungen, welchen jedesmal ein Vortrag über Kunst oder Literatur
vorausging, fanden sich namentlich die Damen zahlreich ein.
Am 6. September 1829 wurde die erste Saison eröffnet.
Das Personal bestand aus folgenden Mitgliedern: den Herren
Benesch (Tenorist), Cornelius (erste Väter, komische Alte),
Döring (komische Charakterrollen im Schauspiel und Tenor in

---

*) Döring (sein wirklicher Familienname war Hering) war am 9.
Januar 1803 in Warschau geboren. Haake hatte denselben seiner Zeit
mit künstlerischem Scharfblicke von der Straße aufgenommen und ihn,
trotz seines unglücklichen Debuts als Julius in „Der arme Poet", am
Breslauer Nationaltheater auszubilden begonnen.

*) Dieselbe wurde zuerst unter dem Namen „Monatsblätter" heraus=
gegeben, später vierteljährlich unter dem Titel „Quartalblätter des Vereins
für Literatur und Kunst in Mainz". Mit dem im J. 1834 erfolgten Tode
des Prof. Braun, der die Zeitschrift redigirt hatte, hörte deren Erscheinen auf.

der Oper), Götz (komische Rollen, Baß), Haake (gesetzte Lieb
haber und Helden), Heim (Heldentenor), Herbold (Baß), Keil=
holz (dritter Baß), Peters (jugendliche Liebhaber), Schäfer
(erster Bassist), und den Damen: Mad. Baudius (komische Alte
in Oper und Schauspiel), Mad. Cornelius (Mütter), Dem.
Dams (zweite Soubrette), Frau v. Garczynska (erste Sou=
brette), Mad. Haake (Mütter), Mad. Herbold (Mütter), Dem.
Stehle d. Aelt. (Altistin), Dem. Stehle d. J. (erste Sängerin),
Dem. Agnese Traut (erste Gesangsparthien), Dem. Urspruch
d. Aelt. (erste Liebhaberin), und Dem. Urspruch d. J. (jugend=
liche Liebhaberin). — Es zeigte sich bald, daß mit Haake das
Mainzer Theater bedeutend gewonnen hatte. Das unter Neu=
künstler tief gesunkene Schauspiel nahm einen raschen Auf=
schwung. Bereits die erste Vorstellung am 6. September 1829
brachte eine Schauspiel-Novität: „Albrecht Dürer" von Schenk,
welcher nach einigen unbedeutenderen Novitäten am 27. Septbr.
Angelys „Fest der Handwerker" mit Döring als Polier
Gluck, einer Glanzrolle dieses Künstlers, und am 17. Januar 1830
Töpfers noch jetzt beliebtes Lustspiel „Der beste Ton" folgte.
Die Hauptrollen in letzterem Stücke waren wie folgt vertheilt:
v. Strehlen: Hr. Cornelius, Ph. v. Strehlen: Hr. Wohlgemuth,
Louise: Dem. Urspruch d. J., Leopoldine: Dem. Urspruch die
Aelt., Major v. Warren: Hr. Grohmann, Herr v. Sporting:
Hr. Döring. Am 13. Februar wurde Karl v. Holtei's „Leo=
nore" zum ersten Male gegeben. Den Wilhelm spielte Herr
Grohmann und Dem. Urspruch d. Aelt. die Leonore. Das Lust=
spiel „Herr Luft" von Lebrun schloß im März die stattliche
Reihe der Schauspiel=Novitäten. Auf dem Repertoir waren
Schiller, Shakspeare, Calderon, Moreto und Blum vorherr=
schend, während Kotzebue eine bescheidene Stellung einnahm.
Von der kleinen Zahl der Schauspiel=Gäste erwähnen wir
nur die württemb. Hofschauspielerin Dem. Ehlers als Jrene
in Schenks „Belisar". — Die Oper hatte im Vergleich zum
Schauspiel nur geringe Kräfte aufzuweisen und mußten meistens
Gäste zu den Aufführungen herangezogen werden. Wenn auch
nur einige Opern gegeben wurden, so bestrebte sich doch Haake,
die Novitäten den Mainzern bald zugänglich zu machen. In
dieser Hinsicht war er auch in einer sehr günstigen Lage, da
der Musikalienhandlung von Schott in kurzer Frist die Neu=

heiten auf dem Gebiete der Oper zur Verfügung standen. Schon die erste Novität, welche in dieser Saison in Scene ging, „Die Stumme von Portici" von Auber, erzielte einen großartigen Erfolg und mußte während der Haake'schen Direktionszeit ungefähr fünfundzwanzigmal wiederholt werden. Die Besetzung der Oper war bei der ersten Aufführung am 24. Oktober 1829 im Wesentlichen die folgende: Alphonso: Hr. Benesch, Elvira: Dem. Stehle d. J., Masaniello: Hr. Schmuckert vom Hoftheater zu Mannheim als Gast, Fenella: Dem. Urspruch d. Aelt., und Pietro: Hr. Schäfer. In den ersten drei Aufführungen sang Hr. Schmuckert und später der k. preuß. Hofopernsänger Breiting den Masaniello. Am 17. Dezember folgte als zweite Opern-Novität Webers „Oberon". Auch diese Oper fand allgemeinen Anklang. Den Oberon sang Hr. Heim. Die übrigen Rollen vertheilten sich: Titania: Mad. Baudius, Harun al Raschid: Hr. Cornelius, Rezia: Dem. Stehle d. J., Fatime: Dem. Dams, Almanjor: Hr. Grohmann, Roschana: Dem. Urspruch d. Aelt., Abdallah: Hr. Döring, Huon: Hr. Benesch, und Scherasmin: Hr. Schäfer. Marschners romantische Oper „Der Vampyr", welche am 28. Mai 1830 in Scene ging, fand dagegen weniger Beifall. Den Lord Ruthwen sang der Baritonist Wolfram (früher am Stadttheater zu Magdeburg) und den Edgar Aubry Hr. Benesch. An Gastspielen war, wie schon angedeutet, die Opernsaison sehr reich. So traten rasch nacheinander Hr. Dams vom Aachener Stadttheater, der oben erwähnte berühmte Tenorist der Berliner Hofoper, Herr Breiting, als Georg (Weiße Dame), Max (Freischütz) und Huon (Oberon), der k. baier. Kammersänger Weichselbaum (Tamino), Mad. Hillebrand von der Wiener Hofoper (Pamina) und Dem. Kremer vom Aachener Stadttheater (Agathe) auf. Gegen Schluß der Saison, im Mai 1830, erschien noch Dem. Sabine Heinefetter, erste Sängerin der italienischen Oper in Paris. Sie glänzte als Rosine (Barbier von Sevilla) und Susanna (Figaros Hochzeit); als Desdemona (Othello) verabschiedete sich die berühmte Sängerin von der Mainzer Bühne. Den Othello sang in dieser Vorstellung Herr Größer vom Braunschweiger Hoftheater. — Auch einige französische Opernvorstellungen der Dem. Camoin (von der komischen Oper in Paris) und ihrer Familie brachten eine angenehme Abwechselung in das Repertoir.

Diese Gesellschaft verabschiedete sich am 20. Februar 1830 mit der opéra comique „Ma tante Aurore", musique de Boieldieu. In solcher, eine herrliche Zukunft versprechender Weise verlief die erste Saison des Mainzer Theaters unter der Direktion Haake.

Einen Glanzpunkt der Concert-Saison bildet die Anwesenheit des berühmten Geigers Nicolo Paganini. Derselbe spielte am 16. Septbr. 1829 unter rauschendem Beifall im Schauspielhause. Nach Schluß des Concerts brachte ihm das Theaterorchester eine Nachtmusik. Auf vielfaches Verlangen mußte der Künstler sich noch einmal hören lassen. Besondere Bewunderung erregte der von ihm componirte „Hexentanz" (Variazioni sulla contradanza della Streghe aus dem Ballet „le Noce di Benevento"). — Die musikalische Akademie unter der bewährten Leitung ihres Stifters Karl Zulehner führte in dieser Saison Mozarts „Requiem" auf.

Während die Bühnengesellschaft in Wiesbaden weilte, gab der berühmte Zauberkünstler Döbler aus Wien im Juni 1830 im Mainzer Theater einige Vorstellungen. Haake mußte, da das Jahres-Abonnement 112 Vorstellungen umfaßte, jedoch in Folge des Ablebens der Großherzogin Louise Karoline das Theater im Oktober 1829 einige Tage geschlossen war, die ausgefallenen Vorstellungen während des Sommers nachholen. Die letzte derselben war am 9. August 1830 und brachte Aubers „Fra Diavolo" als Novität. Die Besetzung dieser sehr beifällig aufgenommenen Oper, welche später der Tenorist Beer an der Mainzer Bühne erst recht einbürgerte, war folgende: Fra Diavolo: Hr. Heim, Lord Kookburn: Hr. Schäfer, Pamella: Mad. Baudius, Lorenzo: Hr. Benesch, Matteo: Hr. Scharrer, Zerline: Dem. Noisten d. Aelt., Giacomo: Hr. Herbold, und Beppo: Hr. Popp. Ein Beweis, wie sehr in der Saison 1829/30 das Schauspiel vorherrschte, ist die geringe Anzahl der gegebenen Opern (ungefähr 24), während das Trauerund Schauspiel, sowie das Lust- und Singspiel sich in die übrigen Vorstellungen theilten. — Zu beklagen war in dieser Saison der Verlust der Sängerin Agnese Traut, welche, von Spohr in Mainz gehört, sofort an Stelle ihrer abgegangenen Landsmännin Sabine Heinefetter an das Hoftheater zu Cassel engagirt wurde. Dem. Traut, die spätere Gattin des Regisseurs Pirscher, war im J. 1811 zu Mainz geboren und starb im J. 1861 zu Darmstadt.

Die zweite Saison Haakes ließ hinsichtlich der Gediegen=
heit des Repertoirs sowohl, als des Personals nichts zu wün=
schen übrig. Unter den neu engagirten Mitgliedern erwähnen
wir den ersten Tenoristen Beer, die Liebhaber Ziegler vom
Aachener Stadttheater und Ludwig Dessoir*), den eifrigen
Schüler Haakes, welcher später als Held große Triumphe feiern
sollte. Das Mainzer Theater wurde unter Haake die Pflanz=
schule hervorragender Schauspieler, indem er stets be=
strebt war, neue Kräfte heranzubilden. So erließ er z. B. schon
im ersten Jahre seiner Direktion einen Aufruf, durch welchen
er junge Talente für die Bühne zu gewinnen suchte. — Das
Schauspiel hielt sich in der Saison 1830/31 auf der erreich=
ten Höhe, wovon das reichhaltige Repertoir, auf dem die Klas=
siker in erster Linie vertreten waren, rühmliches Zeugniß ablegt.
Das erste Trauerspiel der Saison war Göthes „Clavigo" mit
Haake in der Titelrolle und Döring als Carlos. An No=
vitäten fehlte es auch in dieser Saison nicht. Mad. Birch=
Pfeiffers Schauspiel „Pfeffer=Rößel" eröffnete im September
1830 den Reigen. Nach einigen kleineren Stücken erschien am
26. September Grillparzers historisches Schauspiel „Ein
treuer Diener seines Herrn". Haake spielte den König Andreas,
Mad. Haake die Gertrude und Herr Cornelius den Banc=
banus. Es folgte das Lustspiel „Die beiden Figaro" von Jünger.
Herr Cornelius trat als Almaviva, Dessoir als Cherubin
und Haake als Figaro auf. Großen Erfolg erzielte Raimunds
Zauberspiel „Der Alpenkönig und der Menschenfeind",
welches am 19. Dezbr. mit Haake als Alpenkönig zum ersten Male
gegeben wurde. Im Januar erschien von demselben Dichter
„Der Bauer als Millionär", in welchem Zauberspiele Haake
den Fortunatus und Döring den Kuhknecht Lorenz gab. Als
letzte Novität der Saison wurde am 15. Mai 1831 Göthes
Trauerspiel „Mahomet" (nach Voltaire) gegeben. Die Be=
setzung der Tragödie war: Mahomet: Hr. Haake, Sopir: Hr.
Cornelius, Omar: Hr. Scheibler, Seide: Hr. Dessoir,
Palmira: Dem. Wittmann, und Phanor: Hr. Döring. Den
Glanzpunkt der Saison bildete das Gastspiel der berühmten

*) Er wurde am 15. Dezember 1810 zu Warschau geboren. Vor
seinem Mainzer Engagement wirkte Dessoir in Lübeck.

Schauspielerin Sophia Schröder (Mutter der Schröder-Devrient), welche auf einer Reise nach Hamburg begriffen war.*) Die große Künstlerin trat in Mainz dreimal auf und zwar als Isabella (Die Braut von Messina), Margaretha (Fluch und Segen von Homwald) und als Sappho in Grillparzers gleichnamigem Trauerspiel. Namentlich fand sie als Isabella großen Beifall. Den Manuel spielte Hr. Ziegler von Aachen, den Berengar Hr. Döring, den Roger Hr. Dessoir, den Don Cäsar Hr. Haake, und die Beatrice Dem. Urspruch d. Aelt. Von den übrigen Gästen erwähnen wir Hrn. Düringer von Düsseldorf als Fürst Wolodimir in Raupachs Trauerspiel „Die Leibeignen", Hrn. Löwe von Frankfurt als Graf Essex, Hrn. Ursprich vom Kölner Theater (Melchthal) und den großh. Hofschauspieler Grahn Graf Holm Sohn in Körners „Braut"). — Die Oper war in dieser Saison etwas besser besetzt und hatte ganz gute Ergebnisse aufzuweisen. Auch beherrschte das Repertoir. Von den deutschen Komponisten standen Mozart, Marschner und Weber in erster Linie. Die Italiener traten immer mehr zurück; nur Spontini behauptete noch mit der „Vestalin" den alten Platz. Rossinis „Tell", welcher am Schluß der Saison erschien, eroberte jedoch wieder der italienischen Musik Anhänger. Die Oper wurde am 5. März 1831 mit folgender Besetzung gegeben: Geßler: Hr. Herbold, Mathilde: Dem. Stehle, Wilhelm Tell: Hr. Schäfer, Arnold Melchthal: Hr. Beneich, ein Fischer: Hr. Beer, Walther Fürst: Hr. Scheibler, Gemmy: Dem. Roisten. Als Gäste erschienen: Mad. Brauer-Düringer von Düsseldorf (Ninette) und Mad. Schmidt (Pippo) in Rossinis „Diebische Elster", August Fischer vom Darmstädter Hoftheater als Figaro (Barbier von Sevilla), Rieser aus Frankfurt als Georg (Weiße Dame) und Mad. Cornega, kurfürstl. hessische Hofsängerin, als Tankred. Bemerkenswerth ist noch das Auftreten einer jungen Mainzerin Franziska Ganz am 4. Dezbr. 1830 als Rezia (Oberon). Am 15. Mai 1831 schloß Haake die Saison. — Im Sommer 1831 traten Hr. Vetter vom Hoftheater zu Darmstadt als Masaniello (Stumme von Portici) und die Mainzerin Dem. Haus, welche an das Stuttgarter Hoftheater engagirt worden

---

*) Sie hatte ihre Stellung in Wien aufgegeben und war nun an das Hoftheater in München engagirt worden.

war, als Rosa in Fiorovanti's komischer Oper „Die Sängerin auf dem Lande" auf.

Von Concerten in dieser Saison sind die Gastdarstellungen der Steyrischen Alpensänger und das Concert des k. preuß. Kammermusikus Ganz erwähnenswerth.

Die dritte Saison 1831 32 nahm am 31. August 1831 mit einem längeren Gastspiel für das Schauspiel einen vielversprechenden Anfang. Eßlair, nunmehr Regisseur am k. baier. Hoftheater zu München, trat nämlich als Belisar in Schenks gleichnamigem Trauerspiel auf. Ferner gab er u. A. den Wilhelm Tell, Nathan, König Lear und Götz von Berlichingen unter großem Beifall. Das Repertoir zeugte auch dieses Jahr von dem klassischen Geschmack Haakes und waren Schiller, Lessing, Göthe, Calderon, Moliere u. A. vertreten. In dem neu einstudirten Trauerspiel „Der Arzt seiner Ehre" von Calderon traten der Mainzer Hr. Becker vom Frankfurter Nationaltheater als Don Gutierre und Dem. Grüner, frühere großh. hessische Hofschauspielerin, als Donna Leonora auf. Das waren neben Eßlair die einzigen Gäste des Schauspiels. An Novitäten fehlte es auch in dieser Saison nicht. Am 15. September erschien zum ersten Male das Lustspiel „Die Brüder" von Terenz an der Mainzer Bühne. Diesem klassischen Lustspiel folgte u. A. im Oktober Kessels Lustspiel „Richard Wanderer" und am 13. November das bekannte Scribe'sche Melodrama „Yelva" mit der neu engagirten Liebhaberin Dem. Brenzler in der Titelrolle, und Holtei's Drama „König Stanislaus". Die letzte und bedeutendste Novität der Saison war Shakespeares „Julius Cäsar", welcher am 18. März 1832 zum ersten Male gegeben wurde. Herr Schäfer gab den Cäsar, Hr. Grahn den Marcus Antonius, Hr. Haake den Brutus, Hr. Cornelius den Cassius, Hr. Döring den Casca, Hr. Dessoir den Metellus, Mad. Haake die Portia, Mad. Herbold die Calpurnia und Hr. Friese den Octavius. Zu Göthes Todtenfeier ging am 23. April neu einstudirt die Tragödie „Egmont" mit Haake als Egmont, Hartig (Wilhelm von Oranien), Cornelius (Alba), Dessoir (Ferdinand) und Dem. Brenzler (Klärchen) in Scene.

Die Oper hielt sich auf ihrem früheren Standpunkte. Auf dem Repertoir standen Auber, Rossini, Herold, Weber, Müller,

12

Weigl, Dittersdorf und Spontini. Es erschienen nur wenige
Novitäten. Am 2. Oktober 1831 wurde zum ersten Male die
nun endlich anerkannte Oper Beethovens „Fidelio" gegeben.
Die Rollen waren vertheilt: Don Fernando: Hr. Hartig, Pizarro: Hr. Schäfer, Florestan: Hr. Beer, Leonore-Fidelio:
Dem. Roisten, Rocko: Hr. Herbold, Marzelline: Dem. Ganz
und Jaquino: Hr. Benesch. Dem Beethoven'schen Meister-
werke folgte am 17. November Herolds heroisch-romantische Oper
„Zampa". Herr Beer sang den Zampa, Hr. Beneisch den
Alphonso, Hr. Herbold den Lugano, Dem. Roisten die Camilla und Hr. Hartig den Capuzzi. Während „Zampa" großen
Beifall fand, mußte Aubers „Braut", die am 15. Dezember
zum ersten Male gegeben wurde, bald von dem Repertoir abgesetzt werden. Als Gäste traten auf: Mad. Eggers von
Karlsruhe, Mad. Stübecke vom Würzburger Theater als Amenaide (Tankred), Dem. Backofen als Rosine und Hr. Wiegandt
aus Frankfurt als Figaro (Barbier von Sevilla), Dem. Meisel-
bach ebendaher als Rezia (Oberon) und Hr. Häuser von der
Wiener Hofoper als Tell.

Es wurden unter Haake auch Concerte veranstaltet. So
führten die Opernmitglieder auf Weihnachten 1831 das Oratorium „Christus am Oelberg" von Beethoven auf. Von den
Concert-Gästen erwähnen wir u. A. die Altistin Dem. Klara
Heinefetter, welche einem Rufe nach Wien folgte, und den
Mainzer Herz, Klavierspieler am Hofe König Ludwig XVIII.
von Frankreich.

Zum Schluß verzeichnen wir noch die Anwesenheit des berühmten Zauberkünstlers Bosco, welcher im Oktober unter
großem Beifall mehrere Vorstellungen im Schauspielhause gab.

Das Jahr 1831 sollte durch die am 20. Oktober erfolgte
Stiftung der Mainzer Liedertafel für die Entwicklung des
musikalischen Lebens in Mainz ein höchst bedeutendes werden.
Dieser um die Pflege des Gesanges so sehr verdiente Verein
wurde auf Anregung des Tenoristen Beneich gegründet. Der
erste Dirigent desselben war Herr Musikdirektor C. Büttinger,
ein talentvoller Mainzer. Präsident wurde Herr J. J. Schott.
Leider wurde Büttinger durch den Tod bald aus seinem Wir-
kungskreise gerissen. Zum Besten der Hinterbliebenen seines
Dirigenten gab der Verein am 23. Januar 1832 zum ersten

Male ein öffentliches Concert und zwar im großen Casino-Saale. Von Januar bis April 1832 versah Herr Kapellmeister Ganz den Posten eines Musikdirektors. Ihm folgte am 30. April Herr Franz Joseph Messer, welcher während seiner acht-jährigen Thätigkeit den Verein rasch zur Blüthe brachte.

Die letzte Saison unter Haakes Direktion wurde am 18. September 1832 mit einem Lustspiel „Einer für Sieben" eröffnet. In demselben trat ein Herr Alexander, früheres Mitglied des Gymnase dramatique, auf, welcher durch seine außergewöhnlichen Leistungen in der Mimik und Stimmtäuschung die allgemeine Bewunderung erregte.*) Dieser Wundervorstel-lung reihte sich für das laufende Jahr wieder ein recht gewähl-tes Repertoir an. Schiller, Shakespeare u. s. w. waren ver-treten. Die Novitäten des Schauspiels standen hinter denen der Oper bedeutend zurück. Nach einigen kleineren Stücken erschien im November Deinhardsteins „Erzherzog Maximilian", in welchem dramatischen Gedicht der neu engagirte Liebhaber Herr Grahn in der Titelrolle auftrat. Leisewitz' „Julius von Tarent" kam im Dezember 1832 neu einstudirt zur Aufführung. Haake spielte den Constantin, Dessoir den Titelhelden und Grahn den Guido. Das Jahr 1833 brachte Serings Lust-spiel „Viktorine" und neu einstudirt Shakespeares „Othello" mit Haake in der Titelrolle. Anklang fanden das dramatische Ge-dicht „Die beiden Foster" von Schneider und „Die Landparthie nach Königstein". In der letztgenannten Posse, welche sich sehr lang auf dem Repertoir hielt, spielte das frühere Bühnenmitglied Hassel, welcher nun am Frankfurter Nationaltheater engagirt war, seinen unvergleichlichen Hampelmann. — Von Gästen erschienen der großh. hess. Hofschauspieler Grua als Baron von Wallenfeld (Jfflands Spieler, Herr Henkel als Major Böhm

---

*) Der berühmte englische Schriftsteller Walter Scott soll sich über diesen Künstler in einem Gedicht wie folgt ausgesprochen haben: „Sprich aufrichtig, Erzbetrüger, bist du schön oder häßlich, alt oder jung, Mann oder Weib, Kind oder Hund, oder bist du alle lebende Dinge in einem Hause zugleich? Bist du ein Individuum? Ich glaub' am Ende, du bist Alexander und Compagnie; ich glaube, du bist ein Trupp, eine Versammlung, eine Zusammenrottung, und ich als Sheriff bin ver-pflichtet, anstatt deine Wunder in Versen zu besingen, dir die Aufruhr-akte vorzulesen und dich aufzufordern, auseinander zu gehen."

(Die Soldaten, Schauspiel) und Mad. Hillebrandt von Cassel
als Maria Stuart. Das beliebte frühere Bühnenmitglied Un=
zelmann trat in Lebruns „Humoristische Studien" als Brauser
auf. Der Mainzer Becker, welchen wir schon in der vorigen
Saison erwähnten, gab den Otto von Wittelsbach und Fiesco.
Das frühere Mitglied des Braunschweiger Hoftheaters Herr
Rudolph Dessoir spielte als Gast*) u. A. den Carlos und
sein Bruder Ludwig die Titelrolle im „Clavigo". Zum Schluß
der Saison gaben Herr Reger von Düsseldorf in Zieglers
„Parteienwuth" und die fast vergötterte badische Hofschauspielerin
Haizinger von Karlsruhe als Fatime im „Oberon" und Pa=
mella im „Fra Diavolo" Gastspiele. — Die Oper stand dem
Schauspiel nicht nach. Als erste Novität erschien am 30. Sep=
tember 1832 Spohrs „Jessonda". Die Besetzung war fol=
gende: Jessonda: Mad. Eggers (neu engagirt), Amazili:
Mad. Schmidt=Friese, Dandau: Herr Herbold, Nadori:
Hr. Beer, Tristan: Hr. Schäfer, und Pedro: Hr. Benesch.
Im Oktober wurde Aubers komische Oper „Das Concert am
Hofe" mit Hrn. Friese als Fürst und Mad. Schmidt=Friese als
Karoline zum ersten Male gegeben. Am 28. November folgte
Marschners „Templer und Jüdin". Die Rebekka wurde
von Mad. Eggers und der Templer Guilbert von dem neu en=
gagirten Bassisten Schumann (früher am Aachener Theater) ge=
sungen. Herr Beer hatte den Wilfried und Hr. Herbold den
Bruder Tuck übernommen. Die Oper fand in Mainz wie in
Wiesbaden großen Beifall. Der Kapellmeister Ganz wurde für
die treffliche Einstudirung des Werks von dem herzogl. nass.
Theater=Ausschuß in einem besonderen Erlaß belobt. Von dem
König von Preußen erhielt Herr Ganz bald darauf für eine
übersandte Festhymne und Cantate die goldene Medaille für
Kunst und Wissenschaft und in Anerkennung seiner Verdienste
um die Opernaufführungen von dem Herzog von Nassau ein
namhaftes Geldgeschenk. Herr Christoph Schneider, ein
talentvolles Orchestermitglied, wurde um dieselbe Zeit vom Groß=
herzog zum Concertmeister ernannt. An die Aufführung der so
gut aufgenommenen Oper „Templer und Jüdin" knüpfte sich
ein Streit zwischen Haake und seinem langjährigen Freunde, dem

---

*) R. Dessoir wurde nach Beendigung seines Gastspiels fest engagirt.

Bassisten Schäfer, welcher nicht mit Schumann in der Rolle des Templers abwechseln wollte. Diese Streitsache rief eine förmliche Literatur von Für- und Gegenschriften hervor und wurde vor Gericht zwar zu Gunsten Schäfers entschieden, Haake löste jedoch den Vertrag, indem er Schäfer noch bis September 1833 seine Gage bezahlte, worauf dieser Mainz verließ. Die Stelle des ersten Bassisten übernahm nun Schumann. Am 28. Januar 1833 erschien Meyerbeers „Robert der Teufel". Die Besetzung dieser eine wahre Sensation erregenden Oper war folgende: Robert: Herr Beer, Bertram: Herr Schumann, Raimbaud: Hr. Benesch, Alice: Dem. Beckär, Helena: Dem. Brenzler, König: Hr. Cornelius, Isabella: Mad. Eggers und Prinz von Granada: Hr. L. Dessoir. Auf „Robert der Teufel" folgte am 2. März 1833 Bellini's „Romeo und Julie" mit folgender Rollenvertheilung: Capulet: Hr. Schäfer, Julia: Mad. Eggers, Romeo: Mad. Schmidt-Friese, Tybald: Hr. Beer, und Lorenzo: Hr. Benesch. Als letzte Novität der Saison erschien am 8. April Maurers „Aloise" mit Dem. Beckär in der Titelrolle. Von den alten Opern erwähnen wir Cherubinis „Wasserträger", welcher neu einstudirt in Scene ging. Ferner gab man oft das Melodrama „Das Irrenhaus von Dijon", dessen Musik der Chorrepetitor des Mainzer Theaters Herr Kosmali geschrieben hatte. — Als Gäste traten während dieser Saison auf: Herr Egner von der Wiener Hofoper als Sarastro und Gaveston, Mad. Schumann als Madame Bertrand (Maurer und Schlosser), Hr. Günther von Köln als Pietro (Stumme von Portici) und Hr. Freund vom Mannheimer Theater als Figaro (Barbier von Sevilla). Dem. Limbach aus Mainz sang als ersten theatralischen Versuch den Benjamin in „Joseph und seine Brüder".

An Concerten fehlte es auch in dieser Saison nicht. Den Reigen eröffneten im Sommer 1832 steyrische Aelpler. Ein Instrumental-Verein unter Herrn Endres gab mehrere Concerte im großen Casino. Ferner veranstaltete das Theater-Orchester eine Reihe von Concerten zur Stiftung einer Pensions- und Wittwenkasse für seine Mitglieder.

Haake hatte auch in dieser Saison sich als kunstsinnigen Direktor bewährt und einen Verein von Künstlern um sich versammelt, welcher ganz dazu geschaffen war, das Mainzer Schauspiel zur Entfaltung seiner herrlichsten Blüte zu bringen. Der Name des Mainzer Theaterdirektors wurde in allen künstlerischen Kreisen Deutschlands mit hoher Achtung genannt und veranlaßte seine Berufung nach Breslau als Leiter des dortigen Stadt= theaters. Haake, dessen finanzielle Verhältnisse in Mainz nicht gerade rosiger Natur waren*) und für seine idealen Bestrebungen bei der Theatercommission auch nur wenig Verständniß fand, ging auf das ihm von Breslau gestellte Anerbieten ein, und die letz= ten Tage seiner Direktionszeit waren dazu geeignet, ihn seinen Entschluß nicht bereuen zu lassen. Es stand eine förmliche Partei gegen ihn auf, so daß sogar Prof. Müller genöthigt war, in einer eigenen Schrift für Haake einzutreten. Außer diesem klein= lichen Getriebe verleidete ihm auch der Weggang des wackern Cornelius und des in seiner künstlerischen Entwicklung befind= lichen Döring den Aufenthalt in Mainz. Letzterer hatte sich bereits am 18. April 1833 in seiner damaligen Hauptrolle als Maurerpolier Glück**) im „Fest der Handwerker" unter groß= artigen Kundgebungen des Publikums verabschiedet. Es mochte dem Künstler schwer werden, sich von einer Stadt zu trennen, in welcher er sich nicht allein die Achtung der Einwohnerschaft erworben, sondern auch durch seine Ehe mit einer Mainzerin, Maria Anna Helena Henrich (geb. am 16. Juni 1806)***) sich einen häuslichen Herd gegründet hatte. Leider starb ihm seine geliebte Frau nach kaum zehnmonatlichem Eheglück am 8. August 1832. Sie war ihm eine Kamaradin im weitesten Sinne des Wortes gewesen. So fand selbst keine Kneiperei statt, an welcher Döring seine Frau nicht veranlaßte, mit Theil zu nehmen, eine Eigenthümlichkeit des Künstlers, welcher diese selbstverständlich nur mit schwerem Herzen Rechnung trug. Der Verlust seiner treuen Lebensgefährtin ging Döring sehr nahe und in den Tagen seines Ruhmes, als er eine zweite liebevolle Gattin gefunden hatte, gedachte er noch immer mit Liebe seines Aufenthaltes in Mainz. Von hier war er nach Mannheim gegangen und nach einer nur kurzen Thätigkeit an der dortigen Bühne nach Hamburg

---

*) Er mußte sich u. A. sogar ein eignes Orchester stellen.

**) Auch sein Hauptmann Hurka in J. F: Bahrdts „Die Lichten= steiner" war eine Lieblingsfigur der Mainzer geworden.

***) Das Paar wurde am 19. Ottober 1831 getraut.

geeilt, wo er unter der Direktion Schmidz mit der Ueber=
nahme der schwierigen Shakespeare=Rollen, wie Richard III.,
Shylock und König Lear, sich zu jenem vortrefflichen Charakter=
darsteller ausbildete, als welchen ihn später über ein Viertel=
jahrhundert nicht allein seine langjährige Wirkungsstätte Berlin,
sondern ganz Deutschland bewunderte.*) Mainz gebührt aber
die Ehre, sein Talent erkannt und ihn zu unausgesetztem Vor=
wärtsstreben auf der Bahn der Kunst, die ihm eine solche des
Ruhmes werden sollte, angeeifert zu haben. Döring folgte
vier Wochen später Cornelius. Mit der letzten Vorstellung
der Saison am 16. Mai 1833 legte Haake die Direktion des
Mainzer Stadttheaters, welche er vier Jahre lang mit un=
ermüdlichem Fleiße und großem künstlerischen Erfolge geführt
hatte, nieder. In ihm verlor die Mainzer Bühne einen Mann,
der in jeder Beziehung an seinem Platze war. So hatte er
u. A. zum Zwecke der Hebung der Bühne die Gründung der
„Rheinischen Theater=Zeitung" durch Herrn Dr. Köchy
veranlaßt. Mit dem Abgange von Mainz war auch Haakes
Blütezeit dahin. In Breslau traten seinen edlen Bestrebungen
Hindernisse der verschiedensten Art entgegen, welche ihn nöthig=
ten, seine Stelle alsbald wieder aufzugeben. Unser Künstler,
dem nun die wohlverdiente Ruhe gebührt hätte, mußte von
Neuem den Wanderstab ergreifen. Nach einem kurzen Aufent=
halt in Braunschweig und Hamburg schien ihm das Glück wie=
der lächeln zu wollen. Er erhielt nämlich einen ehrenvollen Ruf
nach Oldenburg, wo ihm die Direktion des Hoftheaters auf
Lebenszeit übertragen wurde. Die dortigen klimatischen Ver=
hältnisse veranlaßten ihn jedoch, im Hinblick auf seine Gesund=
heit auch dieses Amt alsbald niederzulegen. Haake ging nun,
nachdem er 1843/44 in Mainz unter Remie das Schauspiel ge=
leitet hatte, nach Frankfurt, wo er bis in die Mitte der fünfziger
Jahre als Regisseur des Stadttheaters wirkte und das Publikum
durch sein vortreffliches Spiel als Charakterdarsteller bald für sich

*) Dörings 50jähriges Künstlerjubiläum am 25. Januar 1875
bewies, welche Liebe sich der Altmeister der deutschen Schau=
spieler in allen Kreisen des Volkes erworben hatte. Sein in der
Nacht vom 16. auf 17. August 1878 erfolgtes Dahinscheiden rief im
ganzen Reiche eine aufrichtige Trauer hervor.

begeisterte. Später sollte Haake, nachdem er sich wieder einige
Zeit einer seiner Lebensaufgaben, junge, fähige Kräfte für die
Bühne heranzubilden, gewidmet hatte, in Mainz, an der Haupt=
stätte seines Wirkens, sein 50jähriges Künstlerjubiläum feiern,
worauf wir im weiteren Verlaufe unserer Darstellung noch näher
zurückkommen werden.

Die Direktion Haake schloß auch die ältere Periode der
Mainzer Bühnengeschichte ab, indem mit der inzwischen erfolg=
ten Erbauung und nun bevorstehenden Eröffnung des neuen
Theatergebäudes auf dem Gutenbergsplatz ein neuer Zeitabschnitt
für das Mainzer Theater beginnt. Wir haben gesehen, wie sich
in Mainz, angeregt durch die Darstellungen der hervorragendsten
deutschen Wandertruppen, aus den kleinsten Anfängen allmälig
ein geläuterter Kunstgeschmack herangebildet hatte und durch das
kurfürstliche Nationaltheater in einer Weise befestigt worden war,
daß selbst die Zeit der fränkischen Kriegsherrschaft den Mainzern
den Sinn für das Theater nicht zu rauben vermochte. Das Kunst=
leben wurde von Jahr zu Jahr ein regeres, und als unter Haake
das Theater eine achtungfordernde Stellung einnahm, sah man
ein, wie unwürdig die alte Reitschule für derartige Darstellun=
gen war. Leider war es Haake als Direktor nicht mehr vergönnt,
in dem neuen Tempel Thalias den Mainzern weitere Proben
seines künstlerischen Strebens zu geben. Die Entstehung des
neuen Theatergebäudes, das im Herbst 1833 eröffnet wurde, ge=
hört bereits der zweiten Periode der Mainzer Bühnengeschichte
an und wir werden uns in dem folgenden Theile unseres Werkes
darüber ausführlich verbreiten.

Zweiter Theil.

Das Theater und die Musik zu Mainz

vom Jahre 1833 bis zur Gegenwart.

I

Das neue Theatergebäude. Die Direktion Mäder und Wolf.
Rudolph Dessoir. Concerte der Liedertafel.

Am Anfang des Jahres 1829*) war von dem Gemeinde=
rathe der Stadt Mainz der Beschluß gefaßt worden, auf dem
jetzigen Gutenbergsplatze auf der Stelle, wo früher die Dom=
dechanei stand, ein neues Theatergebäude zu errichten, und wurde
der großh. hess. Oberbaurath Moller, der auch die katholische
Kirche und das Theater zu Darmstadt zu seinen Werken zählt,
mit der Erbauung desselben unter folgenden Bedingungen betraut:
1) Das Theatergebäude muß in drei Logenreihen, Parterre und
Gallerie 1500 Menschen fassen. 2) Für Maskenbälle und an=
dere Festlichkeiten sollen die nöthigen Einrichtungen getroffen und
in den zwei unteren Stockwerken der Flügelgebäude ein Lokal
zum Vermiethen an einen Restaurateur und Zuckerbäcker einge=
richtet werden. 3) Die Bühne muß so hoch sein, daß der große

---

*) Um diese Zeit erschien aus der Feder des geschätzten Mainzer
Geschichtsforschers J. Wetter ein Schriftchen: „Untersuchungen über die
wichtigsten Gegenstände der Theaterbaukunst, die vortheilhaftesten For=
men des Auditoriums und die zweckmäßigste Anordnung der Bühne und
des Proceniums in optischer und akustischer Hinsicht" mit dem Motto:
„La réflexion seule hâte le progrès des arts." (J. F. La Harpe.)

Vorhang und die Dekorationen in die Höhe gehen, ohne gebrochen zu werden. 4) Es muß alles von so mäßiger Größe sein,
daß die Kosten der Beleuchtung nicht zu sehr vermehrt werden.
Nachdem am 3. Juni 1829 die Genehmigung des Planes seitens
der Regierung eingetroffen war, wurde am 20. Juni der Bau
in Angriff genommen. Für die Ausführung des von Moller
entworfenen Planes war jedoch der anfangs bestimmte Platz
nicht geeignet, und der Gemeinderath beschloß nun, das Theater
auf derselben Stelle zu errichten, auf welcher s. Z. der St. Far'sche
Plan ausgeführt werden sollte. Das Fundament dieses Gebäudes wurde nun wieder ausgegraben und am 15. Oktober 1829
der Grundstein zum neuen Theater gelegt. Der Bau dauerte
zwei Jahre und wurde am 16. August 1831 beendigt. Wie der
Mainzer Geschichtsschreiber Schaab, welcher der Grundsteinlegung
des erstprojektirten Theatergebäudes beigewohnt hatte, erzählt,
zogen die Arbeiter an diesem Tage durch die Stadt und um
das neue Gebäude. Mehrere von ihnen stiegen mit dem Baf-
sisten Herbold auf die Höhe des neuen Schauspielhauses, wo
dieser ein humoristisches Gedicht deklamirte. Die Prüfung der
von dem Maschinenmeister Dorn angefertigten Maschinerie fand
am 31. Juni 1833 statt.

Der neue Musentempel erfüllte alle Mainzer mit Stolz und
Freude. Friedrich Lehne gab dieser gehobenen Stimmung in
folgenden merkwürdigen Versen einen dichterischen Ausdruck:

> „Fremdling! bestaunst du in Mainzens Veste den herrlichen
>   Tempel der Musen,
> Moller hat ihn erbaut, Mollers Römer-Genie;
> Und schon erblick' ich im Geiste den Einzug der göttlichen
>   Schwestern,
> Gutenbergs Schattengestalt schwebet beseligt voran,
> Stolz auf den Schmuck seines Forums, stolz auf die rühm-
>   lichen Gäste;
> Möchten sie, wünscht er, verleihn Priester des Tempels
>   werth.
> Dich zu befeuern zu künftigen Werken, glücklicher Moller,
> Sendet der dankbaren Neun jede ein Küßchen dir zu.“

Das Aeußere des in der antiken halbrunden Form aufgeführten
Gebäudes, das namentlich durch den um den Halbkreis laufenden Balkon verschönert wird, gewährte einen stattlichen Anblick.

Der amphitheatralische Charakter des Hauses zeigte auf den ersten Blick dessen Zweck an. Moller soll die Abbildung einer Bauconstruction in dem Werke „Précis des leçons d'Architecture donnée à l'école politechnique. Paris 1802, par Durant, prof." seinen Plänen zu Grund gelegt haben.*) Auch das Innere des Theaters entsprach allen Erwartungen, welche die Außenseite desselben wach rief. Die Bühne war ziemlich geräumig. Der große Vorhang war, wie die Dekorationen, von den Gebrüdern Orth aus Karlsruhe und Schildbach aus Darmstadt gemalt. Wir geben nachstehend eine weitere Beschreibung des Hauses, wie es nach der vollständigen Einrichtung aussah. „Im Innern machen Bühne und Parterre die zwei Haupttheile des Gebäudes und bestimmen durch Raum und Form seine nöthige Ausdehnung. Beide sind durch eine feuerfeste Mauer von einander getrennt, und brächte man einen nicht entzündbaren Vorhang an, so wären bei ausbrechendem Feuer beide isolirt. Die um das ganze Auditorium laufenden Gallerien verbinden die in den Seitenflügeln befindlichen Stiegen, die durch Glasfenster geschlossen und erwärmt werden können. Im untern Stocke dienen diese Gallerien zu den Ein- und Ausgängen und im obern zu einem geschlossenen Gang, auf dem man sich erholen kann und welcher zum Balkon führt. Das ganze Auditorium ist in der Lyraform gebildet. Seine Schweifung hindert nicht, daß man aus dem Parterre, wie aus den Bogen des ersten und zweiten Ranges die Bühne vollkommen übersieht. Die Bogen der Gallerie und der dritten Reihe endigen sich mit dem Halbkreise, reichen daher nicht bis an das Proscenium, wie bei den anderen Theatern, wo man da, wo sich der Kreis nach der Bühne hinneigt, nur wenig sehen kann. Keine abgeschlossenen Logen trennen die Zuschauer. Der für das Publikum bestimmte Halbkreis weicht von Logenreihe zu Logenreihe zurück. Die dritte und vierte Logenreihe schließt eine imposante korinthische Säulenstellung von zwölf steinernen Säulen, welche die obere Decke tragen und, weil sie amphitheatralisch emporsteigen, einen überraschenden Anblick gewähren. Ein reich verziertes Zelt bildet den Plafond, in dessen Mitte ein Lüster befestigt ist. Zwei graue Marmorsäulen mit vergoldeten Kapitälern und sanftblauen Mittelfeldern bilden zu

---

*) Schaab, „Geschichte der Stadt Mainz."

beiden Seiten das Proscenium. Blaue Felder, durch weißgraue Arabesken verziert, umgeben die Logenreihen. Die Brüstungen der Logen sind blau und die hintere Mauer hochroth."

Samstag, den 21. September 1833 wurde mit der Aufführung des „Titus" das Haus eingeweiht. Nachdem Webers Jubelouverture gespielt worden war, ging die Mozart'sche Oper mit folgender Besetzung in Scene: Titus: Herr Beer. Sextus: Mad. Schmidt-Friese, Annius: Hr. Benesch, Servilia: Dem. Beckär, und Vitellia: Mad. Kraus-Wranitzky, kais. Hof-Kammersängerin aus Wien, als Gast. Das Haus war ausverkauft. So vielversprechend für die Zukunft dieser Anfang der neuen Aera des Mainzer Theaters war, so sollte es sich doch bald zeigen, daß Haake nicht mehr die Leitung der Bühne hatte. Die neuen Direktoren Mäder und Wolf waren mehr Geschäftsleute als Künstler. Trotzdem der neuen Direktion seitens der Stadt erhebliche Vortheile gewährt wurden, indem dieselbe 1) auf die Pachtgelder des Hauses verzichtete, 2) dem Direktor eine freie Wohnung in dem Theater überließ, 3) einen Zuschuß von 4000 fl. bewilligte und die Abhaltung der erträgnißreichen Maskenbälle erlaubte, bestrebten sich die Unternehmer nicht, in entsprechender Weise die Bühne zu heben. Von dem Haake'schen Personal waren viele Mitglieder, wie Beer, Grahn, Hartig, Herbold, die beiden Dessoir, Dem. Beckär, Dem. Brenzler und Mad. Schmidt-Friese, von der neuen Direktion beibehalten worden. Neu engagirt waren u. A. die Herren: Freund, welcher schon früher in Mainz gewirkt hatte, Götz, Nerking, Richter und Versing (Bassist), sowie die Damen: Mad. Hahn vom Leipziger Stadttheater, Mad. Lafrenz aus Aachen, Dem. Horn und Dem. Hofmann, beide vom Hoftheater in Dresden. Was das Repertoir betrifft, so war es um dasselbe im Allgemeinen traurig bestellt. In der von Ganz geleiteten Oper hatte Rossini wieder die Herrschaft erlangt. Nur einige Novitäten von Auber wurden gegeben. Am 27. Februar 1834 ging die Oper „Liebestrank" von diesem Komponisten zum ersten Male in Scene. Die Rollen waren vertheilt wie folgt: Terezine: Mad. Hahn, Jeanette: Mad. Lafrenz, Jolicoeur: Herr Versing, Doktor Fontamorejo: Hr. Freund. Den Jerome sang der erste Tenorist des Mannheimer Hoftheaters, Hr. Dietz. Wenig Anklang fand eine andere Oper Aubers, „Die Falschmünzer", welche am 9. März zum ersten Male gegeben wurde. Von den Gästen verzeichnen wir außer der bereits erwähnten Wiener Hofopernsängerin Mad. Kranz-Wranitzky u. A.: Mad. Pirscher geb. Traut vom Mannheimer Theater als Fidelio, Mad. Chorus geb. Tewissen (Mainzerin) als Page in „Johann von Paris", Dem. Fleckenstein von München als Emeline (Schweizerfamilie), Herr Roßner aus Cassel als Graf Almaviva (Barbier von Sevilla), Mad. Scharpff von Magde=burg als Madame Bertrand, Mad. Madler vom Darmstädter Hoftheater als Amazilli (Ferdinand Cortez), Mad. Mayer aus Wien als Amenaide (Tankred) und Herr Richter aus Breslau als Figaro. Vom Frankfurter Theater gastirten in der zum Besten des Gutenbergdenkmals am 14. Januar 1834 gegebenen Vorstellung des „Don Juan": Herr Marrder (Don Juan), Dem. Gued (Anna), Hr. Fischer (Masetto und Mad. Fischer=Achten (Zerline). Im Laufe der Saison ging auch „Robert der Teufel" zum Besten des Denkmals in Scene. Hr. Rauscher vom Hoftheater zu Hannover sang den Robert. In der „Stumme von Portici" gastirten u. A. die Herren Kühn (Pietro) von Mannheim und Rieser (Masaniello) vom Frankfurter Theater.

Im Schauspiel, das unter Haake zu so herrlicher Blüte gediehen war, erschienen ebenso viele als fast werthlose Novi=täten. Im September 1833 gelangte Raupachs Trauerspiel „König Enzion", welchen Hr. Grahn spielte, zur Aufführung. Diesem folgten das Lustspiel „Die Scheidewand" von Dessoir d. Aelt. und Angelys heute noch beliebte Posse „List und Phlegma". Am Neujahrstage 1834 kam „Das Duell-Mandat", ein Drama von Vogel, in welchem der berühmte Kunst den Gustav von Haftenbach spielte, zur ersten Aufführung. Diesem Stück reihten sich an: Frau Birch-Pfeiffers Ritterschauspiel „Das Schloß Greifenstein" und ein Lustspiel von Preuß „Der junge Ehemann", in welchem Hr. Börger vom Breslauer Na=tionaltheater als Oscar von Beaufert auftrat. Nestroys be=liebte Zauberposse „Das liederliche Kleeblatt", welche, von Kunst in Scene gesetzt, am 30. April 1834 zum ersten Male aufgeführt wurde, fand großen Beifall. Die Besetzung dieser bis heute an Urwüchsigkeit ihres Gleichen suchenden Posse war in den Hauptrollen folgende: Stellarius: Hr. Cornelius, For=tuna: Dem. Horn, Brillantine: Dem. Becker, Amorosa: Dem.

Hofmann, Mystifax: Hr. Götz, Leim: Hr. Grahn, Lumpaci: Hr. Richter, Zwirn: Hr. Freund, Knieriem: Hr. Herbold, Hilarius: Hr. Nerking, Peppi: Dem. Brenzler, Hobelmann: Hr. Mella, Palpiti: Mad. Grahn, Camilla: Mad. Lafrenz, und Laura: Dem. Albrecht. Im Mai wurde das Drama „Herr und Sklave" von Zedlitz mit Hrn. Seliger von Würzburg als Sayd und das Lustspiel „Nach Sonnenuntergang" von Georg Lotz, in welchem Hr. Meisinger von Düsseldorf den Baron Abendstern spielte, zum ersten Male aufgeführt. Zum Vortheil des Herrn Cornelius wurde gegen den Schluß der Saison das dramatische Gemälde „Hinko der Freiknecht" von Mad. Birch=Pfeiffer zum ersten Male gegeben. Die Verfasserin, welche sich damals als Gast an der Mainzer Bühne aufhielt, spielte die Margaretha und Herr Cornelius den Jobst. Auch das Gastspiel des berühmten Seydelmann bereicherte das Schauspiel= repertoir mit einer Novität. Es wurde am 6. August 1834 Raupachs historisches Schauspiel „Kaiser Friedrich und sein Sohn" mit Hrn. Seydelmann in der Titelrolle gegeben. — Von den Gästen erwähnen wir noch: Mad. Scharpff vom Magde= burger Theater als Cölestine in den „Kreuzfahrern" von Kotzebue und Mad. Grahn vom Darmstädter Hoftheater als Viarda in „Preziosa". Einen Lichtpunkt in dieser Saison bildete das Gast= spiel des Regisseurs Kunst vom Theater an der Wien, welcher die Helden einer Reihe klassischer Dramen, wie den Egmont, Tell, Wallenstein, Fiesco u. s. w., spielte. Erwähnung verdient noch das Gastspiel einer Schauspieler=Gesellschaft aus London, welche u. A. einen Akt aus Shakespeares „Merchant of Venice" aufführte, und das Auftreten des Improvisators Dr. Langen= schwarz aus Rödelheim, welcher mit seiner damals noch ziem= lich unbekannten Kunst große Bewunderung erregte.

Wir sehen, daß nur die Anwesenheit tüchtiger Gäste das Repertoir erträglich machte. Abgesehen von dem wenig künst= lerischen Sinn der Direktion, war auch das Personal nicht be= sonders geeignet, etwas Hervorragendes zu leisten. Das Gastspiel des Herrn Kunst, welcher wahre Triumphe feierte*), zeigte, wie sehr das Publikum nach tüchtigen Darstellern lechzte. Es war

---

*) Man warf dem Künstler z. B. gedruckte Huldigungsgedichte aus dem 2. Rang zu.

daher kein Wunder, wenn die Anfangs April erfolgte Rückkehr
des schon früher in Mainz wirkenden Künstlerpaares Cornelius,
welches in Köln engagirt war, freudig begrüßt wurde. Ein
Gedicht, welches das Wiederauftreten des Paares feierte, ent=
hielt u. A. folgende, für den damaligen Zustand der Mainzer
Bühne höchst bezeichnende Verse:

> „Du warst so fern und fern mit Dir die Helle,
> In der die Kunst einst frieblich sich gesonnt;
> Wie war's so trüb an ihrem Horizont,
> Weil längst versiecht die wahre Lichtesquelle."

Noch ein anderes Ereigniß zeigt die schöne Wechselwirkung, welche
damals zwischen Bühne und Publikum bestand. Als der neue
Bürgermeister der Stadt Mainz, Herr Stephan Metz, am
22. April 1834 zum ersten Male in dieser Eigenschaft das
Schauspielhaus besuchte, wurde von Mad. Versing (Genius
der Kunst) ein Prolog gesprochen, in welchem der Kunstsinn der
Mainzer Bürgerschaft und ihres Bürgermeisters gefeiert wurde.
Nach dem Prolog wurde von der „Liedertafel" ein Festlied
„Gruß und Wunsch der Mainzer", Musik von C. Kreutzer zu
Hegners Lied „Der Schweizer", zum Vortrag gebracht.*)

Einen düsteren Punkt in dieser Saison bildet der Selbst=
mord des Schauspielers Rudolph Dessoir. Dieser wackere
Künstler, ein älterer Bruder des gleichfalls an der Mainzer
Bühne engagirten jugendlichen Helden und Liebhabers Ludwig
Dessoir, hatte sich bereits am Braunschweiger Hoftheater einen
großen Ruhm erworben und auch in Mainz durch seine vor=
trefflichen Darstellungen namentlich des Nathan, alten Moor,
Verrina (Fiesco) u. s. w., seinen Ruf bewährt. Leider sollte
Dessoir, welcher immer mehr in Trübsinn verfiel, der Mainzer
Bühne nicht lange erhalten bleiben. Noch Donnerstag den 26.
Dezember hatte er den Dogen zu Venedig im „Abällino" ge=
spielt, als am Samstag Mittag die Schreckenskunde die Stadt

---

*) Die letzte Strophe des Festliedes lautet:

> „Mainz, o Vaterstadt du,
> Durch Kunst und Natur im Vereine
> Die Fürstin am mächtigen Rheine,
> Bietest im segnenden Schoos
> Allen ein glückliches Loos,
> Gottes Segen dazu."

durcheilte: Rudolph Dessoir hat sich entleibt!*) Der Unglück=
liche hatte sich in einem Anfalle von Wahnsinn ein Taschentuch
in den Schlund gewunden und sich dadurch erstickt. Sein Bru=
der Ludwig Dessoir, der später einen so hervorragenden
Platz in der deutschen Schauspielerwelt einnehmen sollte, gab
bald nach diesem traurigen Ereignisse seine Stelle am Mainzer
Theater, welche er drei Jahre lang mit großem Erfolg bekleidet
hatte, auf und ging nach Leipzig. Er starb nach einer ehren=
vollen Laufbahn am 30. Dezember 1874 zu Berlin. Mit dem
Scheiden der beiden Dessoir waren wieder zwei Sterne aus der
Haake'schen Zeit der Mainzer Bühne dahin.

Mit Ach und Krach wurde die an Ereignissen so reiche und
guten Ergebnissen so arme Saison 1833/34 geschlossen und da=
mit endigte zugleich die Direktion Mäder und Wolf, denn das
durch Haake an etwas Besseres gewöhnte Publikum konnte sich
natürlich mit der weiteren Bühnenleitung dieser Herren nicht
einverstanden erklären. Die Direktion des Theaters wurde nun
dem bisherigen Leiter des Darmstädter Hoftheaters Herrn
Remie**) übertragen, über dessen Mainzer Bühnenleitung wir
im nächsten Abschnitt sprechen werden.

Während das Theater einen Niedergang zeigte, war der
Stern der „Liedertafel" im Steigen begriffen. Am 2. De=
zember 1833 gab diese Gesellschaft zum Besten der Armen das
erste Vokal= und Instrumental=Concert. Dasselbe wurde unter
der Leitung Messers im Schauspielhause gegeben und fand bei den
Zuhörern großen Beifall.***) Auch mehrere auswärtige Künstler,
wie z. B. der Flötenvirtuose Finkenstädt, ein Schüler Fürstenau's,
traten auf und bezeugten, daß mit der „Liedertafel" ein eigent=
liches Organ der Mainzer Musikfreunde geschaffen war. Als
das Theater zum Besten des Gutenbergdenkmals einige Auffüh=
rungen gab, da wollte auch die inzwischen immer mehr erstarkte
Liedertafel nicht zurückstehn. Sie veranstaltete daher am 1. Au=
gust 1834 im Schauspielhause zu dem genannten Zwecke ein

*) Nach dem Todtenregister fand der Selbstmord Dessoirs am 28.
Dezbr. 1833 um 12 Uhr Mittags in dem Hause D. 296 Sackgasse statt.

**) Remie war vom 6. November 1833 bis 30. April 1835 Di=
rektor des Großh. Hoftheaters in Darmstadt.

***) Es wirkten ungefähr 60 Mitglieder der „Liedertafel" mit.

großes Concert, in welchem der k. k. Hofopernsänger Wild mitwirkte und das mit einem von Professor Braun gedichteten und von Seydelmann gesprochenen Prolog eröffnet wurde. Auch diese Aufführung fand großen Beifall und ließ die Mainzer der weiteren Entwicklung des Kunstlebens in ihrer Vaterstadt hoffnungsvoll entgegensehen.

II.

Die Direktion Remie. Meyerbeer und die Mainzer Liedertafel. Das große Sängerfest. Zur Enthüllungsfeier des Gutenbergdenkmals. Die erste Carnevalsposse. Trennung der Wiesbadener Bühne von dem Mainzer Theater.

Am 26. September 1834 wurde die Saison unter der Direktion des Herrn Clemens Remie mit Beethovens „Fidelio" eröffnet. Die Besetzung der Oper war folgende: Pizarro: Hr. Meyer, Florestan: Hr. Herget, Fidelio: Mad. Michalesi, und von den früheren Mitgliedern: Rocco: Hr. Freund, Jaquino: Hr. Benesch, Minister: Hr. Herbold, und Marzelline: Dem. Albrecht. Dieser ersten Aufführung ging nach dem Verhallen der Jubelouverture ein von A. Hungari*) gedichteter Prolog voran, welchen Dem. Brenzler als Genius der Kunst sprach. Wir entnehmen demselben folgende sinnige Stelle:

> „Du biedere Stadt! — Des Ruhmes Strahl entfaltet
> Ein Feenlicht um deine Mauern her,
> Und was sich hell aus deinem Schooß gestaltet,
> Sind Wunderblumen auf dem Zeitenmeer;
> Denn adlerkühn trugst du den Sinn nach Oben
> Und hielst der Kunst das reine Herz geweiht;
> Auch hast du ihr schon manchen Kranz gewoben
> Und sie geschützt im Wechselsturm der Zeit."

---

*) Jetzt katholischer Pfarrer in Rödelheim.

Schon die erste Vorstellung zeigte, daß Herr Remie sich bestrebte, die Sünden seiner Vorgänger, soweit es in seinen Kräften stand, wieder gut zu machen. Es gehörte wirklich ein großer Unternehmungsgeist, sowie eine aufrichtige Liebe zur Sache dazu, auf den Trümmern der alten Mainzer Bühne die Kunst wieder zu Ansehen zu bringen. Wenn auch das neue Haus und die freie Direktionswohnung einige Vortheile sicherten, so wurde Remie doch nicht, wie den früheren Leitern der städtischen Bühne, ein Zuschuß seitens der Stadt zu Theil, und er mußte überdies eine vierfach größere Caution als seine Vorgänger (ungefähr 8000 fl.) stellen. Auch durfte er kein Abonnement vor den Probevorstellungen eröffnen. Trotz dieser ungünstigen Bedingungen, deren Härten nur durch die Aufhebung des früher oft störend eingreifenden Theater-Comités*) etwas gemildert waren, bemühte sich Remie bei seinem Direktionsantritt, auch bezüglich der inneren Ausstattung den Anforderungen eines geläuterten Kunstgeschmackes zu genügen. Er kaufte zu diesem Zwecke um die Summe von 12000 fl. die ehemalige königl. sächsische Theatergarderobe. Das Personal war zahlreich und bestand aus strebsamen Kräften. Als Ober-Opernregisseur fungirte Herr Prof. Ehlers; die Regie des Schauspiels war Herrn Cornelius und die der Oper Herrn Freund übertragen. Herr Ganz, nunmehr Hof-Kapellmeister, leitete die Opernaufführungen und Herr Kosmali war ihm als Musikdirektor beigegeben. Von den Mitgliedern des Schauspiels erwähnen wir die Herren: Cornelius (erste Väter), Kramer (erster Liebhaber und Held), Hellwig (jugendliche Liebhaber), Peters (zweiter Liebhaber), Bünde (Intriguant), Burmeister (zweite Väter), sowie die Damen: Dem. Brenzler (erste Liebhaberin), Dem. Hagen (zweite Liebhaberin), Dem. Softmann (Anstandsdame), Mad. Cornelius (komische Alte), und Mad. Herbold (Charakterrollen). Die Oper zählte zu ihren Mitgliedern: Hrn. Neufeld (Helden-Tenor), Hrn. Freymüller (erster Tenor), Hrn. Benesch (lyrischer Tenor), Hrn. Braun (zweiter Tenor), Hrn. Hartig (Spiel-Tenor), Hrn. Meyer (erster Baß), Hrn. Herbold (zweiter Baß), die Herren Freund und Götz (Baß-Buffo), Mad. Michalesi (erste Sängerin), Dem. Hannemann (erste jugendliche

*) Der Bürgermeister behielt jedoch die Oberaufsicht über die Verwaltung des Theaters.

Sängerin), Dem. Manßfeld (Alt), Dem. Albrecht, Dem. Münch
und Dem. Seeland, eine geborene Mainzerin (angehende Sängerin). Einige Mitglieder der Oper waren auch im Schauspiel
beschäftigt. Ueberhaupt trat das Schauspiel unter der Direktion des Herrn Remie wieder etwas mehr in den Vordergrund,
wenn auch Kotzebue, Schröder und andere Bühnendichter älteren
Datums auf dem Repertoir erschienen. Auch an Novitäten
mangelte es nicht. Kurz nach Eröffnung der Saison erschien
ein Lustspiel „Der Stiefvater" und ein Schauspiel „Der Bettler"
von Raupach. Ferner wurden gegeben „Der Sekretär und der
Koch", Lustspiel von Scribe, „Die Abenteuer", Lustspiel von
Bauernfeld, das Vaudeville „Die neue Sontag" und die Hampel-
manniade „Hampelmann sucht ein Logis". Das Aufsehen, welches allerwärts das Auftauchen Kaspar Hausers erregte, machte
sich auch in der dramatischen Dichtung bemerkbar. Das Melodrama „Der Wahn und seine Schrecken" von Bartsch, welches
am 19. März 1835 zum ersten Male in Scene ging, war ein
Stück dieser Richtung. Es folgte das Lustspiel „Die Bekenntnisse" von Bauernfeld mit Hrn. Hartig als Commerzienrath
und Dem. Brenzler als Tochter. Am Schluß der Saison kamen
noch das Dumas'sche Trauerspiel „Der Schlaftrunk" und das
Drama „Der König und der Stubenheizer" von Vogel zur ersten
Aufführung. Gäste erschienen nur wenige: Mad. H. Schneider vom Frankfurter Nationaltheater, Dem. Strenge vom
Oldenburger Theater als Preziosa und Herr Kunst, welcher
auch in dieser Saison große Triumphe feierte. Sein Gastspiel
rief eine Fehde zwischen dem Mainzer Theaterkritiker Professor
Müller und der Frankfurter „Didaskalia" hervor, und auch
im Publikum hatten sich zwei Parteien gebildet, welche für und
gegen Kunst in die Schranken traten. Ueberhaupt war das
Theater mehr denn je ein Gegenstand der öffentlichen Aufmerksamkeit geworden. Die Presse brachte nun auch mit dem Beginn der neuen Saison regelmäßige Theaterkritiken, zu
welchem Zwecke ein Sonntags-Beiblatt zur „Mainzer Zeitung"
ins Leben gerufen wurde. — Die Oper hielt sich ziemlich auf
gleichem Niveau wie ihre Vorgängerinnen. Es kam zunächst am
7. März 1835 Webers „Euryanthe" zur Aufführung. Die
Oper fand eine warme Aufnahme und mußte mehrmals wiederholt werden. Die Besetzung war folgende: König: Hr. Her-

bold, Adolar: Hr. Freymüller, Euryanthe: Dem. Hanne=
mann, Lysiart: Hr. Meyer, Eglantine: Mad. Michaleſi,
Bertha: Dem. Albrecht, und Rudolph: Hr. Braun. Der
Schluß der Saiſon brachte noch Aubers „Maskenball" und
die romantiſch=komiſche Oper „Des Adlers Horſt" von Gläſer.
„Guſtav, oder Der Maskenball" wurde am 2. Mai mit folgen=
der Beſetzung gegeben: Guſtav: Hr. Freymüller, Ankarſtröm:
Hr. Meyer, Melanie: Mad. Michaleſi, Graf Horn: Herr
Herbold, Graf Ribbing: Hr. Beneſch, Page: Dem. Hanne=
mann, Wahrſagerin: Dem. Münch, Chriſtian: Hr. Hartig.
Auch der Erfolg der Oper „Des Adlers Horſt", welche am
21. Mai zur erſten Aufführung gelangte, ließ nichts zu wün=
ſchen übrig. Die Rollen vertheilten ſich: Richard: Hr. Meyer,
Vater Renner: Hr. Freund, Veronika: Mad. Freund, Anton:
Hr. Beneſch, Marie: Dem. Seeland, Roſe: Mad. Micha=
leſi, Caſſian: Hr. Freymüller, und Lazarus: Hr. Herbold.
Mit dieſer Oper ſchloß die eigentliche Saiſon. Das Beſtreben
der Direktion, etwas Tüchtiges zu leiſten, hatte ſich auch bei
der Oper gezeigt. So wurden während der achtmonatlichen
Spielzeit außer den drei Novitäten allein 26 neu einſtudirte
Opern gegeben. Von den Gäſten erwähnen wir: Hrn. Ham=
mermeiſter vom Hoftheater zu Berlin, welcher neben Dem.
Madler (vom Darmſtädter Hoftheater) als Elvira den Don
Juan ſang. Ihm folgten der Baritoniſt Stein aus Bremen
als Prinz Neuburg in Aubers „Schnee", Hr. Richter von
Darmſtadt (Don Juan), Hr. Breiting von der Wiener Hof=
oper (Zampa), der Frankfurter Baritoniſt Marrder (Don Juan),
Mad. Fiſcher=Achten (Euryanthe) und Hr. Fiſcher (Lyſiart).
Seltene Triumphe feierte Dem. Sabine Heinefetter, welche
u. A. als Roſine (Barbier von Sevilla) das Publikum zu ganz
außerordentlicher Begeiſterung hinriß. Das Haus wurde am
Abend der Vorſtellung förmlich mit Sturm genommen und da=
bei einige Fenſter zertrümmert. Gegen Ende der Saiſon debu=
tirten (auf Engagement): Dem. Münch von Mannheim (Che=
rubin), Hr. Neufeld vom Darmſtädter Hoftheater (Titus) und
der Baritoniſt Jaskewitz vom Grätzer Theater als Figaro
(Barbier von Sevilla). Von Geſammt=Gaſtſpielen erwähnen
wir die Vorſtellungen einer ſpaniſchen Ballet=Geſellſchaft
im November 1834.

Remie konnte befriedigt auf sein erstes Direktionsjahr zu-
rückblicken: er hatte vom 25. Septbr. 1834 bis 25. Mai 1835
145 Vorstellungen gegeben, worunter 23 Schauspiel= und 3
Opern=Novitäten. Zu Wiesbaden, wo in der gleichen Zeit
41 Vorstellungen gegeben wurden, spielte auch Remie wie seine
Vorgänger während des Sommers. Die Concert=Saison 1834/35 bot viele hervorragende
Momente. Außer den Concerten des Orchesters, der musikalischen
Akademie des Kapellmeisters Ganz und des großh. Hofschau=
spielers Lippe erwähnen wir die Concerte des großen Cellisten
Romberg im Casino am 4. Mai 1835 und des Waldhornisten
Lewy aus Wien, sowie jene der Kinder des Prof. Dreßler, der
Mad. Schmidt=Friese und des Prof. Ehlers. Den Glanzpunkt
der Saison bildeten wieder die Concerte der Liedertafel. Am
26. Januar 1835 gab dieselbe zum Besten der Armen ein großes
Concert im Schauspielhause. Dieser Verein war in kurzer Zeit
zu einer seltenen Blüte gelangt, was von dem Kunstsinn der
Mainzer ein rühmliches Zeugniß ablegt. Er erfreute sich auch
bald der Aufmerksamkeit der deutschen Komponisten, besonders
Meyerbeers, welcher sehr oft den Aufführungen beiwohnte
und zum Ehrenmitgliede des Vereins ernannt wurde. Meyer=
beers Antwort auf das ihm übersendete Diplom bestand höchst
sinnig in der Komposition eines Festgesanges, welcher zur Feier
der Errichtung des Gutenbergdenkmals von Dr. C. Rosenberg
gedichtet war. Die Komposition war von nachstehendem Dank=
schreiben an den Präsidenten und Vorstand der
Liedertafel begleitet:

Hochgeehrte Herren!
Genehmigen Sie meinen innigsten Dank für die Ehre, deren Sie
mich gewürdigt haben, meinen Namen dem Kreise der erleuchteten Kunst=
freunde der Mainzer Liedertafel einzuverleiben, deren schöne, humane
Tendenz die Verherrlichung unserer edlen Kunst und deren Ausübung
zu patriotischen und menschenfreundlichen Zwecken beabsichtigt. Die Er=
innerung an den genußreichen Abend, welchen ich das Glück hatte, ver=
gangenen Sommer in Ihrer Mitte zuzubringen, wird mir doppelt
theuer, da er mir die Auszeichnung verschafft hat, mich ein Glied
Ihres ehrenwerthen Kreises nennen zu dürfen. Erlauben Sie dem
neuen Mitglied, als Tribut seiner Dankbarkeit Ihnen beifolgenden
Festgesang (für vier Männerstimmen und Chor) widmen zu dürfen,
welchen ich eigends für die Mainzer Liedertafel komponirt habe, mit
besonderer Berücksichtigung jenes schönen Abends, der Sie zur patrio=
tischen Verherrlichung Ihres unsterblichen Landsmannes Gutenberg ver=
sammelt hatte.

Mit ausgezeichneter Hochachtung habe ich die Ehre zu verharren, hochgeehrte Herren, Ihr ganz ergebenster Diener
Meyerbeer, k. preuß. Hofkapellmeister.
Paris, 1. Dezember 1834.

Am 8. August 1835 veranstaltete die Liedertafel in Verbindung mit einer Anzahl Sänger aus Frankfurt, Darmstadt u. s. w. und dem großh. Hoftheater-Orchester ein großes Sängerfest*) in der Neuen Anlage, wo eine eigene Bühne für die Mitwirkenden aufgeschlagen worden war. Das Concert wurde mit der „Pastoral=Symphonie" Beethovens, ausgeführt durch die aus 60 Künstlern bestehende Darmstädter Hofkapelle unter Leitung ihres Dirigenten Wilhelm Mangold, eröffnet. Hierauf folgte Mozarts dreistimmiger Priesterchor in D dur aus der „Zauberflöte" unter Leitung des Herrn Messer und die Arie „O Isis" mit Chor aus derselben Oper, vorgetragen von dem Bassisten der Mainzer Bühne Dr. Meyer. Den Schluß der ersten Abtheilung bildete das Oratorium „Die eherne Schlange", Gedicht von Prof. Giesebrecht, ausgeführt von dem Sängerchor unter Leitung des Komponisten Dr. Löwe aus Stettin. Die zweite Abtheilung eröffnete die Hofkapelle mit Beethovens älterer Ouverture zu „Leonore", welcher ein Chorgesang folgte. Den würdigen Schluß des Ganzen machte der Vortrag des oben erwähnten Meyerbeer'schen Festgesanges. An das Concert schloß sich ein überaus zahlreich besuchter Festball im Theater an. Da das Concert im Freien nicht zur rechten Geltung gelangt war, so fand am folgenden Tage eine Wiederholung desselben im Schauspielhause statt. Durch die Mitwirkung von Sängern und Musikern der Nachbarstädte wurde das schöne Fest gleichsam der Vorläufer der später so berühmt gewordenen Mittelrheinischen Musikfeste.

So ließen denn die während dieser Saison gebotenen Kunstgenüsse für die immer herrlichere Entfaltung des Kunstlebens in dem goldenen Mainz das Beste hoffen. Leider hatte die Mainzer Kunstwelt in dieser Zeit auch den Verlust mehrerer Freunde der Musen zu beklagen. Der bereits mehrfach erwähnte Gymnasialprofessor Brann, welcher sich namentlich als Mitbegründer des Kunstvereins und Redakteur der Vereinsblätter ein großes Ver-

---

*) Der Reinertrag des Festes, welcher zum Besten des Gutenbergdenkmals verwendet wurde, betrug über 2000 fl.

dienst erworben hatte, starb nach schweren Leiden am 12. Oktbr. 1834 in einem Alter von 49 Jahren. Braun hatte sich auch als dramatischer Schriftsteller hervorgethan. Wir erwähnen von ihm die Tragödie „Mahomeds Tod", welche er in seinem 20. Lebensjahr erscheinen ließ, ferner das Charaktergemälde „Nero", das Trauerspiel „Laokoon" und das Künstlerdrama „Der Schmied von Antwerpen". Am 29. Dezember desselben Jahres verschied ferner der ehemalige Theatermaler und Schauspieler Peter Kaufmann, ein Sohn des kurfürstlichen Hofmalers gleichen Namens und Neffe der in der Kunstgeschichte berühmten Maria Angelika Kaufmann, im tiefsten Elend. Er war mit dem früheren Mainzer Bühnenmitglied Fräul. Klein verheirathet.

Die folgende Saison 1835 36 war im Allgemeinen befriedigend. Hinsichtlich der Leistungen und des Repertoirs stand die Oper obenan, wenn auch das Schauspiel recht beachtenswerthe Momente bot. Das Personal war nicht wesentlich verändert. Noch vor Eröffnung der Saison, am 4. Septbr. 1835, brachte die Oper eine Novität, nämlich Bellini's „Norma" mit Sabine Heinefetter als Vertreterin der Titelrolle. Den Sever sang der nachher in Frankfurt engagirte Tenorist Freymüller. Die übrigen Rollen vertheilten sich: Adalgisa: Dem. Münch, Clotilde: Dem. Seeland, Flavius: Herr Braun, und Orovist: Hr. Meyer. Die Saison wurde am 17. Septbr. mit Webers „Oberon" eröffnet. Trotzdem Bellini das Repertoir beherrschte, blieben doch auch die andern Komponisten nicht unberücksichtigt. Als nächste Novität folgte Bellini's „Nachtwandlerin" am 20. September. Die Besetzung dieser Oper war folgende: Graf Rudolph: Hr. Jaskewitz, Therese: Dem. Penz, Amine: Mad. Michalesi, Elwin: Hr. Neufeld, Lise: Dem. Münch, Alexis: Hr. Kroneberg, und ein Notar: Hr. Braun. Auch Auber erschien wieder mit einer Novität „Lestocq", in welcher der Baritonist Jaskewitz die Titelrolle sang. Einen großen Erfolg hatte Bellini's Oper „Die Fremde", welche am 11. Februar 1836 mit der gastirenden Mad. Pohl-Beisteiner von der Hofoper zu Wien als Isoletta zum Besten des Gutenbergdenkmals gegeben wurde. Dem. Quien, früher am Lübecker Stadttheater, sang die Agnese. Ferner wirkten die Herren Neufeld (Graf Arthur), Jaskewitz (Graf Leopold), Braun (Oswald), Meyer (Großprior) und Hofmann (Baron

Montolino) mit. Von Meyerbeer kam am 28. März die heroische Oper „Die Kreuzritter in Egypten“ zur ersten Aufführung. Mad. Pohl-Beisteiner verabschiedete sich in dieser Oper als Elmireno. Die sonstige Besetzung war: Aladin: Hr. Meyer, Palmide: Mad. Michalesi, Osmin: Hr. Hofmann, Adrian von Montfort: Hr. Neufeld, Felicia: Dem. Penz, Alma: Dem. Hagen, und Page: Dem. Durst. In dieser Saison begegnen wir auch zum ersten Male dem nachmals so beliebten Lortzing. Am 26. Mai ging ein kleines Liederspiel dieses Komponisten, „Der Pole und sein Kind“, in Scene. — Den Reigen der Gastspiele eröffnete Herr Abler von Karlsruhe als Alphonio (Zampa). Ihm folgten u. A.: Mad. Schodel von Wien, welche die Agnese (Fremde) mit Erfolg sang; Dem. Gerwer (Elvira), Hr. Dietz (Gußmann) und der nunmehrige Mannheimer Opernregisseur Karl Freund (Leporello); ferner die in der Aufführung der „Vestalin“ mitwirkenden Darmstädter Gäste Hr. Döring (Cinna), Hr. Delcher (Pontifex), Mad. Marra (Oberpriesterin) und die beliebte Dem. Madler (Julia). Der berühmte Bassist Reichel von derselben Bühne trat am Schluß der Saison als Mephisto, Sarastro und Bertram unter großem Beifall auf.

Das Schauspiel blieb auf demselben Standpunkte wie in der vergangenen Saison. Zunächst erschien Albini's Lustspiel „Endlich hat er es gut gemacht“, worin der neu engagirte Komiker Edmüller den Fleischsteuer-Kassenschreiber spielte. Diesem folgte Töpfers Lustspiel „Die Einfalt vom Lande“. Hr. Hellwig gab den Fritz und Hr. Peters den Wilhelm. Das nächste Stück Töpfers war das Lustspiel „Freien nach Vorschrift“, in welchem der neu engagirte erste Liebhaber Hr. Ditt vom Leipziger Stadttheater den August Born spielte. Das Gastspiel des Balletmeisters Teicher aus Wien brachte das romantische Schauspiel „Neger-Rache“ von Thiel, in welchem Hr. Dornewaß den amerikanischen Affen Domi gab. Am 30. November 1835 erschien Göthes „Faust“ zum ersten Male auf der Mainzer Bühne. Der Regisseur des Frankfurter National-theaters, der bekannte Mainzer Becker, gab den Faust. Die übrigen Hauptrollen vertheilten sich: Mephisto: Herr Vogel, Margarethe: Dem. Brenzler, Marthe: Mad. Cornelius, und Valentin: Hr. Peters. Im weiteren Verlaufe der Saison gelangten u. A. noch „Der Ball zu Ellerbrunn", ein Lustspiel von Blum, in welchem die drei Einheiten durchgeführt waren, und das Drama „Caravagio" von Th. Hell zur ersten Aufführung. Am Schluß der Saison, am 26. Mai, wurden von dem bekannten Mainzer Dichter Friedrich Lennig „Die Weinproben", komische Lokalscenen, zum ersten Male gegeben. Der unverwüstliche Herbold spielte den Weinwirth Rambaß. Die weitere Besetzung des von ächtem Mainzer Humor erfüllten Stückchens war folgende: Michel: Hr. Kroneberg, Streng: Hr. Hartig, Umschütt: Hr. Götz, und Schlicht: Hr. Mella. — Die Gastspiele waren nicht sehr bedeutend. Besonderen Erfolg hatte das der Wiener Hofschauspielerin Mad. Lange, welche in einer Reihe Schiller'scher Dramen auftrat und als Isabella (Braut von Messina) Abschied nahm. Ferner seien noch erwähnt die Herren: Ferrmann, welcher in seinem Trauerspiel „Der Schlaftrunk" auftrat, Quien von Lübeck (Hans Sachs) und Nerking von Mannheim als Jaromir (Ahnfrau), sowie die Damen: Mad. Köhler aus Lübeck (Johanna), Dem. Kietze vom Karlsruher Hoftheater (Hedwig in Körners gleichnamigem Schauspiel) und Dem. Essewein aus Stuttgart als Recha in „Nathan der Weise". Allgemeines Interesse erregte die Abhal= tung eines französischen Theaterabends am 17. Dezember 1835. Es wurden einige Scenen aus Corneilles „Cid" und „Cinna" gegeben. In letzterem Stücke wirkten die Herren Ferrmann (Auguste), Vogel (Cinna) und Dem. Stuart (Emilie) mit. — Die Saison wurde am 28. Mai mit Mozarts „Zauberflöte" geschlossen. In Folge des Ablebens der Großherzogin am 28. Januar hatten die Vorstellungen eine kurze Unterbrechung erlitten.

Unter den Concerten steht dasjenige der „Liedertafel" am 25. Januar obenan. In demselben wirkten zum ersten Male Damen mit, und um ferner auch klassische Werke zur Aufführ= rung zu bringen, wurde am 21. März 1836 ein mit der Lieder= tafel verbundener „Damengesangverein" ins Leben gerufen. Großen Jubel erregten die Concerte des berühmten Walzer= königs Strauß, welcher sich mit seiner Kapelle am 13. No= vember 1835 zum ersten Male im Schauspielhause hören ließ. Ferner traten noch auf der Clarinetist Bärmann aus München, der Citherspieler Petzmayer aus Wien und der Cellist Rode.

Die Saison 1836/37 stand trotz der fleißigen Leistungen

des Personals gegen die vorangegangene im Allgemeinen zurück. Schon vor Beginn derselben waren der Baritonist Jaskewitz, der langjährige lyrische Tenor Benesch und Dem. Quien aus dem Mitgliederverbande ausgetreten. An die Stelle des Hrn. Jas= kewitz wurde ein Hr. Hofmann engagirt. Im Schauspiel war in Fräul. v. Seele die lange vermißte Heldin gewonnen. Im Uebrigen bestand das Personal aus den alten Mitgliedern. Das Hauptinteresse nahm das Schauspiel in Anspruch, welches durch das Gastspiel des Berliner Hofschauspielers Rott einen vielversprechenden Anfang nahm. Es erschien auch eine große Anzahl Novitäten, dieselben waren jedoch meistens von nur zweifelhaftem Werth. Angely brachte zunächst sein Lustspiel „Von Sieben die Häßlichste", welchem am 24. Septbr. 1836 das zeitgemäße Stück „Gutenberg" von Charl. Birch=Pfeiffer folgte. Dieses Schauspiel hatte drei Abtheilungen, welche sich „Gutenberg in Straßburg", „Gutenberg in Mainz" und „Gu= tenberg am Wanderstab" betitelten. Herr Meyer spielte die Titelrolle. Aus Anlaß des Gastspieles von Rott wurde Shake= speares „König Richard" am 17. Oktober 1836 zum ersten Male gegeben. Aus der Besetzung erwähnen wir: Richard: Hr. Rott, Eduard IV.: Hr. Cornelius, Elisabeth: Fräul. v. Seele, George: Hr. Meyer, Heinrich von Richmond: Herr Ditt, Herzogin von York: Mad. Cornelius, Margaretha von Anjou: Mad. Herbold, Anna: Dem. Brenzler, Herzog von Buckingham: Hr. Hartig, Herzog von Norfolk: Hr. Vo= gel, und Lord Hastings: Hr. Peters. Am 6. Oktober erschien ein Lustspiel „Das goldene Kreuz" von G. Harrys, welches später dem Komponisten Brüll als Textunterlage zur Oper glei= chen Namens diente. Die Besetzung des Lustspiels war im Wesentlichen die folgende: Francis: Hr. Ditt, Gautier: Herr Hartig, Nikolaus Bottin: Hr. Peters, Therese: Fräul. von Seele und Christine: Dem. Brenzler. Acht Tage darauf gelangte Raupachs Schauspiel „Die Royalisten" zur ersten Aufführung. Den König Karl spielte Hr. Ditt, den Cromwell Hr. Rott. Nun folgten „Das Liebesprotokoll" von Bauernfeld und Victor Hugos „Glöckner von Notre=Dame", dramatisirt von Frau Birch=Pfeiffer. Großen Beifall fand am 1. März 1837 Nestroys Posse „Zu ebener Erde und im ersten Stock", in welcher Herr Cornelius den Millionär Goldfuchs und Herr

Hartig den Trödler Schlucker spielte. Von dem Mainzer Stadtbibliothekar Ph. H. Külb erschien ein Drama „Ludwig der Elfte", welches zwei Aufführungen erlebte. Herr Vogel glänzte in der Titelrolle. — Unter den Gastspielen nimmt das Auftreten Rotts das allgemeine Interesse in Anspruch. Rott spielte außer den schon angeführten Rollen den Hamlet, Wallenstein, Shylock und König Lear unter außerordentlichem Beifall und wurde geradezu neben Eßlair gestellt. Nach diesem Gastspiel traten die klassischen Stücke auf dem Repertoir einige Zeit in den Hintergrund, bis Mad. Kaiser aus Karlsruhe die Aufführung der „Sappho", „Maria Stuart" und „Braut von Messina" veranlaßte, in welchen Stücken die Künstlerin als Sappho, Elisabeth und Isabella auftrat. Ferner erwähnen wir noch Herrn Pirscher von Mannheim (Karl Moor) und Herrn Jenke von Düsseldorf als Magister Bückling in Töpfers Lust= spiel „Freien nach Vorschrift".

Keine Saison war an Opern=Novitäten so arm wie diese: es erschienen nur zwei neue Opern. Am 1. Dezbr. 1836 wurde Aubers Zauberoper „Das cherne Pferd" zum ersten Male unter großem Beifall gegeben. Herr Neufeld sang den Yang und der neu engagirte Tenorist Kolb, früher in Zürich, den Yanko. Von Gretry ging am 10. Mai 1837 die heroische Oper „Raoul, der Blaubart" als Novität in Scene. Die Titelrolle war Hrn. Meyer übertragen. — Gastspiele gaben: die berühmte k. k. Hofopernsängerin Dem. Schebest aus Wien (Fidelio), Dem. Sabine Heinefetter als Amine (Nacht= wandlerin), Hr. Albert aus Aachen (Zampa), Dem. Reitmayer als Emmeline (Schweizerfamilie), der Bassist Sesselmann aus Darmstadt als Kaspar (Freischütz), Hr. Wagens von Freiburg als Rodrigo (Othello) und Hr. Schmezer aus Braunschweig als Gustav (Maskenball). Großen Beifall erntete der nunmehrige Karlsruher Opernsänger Wild, der u. A. den Tell gab. Denk= würdig ist die am 25. April 1837 erfolgte Aufführung des „Don Juan", worin die Mitglieder des Karlsruher Hoftheaters Herr Marrder (Don Juan), Mad. Reichel (Donna Elvira) und Hr. Reichel (Leporello) gastirten. Als Gastdarstellung eigner Art erscheint noch das Auftreten der Familie Mateweitsch Becker, Nationalsänger aus Rußland.

Gelegentlich der Feier der Enthüllung des Guten=

bergdenkmals im August 1837 wurden zwei Vorstellungen im Theater gegeben. Am 13. August ging Birch=Pfeiffer's Schauspiel „Gutenberg" mit zwei Mainzern, Mad. Wittmann vom Stuttgarter Hoftheater (Katharina) und Hrn. Becker vom Frankfurter Nationaltheater (Gutenberg), und am 16. August Webers „Oberon" in Scene. In dieser Oper gastirten Herr Haitzinger (Huon) und Mad. Pirscher von Mannheim (Rezia).

Das musikalische Leben ließ auch in dieser Saison nichts zu wünschen übrig. Neben den einzelnen kleineren Vereins=Aufführungen seien noch erwähnt: die Concerte des Herrn Dr. Heigel, die musikalische Akademie des Kapellmeisters Ganz, das Concert des Flötenvirtuosen Wolf aus Karlsruhe, sowie das des Kunstvereins, in welchem Fräul. Oswald aus München unter großem Beifall einige Kompositionen des verstorbenen k. baier. Hofmusikus Stern, eines geborenen Mainzers, vortrug. Den Hauptpreis sollte jedoch wieder die Liedertafel davontragen, welche nun zum ersten Male in Verbindung mit dem neu gegründeten Damengesangverein am 16. Januar 1837 im Theatergebäude ein großes Concert zum Besten der Armen veranstaltete. Die beiden Vereine brachten unter Leitung ihres Direktors Messer Löwe's Oratorium „Die sieben Schläfer", Text von Dr. Giesebrecht, zur Aufführung. Auch bei dem am 14. bis 16. August 1837 stattfindenden Gutenbergsfeste that sich die Liedertafel hervor. Das für die Enthüllungsfeier von Neukomm in Musik gesetzte Te deum wurde von ungefähr 1200 Sängern, worunter neben den Mitgliedern der Liedertafel auch 650 Knaben, ausgeführt und erntete den allgemeinsten Beifall. Neukomm, welcher die Aufführung selbst leitete, sprach sich über das vortreffliche Ensemble höchst anerkennend aus und soll den Vorschlag gemacht haben, für die kleinen Sänger eine eigene Denkmünze schlagen zu lassen. Das bei derselben Gelegenheit von ungefähr 500 Sängern zur Aufführung gebrachte neue Oratorium von Dr. Löwe „Gutenberg", dessen Text ebenfalls von Giesebrecht verfaßt war, fand großen Beifall. Die aus allen Theilen Deutschlands herbeigeströmten zahlreichen Festgäste erhielten durch diese musikalischen Leistungen den Beweis, daß die Stadt Gutenbergs auch eine Stätte der Kunst sei.

Die Saison 1837/38 war in Anbetracht der in Mainz

obwaltenden Verhältnisse recht gut zu nennen. Direktor Renie, welcher als ein uneigennütziger, strebsamer Mann geschildert wird, that was in seinen Kräften stand, um die immerhin hohen Ansprüche des Mainzer Publikums zu befriedigen. Hinsichtlich des Repertoirs hatte die Oper in dieser Saison den Vorrang, wenn man auch mit den Leistungen des Personals derselben nicht immer zufrieden war. Schon die erste Vorstellung am 17. Septbr. 1837 brachte eine Novität, Halevys große romantische Oper „Die Jüdin" mit folgender Besetzung: Kardinal: Hr. Meyer, Leopold: Hr. Kolb, Eudoxia: Dem. Seeland, Eleazar: Hr. Neufeld, Recha: Mad. Michalesi, Schultheiß: Hr. Hofmann. Das Publikum nahm die Oper, welche sich erst später Bahn brach, ziemlich lau auf. Größeres Glück hatte Adams „Postillon von Lonjumeau", welche komische Oper am 15. Oktober 1837 zum ersten Male in Scene ging. Herr Neufeld sang den Chapelon, Hr. Herbold den Biju, Hr. Hofmann den Marquis, Dem. Münch die Madeleine, und Dem. Hagen die Rosa. Weniger Erfolg hatte die Oper „Die Räuberbraut" von dem Frankfurter Ferdinand Ries, einem Schüler Beethovens. Dem. Seeland hatte die Titelrolle übernommen. — An Gästen war auch in dieser Saison durchaus kein Mangel. Zuerst trat die Wiener Sängerin Mad. Ernst als Norma auf. Ihr folgte das Mitglied der Berliner Hofoper Dem. Hanal als Romeo und Dem. Knörr als Irma in Aubers „Maurer und Schlosser". Die Gattin des Improvisators Langenschwarz gastirte als Alice in „Robert der Teufel". In „Othello" traten Hr. Klein vom Frankfurter Theater in der Titelrolle, Mad. Ernst von derselben Bühne als Desdemona und Hr. Watzinger aus Darmstadt als Rodrigo auf. Ferner erwähnen wir noch das Gastspiel des Tenoristen Stöger vom Düsseldorfer Theater als George Brown (Weiße Dame) und das Auftreten der berühmten Karlsruher Hofopernsängerin Mad. Fischer-Schwarzböck als Agathe (Freischütz), Donna Anna (Don Juan) und Fidelio. — Für die Oper waren u. A. neu engagirt Herr Froitzheim vom Ulmer Stadttheater, der als Lorenzo (Romeo und Julie) debutirte, und Hr. Baumhauer aus Trier, welcher den Platz des durchgebrannten lyrischen Tenors Kolb einnahm.

Das Schauspiel überfluthete das Repertoir wieder mit

Novitäten. Großes Aufsehen erregte Friedrich Halms „Gri=
seldis", welche am 12. Dezbr. 1837 mit dem damals gasti=
renden Kunst als Percival und Mad. Ditt*) als Vertreterin
der Titelrolle zur ersten Aufführung gelangte. Dieses drama=
tische Gedicht fand mit seiner angenehmen Sprache allgemeinen
Anklang und machte den bis dahin ziemlich unbekannten Namen
des österreichischen Dichters rasch beliebt. Der lustige Nestroy
erschien hierauf mit der Posse „Die beiden Nachtwandler" und
Albini mit dem Lustspiel „Die gefährliche Tante". Der
neu engagirte Held und Liebhaber Hr. v. Lavallade, bisher
in Hamburg, spielte den Horst und Hr. Cornelius den Frei=
herrn v. Emmerling. Von Raimund wurde die bekannte Posse
„Der Diamant des Geisterkönigs" mit Hrn. Herbold
als Longimanus zum ersten Male gegeben. — Außer Kunst,
welcher diesmal eine kühlere Aufnahme fand**), gastirten u. A.
noch: Mad. Pann aus Wien als Luise (Kabale und Liebe),
Direktor Lebrun aus Hamburg und Dem. Henckel von Olden=
burg als Clementine in Raupachs „König Enzio". — Von den
Neuengagirten ist der spätere Lustspieldichter Benedix vor
Allen zu erwähnen. Derselbe trat am 6. Februar 1838 als
Graf von Born in Albini's Lustspiel „Kunst und Natur" zum
ersten Male in Mainz auf. In Herrn Schultz von Bremen,
welcher als Staberl debutirte, wurde ein neuer Komiker gewon=
nen. Ein erster theatralischer Versuch war das Auftreten
des Hrn. Endres als Peter in Kotzebues Lustspiel „Die Rosen
des Herrn von Malesherbes". — Da die Mainzer kein Ballet
besaßen, so eröffneten drei Tänzer=Gesellschaften, Laurençon
aus Petersburg, Mad. Vestris aus Madrid und Monsieur
Faye aus Brüssel, während der Saison kurz nach einander
ein Gastspiel.

Interessant ist in dieser Saison auch das Erscheinen der
ersten Carnevals=Posse „Hamlet, Prinz von Liliput",
einer „entsetzlich komischen Tragödie, fürchterlich tragischen Ko=
mödie in 3 Aufzügen und 3 Niederfallungen", welche anno I des

---

*) Frühere Dem. Brenzler. Ihr Gatte war der gleichfalls an der
Mainzer Bühne engagirte Schauspieler Ditt.

**) Die Kritik vermißte bei ihm eine tüchtige Schulung und künst=
lerisches Maßhalten.

Mainzer Narrenstaates, am 25. Februar 1838 in Scene ging. Die Bedeutung dieser Carnevals-Possen für das theatralische Leben ist durchaus nicht zu unterschätzen. Diese Stücke wecken, weil sie unmittelbar aus dem Volke hervorgehen, nicht allein dramatisch begabte Kräfte, sondern sie sind mehr oder weniger auch „der Spiegel des öffentlichen Lebens". Wenn auch Mainz gerade keinen Aristophanes erhielt, so hat doch der Volkston dieser Stücke, die sehr oft eine natürliche, urwüchsige Komik enthalten, ein inniges Verständniß gefunden.

Die Concert-Saison ließ es wie gewöhnlich nicht an Kunstgenüssen fehlen. Am 6. November 1837 verabschiedete sich Dem. Cäcilie Heigel und ihr Vater Dr. Heigel mit einem deklamatorisch-musikalischen Abend. Am 4. Dezember gab der frühere lyrische Tenor des Stadttheaters und der Stifter der Liedertafel Herr Benesch ein großes Vokal- und Instrumental-Concert. Außer den Concerten im Theater müssen wir noch der Liedertafel gedenken, welche auch in dieser Saison große Erfolge errang. Am 19. Januar 1838 wurde gemeinschaftlich mit dem Damengesangverein unter der Leitung des Musik-direktors Messer Haydns Oratorium „Die vier Jahreszeiten" zur Aufführung gebracht. Außer diesem Concert für die Armen wurde zur Erinnerung an das Gutenbergsfest am 14. August 1838 die Aufführung von Löwe's Oratorium „Gutenberg" durch die beiden Vereine veranstaltet. Die Parthie des Guten-berg hatte der sich gerade in Mainz aufhaltende Bassist des Düsseldorfer Theaters Herr Hinze übernommen. Eine junge Mainzerin, Dem. Basse vom Hoftheater zu Stuttgart, welche der Liedertafel ihre Ausbildung verdankte, sang einige Arien in italienischer Sprache. Aber auch nach Außen suchte die Lieder-tafel ihren guten Ruf zu verbreiten. Bei dem Anfangs August 1838 zu Frankfurt von dem dortigen Liederkranz veranstalteten Sängerfest wirkten 37 Mainzer mit.

Zur Hebung der Kunst trug auch der im Jahre 1837 ge-stiftete Verband „Rheinischer Kunstverein" bei, der von den Vereinen Mainz, Darmstadt, Mannheim, Karlsruhe und Straßburg gebildet wurde. In dem Central-Ausschuß war Mainz durch den um das Kunstleben hochverdienten Prof. Baur vertreten.

Auch in der letzten Saison unter Remie (1838/39) behauptete die Oper den ersten Platz. Sowohl hinsichtlich der Novitäten, als auch der auftretenden Gäste überflügelte sie das Schauspiel. Am 11. Oktober 1838 begrüßten die Mainzer Mozart's reizende Oper „So sind sie Alle" (Cosi fan tutte) unter dem Titel „Die Guerillas, große Oper von Anton". Mozart's vollständig beibehaltene Musik schlug natürlich durch, der elende Text jedoch, wodurch sich diese Oper auch im Original auszeichnet, war geblieben. Die Besetzung der Oper war folgende: Alfonzo: Herr Meyer, Flora: Mad. Michalesi, Bella: Dem. Seeland, Wilhelm: Hr. Hofmann, Nanette: Dem. Münch, und Matheo: Hr. Mella. Den Ferdinand sang der neu engagirte Heldentenor Lehmann. Großen Beifall fand Auber's komische Oper „Der schwarze Domino", welche am 19. November zum Vortheile des Kapellmeisters Ganz zum ersten Male mit folgender Besetzung in Scene ging: Lord Elfort: Hr. Hofmann, Graf Juliano: Hr. Baumhauer, Horatio: Hr. Lehmann, Gil Perez: Hr. Herbold, Angela: Dem. Seeland, Brigitte: Dem. Münch, Claudia: Dem. Penz, und Ursula: Dem. Hagen. Weniger Erfolg hatte die am 25. April 1839 zum ersten Male aufgeführte Oper „Der Zweikampf" von Louis Herold, dem Komponisten des „Zampa". Die Margaretha wurde von Mad. Michalesi gesungen. — Sabine Heinefetter eröffnete die Reihe der Gastspiele als Norma. Ihr folgten Mad. Willmann-Lehmann aus Dresden als Donna Anna (Don Juan) und die berühmte Wiener Hofopernsängerin Jenny Lutzer, welche u. A. als Amine (Nachtwandlerin) und Madeleine (Postillon von Lonjumeau) große Triumphe feierte. Am 27. Mai 1839 beendigte die Sängerin ihr Gastspiel, indem sie zum Besten der Pensionsanstalt des Theaterorchesters als Isabella in Herolds „Zweikampf" auftrat. Als letzter Gast erschien der Wiener Bassist Staudigl, welcher u. A. den Bertram sang. Mit Staudigls Auftreten als Leporello am 30. Mai 1839 schloß die Saison, welche am 30. Septbr. 1838 mit „Robert der Teufel" eröffnet worden war. — Für die Oper war der Tenorist Hr. Bayer vom Stadttheater zu Prag neu engagirt worden. Ein Hr. Piccard machte als Offizier in der Oper „Ferdinand Cortez" den ersten theatralischen Versuch.

Unter den zahlreichen Novitäten im Schauspiel fanden sich einige, welche dem deutschen Bühnenrepertoir bis heute er-

halten blieben. So ging am 2. Oktober 1838 zum ersten Male
Raimunds Original-Zaubermärchen „Der Verschwender" in
Scene. Den Valentin spielte zuerst Hr. Götz und bei der spä=
teren Aufführung Herr Haake als Gast; Herr Ditt gab den
Flottwell. Dr. Wollheim brachte sodann ein Drama „Kean",
in welchem sich Haake als Vertreter der Titelrolle verabschiedete.
Nachdem Cosmars heute noch gern gesehener Schwank „Die
Liebe im Eckhaus" gegeben worden war, erschien am 15. Ja=
nuar 1839 Bauernfelds beliebtes Lustspiel „Bürgerlich und
Romantisch". Die Besetzung des Stückes war folgende: Prä=
sident von Stein: Hr. Bünde, Baron von Ringelstern: Hr. Ditt,
Rath Zabern: Hr. Froitzheim, Räthin: Mad. Herbold, Cäcilie:
Dem. Thöne, Badekommissär: Hr. Woller, Katharina v. Rosen:
Mad. Ditt, und Ernestine: Dem. Hagen. Das hierauf folgende
Lustspiel „Verirrungen" von Ed. Devrient, welches die unter
dem Einflusse der jungdeutschen Literatur sich geltend machende
Frauenemancipation in ihrer extremen Seite geißelt, fand keinen
rechten Anklang. Die Marianne ward von Dem. Seyler gespielt.
— Als Gäste erschienen Hr. Haake vom Hamburger Stadt=
theater in Oehlenschlägers „Correggio" (Antonio), als Hamlet und
als Hugo in Hell's Lustspiel „Der Rath"; Hr. Leißring von
Bremen als Baron Jakob (Ball von Ellerbrunn); Mad. Fischer
aus Mannheim als Camilla (Das Bild), und der Regisseur des
Frankfurter Stadttheaters Hr. Becker als Kean. Besondern
Beifall fand das Gastspiel des Charakterdarstellers Schramm
aus Mannheim, welcher u. A. als Shylock auftrat. Auch Herr
Henckel von Oldenburg erntete als König Philipp (Don Carlos)
reichen Beifall. — Von den gastirenden Ballet-Gesellschaften
erwähnen wir die im April 1839 auftretenden „Bajaderen aus
Indien" unter der Direktion eines Herrn Tardivel und die
Truppe des badischen Hof-Balletmeisters Beauval.

Als Narrenstück ging am 10. Februar 1839 „Die falsche
Catalani, doppelt falsches, opernartiges, heroisch-tragisches Lust=
spiel, durch eine Diebssymphonie eröffnet und mit Liedern aus=
staffirt, in zwei Auf= und Zufallungen" in Scene.

Die Reihe der Concerte wurde durch eine musikalische
Abendunterhaltung zum Besten der Hinterbliebenen des kurz
vorher in Mainz verstorbenen Komponisten Panny, des be=
kannten Begleiters Paganini's, im Oktober 1838 eröffnet. Die

Liedertafel führte am 18. Dezember im Schauspielhause das Oratorium „Judas Makkabäus" von Händel auf, und außer dem gewöhnlichen Weihnachts-Concert im Theater fand am 15. März ein Concert des Klaviervirtuosen und Komponisten Aloys Schmitt statt.

Im Laufe dieser Saison starben zwei angesehene Mainzer, nämlich im Jahre 1838 der Dichter Friedrich Lennig und am 24. Febr. 1839 der bekannte Maler Kasp. Schneider. Mit dieser Saison war auch der Contract des Herrn Remie abgelaufen und das Mainzer Theater sah einer neuen Direktion entgegen. Durch die Trennung der Wiesbadener Bühne von dem Mainzer Theater waren ganz neue Verhältnisse eingetreten. Die Direktion konnte nun ihre ganze Aufmerksam= keit der Mainzer Bühne zuwenden und den Wünschen bezw. dem Kunstbedürfniß der Mainzer mehr Rechnung tragen. Remie sollte jedoch zunächst die durch die neuen Verhältnisse geschaf= fenen Vortheile nicht mehr genießen: er legte im Frühjahr 1839 die Direktion nieder. Mag nun auch, wie Viele behaupteten, dem Direktor die rechte Thatkraft gefehlt haben, ein Blick auf sein Wirken zeigt, daß er wenigstens wieder eine schönere Zeit angebahnt hat.

III.

Die Glanzepoche der Mainzer Oper unter Schumann. Die Erfolge der Mainzer Oper in London. Das Gutenbergs= Musikfest. Schumanns Sturz in Paris. Literarisches Leben in Mainz.

An die Stelle Remie's trat nun August Schumann, unter dessen Direktion die Mainzer Oper eine nie geahnte Höhe erreichen sollte. Schon die erste Vorstellung der Sai= son 1839/40, welche den „Don Juan" brachte, zeigte, daß die Oper tüchtige Kräfte zu ihren Mitgliedern zählte. Der Baritonist Herr Brassin sang den Don Juan, Hr. Wolff

den Octavio, Direktor Schumann den Leporello und Herr
Schneider den Masetto. Mad. Schumann, nachmals die
„Perle der Mainzer Oper" genannt, führte sich als Zerlinchen
ein. Von den Mitgliedern der verflossenen Saison traten Mad.
Michalesi (Anna), Dem. Seeland (Elvira) und Herr Froitzheim
(Comthur) auf. Dieser Vorstellung war nach dem Vortrag der
Weber'schen Jubelouverture ein Prolog vorausgegangen, wel=
chen die neu engagirte erste Liebhaberin und Heldin Mad.
Hoffmann sprach. Sowohl hinsichtlich der Novitäten, als
auch der Gastspiele zeichnete sich die Oper schon in dieser
Saison aus. Am 30. September erschien Konradin Kreutzers
reizende Oper „Das Nachtlager in Granada", welche mit
ihrer ächt deutschen Musik einen großartigen Erfolg hatte und
eine Lieblingsoper der Mainzer wurde. Die Rollen waren ver=
theilt: Gabriele: Dem. Seeland, ein Jäger: Hr. Brassin,
Ambrosio: Hr. Herbold, Vasco: Hr. Froitzheim, Pedro:
Hr. Götz, und Alcade: Hr. Scharrer. Den Gomez sang der
neue Tenorist Hr. Ernst, welcher natürlich bei der späteren
Wiederholung der Oper durch den Gomez des berühmten Wild
verdunkelt wurde. Donizetti's komische Oper „Der Liebes=
trank", welche vier Wochen darauf folgte, fand weniger Bei=
fall als das Kreutzer'sche Werk. Die Besetzung war folgende:
Adina: Mad. Schumann, Nemorino: Hr. Wolff, Belcore:
Hr. Brassin, Doktor Dulcamara: Hr. Schumann, und Gia=
nettine: Dem. Frombach. Allgemeinen Anklang fand die am
1. Dezember folgende Opern=Novität „Die Puritaner" von
Bellini. Der neue Bassist Hr. Krug sang den Lord Walton und
die Herren Brassin und Froitzheim die Puritaner Forth und
Brown. Den Geschmack der Mainzer traf auch Adams komische
Oper „Der Brauer von Preston", welche am 12. Januar
1840 zum ersten Male in Scene ging. Der Erfolg dieser Oper
war so groß, daß der Mainzer Carnevalverein den Marsch der=
selben in seinen Sitzungen einführte. Die Besetzung war in den
Hauptrollen folgende: Braue Robinson: Hr. Wolff, Toby:
Hr. Brassin, Effie: Mad. Schumann, Jenkins: Hr. Krug,
und Anna Jenkins: Dem. Thöne (eine Mainzerin). In einer
Wiederholung der Oper sang der Tenorist Abresch vom Frank=
furter Nationaltheater, ein geborener Mainzer, den Robinson.
Die letzte Novität in dieser Saison, „Anna Bolena" von Doni=

zetti, konnte sich keinen Beifall erringen. — Die Gastspiele in
der Oper suchen ihres Gleichen in der Geschichte des Mainzer
Theaters. Zunächst traten Dem. Meyer von der Berliner
Hofoper als Norma, Hr. Rauscher von Mannheim als Othello
und Mad. Brassin aus Aachen als Agathe auf. Hierauf folg=
ten der Wiener Hofopernsänger Wild, welcher u. A. den Ma=
saniello zum Besten des Gutenbergdenkmals sang, Mad. Sigl=
Vespermann vom Münchener Hoftheater als Donna Anna
und Mad. Stöckel=Heinefetter, Sängerin von der Wiener
Hofoper, als Romeo. Die letzte Oper der Saison war Mozarts
„Entführung aus dem Serail", in welcher Antonie Schumann
das Blondchen und der neu engagirte Herr Schnepf den Pe=
drillo sang. — Am 16. April 1840 reiste die Opern=Gesell=
schaft unter der Leitung Schumanns nach London und
es begann in Mainz eine Sommer=Saison für das Schauspiel.
Ehe wir jedoch zur Besprechung dieser Zwischenzeit und des
Londoner Unternehmens übergehen, müssen wir noch die Ge=
schichte des Schauspiels der Saison 1839/40 nachholen.

Neben einer so vorzüglichen Oper hatte das Schauspiel
einen harten Stand; die beiden Regisseure Hoffmann und
Hartig gaben sich jedoch alle Mühe, den Anforderungen des
Publikums auch hierin gerecht zu werden. Die Novitäten
waren zahlreich, aber von keinem großen Werthe. Es erschienen
zunächst ein Schauspiel „Zurücksetzung" von Töpfer, Raupachs
Posse „Der Zeitgeist", in welchem der neu engagirte jugendliche
Liebhaber Hr. Heese den Junker Kaspar spielte; das Trauer=
spiel „Die Opfer des Schweigens" von Immermann und Ro=
siers Lustspiel „Die Frau von 30 Jahren", in welchem Dem.
Lindner vom Frankfurter Nationaltheater einen großen Erfolg
als Julie erzielte. Sodann folgten das Berger'sche Lustspiel
„Marie von Medicis", worin die neu engagirte Heroine Mad.
Stein die Marie gab, und Raupachs Schauspiel „Heinrich
der Sechste", in welchem Dem. Lindner (Sybilla) und der erste
Held Steinmüller (Heinrich) unter großem Beifall auftraten.
Von dem beliebten Bauernfeld erschien am 13. Februar 1840
das Lustspiel „Leichtsinn aus Liebe". Die Rollen vertheil=
ten sich: Frank: Herr Meixner, Heinrich, sein Sohn: Herr
Güldenberg, Friederike von Minden: Mad. Hoffmann,
Marie, deren Freundin: Dem. Thöne, Rath Reiser: Herr

Froitzheim, und Obrist König: Herr Hoffmann. Am 23.
März wurde von dem schon oft genannten Prof. Nik. Müller
eine Mainzer Lokalposse „Die Landparthie auf den Lenne=
berg" gegeben, mit welcher der Verfasser in die Bahn der da=
mals so beliebten „Landparthie nach Königstein" treten wollte;
der Versuch fiel aber schlecht aus. Gegen das Ende der Saison
erschien das Genrebild „Der lange Israel". Dieses erste
Benedix'sche Stück an der Mainzer Bühne ging am 13. Mai
1840 mit Hrn. Steinmüller als Alsdorf und Hrn. Döhring
als Strobel unter großem Beifall in Scene.

Während der Abwesenheit der Opernmitglieder veranstaltete
das Schauspiel=Personal unter der Leitung des Hrn. Hartig eine
Sommer=Saison mit zwei Vorstellungen in jeder Woche.
Durch diese Einrichtung war nicht allein das Verbleiben der
Mitglieder an der Bühne gesichert, sondern auch Gastspiele in
Aussicht gestellt, welche während der Winterszeit nicht möglich
gewesen wären. An Novitäten erschienen in dieser Zeit Her=
manns Lustspiel „Voltaires Ferien" und am 9. Juli das Lust=
spiel „Der Majoratserbe" von einem ungenannten Verfasser,
in welchem der Hofschauspieler Emil Devrient aus Dresden
den Graf v. Scharseneck spielte. Zur Vorfeier des vierten Säcu=
larfestes der Erfindung der Buchdruckerkunst fand am 23. Juni
1840 eine außerordentliche Vorstellung im Schauspielhause statt.
Nachdem die Fest=Ouvertüre von Mendelssohn=Bartholdy unter
Leitung des Kapellmeisters Zulehner von dem Musikcorps des
in Mainz garnisonirenden österreichischen Infanterie=Regiments
ausgeführt worden war, sprach Hr. Steinmüller einen von dem
Verfasser des beliebten Volksliedes „Heil dir, Moguntia" *), Hrn.
Neus, gedichteten Prolog. Die Schlußworte desselben lauteten:

> „Empor den Blick zur Strahlenhöhe!
> Ihr aus der Ferne und der Nähe,
> Seht ihr verlangend euch nach Geistesschätzen um:
> Erfaßt sie froh als dargebotenes Eigenthum.
> Vor ihm besaß die Schätze nur der „Eine",
> Durch ihn besitzt sie jetzt die Weltgemeine."

Hierauf wurde nach dem Vortrag der „Synfonia eroica" von
Beethoven Schenks Künstlerdrama „Albrecht Dürer in Venedig",

---

*) Dasselbe war bei der Enthüllungsfeier des Gutenbergdenkmals
gesungen worden.

welches von dem Regisseur Hartig der Feier des Tages ange=
messen geändert worden war, aufgeführt. Die Besetzung des
Stückes war folgende: Albrecht Dürer: Hr. Steinmüller,
Agnes Frei, seine Frau: Mad. Herbold, Anna, seine Nichte:
Mad. Hoffmann, Maler Tizian: Hr. Hartig, Barbarelli:
Hr. Güldenberg, Kupferstecher Raimondi: Hr. Hoffmann,
Pisani: Hr. Döhring, und Cecco, öffentlicher Schreiber: Hr.
Meixner. Nach dem Drama sprach Herr Steinmüller den
gleichfalls von Neus gedichteten Epilog. Tizian spricht:

„Mir sagt's mein Geist: „Einst wird in später Zeit
  Die dankerfüllte Menge nach seiner Vaterstadt am Rheine,
Nach Moguntia wallen,
Ihm Kränze winden,
Freudenfeuer zünden,
Und Millionen werden sich an einem Tag verbinden,
Am St. Johannistage sich vereinen,
Zu preisen den, der Geistesfesseln sprengte
Und Licht in manche dunkle Nacht gebracht!"
In dieser Ahnung rufet mit mir aus:
Heil Gutenberg! Heil sei deiner Vaterstadt!
Sie kann mit Stolz auf and're Städte seh'n,
Indem sie ruft: Heil uns'rer Stadt!
Johannes Gutenberg erblickte hier das Licht der Welt!
Durch Gutenberg erging aus uns'rer Stadt
Das Licht der Geistesschätze über alle Nationen,
Und alle Nationen werden preisen ihn
Am St. Johannistag, nach viermal hundert Jahren,
Und hinfort durch alle Zeiten und in Ewigkeit!"

Im Allgemeinen konnte man mit den Leistungen der Mit=
glieder des Schauspiels wohl zufrieden sein, obgleich Kräfte
wie Cornelius, welcher am 5. Januar 1840 seine neue Stelle
am Wiesbadener Theater antrat, nicht so leicht zu ersetzen waren.
Die zahlreichen Gastspiele zum Theil ganz berühmter Künst=
ler boten dagegen einigen Ersatz für manche geringere Leistung
seitens des eigenen Personals. Noch vor dem eigentlichen Direk=
tionsantritt Schumanns, im August 1839 begrüßten die Mainzer
das frühere Bühnenmitglied Theodor Döring, nunmehr
württembergischen Hofschauspieler, der sich bereits einen großen
Namen erworben hatte. Döring gab unter großem Beifall den
Lorenz Kindlein (Der arme Poet) und den Mephisto (Faust).

In der Saison 1839 40 traten Hr. Meyer vom Detmolder Hoftheater als Henriko (Hinko), Hr. Hansen aus Augsburg als Wilhelm Tell, Hr. Reger vom Leipziger Theater als Emmerling (Gefährliche Tante), Dem. Lindner aus Frankfurt als Griseldis, Hr. Kunst als Otto von Wittelsbach und Hr. Hörnstein aus Lembach als Sir Harleigh in Angely's Drama „Sie ist wahnsinnig" auf. Dem. Müller-Bülau aus Düsseldorf eröffnete als Louis (Pariser Taugenichts) die Reihe der Sommer-Gäste. Ihr folgten Hr. Schmidt vom Königsstädter Theater in Berlin als Said (Herr und Sklave), der talentvolle sächsische Hofschauspieler Pauli als Reißmann in den „Advokaten" von Iffland, Hr. Frank aus Karlsruhe als Wildenberg in Raupachs Schauspiel „Die Geschwister" und Dem. Börner aus Leipzig als Pfeffer=Rößel. Unter außerordentlichem Beifall und stets bei vollem Hause trat Emil Devrient als Richard Wanderer, Sir Harleigh und Hamlet, mit welch letzterer Rolle sich der berühmte Künstler am 29. Juli verabschiedete, auf. In dieser denkwürdigen Vorstellung wirkten von den Mainzer Mitgliedern mit: Herr Döhring (Claudius), Mad. Stein (Gertrude), Herr Meixner (Polonius), Hr. Güldenberg (Laertes), Mad. Hoffmann (Ophelia), Hr. Hoffmann (Rosenkranz), Hr. Christ (Güldenstern) und Hr. Steinmüller (Geist). Am 27. August trat der Bruder Devrients, der hannöverische Hofschauspieler Karl Devrient, als Posa auf.

Wie schon oben angedeutet, war Schumann mit dem Mainzer Opernpersonal, welches durch vorzügliche Kräfte anderer Bühnen verstärkt worden war, gegen den Schluß der Saison 1839 40 nach London gegangen, um dort während des Sommers eine Reihe von Opernvorstellungen zu geben. Die Gesellschaft zählte etwa 100 Mitglieder, unter welchen sich Künstler von bedeutendem Ruf befanden, wie der Bassist Pöck und der Tenorist Schmezer aus Braunschweig, der Baritonist Eicke aus Wiesbaden, Mad. Fischer=Schwarzböck von Karlsruhe, Herr Breiting von der Petersburger Oper, Mad. Stöckel=Heinefetter, sowie die Herren Wild und Standigl von der Wiener Hofoper. Dirigent war Herr Kapellmeister Ganz. Am 27. April 1840 wurden die Vorstellungen im Prinzen= (St. James=) Theater mit dem „Freischütz", der eine warme Aufnahme fand, eröffnet. Herr Pöck sang den Kaspar, Schmezer den Max,

Mad. Fischer-Schwarzböck die Agathe und Mad. Schumann das Aennchen. Dem „Freischütz" folgten „Don Juan", „Fidelio", „Das Nachtlager in Granada", „Faust", „Jessonda", „Eury=anthe", „Der Templer und die Jüdin", „Iphigenia in Tauris" *) und „Titus" In der „Jessonda" sang Mad. Stöckel=Heinefetter die Titelparthie, Mad. Schumann die Amazili und Herr Wild den Nadori. Mad. Stöckel=Heinefetter trat ferner als Rebekka, Agathe, Iphigenia und Sextus auf. Wild sang den Max, Gomez, Orest und Titus; Standigl den Kaspar, Jä=ger, Thoas und Publius; Breiting den Max, Titus und Nadori. Am 24. Juli fand die letzte Vorstellung statt.

Die Leistungen der deutschen Künstler hatten bei den Eng=ländern die vollste Anerkennung gefunden und der deutschen Oper in England einen glänzenden Triumph bereitet. Wir können uns nicht versagen, das Urtheil eines der ersten englischen Kunst=blätter der damaligen Zeit, des in London erscheinenden „Artiste", über die Leistungen der Gesellschaft des Hrn. Schumann, „director of the opera at Mayence", hier im Auszug folgen zu lassen. Der Kritiker des „Artiste" schreibt: „Gestern haben die interessanten Fremdlinge, welche uns aus ihrer Heimath einen reichen Lieder=schatz und ächt germanische Poesie in Tonbildern herüber bringen, im Prinzen=Theater den Reigen der deutschen Oper mit Webers unsterblichem „Freischütz" eröffnet. Der Anfang war ein so glänzender, wie sich eines ähnlichen selbst die italie=nische Opern=Saison nie zu erfreuen hatte. Das kleine Theater wollte fast aus den Fugen gehen durch die Masse zu=sammengeballter Zuhörer, und Hunderte mußten an der Kasse umkehren, weil kein Platz mehr im Hause zu erringen war. In den Logen sahen wir die Löwen der Mode, den Flor der Herr=lichkeiten, die Blüte der alt und neu englischen Ritterschaft. Schon die in allen Theilen vollendete Durchführung der groß=artigen Ouverture enthusiasmirte; nun rollte der Vorhang auf und jetzt trat ein Sängerheld dieser Gesellschaft nach dem an=

*) Ueber den Text dieser Gluck'schen Oper urtheilten die „Times": „A word for Mr. Schloss's libretti at this theatre. They are ex-ceedingly well translated, without pretension, affectation, or, what is worse, a penchant after detestable versification. The translator has less endeavoured to give elegant English, than to render the full meaning of the German words, however compounded."

dern in kräftigem Handeln auf." Besonders entzückt äußert sich der Kritiker im Verlaufe der nun folgenden Besprechung der Einzelleistungen über die auch in Mainz so gefeierte Madame Schumann: „Das Aennchen sang, wie man uns sagte, die Frau des deutschen Direktors. Sie ist allerliebst, dem ersten Anscheine nach mehr Französin als Deutsche in Bezug auf die Grazie der Formen und das Schelmische im Auge. Sie ist im Gesang und Spiel eine herrliche Miniatur Malerin." Weiter heißt es: „In der ganzen Aufführung bewunderte man die deutsche Genauig= keit, den deutschen Fleiß, die deutsche Ruhe, und bei dem allen sahen wir keine Spur von hinmarternder Maschinenarbeit. Die Chöre sind so massenhaft, daß sie beinahe für das kleine Theater zu gewaltig klingen, aber sie kamen aus einem Gusse und haben unsere Herzen wunderbar gerührt, unser Gefühl mächtig erhoben. Auch die Ausstattung war überraschend.... Dieser deutsche Direktor scheint ein Mann von Kopf, er hat die Oper sehr kunstgerecht und dabei doch effektvoll in Scene gesetzt und dem Geschmacke der Londoner Welt Gerechtigkeit widerfahren lassen, daß er ihm ein solch vollendetes Ganze einer deutschen Oper vorstellte. Die deutschen Sänger haben uns erfreut, sie haben uns unterhalten und zugleich geistig erhoben — wir danken ihnen dafür! Wir wollen ihnen gerne unsere Guineen hintragen, wenn sie uns recht oft die Goldbarren ihrer deutschen Gemüths= poesie und ihrer schönen Stimmen ausmünzen. Wir hegen keinen Zweifel, daß dieser deutsche Direktor die deutsche Oper zur un= ausweichbaren Mode für London erheben wird." — Diese Hoff= nung des Kritikers wurde nicht getäuscht: die deutsche Oper ward, nachdem die junge Königin Victoria, ihr Gemahl Prinz Albert*) und der ganze Hof sich zu den Vorstellungen einge= funden hatten, der Sammelplatz der feinen Welt Londons. Der ganze erste Rang war vom höchsten Adel besetzt und sämmtliche

*) Es liegt uns ein höchst fein gebundenes, in deutscher und eng= lischer Sprache abgefaßtes Textbuch vor, dessen sich der Prinz während der Vorstellung der „Iphigenia" bediente. Die Besetzung dieser Oper war folgende: Diana: Mad. Michalesi, Thoas: Herr Staudigl, Iphi= genia: Mad. Stoeckel-Heinefetter, Orestes: Herr Wild, Pylades: Herr Wolf, First Priestess: Mad. Chrest, Second Priestess: Dem. Frombach, A Servant of the Temple: Herr Krug, A Scythian: Herr Benesch, A Greek Female: Dem. Seeland.

Logenkarten schon drei bis vier Tage vor der Aufführung jeder neuen Oper vergriffen. Das war der Erfolg der ersten Unternehmung Schumanns in England, die stets einen erfreulichen Beitrag zur Geschichte der deutschen Kunst bilden wird. —

In Mainz waren während des Sommers durch die Bemühungen des Tenoristen Neufeld einige kleinere Opern gegeben worden. Nach der Rückkehr der Londoner Gesellschaft sollte aber den Mainzern ein Kunstgenuß zu Theil werden, wie ein solcher bis dahin an den größten Theatern kaum gekannt war. Am 1. August eröffnete die Gesellschaft mit Spohrs „Jessonda" eine Reihe von Opernvorstellungen, welche, was die Leistungen der mitwirkenden Künstler sowohl, als die ganze Durchführung betrifft, einzig in der Geschichte der Mainzer Bühne dastehen. Die Besetzung der Oper „Jessonda" war folgende: Jessonda: Mad. Stöckel-Heinefetter, Nadori: Hr. Wild, Tristan: Hr. Staudigl, Amazili: Mad. Schumann, Dandau: Hr. Krug, und Pedro Lopez: Hr. Beneich. Der „Jessonda" folgte Mozarts „Don Juan" mit Herrn Wild als Don Juan, Herrn Staudigl als Leporello, Mad. Stöckel-Heinefetter als Donna Elvira, Mad. Michaleji als Donna Anna, Hrn. Krug als Comthur, Hrn. Wolff als Ottavio, Mad. Schumann als Zerlinchen und Hrn. Froitzheim als Masetto. Hierauf folgte Glucks „Iphigenia in Tauris". Es wirkten in dieser Vorstellung u. A. mit: Mad. Michaleji (Diana), Hr. Staudigl (Thoas), Mad. Stöckel-Heinefetter (Iphigenia), Hr. Wild (Orest) und Hr. Wolff (Pylades). Am 5. August kam Bellini's „Norma" an die Reihe; Hr. Wild sang den Sever, Staudigl den Orovist, Mad. Stöckel-Heinefetter die Norma und Dem. Seeland die Adalgisa. Die letzte dieser Vorstellungen war „Robert der Teufel"; Wild sang den Robert, Staudigl den Bertram und Mad. Michaleji die Isabella. Auch die Primadonna des Theaters alla Scala in Mailand, Mad. Duflot, ließ sich im Theater mit einigen Arien hören. Gegen Ende der Sommer-Saison traten noch auf: Hr. v. Westen aus Petersburg als Tybald (Romeo und Julie), Hr. Lehmann vom Königsstädter Theater in Berlin (Masaniello), Hr. Geißler aus Nürnberg als Pietro und Hr. Breiting als Zampa. Die letzte Opernvorstellung, „Die Nachtwandlerin", am 25. August brachte als Gäste: Mad. Janif vom Braunschweiger Hoftheater (Amine), Hrn. Emmerich vom Detmolder Hoftheater (Rudolph)

und Hrn. Seyler*), einen geb. Mainzer, welcher am Breslauer
Stadttheater engagirt war, als Elwin. — Auch Terpsichore
konnte sich in dieser Saison über keine Vernachlässigung beklagen.
Es traten u. A. auf: ein ungarischer Solotänzer Veszter Sandor
mit der unter seiner Leitung stehenden Musikbande Farkas und
Bihary, Donna Doloris Siral, sowie Sennor Cambrubi vom
Madrider Hoftheater, und der Mechaniker Weiß, in dessen Be=
gleitung sich der bekannte Wiener Affendarsteller Klischnigg
befand. Die Familie Claß vom Theater an der Wien wurde
engagirt.

Der Carneval, der sich bereits zu einem wahren Volks=
feste gestaltet hatte, brachte am 1. März 1840 Weiser's heute
noch beliebtes Lebensbild „Tünchermeister Delgrün und seine
Familie". Der Dichter, welcher den Volkston in seltener Weise
getroffen hatte, spielte den Delgrün.

An Concerten war die Saison wieder sehr reich. Am
14. August 1839 gaben die preußischen Hofconcertmeister Ge=
brüder Ganz, geborene Mainzer, in Gemeinschaft mit ihrer
Landsmännin, der schon oben genannten württembergischen Hof=
opernsängerin Dem. Basse, ein Concert zum Besten der Armen.
Drei Tage darauf ließen sich der berühmte österreichische Pianist
Sigismund Thalberg und der belgische Violinspieler C. de
Beriot im Hof zum Gutenberg unter großem Beifall hören.
Thalberg spielte u. A. eine große Phantasie eigner Komposition
über das Gebet aus Rossini's „Moses". Das nächste Kunst=
ereigniß war die Aufführung von Haydns Oratorium „Die
Schöpfung" durch die Liedertafel und den Damengesangverein
am 23. Septbr. 1839 im Theatergebäude. In diesem Concerte
wirkte auch der beliebte Hamburger Pianist Evers mit. Am
12. Dezember ließ sich auch der berühmte norwegische Violinist
Ole Bull hören und in dem folgenden, zum Besten des Pen=
sionsfonds von dem Theater=Orchester gegebenen Concert feierte
Prof. Ehlers durch den meisterhaften Vortrag des melodra=
matisch behandelten Schiller'schen Gedichtes „Der Taucher" einen
großen Triumph. Großen Beifall fand auch Liszt durch den
Vortrag mehrerer eigenen Compositionen.

Das Hauptereigniß in musikalischer Beziehung bildete jedoch

*) Zuletzt Redakteur des „Mainzer Anzeigers".

das große Musikfest, welches anläßlich der vierten Jubel=
feier der Erfindung der Buchdruckerkunst im Juni 1840 von der
Liedertafel unter Mitwirkung von 700 fremden Sängern*) und
1137 Schülern der Mainzer Lehranstalten veranstaltet wurde.
Das Orchester bestand aus 167 Musikern, worunter die Mit=
glieder des Hoftheater=Orchesters in Mannheim. Das Concert
fand in der neu erbauten, festlich geschmückten Fruchthalle statt,
in welcher eine circa 2000 Sänger und Musiker fassende Bühne
errichtet war, der gegenüber sich die Bronze=Bildsäule Guten=
bergs erhob. Am 24. Juni Nachmittags 5 Uhr wurde das
Musikfest mit Beethovens C moll Symphonie unter Leitung des
badischen Hof=Kapellmeisters Vincenz Lachner eröffnet. Den
zweiten Theil des Concerts bildete die Aufführung von Hän=
dels großer Cantate „Die Gewalt der Musik, oder Das
Alexanderfest" durch die Liedertafel und den Damengesang=
verein, sowie die auswärtigen Sänger. Die Soloparthien waren
der Darmstädter Hofopernsängerin Mad. Pirscher (Sopran),
dem Karlsruher Tenoristen Haitzinger und dem Wiener Kam=
mersänger Staudigl (Baß) übertragen. Die ganze Aufführung,
welche unter Leitung des Direktors der Liedertafel Hrn. Messer
vor sich ging, war nach dem übereinstimmenden Urtheil der
Kritiker eine musterhafte zu nennen; die Zuhörer sollen in einem
wahren Beifallssturm die wackern Sänger zehnmal gerufen haben.
Vor dem Denkmale selbst hatte am Vormittag die Tonkunst
ebenfalls Triumphe gefeiert. Gegenüber dem Standbilde des
großen Mainzers stand auf dem erbauten Amphitheater eine
aus 1500 Mitgliedern bestehende Sängerschaar. Nachdem die
vereinigten Militär=Musikcorps die von Ferdinand Ries kompo=
nirte Festouverture gespielt hatten, wurde von den Sängern
Neukomms Festcantate unter Leitung des Komponisten aufge=

*) Es waren Sänger aus Amsterdam, Aschaffenburg, Bechtolsheim,
Bensheim, Biebrich, Bingen, Budenheim, Darmstadt, Dietz, Dillenburg,
Eltville, Eschbach bei Usingen, Finthen, Flonheim, Frankfurt, Fried=
berg, Fürfeld, Fürth, Fulda, Gaubischofsheim, Gernsheim, Grünstadt,
Guntersblum, Hanau, Heddernheim bei Frankfurt, Heppenheim, Karls=
ruhe, Kastel, Kaub, Koblenz, Langen, Lindscheid bei Schwalbach, Man=
chester, Marburg, Meerholz, Montabaur, Neuwied, Ober=Ingelheim,
Odernheim, Offenbach, Osthofen, Rood a. d. Weil, Rüdesheim, Schier=
stein, Trier, Usingen, Wiesbaden, Wörrstadt und Worms erschienen.

führt. Dem lateinischen Originaltext war ein Gedicht von G.
Friedrich unterlegt. Die Schlußstrophe der mit großem Beifall
aufgenommenen Cantate lautete:

> „Diese Kunst, die Ihr geschaffen,
> Diene nie zu eitelm Tand;
> Biet' dem Frevel niemals Waffen,
> Scheuch' hinweg den Unverstand!
> Nie soll ihre Kraft erschlaffen,
> Nur dem Guten zugewandt!"

Außer diesen Aufführungen ist noch das nach der Melodie „Be=
kränzt mit Laub" für die Feier verfaßte Lied „Heil Gutenberg,
dem ersten aller Meister" von Neus, der sich auch durch dieses
Lied als ein ebenso kunstsinniger wie patriotischer Mainzer be=
währte, erwähnenswerth.

Auch in der folgenden Saison 1840 41 behielt die Oper,
obgleich das Schauspiel beachtenswerthe Fortschritte machte, noch
den Vorrang. Es erschienen zwar nur zwei Novitäten, „Beli=
sar" und „Czar und Zimmermann", aber ihr Erfolg, besonders
der letztgenannten Oper, war ein ganz außerordentlicher. Am
21. Oktober 1840 ging Donizetti's „Belisar" mit folgender
Besetzung in Scene: Justinian: Hr. Hartig, Antonina: Mad.
Michalesi, Irene: Mad. Schumann, Alamir: Hr. Seyler,
Eudora: Mad. Christ, Eutropio: Hr. Benesch, Eusebio: Hr.
Herbold, und Ottavio: Hr. Christ. Den Belisar sang der
neu engagirte Bassist Emmerich. Die Oper gefiel und mußte
mehrmals, auch zum Besten des Gutenbergdenkmals, gegeben
werden. Stürmischen Beifall fand Lortzings reizende komische
Oper „Czar und Zimmermann", welche am Neujahrstage
1841 zum ersten Male gegeben wurde. Den Czar sang der
neu engagirte Baritonist Mellinger vom Gratzer Theater und
der Wiener Hofopernsänger Cramolini als Gast den Iwanow.
Cramolini, wohl der beste deutsche Spieltenor der damaligen
Zeit, feierte wahrhafte Triumphe, und hauptsächlich wegen der
vortrefflichen Vertretung des Iwanow mußte die Oper rasch
wiederholt werden. Herr Herbold war ein unübertrefflicher
van Bett und Mad. Schumann entzückte die Mainzer durch
ihre allerliebste Wiedergabe der Marie, in welcher Rolle die
Sängerin damals ihres Gleichen in Deutschland suchte. Der
neue lyrische Tenor vom Königsstädter Theater in Berlin, Herr

Steiner, sang den Chateauneuf. Ferner wirkten mit: Herr Hermanns (Lefort), Hr. Emmerich (Syndham), Mad. Michalesi (Wittwe Brown), und Hr. Gliemann (Offizier). — Das erste Gastspiel der Saison bot schon einen großen Genuß: Dem. Cäcilie Krenzer von der Wiener Hofoper entzückte die Mainzer als Amine (Nachtwandlerin) und Julie (Romeo und Julie). Besonderes Interesse erregte ihr letztes, am 16. September 1840 erfolgtes Auftreten als Gabriele im „Nachtlager in Granada", welche Oper von dem Komponisten, ihrem Vater, persönlich dirigirt wurde. Die neu engagirten Mitglieder Seyler (Gomez) und Procop (Jäger) wirkten in dieser Vorstellung mit. Der liebenswürdigen Gastin folgten Herr Wüstenberg von Mannheim (Othello), Dem. Benecke aus Detmold (Amine), sowie Dem. Schrickel, erste Sängerin vom Theater St. Fenice in Venedig, in derselben Rolle. Einen großartigen Erfolg hatte, wie schon oben erzählt, der Wiener Hofopernsänger Cramolini, welcher als Jwanow (Czar und Zimmermann) die Herzen der Mainzer wie im Fluge gewonnen hatte. Der tüchtige Künstler, welcher u. A. auch als Fra Diavolo, Othello und Don Juan austrat, wurde später an die Darmstädter Hofoper engagirt. Gäste waren ferner noch: Herr Diskant vom Hoftheater zu Wien als Pedrillo (Entführung aus dem Serail), Dem. Seyffer aus Stuttgart als Rosine (Barbier von Sevilla), Mad. Stöger vom Düsseldorfer Theater als Margaretha (Weiße Dame) und der berühmte Bassist Sesselmann der Darmstädter Hofoper als Kaspar (Freischütz). Mad. Stöckel-Heinefetter schloß die Reihe der Gäste als Norma. Den ersten theatralischen Versuch machten Hr. Wind (Sever) und Dem. Söhr (Agathe). In der Sommer-Saison wirkten bei der zu Ehren Thorwaldsens am 1. Juli 1841 veranstalteten Aufführung der „Norma" die Damen Marquard-Segatta vom k. k. Hoftheater nahe dem Kärnthner Thor und Rennert-Ciszewsky von Düsseldorf als Norma und Adalgisa mit. Der berühmte Bildner des Gutenbergdenkmals und Ehrenbürger der Stadt Mainz war am 29. Juni 1841 Abends, von Frankfurt kommend, in Mainz eingetroffen und im Europäischen Hof abgestiegen, wo er sofort mit einem Fackelzug begrüßt wurde.

Das Schauspiel brachte, da ihm auch die Sommer-Saison zur Verfügung stand, zahlreiche Novitäten und Gastspiele. Zuerst

erschien im Oktober 1840 das Schauspiel „Don Juan von Oester
reich" von Bärmann, in welchem Hr. Hessen vom Königsstädter
Theater zu Berlin als Vertreter der Titelrolle auftrat. Nach
einigen andern unbedeutenden Novitäten wurde am 14. Dezbr.
Hopp's Posse mit Gesang „Doktor Faust's Hauskäppchen"
zum ersten Male mit Erfolg gegeben. Vierzehn Tage darauf
veranstaltete die Direktion eine „Historische Theaterschau
von Erfindung der Buchdruckerkunst bis auf unsere
Zeit",*) bestehend in Scenen aus den Werken der vorzüglichsten
deutschen Dichter. Mad. Stein sprach als Thalia einen ent=
sprechenden Prolog und hierauf folgten sechs Stücke: 1) „Des
turken Vaßnachtspil" von Hans Schnepperer, genannt Rosen=
plüt (geschrieben um 1450); 2) „Des Bawernknecht wil zwo
Frawen han", ein Faßnachtspil von Hans Sachs (geschrie=
ben 1551); 3) „Absurda Comoedia, oder: Herr Peter Squenz",
Schimpfspiel von Andreas Gryphius (geschrieben um 1640);
4) „Sylvia", ein Schäferspiel von Christ. Fürchtegott Gel=
lert (geschrieben um 1750); 5) „Minna von Barnhelm", Lust=
spiel von Ephraim Lessing, und 6) „Wilhelm Tell", Schau=
spiel von Schiller, als dessen letztes dramatisches Werk.
Diesem historischen Theaterabend folgte am 11. Februar 1841
Holteis heute noch geschätztes Schauspiel „Lorbeerbaum und
Bettelstab". Die Besetzung war im Wesentlichen folgende:
Geheimerath von Grund: Hr. Steinmüller, Eduard von Grund:
Hr. Güldenberg, Fedor von St. Erval: Hr. Hartig, Baron
von Amsel: Hr. Froitzheim, Agnes: Dem. Thöne, Heinrich, ein
Schriftsteller: Hr. Heese, Mathilde, dessen Frau: Mad. Stein,
Intendant: Hr. Herbold, Herr von Freundlich): Hr. Vogel, und
Buchhändler: Hr. Scharrer. Bei einer späteren Wiederholung
des Stückes spielte der bad. Hofschauspieler Ludw. Dessoir als
Gast den Heinrich. Einen großartigen Erfolg hatte Scribe's
geistreiches Lustspiel „Das Glas Wasser", welches am 22.
April 1841 zum ersten Male in Scene ging. In diesem Stücke
wirkten mit: Dem. Thöne (Königin Anna), Mad. Stein (Her=
zogin von Marlborough), Hr. Vogel (Henry Saint=John von

---

*) Bekanntlich ist dieser Gedanke, die Entwicklung des Dramas
auf der Bühne zu veranschaulichen, in neuerer Zeit von Laube mit
Erfolg wieder aufgenommen worden.

Bolingbroke), Hr. Heese (Fähndrich Masham), Dem. Herbold (Abigail), Hr. Hartig (Marquis von Torcy), und Mad. Herbold (Lady Abermale). Dessoir spielte in einer Wiederholung des Lustspiels den Bolingbroke. Einen wenn auch eigenen Beweis von dem Beifall, welchen das Stück in Deutschland gefunden hatte, liefert eine Parodie desselben, die am 4. August unter dem Titel „Ein Glas Eppelwein" von Hallenstein in Scene ging. Der unverwüstliche Hassel von Frankfurt spielte den Bäcker Knollimbrod (Bolingbroke). Die Sommer-Saison brachte am 4. Juli Gutzkows Schauspiel „Werner oder Herz und Welt". Hr. Baison vom Frankfurter Nationaltheater, ein geborener Mainzer, spielte den Heinrich von Jordan. — Als Gäste erschienen in dieser Saison u. A. noch: Hr. Hörnstein von Lemberg als Alonzo in Claurens Schauspiel „Der Bräutigam von Mexiko", Hr. Kleemann von Köln als Gutenberg, Herr und Mad. Heinisch aus Meiningen als Jakob und Hedwig in Blums Lustspiel „Der Ball zu Ellerbrunn", und Herr Pichler von Detmold als Mengler in dem Lustspiel „Endlich hat er es doch gut gemacht". Einen Glanzpunkt der Saison bildete Theodor Dörings Gastspiel als Elias Krumm in Kotzebues Lustspiel „Der gerade Weg der beste" und als Franz Moor. Den Karl spielte neben dem großen „Künstler der Maske" Hr. Mayer vom Theater an der Wien. Der letzte Gast der Saison 1840/41 war der Berliner Hofschauspieler Unzelmann, der u. A. in dem Lebrun'schen Lustspiel „Die Drillinge" in der dreifachen Titelrolle glänzte. Im Sommer fand sich zunächst die berühmte Schauspielerin Charlotte von Hagen aus Berlin ein und erntete u. A. als Sabine in Töpfers Lustspiel „Die Einfalt vom Lande" großen Beifall.*) Dieser Künstlerin folgte der bereits erwähnte Charakterdarsteller Baison mit einem

*) Charlotte v. Hagen hatte auf ihrer Kunstreise am Rhein großartige Triumphe gefeiert. So widmete der bekannte Dichter des Nationalliedes „Sie sollen ihn nicht haben, den freien deutschen Rhein", Nik. Becker in Köln, der Künstlerin folgende Verse:

„An Deiner Seite saß ich, holdes Wesen,
So tief beseligt und so hoch entzückt;
Du hattest meine Lieder mir gelesen,
Was mich als Leid, als Lust gequält, beglückt.
Verblich'ne Bilder, halbverscholl'ne Zeiten,
Du ließ'st sie nochmals mir vorübergleiten.

längeren Gastspiel. Besonderen Anklang fand sein Hamlet. Den Reigen der Gäste schloß Emil Devrient, der neben der Mad. Wittmann vom Stuttgarter Hoftheater (Königin Anna) den Bolingbroke spielte. Bemerkenswerth ist auch Devrients Auf= treten als Havelin in seinem eigenen Schauspiel „Der Fabri kant", welches am 28. August 1841 zum ersten Male gegeben wurde. — Auch an Ballet=Gästen fehlte es nicht. Es ga stirten u. A.: das Balletpersonal von Wiesbaden unter Mit= wirkung des Balletmeisters Adolphe und der Dem. Meißner vom Hoftheater zu Weimar, Hr. Martin und Dem. Zimmann vom Stuttgarter Hoftheater. Großen Beifall fanden die Araber aus der Wüste Sahara, welche sich damals auf den deutschen Bühnen zeigten.

Als Narrenstück wurde am 21. Februar 1841 eine aus Hamburg verschriebene Travestie des „Robert der Teufel" ge= geben. Das Stück nannte sich „Der arme Teufel" oder „Des Pastetenbäckers Robert Leben, Thaten, Höllen=Ein= und Aus= fahrt" und wurde „melodramatisch, zauberhaft mit Ballet, un= vergleichlichem Gesang, Spiegelgefechte und sonstigen Schnurr= pfeifereien von Mainzer Narrosen hexecutirt". Der Erfolg dieser „Ausstattungsposse" stand hinter Weisers „Oelgrün" weit zurück. Ein Kritiker meinte, an dem Stücke sei das Beste gewesen, „daß es bald aus war".

Die Concerte der Saison waren wieder sehr zahlreich. In der von den Journalisten Wiest und Schnetzler veranstal= teten musikalischen Abendunterhaltung am 5. Mai brachte der Tenorist Cramolini mehrere Lieder eigener Komposition zum Vortrag, unter andern das der Gräfin Leiningen=Westerburg, einer großen Kunstfreundin, gewidmete Lied „Der Spitzbub in den Aug'n", welches einer bei Schott in Mainz erschienenen Sammlung „Heimathklänge" entnommen war. Sodann folgten die württembergische Hofsängerin v. Pistrich, die zwölfjährige Pianistin Stoekel aus London und am 26. Juli Standigl, welcher aus Gefälligkeit für Herrn Prof. Ehlers unter großem

So fahre wohl! Dein Bild will ich versenken
Und hegen still, wie einen Schatz man hegt;
Es sei ein heilig, liebes Angedenken,
Wie man's verstohlen in dem Busen trägt,
Und hörst Du einst mich bess're Lieder singen,
Die Wurzel kennst Du, der sie frisch entspringen."

Andrang im Theater sang; ferner die Mainzerin **Margarethe Limbach** (früher Freimüller Limbach in Bamberg). Auch die Liedertafel hatte neue Erfolge zu verzeichnen. Am 26. Oktober 1840 wurde Mendelssohn-Bartholdy's Oratorium „**Paulus**" unter Mitwirkung des Damengesangvereins zur Aufführung gebracht und am 12. Juli 1841 fand zur Feier des 25. Gedächtnißtages des Anschlusses von Mainz an Hessen, sowie der Verwaltung des Freiherrn v. Lichtenberg in Rheinhessen ein Concert der beiden Vereine in Gemeinschaft mit dem Liederkranz und dem Instrumentalverein statt. Der Charfreitag 1840 brachte Grauns Oratorium „**Der Tod Jesu**" und der gleiche Tag im Jahre 1841 „**Die sieben Worte**" von Haydn. Im Laufe der Saison war in der Leitung der Liedertafel eine Aenderung eingetreten, indem Messer nach Frankfurt als Direktor des Cäcilienvereins berufen und in seiner bisherigen Stellung durch Herrn **Heinrich Esser** aus Mannheim ersetzt wurde.

Ehe wir zur folgenden Saison übergehen, sei noch in Kürze des **Londoner** Unternehmens im Jahre 1841 gedacht. Am 6. März war Schumann mit seiner aus 125 Mitgliedern bestehenden Gesellschaft wieder nach London gegangen. Die Vorstellungen fanden jetzt im Drury-Lane-Theater statt. Schon die ersten Aufführungen, wie „Der Freischütz", „Titus" *), „Jessonda" und „Die Stumme von Portici", hatten sich des ungetheiltesten Beifalls zu erfreuen, namentlich erzielten Mad. Schumann als Fenella, Mad. Stöckel-Heinefetter, die Herren **Haitzinger** und **Mellinger**, letzterer als Pizarro (Fidelio), große Erfolge. Auch die Königin Victoria und Prinz Albert beehrten die Vorstellungen öfters mit ihrer Gegenwart. Den Bemühungen Schumanns wurde bald eine ebenso seltene wie ehrenvolle Anerkennung zu Theil, indem er zum „Direktor der königlich deutschen Oper in Drury-Lane" ernannt und als solcher in die Reihe der Hofchargen mit Uniform aufgenommen wurde. Anfangs zog wieder Webers „Freischütz" an, und auch der „Oberon" mit Staudigl als Scherasmin fand großen Beifall. Bald wurde jedoch der

---

*) Die Besetzung dieser Oper war folgende: Titus: Hr. Haitzinger, Vitellia: Dem. Fürth, Sextus: Mad. Stöckel-Heinefetter, Annius: Hr. Steiner, Servilia: Mad. Schumann, Publius: Hr. Emmerich und Lentulus: Hr. Froitzheim.

„Freischütz" durch die „Zauberflöte" verdrängt. Diese Oper mußte innerhalb 3 Wochen neunmal gegeben werden; ihre Besetzung war folgende: Königin der Nacht: Dem. Fürth, Pamina: Mad. Stöckel-Heinefetter, Papagena: Mad. Schumann, Sarastro: Herr Staudigl, Tamino: Hr. Haitzinger, und Papageno: Hr. Mellinger. Die Erfolge der deutschen Opern-Gesellschaft, welche neben der Rachel und Sophie Löwe im italienischen Opern haus das ganze Interesse der Londoner Kunstwelt in Anspruch nahm, steigerten sich noch mit dem Auftreten des Tenoristen Tichatschek vom Dresdener Hoftheater, welcher als Adolar in Webers „Euryanthe" Triumphe feierte. Die Heinefetter sang die Euryanthe und Staudigl den Lysiart. Auch Meyerbeers „Hugenotten" wurden im Beisein des Komponisten gegeben. Nachdem noch die deutsche Oper, deren Chor den Einzel kräften nicht im mindesten nachstand, in Manchester und Liverpool Triumphe gefeiert hatte, kam die Gesellschaft am 13. August 1841 wieder in Mainz an. Leider entsprach der pecuniäre Erfolg, trotzdem derselbe in der ersten Hälfte der Saison ein glänzender war, nicht den gehegten Erwartungen.*) Schumann konnte sich jedoch rühmen, der deutschen Oper und deutschen Sangeskunst in England die höchste Achtung abgewonnen zu haben.

Die letzte Saison der Direktion Schumann (1841–42) gewährt im Vergleich mit den beiden vorhergegangenen ein wenig erfreuliches Bild. Mit der Oper konnte man noch zufrieden sein, aber das Schauspiel ließ vieles zu wünschen übrig. Als Novität in der Oper erschien zunächst „Die Regiments tochter" von Donizetti. Dieselbe wurde am 13. Dezbr. 1841 zum ersten Male mit folgender Besetzung gegeben: Marie: Mad. Schumann, Sergeant Sulpiz: Hr. Mellinger, Herzogin: Mad. Herbold, und Hortensius: Hr. Herbold. Der neu engagirte Tenorist Eichberger (früher am Berliner Hoftheater) sang den Toni und Dem. Fröhlich die Marquise v. Berkerfield. Mad. Schumann übertraf alle Mitwirkenden durch ihre vortreffliche Wiedergabe der Marie und ist wohl ihr ein Haupttheil des Erfolges der Oper, welche im Laufe der Saison noch

---

*) Die durch den Sturz des Whigministeriums herbeigeführten politischen Verhältnisse sollen den finanziellen Erfolg der deutschen Oper wesentlich beeinflußt haben.

oft wiederholt werden mußte, zuzuschreiben. Lortzings komische Oper „Hans Sachs", die am 14. Februar 1842 mit Herrn Mellinger als Vertreter der Titelparthie folgte, hatte noch zu sehr mit den Erinnerungen an „Czar und Zimmermann" zu kämpfen. — Unter den sehr zahlreichen Gästen erregte die berühmte englische Sängerin Adelaide Kemble, eine Tochter des bekannten Shakespeare-Darstellers, großes Aufsehen als Antonina (Belisar) und Norma. Hierauf kamen zwei geborene Mainzerinnen, Dem. Meyrath vom Karlsruher Hoftheater als Romeo und Dem. Emma Basse als Rosine. Ein längeres Gastspiel eröffneten Dem. Eder von Linz, die u. A. die Donna Elvira sang, sowie Herr und Mad. Hammermeister von Hamburg, welche namentlich als Don Juan und Donna Anna große Anerkennung fanden; ferner Dem. Penz von der hannöverischen Hofoper (Romeo) und der früher schon genannte Mainzer Herr Abresch, welcher nun am Kärnthnerthor-Theater zu Wien engagirt war, als Masaniello. Diesen Gästen reihten sich an: Dem. Marx aus Dresden (Julie), Dem. Diehl und Hr. Cramolini von Darmstadt als Romeo und Peter Iwanow, sowie der Baritonist Brassin von München als Don Juan. Dem. Kramer aus Mainz machte einen ersten theatralischen Versuch als Agathe (Freischütz) und trat bald darauf als Rowena in Marschners „Templer und Jüdin" auf. Die Rebekka fand in der an Stelle der Mad. Michalesi engagirten Sängerin Dem. Meyer eine entsprechende Vertretung. — Da Schumann mit dem Opernpersonal im April wieder nach London gegangen war, so gaben die Frankfurter Opernmitglieder unter Leitung ihres Kapellmeisters Guhr zum Besten der abgebrannten Hamburger am 23. Mai 1842 in Mainz ein Gastspiel mit „Belisar".

Die Zahl der Schauspiel-Novitäten war wieder sehr groß, jedoch nur wenige hatten Werth. Am 6. Oktober 1841 brachte der gastirende Komiker Christel von Wien ein „phantastisch-komisches Zeitgemälde": „Mainz's Vergangenheit, Gegenwart und Zukunft, oder Die Reise durch drei Jahrhunderte" zur Aufführung. Das Stück hatte drei Abtheilungen und schilderte „Mayntz im Jahre 1741", „Mainz im Jahre 1841" und „Mainz im Jahre 1941". Aus Veranlassung des Gastspiels der Frau Haitzinger und ihrer talentvollen Tochter-Schülerin

Adolphine Neumann kamen die Lustspiele „Der Zögling der Liebe" von der Verfasserin des „Landwirthes", eines damals beliebten Repertoirstückes, das Schauspiel „Die Schule des Lebens" von Raupach und das Schneider'sche Lebensbild „Der Heirathsantrag auf Helgoland" zur ersten Aufführung. Am 29. Novbr. wurde das Lustspiel „Der reiche Mann, oder Die Wasserkur" von Töpfer mit Hrn. Thomé, ehemaligem Regisseur des Triester Theaters, als August Glittern zum ersten Male gegeben. Nun kamen anläßlich des Gastspiels von Herrn und Mad. Börnstein, sowie der Damen Wolff und Demini vom deutschen Theater zu Triest eine ganze Reihe Possen-Novitäten zur Aufführung. Es erschienen von Nestroy: „Die verhängnißvolle Faschingsnacht", „Glück, Mißbrauch und Rückkehr" und „Das Haus der Temperamente", von Kaiser die Lokalposse „Dienstbotenwirthschaft" und das Lustspiel „Der Vater" von Bauernfeld. Am 10. Februar 1842 folgte Halms Trauerspiel „Der Adept" und 10 Tage darauf das Schauspiel „Der Richter von Zalamea" von Calderon. Herr Cornelius vom Wiesbadener Theater hatte sich dieses Stück zu seinem Vortheil gewählt und weckte durch sein Auftreten (er spielte den Pedro) wehmüthige Erinnerungen an eine schönere Zeit. Diesem Schauspiel folgte am 4. März das historische Drama „König Konradin" von Raupach. In diesem Hohenstaufenstück traten u. A. auf: Herr Vogel (König Karl), Hr. Thomé (Graf Robert von Flandern), Mad. Rothhammer (Konradin), Dem. Wolf (Prinz Friedrich von Baden), Mad. Herbold (Elisabeth von Bayern), Hr. Frühling (Herzog Ludwig von Bayern), Hr. Meixner (Prinz Heinrich von Castilien), Hr. Froitzheim (Graf von Lancia), Hr. Döhring (Johannes Frangipani), Dem. Brock (Klara) und Hr. Hartig (v. Valery). Zum Vortheile des Regisseurs Börnstein wurde am 14. März Bäuerle's Posse „Rococo" gegeben. — Als Gäste im Schauspiel waren u. A. zunächst erschienen: Dem. Kramer aus Basel als Kunigunde (Hans Sachs) und Mad. Frühauf aus Frankfurt als Capricioja in Blums gleichnamigem Lustspiel. Das Gastspiel der Dem. Karoline Bauer, welche später auch als Theaterschriftstellerin berühmt wurde, brachte u. A. das reizende Lustspiel „Donna Diana", in welchem Stücke die Künstlerin die Titelrolle spielte.

Der Carneval des Jahres 1842, welcher wohl als einer

der glänzendsten der Mainzer Narrenfeste betrachtet werden darf, brachte das Stück „Roderich und Kunigunde", dessen originell abgefaßten Zettel wir in seinem Hauptinhalt hier folgen lassen: „Mainzer Stadt-, Hof- und Narrentheater Seiner Allernärrischsten Majestät des im Hornung Allgewaltigen Prinzen Carneval, welcher allemal derjenigte welcher, und nie ohne dieses. Zum Vortheil-Besten der Armen, zum Nachtheil und Schaden der Hungernden, welche an beständigem Durst leiden, Heu-Thee den 6. Februar im fünften Jahre der Narrheit Un-Einigkeit durch die eigens in seinem Staate kreirte, durch höchsten Rath concessionirte und durch die Armen adoptirte Schauspieler-Gesellschaft ohne allgemeines Verlangen auffahren läßt: „Roderich und Kunigunde", nach dem beliebten Volksliede ‚Eduard und Kunigunde', oder „Der Eremit auf dem Berge Prarzy" oder „Die Windmühle auf der Westenseite" oder „Die lange verfolgte und zuletzt doch teriumphführende Uhnschuld", ein mehl o! dramatisch, histori-romanti-eß-theetisch-poli-poeti- et kriti-tragi komisches einfälliges zwei- und dreideutiges miserables Schandergemälde mit sehr verschiedenen Theeforationen verunziert, mit Gefechten, Evol- und Revolutionen ausgestattet, durch einen Tyrannen und blutwurstigen Dieterich fürchterlich, durch eine heimliche Ehe pikant gemacht, durch Vermummmungen, Verkappungen, Verkleidungen und Maskireriren verballhornt und endlich durch eine Feuersbrunst erwärmt, von Mestro Cassellino, Musik vom Narrhalla-Mozart." Hierauf folgen das Personen-Verzeichniß und mehrere witzige Schlußbemerkungen.

Die Concert-Saison eröffnete am 1. September 1841 Franz Liszt. Ihm folgten u. A.: der Concertmeister Rudersdorff aus Dublin und seine Tochter, die blinde Sängerin Lisette Leupold von Römhild und der Violinvirtuose Hauser aus Wien. Von größeren Concerten erwähnen wir die durch die Liedertafel und den Damengesangverein am 18. Oktober 1841 erfolgte Aufführung von Händels Oratorium „Samson", an welcher sich auch der von dem Direktor der Liedertafel, Herrn Esser, ins Leben gerufene Instrumentalmusik-Verein betheiligte, sowie ein Wohlthätigkeits-Concert des Liederkranz, endlich die Charfreitags-Aufführung, welche diesmal Händels „Empfindungen am Grabe Jesu" brachte. Außer den vorstehend genannten Vereinen, welche sich um die Pflege der Musik bereits in so hervorragender Weise verdient gemacht hatten, war auch noch ein „Verein für klassische Musik" ins Leben gerufen worden; derselbe gab am 30. Mai 1841 unter der Leitung seines Stifters, des Musikdirektors Schmitz, ein Concert zum Besten der Nothleidenden in Hamburg.

Mit dieser Saison schloß Schumanns Direktion, die einen so glänzenden Anfang genommen hatte. Um die Leitung des Mainzer Theaters bewarben sich nun die Herren Haake und Remie. Man bedauerte, Herrn Haake wegen seines unpraktischen Sinnes, bei welchem eine Direktion nur mit finanziellen Miß erfolgen zu enden versprach, nicht berücksichtigen zu können, und übertrug Herrn Clem. Remie, der sich ja schon früher in Mainz als praktischen Direktor gezeigt hatte, die Leitung der Bühne.

Ehe wir zur Geschichte der zweiten Direktion Remie's schrei ten, sei noch kurz der weiteren auswärtigen Opernunternehmungen Schumanns gedacht, welchen er zum großen Theil sein finan zielles Elend und seinen endlichen Sturz zu verdanken hatte. Ein tragischer Zug geht durch die ganze Geschichte des Schu mann'schen Opernunternehmens, welche eher Veranlassung gibt, den Direktor zu bedauern, als zu tadeln, wie dies von Seiten mißgünstiger Bessermacher triumphirend geschah. Schon die ersten Vorstellungen in London bei Schumanns dritter Anwesenheit daselbst brachten ihm wenig Glück, und wäre der großartige Erfolg der „Hugenotten", in welchen Staudigl und die Lutzer glänzten, nicht gewesen, so würde die Gesellschaft schon in Eng= land zusammengebrochen sein. Nun ging aber Schumann noch nach Paris, und damit war sein Untergang besiegelt. Hier gerieth er von Tag zu Tag in immer größere Verlegenheiten *) und mußte schließlich sogar ins Schuldgefängniß wandern. Mit ten in diesem Elend erschien Franz Lißzt als Helfer in der Noth. Der berühmte Pianist veranstaltete, gerührt von dem unverschuldeten traurigen Geschick der deutschen Künstler, zum Besten derselben im Salon des Amerikaners Thorn eine musi= kalische Abendunterhaltung, welche 7860 Frs. eintrug. Außer dem erhielten die Sänger für ein Hofconcert vom Könige Louis

---

*) Die Lösung eines von Mad. Schumann mit Straßburg vor= eilig abgeschlossenen Vertrags hatte ihn eine bedeutende Summe gekostet und so seine Mittel bedeutend geschwächt.

Philipp eine Summe von 1000 Francs, welche Gelder ihnen wenigstens die Heimreise in ihr Vaterland ermöglichten. Lißt, der auf eine so edle Weise die deutschen Künstler der Verzweiflung entriß, hatte noch vor wenigen Wochen das Schumann'sche Unternehmen freudig begrüßt. So hatte er am 28. Januar 1842 an Herrn Wiest*) in Mainz geschrieben: „Schreiben Sie mir umgehend, wann geht Schumann mit der deutschen Oper nach London, und welche Sterne gedenkt er mit hinüber zu bugsiren. Schumann muß in jeder Beziehung als Regenerator der deutschen Musik in England unterstützt werden. Der Mann hat etwas geleistet, was uns Deutschen Ehre macht, und wir brauchen in jeder Beziehung viel Ehre den Fremdländern gegenüber, die uns gar zu gerne als Epicier mit der Schlafmütze hinstellen. Schumann muß literarisch, artistisch, merkantilisch unterstützt werden — er muß in London diesmal glänzend reüssiren." — Nachdem diese Hoffnungen zu Grabe getragen waren, eilte Schumann mit seiner Gesellschaft nach Deutschland zurück, wo sich dieselbe auflöste. Er selbst übernahm nach einiger Zeit in Gemeinschaft mit einem Herrn Eschborn die Leitung der deutschen Oper in Amsterdam und ging später mit seiner Frau, welche inzwischen am Wiesbadener Hoftheater mit Erfolg gewirkt hatte, nach Pest. Hierauf leitete er noch die Stadttheater in Basel und Lausanne und starb später in der Schweiz. Mad. Schumann war nach München gegangen, wo sie durch einen unglücklichen Sturz sich eine Kopfwunde zuzog, welche sie nöthigte, ihre glanzvolle Bühnenlaufbahn zu verlassen. Die einst so gefeierte Sängerin lebt noch in Mainz in bescheidenen Verhältnissen.

Eine Stadt, in welcher die Kunst auf eine so glänzende Weise wie unter Schumanns Theater-Direktion in Mainz gepflegt wurde, mußte auch einen belebenden Einfluß auf ihre literarische Kolonie ausüben. Fast zu keiner Zeit waren die Verhältnisse in Mainz einem regen künstlerischen und literarischen Leben günstiger, als in der neuen Periode des Sturmes und Dranges, in welcher der anmuthige Geist des Behagens der unpolitischen dreißiger Jahre den aufsprossenden

*) Redakteur der „Süddeutschen Theater-Zeitung", eines dramaturgischen Beiblattes der damals in Mainz erscheinenden Zeitschrift „Rheinland".

Blüten des Völkerfrühlings wich und Eisenbahnen und Telegraph auf allen Gebieten eine gewaltige Umwälzung hervorriefen. Wir sehen in der alten Rheinstadt bei dem großen Gutenbergsfeste den neuen Geist Triumphe feiern und in dem Mainzer Carneval das rheinische Bürgerthum sich in der Fülle seiner urwüchsigen Kraft zeigen. Mainz war ein Anziehungspunkt für viele tüchtige Künstler und Schriftsteller geworden. Keiner dieser Männer versäumte es, wenn er an den Rhein kam, Mainz einen Besuch abzustatten, wo die gemüthliche Künstlerkneipe im „Schützen-Hof" am Markte das Hauptquartier der Schöngeister und Kunstfreunde bildete. Dort saßen am altersbraunen Stammtische beim Glase ächten Rheinweins, in eifrigem Gespräch begriffen, Männer wie Ferdinand Freiligrath, Franz Tingelstedt, der Humorist Oettinger, der Walzerkönig Strauß, Meyerbeer, die Sänger Staudigl, Wild und Haitzinger, die Schauspieler Devrient, Seydelmann und Rott, sowie die in Mainz ansässigen Schriftsteller. Von diesen nennen wir nur: den gemüthlichen Oesterreicher Franz Wiest, Redakteur des „Rheinland" und der Mainzer Carnevals-Zeitung; den witzigen Ludwig Kalisch, den späteren Leiter des letztgenannten Witzblattes, in welchem der Mainzer Humor seine schönsten Blüten trieb; ferner den Redakteur der Mainzer Zeitung, Dr. Karl Andree, nachmals bekannt als Herausgeber der geographischen Zeitschrift „Globus", und Dr. Heinrich Malten, Herausgeber der „Bibliothek der neuesten Weltkunde". Dr. E. Reis machte sich als Redakteur der Narren-Zeitung und des „Telegraph" einen Namen. Ueberhaupt wurden belletristische Blätter schon damals in Mainz gerne gelesen. Aber auch die musikalische Literatur hatte sich entwickelt. Es erschienen die bereits genannte Zeitschrift „Cäcilia", welche nach dem Tode ihres Gründers und Redakteurs Gottfr. Weber von dem Professor der Tonkunst S. W. Dehn in Berlin fortgesetzt wurde, sowie die gleichfalls von Schott*) herausgegebenen musikalischen Unterhaltungsblätter „Der Minnesänger" und „Der Gesellschafter", deren Redaktion der Hofmusikus J. D. Anton zu Darmstadt übernommen hatte.

---

*) In demselben Verlage erschien vom Jahre 1852 an die „Süddeutsche Musik-Zeitung".

IV

Zweite Direktion Remie's. Kurzer Aufschwung des Schauspiels unter Haake's Regie. Herbold und Cornelius. Musikfest.

Am 18. September 1842 wurde die Bühne unter der neuen Direktion Remie mit der „Norma" eröffnet. Obgleich das Publikum, sowie die Kritik bei dieser ersten Vorstellung mit der Erinnerung an die Glanzzeit der Schumann'schen Oper kämpfte, so zeigte sich in der Folge doch, daß Remie mit seinen fleißigen, strebsamen Kräften eben so viel leistete, als man in Mainz billigerweise verlangen konnte. Remie war freilich schon in finanzieller Beziehung genöthigt, haushälterisch vorzugehen, um nicht einem Krach zu erleben, der bei den in Mainz bestehenden Theaterverhältnissen für keine Direktion im Bereiche der Unmöglichkeit lag. Das Personal war bis auf die Familie Herbold, welche mit Mainz unzertrennlich verbunden schien, fast ganz neu. In dem der ersten Vorstellung vorausgegangenen, von der tragischen Liebhaberin Dem. Marie Fürst gesprochenen Prolog, für dessen poetischen Werth wir keine Verantwortlichkeit übernehmen, hieß es u. A.:

> „Verändert seht Ihr auch in dieses Tempels Hallen
> Die neue Priesterschaar vor Euch vorüberwallen,
> Die des heitren Looses stolz sich freut,
> Vor Kenneraugen für ihr Müh'n und Streben:
> Den Beifall als Tribut einst zu erheben,
> Der den wahren Künstlerfleiß belohnt,
> Und so wie sich nimmermehr es läßt verhehlen,
> Daß nur in kunstbegabten Seelen
> Echte Menschenwürde herrlich thront:
> Läßt der Kunstsinn Nachsicht wohl auch angedeihen,
> Weiß aufmunternd Beifall zu verleihen,
> Wo er nur erkennt, daß reger Eifer wohnt.
> Drum laßt getrost uns nun beginnen,
> Für die Kunst den Preis auch zu gewinnen,
> Werde selbst das größte Opfer nicht geschont.
> Thät'ger Fleiß, ein wahres Künstlerleben
> Möge unser Wirken stets auf's Neu' beleben,
> Daß am Schlusse wir, wenn wir das Werk vollenden,
> Des Beifalls würdig sind, den Ihr huldreich wollet spenden."

Der Verlauf der Saison zeigte, daß das Personal wie die Direktion es mit diesen Versprechungen aufrichtig gemeint hatten. Hinsichtlich der Leistungen blieben sich Oper wie Schauspiel ziemlich gleich, die Novitäten der Oper behielten jedoch den Vorrang. Obgleich Rossini's „Stabat mater" nicht in das Gebiet der Oper gehört, so sei hier doch zunächst die erste Aufführung dieses Oratoriums, welche am Weihnachtstage des Jahres 1842 stattfand, erwähnt. Es wirkten mit: Mad. Ernst-Seidler (Sopran primo), Dem. Wettlaufer (Sopran secundo), Herr Peretti (Tenor primo) und Herr Lanz (Baß). Unter den Mitwirkenden hatte sich Mad. Ernst, ein früheres Mitglied des Wiener Hoftheaters, welche gleich der Sontag aus der Schule Triebensee's in Prag hervorgegangen war, sich in Mainz in kurzer Zeit großen Beifall erworben. Den Glanzpunkt der Saison bildete die folgende größere Novität, Meyerbeers „Hugenotten", welche große Oper am 1. Februar 1843 zum ersten Male mit seltenem Erfolge in Scene ging. Der Text der Oper war von W. Ehlers neu bearbeitet, und zwar unter der „Aegide" des Komponisten, dessen Werk in Mainz ein um so größeres Interesse erregte, als er, wie wir oben gesehen, zu den Bewohnern der kunstliebenden Stadt in engen Beziehungen stand. Die Aufführung der Oper, welche unter der Leitung des Musikdirektors und Dirigenten der Liedertafel Hrn. Esser stattfand, befriedigte. Dem. Holzhäuser sang die Margaretha von Valois, Hr. Netz den Grafen von St. Bris, Hr. Lanz den Grafen von Nevers, Mad. Ernst die Valentine, Hr. Peretti den Raoul, Hr. Egner den Marcel und Dem. Wettlaufer den Pagen. Gleiches Glück machte Donizetti's „Lucia von Lammermoor", welche am 29. März 1843 zum ersten Male mit Hrn. Peretti als Sir Edgar, Hrn. Lanz als Lord Ashton und Mad. Ernst als Lucia gegeben wurde. Die letzte Opern-Novität der Saison war eine komische Oper des Musikdirektors Esser, „Thomas Riquiqui", welche am 28. April mit Herrn Peretti in der Titelrolle unter großem Beifall zur Aufführung gelangte. — Als Gäste erschienen u. A. der Baritonist Pinchon vom Düsseldorfer Theater (Belisar), Hr. Thomas von Köln (Don Juan), Dem. Rudersdorff von Frankfurt (Amine), Hr. Cramolini vom Darmstädter Hoftheater (Peter Iwanow), Hr. Klein aus Pest (Sever), sowie die Herren Meyer und

Stritt vom Wiesbadener Hoftheater als Ankarström und Ro
bert. Fast während der ganzen Saison gastirte der Tenorist
Lehmann von Hamburg in den verschiedensten Opern.

Das Schauspiel brachte nach einigen unbedeutenden No
vitäten am 4. Dezbr. 1842 Benedix' Preis-Lustspiel „Doktor
Wespe". Das Stück erregte um so mehr Interesse, als der
Dichter früher an der Mainzer Bühne gewirkt hatte und auch
seine ersten schriftstellerischen Versuche aus dieser Zeit datiren
sollen. Die Besetzung des sehr warm aufgenommenen Lustspiels
war folgende: Doktor Wespe: Hr. Döbbelin, Herr v. Zün=
dorf: Hr. Hartig, Elisabeth, seine Tochter: Dem. M. Fürst,
Theudelinde: Mad. Herbold, Wellstein, ein junger Kaufmann:
Hr. Schmitt, Schreier, ein Renommist: Hr. Schalf, Chri
stoph, Zündorfs Diener: Hr. Netz, Adam, Wespe's Diener:
Hr. Neumärfer. Die naive Liebhaberin Dem. Georgine
Fürst, eine Schwester der Heldin, spielte die Thekla und der
erste Held und Liebhaber Hr. v. Othegraven den Maler Lud=
wig Honau. Es folgten Charlotte Birch=Pfeiffers Lebensbild
„Steffen Langer aus Glogau" mit Hrn. v. Othegraven
als Vertreter der Titelrolle und dem Gaste Hrn. Degen aus
Bremen als Wasilowitsch, sowie Nestroys Posse „Einen Jux
will er sich machen". Gegen Schluß der Saison erschienen
u. A. noch das vaterländische Drama „Hans Kohlhas" von
Maltitz und ein Lustspiel „Der Beruf" von der Mainzerin
Kathinka Zitz. — Wenn auch wenige klassische Sachen ge=
boten wurden, so war doch immerhin ein besserer Zustand in
dem Schauspiel=Repertoir eingetreten. Zu beflagen war nur
ein Potpourri von Opern= und Schauspielscenen, welches unter
dem Titel „Der unzusammenhängende Zusammenhang" gegeben
wurde. Soll das Theater seine bildende Aufgabe erfüllen, so
muß es vor allen Dingen nicht zu einer Stätte für Spielereien
ausarten, welche Schauspieler wie Autoren zu bloßen Unter=
haltungsvermittlern herabwürdigen. — Als Gäste verzeichnen
wir u. A.: Hrn. Kunst und Sohn in Töpfers Lustspiel „Der
Pariser Taugenichts" (Graf v. Morin und Louis), Hrn. Pirscher
und Mad. Köhler von Darmstadt als Ferdinand und Lady
Milford (Kabale und Liebe). Auch eine französische Schau=
spieler=Gesellschaft unter der Leitung eines Herrn Constant
gab einige Vorstellungen.

Die Carnevalspoſſe des Jahres 1843 nannte ſich: „Der
Heirathsantrag im Wochenblatt, oder Die weiße Roſe". Der
Handlung des drolligen Stückes lag ein Heirathsantrag auf dem
damals noch ungewöhnlichen Wege durch das „Mainzer Wochenblatt" zu Grunde und die Hauptſcenen ſpielten in einem Kaffee-
garten zu Zahlbach bei Mainz.

Die Concert-Saiſon nahm am 21. Septbr. 1842 mit
dem zu Ehren der in Mainz verſammelten Naturforſcher und
Aerzte von der Liedertafel veranſtalteten Muſikfeſt in der
Fruchthalle ihren Anfang. Es wurde unter der Mitwirkung
des Mainzer Damengeſangvereins, des Liederkranz und vieler
auswärtiger Geſangvereine *), ſowie des Mainzer und Mannheimer Theater-Orcheſters das Oratorium „Belſazer, oder
Der Fall Babylons" von Händel, nach J. F. v. Moſels
Bearbeitung, aufgeführt. Die Soloparthien waren von Herrn
Härtinger von Mannheim (Belſazer, Tenor), Frau Pirſcher
von Darmſtadt (Nitocris, Sopran), Fräul. Sophie Schloß
von Köln (Cyrus, Alt) und Hrn. Oehrlein von Köln (Daniel,
Baß, übernommen. Herr Eſſer leitete die Aufführung. Der
glänzende Verlauf des Feſtes gereichte dem kunſtſinnigen Mainz
und beſonders der Liedertafel und dem Damengeſangverein zur
hohen Ehre. Nun folgte eine lange Reihe von Concerten: es
traten u. A. auf: die Sängerin Mad. Biſhop von London,
der Violiniſt A. Bazzini, die Violinvirtuoſinnen Thereſe und
Marie Milanollo und der junge Pianiſt Eduard Ganz, ein
Sohn des Kapellmeiſters Ganz und Schüler Thalbergs. Von
größeren Aufführungen ſei des von der Liedertafel in Verbindung mit dem Damengeſangverein und dem Inſtrumentalverein
am 7. Dezbr. 1842 zum Beſten der Armen veranſtalteten Con-
certes gedacht, in welchem u. A. eine von Reus verfaßte und
von Eſſer in Muſik geſetzte Cantate „Frauenlobs Gedächtnißfeier" aufgeführt wurde, die gelegentlich der Enthüllung des neuen
Denkmals des Minneſängers entſtanden war. Am Charfreitag des
Jahres 1843 führte die Liedertafel das „Stabat mater" von dem berühmten Meiſter der niederländiſchen Schule Orlando di Laſſo auf.

*) Es waren die Geſangvereine von Aſchaffenburg, Bensheim,
Biebrich, Bingen, Darmſtadt, Frankfurt (Liederkranz), Friedberg, Hanau, Rood a. W., Wiesbaden und Worms erſchienen.

Die folgende Saison 1843 44 kann als recht befriedigend bezeichnet werden. Remie hatte die ersten Schwierigkeiten, wie sie sich bei der Uebernahme einer jeden Theater=Direktion darbieten, überwunden und war darauf bedacht, neben der Oper auch dem ziemlich herabgekommenen Schauspiel wieder auf die Beine zu helfen. Mit richtigem Blick erkannte er, daß zum Reformator des Mainzer Schauspiels am besten der Mann sich eigne, unter dessen Direktion besonders das klassische Drama eine Glanzepoche erlebte, nämlich sein Mitbewerber um die Direktionsstelle, August Haake. Gleich ehrenvoll für Remie wie für Haake war es, daß eine Verbindung zu Stande kam, welche die beste Bürgschaft für die Hebung der Bühne in sich barg. Der haushälterische Remie auf der einen und Haake, der geniale Künstler, auf der andern Seite bildeten eine Verwaltung, wie man sie nicht besser wünschen konnte. Betrachten wir zunächst die Oper. Die Novitäten dieser Saison machten fast alle Glück. Schon die erste neue Oper, Halevy's „Blitz", welche am 14. Septbr. 1843 erschien, hatte einen großartigen Erfolg, welcher um so bedeutungsvoller war, als dieselbe keine Chöre und glänzenden Finales hatte.*) Die liebliche Oper, welche von Ganz einstudirt war, mußte im Laufe der Saison noch oft wiederholt werden. Den Lionel**) sang der neue Heldentenor Hr. Stritt und Dem. Kreutzer, die Tochter des Komponisten und vorzüglichste Sängerin der Mainzer Oper, die Henriette. Einen noch größeren Beifall fand Aubers komische Oper „Des Teufels Antheil", die am 26. Oktober 1843 zum ersten Male in Scene ging. Der Baritonist Lanz sang den König Ferdinand, die erste Sängerin Mad. Rennert die Königin und Herr Stritt den Rafael. Dem. Kreutzer war ein reizender Carlo Broschi. Auch die letzte Opern=Novität der Saison, „Der Edelknecht" von Conradin Kreutzer, welche zur Vermählungsfeier der Prinzessin Marie von Nassau und des Fürsten von Neuwied komponirt worden war und unter des Komponisten eigener Leitung aufge-

---

*) Es treten in der Oper nur 4 Personen (2 Tenoristen und 2 Sängerinnen) auf.

**) Lionel, der sich in Henriette verliebt hat, wird vom Blitzstrahl getroffen und im Hause der Geliebten von der erfolgten Erblindung geheilt.

führt wurde, fand eine warme Aufnahme. Die Musik gefiel und auch der Birch=Pfeiffer'sche Text war durch die Bearbeitung von Prof. Ehlers erträglich gemacht worden. Die Tochter des Komponisten sang die Renée von Frankreich, Hr. Stritt den Edel=knecht. — Von den Gästen erwähnen wir nur: Hrn. Gerstel von Wiesbaden, welcher in der zum Besten der hinterlassenen Familie des Künstlers Cornelius*) veranstalteten Aufführung von „Czar und Zimmermann" den van Bett sang; Hrn. Reichel aus Darmstadt (Robert der Teufel) und Mad. Schumann von Wiesbaden als Regimentstochter und Effie in Adams „Brauer von Preston". — Das Opernpersonal hatte im Laufe der Saison den Verlust des Kunstveteranen Herbold zu beklagen, welcher gleich dem verstorbenen Cornelius eine lange Reihe von Jahren ununterbrochen an der Mainzer Bühne gewirkt hatte. Sein van Bett in „Czar und Zimmermann" war eine ebenso populäre wie vorzüglich gegebene Gestalt gewesen. Herbold starb im November 1843. — Zum Schluß sei noch eine junge Main=zerin Dem. Steigerwald erwähnt, welche bisher im Chore an der Bühne ihrer Vaterstadt gewirkt hatte und nun mit Erfolg Soloparthieen übernahm.

Das Schauspiel gewann, wie bei der Regie Haake's nicht anders zu erwarten, eine vortreffliche Gestalt. Im Laufe der Saison erschienen klassische Dramen, wie „Clavigo", „Emilia Galotti", „Die Räuber" u. a. m., welche durch strebsame Künstler eine würdige Wiedergabe fanden. Auch über die Novitäten konnte man nicht klagen. Halms dramatisches Gedicht „Der Sohn der Wildniß" welches am 9. Septbr. 1843 erschien, hatte Erfolg. Den Ingomar spielte Hr. v. Othegraven, Hr. Ehlers den Lykon, die erste Liebhaberin Dem. Haake die Parthenia, Hr. Haake den Myron und Mad. Herbold die Actäa. Vielen Beifall fanden Bauernfelds Lustspiel „Ernst und Humor" und Benedix's Posse „Der Liebestrank", eine nette Satire auf die Erfindungswuth des 19. Jahrhunderts, welche am 6. Mai 1844 in Scene ging. Den größten Erfolg in der Saison hatte Karl Gutzkows historisches Lustspiel „Zopf

---

*) Cornelius, einer der besten Schauspieler der Iffland'schen Schule, welcher besonders im bürgerlichen Trauerspiele vorzüglich und lange Zeit eine Zierde der Mainzer Bühne war, starb im Herbst des Jahres 1843.

16

und Schwert". Dieses Stück, welches einen vielversprechenden Anlauf zum deutschen Nationallustspiel nahm, wurde am
22. April 1844 zum ersten Male gegeben. Den König Friedrich Wilhelm I. spielte der tüchtige Charakterdarsteller Rennert.
Die übrigen Hauptrollen vertheilten sich: Prinzessin Wilhelmine:
Mad. Roth=Leclere, Erbprinz von Baireuth: Hr. v. Othegraven, Königin: Mad. Herbold, und Kammerdiener Evers-
mann: Hr. Denk. — Von Gästen erwähnen wir: die Damen
G. und M. Fürst vom Darmstädter Hoftheater als Klara und
Martha in Töpfers Lustspiel „Zurücksetzung", Dem. Herbold
aus Cassel (Marie in „Muttersegen") und Hrn. Wisthaler
aus Darmstadt (Steffen Langer).

Die Carnevalsposse „Carnevals Triumph, oder Die
Helden des Jahrhunderts", Lust= und Trauerspiel in 4 Aufzügen und 3 Zwischenakten, war das beste von den bisher zur
Aufführung gelangten Stücken dieser Art und fand deshalb
auch großen Beifall. Es waren darin die volksthümlichen Gestalten Rante, Hampelmann und Oelgrün recht geschickt verwerthet.
Wiest urtheilt in der Mainzer Carnevalszeitung u. A. über das
von dem Mainzer August Koch verfaßte Stück: „Der Triumph
des Carnevals ist jedenfalls eine göttliche Komödie, da so viel
Götter in derselben anftreten, als sich das Heidenthum deren
rühmen kann. Das Stück beginnt mit Jupiter und endet mit
bengalischer Beleuchtung."

Am 16. Juni 1844 ging Remie mit der Oper nach Belgien
und spielte mit großem Erfolg in Gent, Antwerpen und Brüssel.
Außer den Mainzer Mitgliedern feierten Herr Reichel und
Mad. Pirscher vom Hoftheater zu Darmstadt, sowie Herr
Biberhofer aus Cassel Triumphe. Recht verwendbar zeigte
sich der Baritonist Pasque, ein Schüler des Conservatoriums
zu Paris, welcher an der Mainzer Bühne seinen ersten theatralischen Versuch als Jäger in Kreutzers „Nachtlager" gemacht hatte.

Von Concertgebern sind erwähnenswerth: der Pianist
Alexander Dreyschock, der Violinvirtuose Prüme und der
Contrebassist Olendorf aus Marseille. Einen großen Erfolg
hatte das Concert der Frau Eva Stöger geb. Heinefetter,
in welchem u. A. Sabine und Kathinka Heinefetter, sowie der
badische Hofmusiker Jakob Heinefetter und der erste Violinspieler
des Mainzer Theater=Orchesters Mathias Heinefetter mitwirkten.

Ferner sei noch das Auftreten des Komponisten Lortzing in einem zum Besten des Hrn. Hartig gegebenen Concert erwähnt. Die Liedertafel führte am 20. Novbr. 1843 das Oratorium „Die Jahreszeiten" von Händel und am Charfreitag 1844 Pergolese's „Stabat mater" auf.

Die letzte Saison unter Remie (1844/45) wurde am 3. September 1844 mit der Oper „Norma" eröffnet. Die erste Opern-Novität „Lucrezia Borgia" von Donizetti erschien am 2. Dezember mit Mad. Hammermeister als Vertreterin der Titelrolle. Der neue Tenorist Sowade sang den Gennaro und Dem. Penz vom Wiesbadener Hoftheater den Orsino. In einer späteren Wiederholung der Oper sang Dem. Sabine Heinefetter die Lucrezia. Großen Beifall fand Lortzings komische Oper „Der Wildschütz".*) In der ersten Aufführung der Oper am 24. Februar 1845 traten auf: Graf v Eberbach: Hr. Scharpf, Gräfin: Mad. Rennert, Baron Kronthal: Hr. Sowade, und Baronin Freimann: Mad. Hammermeister. Den Schulmeister sang der zweite Bassist Netz und die neue Soubrette Dem. Pechatscheck das Gretchen. Zur Feier der 25jährigen Leitung der Mainzer Oper durch Herrn Hofkapellmeister Ganz wurde am 20. Januar 1845 Webers „Oberon" neu einstudirt gegeben. Dieser Vorstellung wohnte auch der Componist Conradin Kreutzer bei. Zu bedauern war, daß mit dem Beginn der folgenden Direktion dem verdienstvollen Kapellmeister nach einer so langen ersprießlichen Thätigkeit der Abschied gegeben wurde. — Von Gästen traten u. A. auf: Hr. Cormann (Sever) und Hr. Schäfer aus Aachen (Gaveston). — Einen großen Verlust erlitt die Oper durch den Abgang der Sängerin Cäcilie Kreutzer, welche wegen ihrer bevorstehenden Vermählung der Bühne überhaupt am 30. Dezember 1844 mit ihrer Glanzrolle Carlo Broschi Valet sagte.

Das Schauspiel brachte zunächst Blums Lustspiel „Der Vicomte von Létorières, oder Die Kunst zu gefallen", welches am 29. Oktober 1844 zum ersten Male in Scene ging und gut aufgenommen wurde. Der neue Charakterdarsteller Wal-

---

*) Lortzing erhielt für dieses Werk laut einem uns vorliegenden Schreiben des Komponisten, wie für seine früheren bei Schott erschienenen Opern, ein Honorar von „eilf Stück Louisdor".

ther spielte den Prinz von Soubise, Mad. Boden die Madame Soubise und Dem. Starkloff die Titelrolle. Nun folgte
das Raupach'sche bekannte Volksdrama und Allerseelen-Rührstück
„Der Müller und sein Kind" mit Hrn. Walther als Reinhold und Dem. Reichert als Marie, sowie das Lustspiel „Die
schöne Athenienserin" von Feldmann, in welchem die neu
engagirte Liebhaberin Dem. Leitner die Zacharulla spielte. Das
Gastspiel des berühmten Wiener Komikers Franz Wallner
brachte Nestroys Posse „Der Zerrissene", in welcher Wallner
den Herrn v. Lips gab. Einen durchschlagenden Erfolg hatte das
Lustspiel „Er muß auf's Land" von W. Friedrich, in welchem
Stücke bekanntlich die Muckerei scharf gegeißelt wird. Das Lustspiel ging am 12. Februar 1845 mit folgender Hauptbesetzung
zum ersten Male in Scene: Frau v. Ziemer: Mad. Herbold,
Cölestine, ihre Tochter: Dem. Reichert, Ferdinand, ihr Schwie-
gersohn: Hr. Seelig, Marineoffizier Freimann: Hr. Ehlers,
Rath Presser: Hr. Denk und Frau v. Flor: Dem. Starkloff.
Weniger Beifall fand Karl Gutzkows politisches Trauerspiel
„Patkul". Recht beifällig wurde der Plötz'sche Schwank „Der
verwunschene Prinz" mit Wallner als Schuster Wilhelm
aufgenommen. Am 14. April 1845 erschien die letzte bedeutende
Novität der Saison, das historische Drama „Moritz von
Sachsen" von Robert Prutz. Hr. Seelig spielte den Moritz
und Dem. Fanny Leitner die Anna (Gemahlin des Prinzen).
— Von den Gästen sei Dem. Schäfer aus Aachen als Ka-
roline in Blums Lustspiel „Ich bleibe ledig" und der russische
Hofschauspieler Barlow aus Petersburg als Wallenstein in
„Wallensteins Tod" erwähnt.

An Concerten war die Saison nicht so reich wie die
früheren, was allgemein der steigenden Theilnahme des Publikums am Theater zugeschrieben wurde. Immerhin war es kein
schlimmes Zeichen für den Kunstsinn der Mainzer, wenn die
Hochfluth der musikalischen Aufführungen etwas zurückging.

Mit dieser Saison war Remie's Direktionsthätigkeit in
Mainz beendigt*) und Herr Löwe übernahm nun die Leitung
der Bühne.

*) Haafe, der an das Frankfurter Stadttheater engagirt worden
war, hatte nur während einer Saison die Regie geführt.

V.

Das Mainzer Theater unter Löwe. Wilhelm Ehlers. Das rheinhessische Sängerfest.

Der neue Direktor Löwe traf vor Eröffnung der Saison 1845–46 alle Vorkehrungen, um eine durchgreifende Reform des Mainzer Theaters anzubahnen. Er engagirte ein ganz neues Personal, wobei, wie wir oben sahen, einige Härten gegen alte, verdiente Mitglieder der Mainzer Bühne nicht zu vermeiden waren. Mit großer Spannung sah daher das Publikum der Eröffnung der Bühne entgegen, welche am 2. September 1845 mit Winters romantischer Oper „Das unterbrochene Opferfest" stattfand. Der neue Kapellmeister Herr Esser leitete die allgemein befriedigende Aufführung. Der Oper ging ein von dem Direktor gesprochener Prolog voran, dem wir folgende Stellen entnehmen:

> „Nicht kann, nicht will ich es verbergen,
> Was mir das Herz, was mir die Brust beengt:
> Wird diesen Freunden ächter, wahrer Kunst
> Mein Unternehmen nicht zu kühn erscheinen?
> Wird hier die schwache Kunst genügen können,
> Wo schon so oft das Größte zu dem Großen,
> Das Schönste zu dem Schönen sich gesellt?
> Um selbst der Strengsten Beifall zu erringen,
> Wird hier, wo Deutschlands ruhmgekrönte Künstler
> Nach einem Kranz oft mühvoll nur gerungen,
> Mein Streben nicht am strengsten Urtheil scheitern?
> Und dies bedenkend, soll ich wohl verzagen."

Der Vortragende schloß im Hinblick auf die Liebenswürdigkeit und das Entgegenkommen der Bewohner der goldenen Moguntia:

> „Drum sei es denn begonnen mit Vertrauen
> Und mit Bewußtsein eines regen Wollens!
> Wer Gutes will, vermag des Guten viel;
> Das Ziel des Schönen sei mein schönstes Ziel!

Euer Lob soll niemals meine Kräfte zügeln,
Ein weiser Tadel doppelt sie beflügeln!
So wird das Haus ein Tempel wahrer Kunst,
Gestützt auf Fleiß, verschönt durch Eure Gunst."

Schon der Verlauf der ersten Saison zeigte, daß Herr Löwe
wirklich von einem ernsten künstlerischen Streben beseelt war.
Sowohl hinsichtlich des Personals, als auch des Repertoirs
konnte das Publikum zufrieden sein; Oper und Schauspiel hiel=
ten erfreulicherweise gleichen Schritt. Zunächst sei der Oper
gedacht, welche Kräfte zu ihren Mitgliedern zählte, wie man
sie in Mainz lange nicht mehr gehört hatte. Die erste Novität,
welche am 13. Septbr. 1845 erschien, Flotows romantische Oper
„Alessandro Stradella", fand schon großen Beifall. Die
Titelparthie hatte der lyrische Tenor Viala und der beliebte
Baß-Buffo Gärtner den Bassi übernommen; die erste Sänge=
rin Mad. Mittermayr sang die Leonore, der Heldentenor
Stritt den Barbarino und Hr. Abt den Malvolio. In spä=
teren Wiederholungen der Oper sangen Herr Eberius aus
Wiesbaden, sowie Hr. Kreutzer von Mannheim den Stradella,
Dem. Rummel aus Wiesbaden die Leonore, Hr. Demmer
aus Prag den Barbarino und Hr. Schwemmer aus Brünn
den Malvolio. Am 11. Oktober folgte Lortzings komische Oper
„Die beiden Schützen". Dem. Blumenthal sang die Ka=
roline und die Soubrette Dem. Steigerwald das Suschen.
Die beiden Schützen Wilhelm und Gustav fanden in den Herren
Steinecke und Viala eine gute Vertretung. Die nächste No=
vität war eine Oper Essers „Die zwei Prinzen", welche
trotz ihres musikalischen Werthes nicht recht durchdringen wollte.
Dieser Oper folgten am 10. Dezember Aubers „Krondiaman=
ten" mit Mad. Mittermayr als Theophila und am 7. Ja=
nuar 1846 Marschners romantische Oper „Hans Heiling"
nebst einem Vorspiel von E. Devrient. Die tief angelegte Musik
verfehlte nicht, einen nachhaltigen Eindruck auf das Publikum zu
machen. Die Rollen vertheilten sich: Königin der Erdgeister:
Mad. Wagner-Erdmann, Hans Heiling: Hr. Steinecke,
Anna: Mad. Mittermayr, Konrad: Hr. v. Suchozky, und
Stephan: Hr. Abt. — Als Gäste erschienen u. A.: die erste
Sängerin des Theaters della Scala in Mailand, Signora
Carmen del Montenegri, als Norma, Mad. Hart=

mann aus Wiesbaden als Orsino (Lucrezia Borgia), Herr
Cramolini von Darmstadt als Iwanow, Hr. Lanz als Czar,
Herr Kreuzer von Mannheim als Raoul (Hugenotten) und in
der zum Besten des Pensionsfonds des Theater-Orchesters am
11. März 1846 aufgeführten Oper „Robert der Teufel" Mad.
Pirscher (Alice), Hr. Breiting (Robert) und Hr. Reichel
(Bertram) von dem Darmstädter Hoftheater. Als ersten thea-
tralischen Versuch ist das Auftreten des im Chor mitwirkenden
Hrn. Meffert anzuführen.

Das Schauspiel hatte seit Haake nicht auf der Höhe, wie in
dieser Saison, gestanden. Bereits der erste Schauspielabend am
4. September 1845, welcher Gutzkows Original-Lustspiel „Das
Urbild des Tartuffe" als Novität brachte, war geeignet, das
Publikum mit freudigen Hoffnungen zu erfüllen. Der jugendliche
Liebhaber und Naturbursche Hr. J. Meyer spielte den König
Ludwig XIV., der Charakterdarsteller Hr. Reinhardt den Prä-
sident Lamoignon, der jugendliche Held und Liebhaber Herr
Schmitz den Moliere, die Liebhaberin Dem. B. Schirmer
die Armande und Mad. Schmitz die Madeleine. Nun folgten
u. A. das Schauspiel „Mutter und Sohn" von Charl. Birch-
Pfeiffer und Laube's Schauspiel „Monaldeschi", in welchem
Stücke Hr. Schmitz die Titelrolle spielte. Am 13. November
wurde Roderich Benedix' Lustspiel „Der Steckbrief" zum
ersten Male gegeben. Es traten in diesem Stücke u. A. auf:
Mad. Urspruch-Schirmer (Dorothea), der jugendliche Held
Hr. Börger (Dr. Brinkmann) und Hr. Rennert (Kaufmann
Nipphard). Von den folgenden Stücken konnte sich nur das
Schauspiel „Ruy Blas" von Dräxler-Manfred eines gewissen
Erfolges rühmen. Die erste Novität des Jahres 1846 war das
Schauspiel „Der Graf von Bazon", von dem Regisseur der
Mainzer Bühne, Herrn Reinhardt, nach dem Französischen
bearbeitet. Hierauf kamen zur Aufführung: Birch-Pfeiffers
Schauspiel „Die Marquise von Vilette", „Stadt und Land, oder
Der Viehhändler aus Oberösterreich" und am 16. Februar 1846
(Fastnacht) das Mainzer Original- und Carnevals-Lustspiel „Das
zwanzigste Jahrhundert, oder So wird es kommen", ein Ge-
mälde der Zukunft ohne Fresco in drei Akten mit Gesang und
Ballet, nebst einem Nachspiel in drei halben und einem ganzen
Aufzug von Phil. Thielmann. Bei letzterem Aufzuge wurde

eine „eigens hierzu komponirte Ouverture im Geist des nächsten Jahrhunderts" aufgespielt. Den Adam Ehrlich gab Hr. Schmidt vom Hoftheater zu Meiningen. Die übrigen Rollen des höchst humoristisch gehaltenen Stückes waren unter die Mitglieder des Mainzer Stadttheaters vertheilt. Einen ergreifenden Eindruck machte das am 19. März aufgeführte Schauspiel „Ein Weib aus dem Volke" von Dräxler-Manfred. Herr Börger gab den Zimmergesellen Bertrand und die Heldin Mad. Ahrens die Marianne. Auch „Der Weiberfeind", Lustspiel von Benedix, gefiel. Es traten in diesem Stücke u. A. Herr Schmitz (Gustav) und Herr Reinhardt (Freiling) auf. Gegen den Schluß der Saison erschien noch das Charakter-Lustspiel „Gottsched und Gellert" von Laube, in welchem Stücke Hr. Rennert den Gottsched und Hr. Reinhardt den Gellert gab. — Als Gäste traten u. A. die Herren v. Remay (Fiesco) und Teny (Doria), sowie der beliebte Hampelmann-Darsteller Hassel von Frankfurt auf. Ferner sei noch das Gastspiel der französischen Theater-Gesellschaft des Hrn. Monet aus Paris erwähnt, welche auch nach der Saison gastirte. — Die Bühne wurde am 29. April geschlossen und Löwe ging während des Sommers mit der Gesellschaft nach Straßburg.

Erwähnenswerth ist das am 1. Dezember 1845 erfolgte Hinscheiden des Prof. Wilhelm Ehlers, dessen wir im Verlaufe unserer Theatergeschichte mehrfach gedachten. Mit Ehlers war ein Künstler aus dem Leben geschieden, dessen Namen in der Blütezeit unserer Kunst als der eines der ersten Liedersänger Deutschlands glänzte. Ehlers begann seine künstlerische Laufbahn in dem deutschen Athen, Weimar, unter der Fürsorge eines Göthe und Schiller, und besonders war es der letztere, welcher dem jungen Sänger, der als ein höchst brauchbares Mitglied der Weimarer Bühne galt*), seinen Schutz angedeihen ließ, wovon nachstehender Brief, der vorletzte, welchen der große National dichter in seinem Leben geschrieben, Zeugniß gibt. Das Schreiben, welches sich im Jahre 1859 im Besitze des Rentners Jak. Stumpf**) in Mainz befand und an den Appellationsgerichts rath Körner in Leipzig gerichtet war, lautet:

---

*) Siehe Briefwechsel zwischen Göthe und Schiller.
**) Ehlers wohnte einige Zeit bei diesem Herrn.

Weimar, 22. April 1805.

Herr Wilhelm Ehlers vom hiesigen Theater, der Dir diesen Brief überbringt, wird euch durch sein unmusikalisches Talent Vergnügen machen. Er singt zur Guitarre und hat sich einen Vortrag von Liedern und Balladen, zum Theil nach Zelters Melodien, dazu eingerichtet. Er wird Dich an die wandernden Sänger erinnern, die das Volk um sich her versammeln und alte Lieder singen. Da er in Dresden öffentlich aufzutreten wünscht, so kannst Du ihm vielleicht dazu verhelfen und ihn an einige Behörden empfehlen. Ich sage heute nichts mehr, da ich Dir durch die Post noch früher schreiben werde, als er ankommt. Herzlich grüßen wir euch alle.

Dein S c h i l l e r.*)

Für Ehlers begann nach der Weimarer Periode ein unstetes Wanderleben, dem er erst in den dreißiger Jahren durch die Uebernahme der Direktion der deutschen Oper zu Amsterdam auf kurze Zeit ein Ende gemacht wurde. Von Amsterdam ging Ehlers nach Mainz zu Remie, wo er als hochbetagter Greis noch immer für Förderung der Kunst thätig, sein wechselvolles Leben ruhig beschloß. Nur wenige Freunde geleiteten an dem kalten Dezember tage den einst gefeierten Sänger zur letzten Ruhestätte.

Das Hauptinteresse in musikalischer Beziehung nahm in dieser Saison, außer der Aufführung von Lachners Oratorium „M o s e s" am 9. Februar 1846 durch die Liedertafel, das Gesangfest r h e i n h e s s i s c h e r Gesangvereine in Anspruch, welches am 8. Juni 1846 unter zahlreicher Betheiligung zu Mainz in der Fruchthalle abgehalten wurde. Als Preisrichter bei diesem „Kampfe der Gesänge" saßen Kapellmeister G u h r aus Frankfurt, Vincenz Lachner aus Mannheim und W i l h e l m M a n g o l d aus Darmstadt. Esser leitete diesen von der Liedertafel, dem Liederkranz und dem Mainzer Männergesang verein „Einklang" angeregten Wettgesang, der in der befriedigendsten Weise verlief. Großen Jubel erregte die Preisvertheilung an die Vereine von Kastel, Oppenheim, Nieder-Olm und Ebersheim, deren Dirigenten Adam Werner, W. Just, A. Holzamer und Georg Gumbel aus zarten Frauenhänden der Siegespreis in Form einer Denkmünze überreicht wurde.

Das z w e i t e J a h r der Löwe'schen Direktion (1846 47) zeigte im Vergleich mit dem abgelaufenen einen Rückgang.

*) Die Aechtheit dieses Briefes wurde im Jahre 1839 am 26. April von dem zweiten Sohne Schillers, dem preuß. Appellationsgerichtsrath Friedrich Wilhelm Ernst v. Schiller zu Köln, bestätigt.

Das Publikum hatte seine Anforderungen höher gestellt, und der Direktor war natürlich nicht in der Lage, dieselben befriedigen zu können. Besonders mit den Primadonnen hatte der Direktor eine wahre Noth. Sowohl hinsichtlich der Leistungsfähigkeit der Mitglieder als auch des Werthes der Novitäten gebührt dem Schauspiel, bei dessen Repertoir auch den klassischen Dramen eine anerkennenswerthe Aufmerksamkeit geschenkt wurde, in dieser Saison der Vorrang. Die erste Schauspiel-Vorstellung brachte Bauernfelds Schauspiel „Ein deutscher Krieger“. Diesem Stücke folgten am 10. Oktober Benedix' neues Lustspiel „Der Vetter“, in welchem Herr Reinhardt den Siegel spielte, und am 24. Oktober von demselben Dichter das Schauspiel „Der alte Magister“. Beide Stücke wurden gut aufgenommen. Weniger Gefallen fanden die hierauf folgenden Stücke „Der kleine Richelieu“, Lustspiel von Laube, und Mauds Posse „Demoiselle Bock“. Recht beifällig wurde die Posse „Köck und Juste“ von W. Friedrich aufgenommen, in der die Liebhaberin Mad. Scheele als Juste und der Komiker Hr. Denzin als Köck auftraten. Einen großartigen Erfolg hatte Laube's Original-Schauspiel „Die Karlsschüler“ zu verzeichnen, welches am 16. Januar 1847 zum ersten Male gegeben wurde. Der Regisseur und Heldenvater Hr. Rennert gab den Herzog Karl, der erste Held und Liebhaber Herr Blattner den Schiller, Dem. A. Schirmer die Franziska v. Hohenheim, Mad. Burg-Bender die Generalin Rieger, die erste Liebhaberin Dem. B. Schirmer die Laura und Hr. Ph. Meyer den Silberkalb. Im Laufe der Saison mußte das Stück noch recht oft wiederholt werden. Allgemeinen Anklang fand auch das Schauspiel „Der Bauquerottirer“ von August Haake. Der in Mainz mit Recht hochgeschätzte Verfasser spielte den Simondis. Auch Gutzkows Trauerspiel „Uriel Acosta“, welches am 10. März 1847 aufgeführt wurde, hatte einen großen Erfolg. Herr Blattner war ein wackerer Vertreter der Titelrolle. — Als Gäste erschienen u. A.: Hr. Behrend von Bremen in der Rolle Friedrich Wetter (Kätchen von Heilbronn) und Hr. Linden-Rekowsky vom Wiesbadener Hoftheater (Posa). Einen großen Erfolg hatte das Gastspiel der berühmten Tragödin Mlle. Rachel, welche von hervorragenden Mitgliedern des Théâtre Français begleitet war.

Die Künstlerin trat am 24. Juni 1847 in Racine's Trauerspiel „Britannicus" als Agrippina und am 27. Juni in desselben Dichters Tragödie „Phädra" als Vertreterin der Minos-Tochter auf. In dem ersten Stücke wirkten mit: Mr. Raphael (Nero), Mr. Marius (Burrhus), Mr. Amelin (Narcisse), Mr. Noailles (Britannicus), Mlle. Camille (Junia) und Mad. Marius (Albina). In der „Phädra" traten auf: Mr. Raphael (Hippolyt), Mr. Marius (Thesens), Mr. Amelin (Theramen), Mr. Roussel (Panope), Mlle. Heyon (Oenone), Mad. Marius (Jsmene) und Mlle. Lemesle (Aricia). Schließlich sei noch das Auftreten der französischen Schauspieler Gesellschaft M o n e t und M a s c r e t erwähnt.

Wie schon oben angedeutet, gelang es der O p e r nur schwer in dieser Saison durchzugreifen. Auch die Novitäten hatten weniger Glück. Die erste neue Oper, Lortzings „W a f f e n = s c h m i e d", konnte sich allein eines größeren Erfolges rühmen. Die erste Aufführung dieser komischen Oper fand am 31. Oktober 1846 statt. Den Waffenschmied sang der zweite Bassist Herr B o c k, Dem. Welly die Marie, der Baritonist B r a n d e s den Konrad v. Liebenau und Hr. Denzin den freienden Ritter aus Schwaben. Am 9. Dezember folgte Lachners Oper „C a t h a = r i n a C o r n a r o", in welcher der zweite Tenorist E r k e l als König von Cypern, Dem. Welly als Königin und Hr. L e h m a n n als Vernero auftraten. Hierauf erschien die komische Operette „Mozart und Schikaneder, oder Der Schauspieldirektor", Musik von Mozart, arrangirt von Taubert. Die Soubrette Dem. W i t t e n a u hatte die Parthie der Antonie Lange *) übernommen. Keinen besonderen Anklang fand Balfe's komische Oper „Die vier Haymons=Kinder", welche am 27. Febr. 1847 in Scene ging. Die Primadonna Mad. Ernst=Kaiser, ehemals an der Wiener Hof= oper, sang die Hermine. Mit den Primadonnen hatte Löwe, wie bereits oben erwähnt, großes Unglück. Da die erste Sängerin Dem. Löw nicht gefiel und Mad. Flinzer=Haupt nicht blieb, konnte er erst nach geraumer Zeit Mad. Ernst=Kaiser gewinnen, welche endlich das Publikum zufriedenstellte. Den „Haymons=Kindern" folgte am 16. März Donizetti's Oper „Linda von Chamounix". Die Titelparthie hatte Mad. Ernst=Kaiser übernommen, Dem. Lim=

*) Mozarts Schwägerin.

bach die Marthe. Der erste Tenorist des Wiesbadener Theaters, Hr. Peetz, gab den Arthur. Bei einer späteren Wiederholung sang Hr. Jehle diese Parthie als ersten theatralischen Versuch. Die letzte Novität der Saison war Halevy's Oper „Die Musketiere der Königin". — Als Gäste erschienen u. A. die württembergische Hofopernsängerin Dem. Walther (Romeo) und Hr. Freund von Mannheim (van Bett). Zum Vortheile des Theaterorchester-Pensionsfonds wurde unter Leitung des Kapellmeisters Guhr aus Frankfurt am 19. März 1847 der „Don Juan" mit folgender Besetzung aufgeführt: Don Juan: Herr Meinhardt, Donna Anna: Dem. Kern, Don Octavio: Hr. Eberius, Zerline: Dem. Müller, sämmtlich vom Wiesbadener Hoftheater: Gouverneur: Hr. Roth und Leporello: Hr. Conradi aus Frankfurt. Die Donna Elvira sang Dem. Oswald und den Masetto Hr. Collin. — Als Kapellmeister fungirten in dieser Saison die Herren Müller und Fischer. — Als interessanter Zwischenfall sei das Auftreten des Bassisten Sesselmann, eines geborenen Mainzers, erwähnt, über welchen zum Theil noch heute bei dem Mainzer Theaterpublikum eine Reihe von Anekdoten im Umlauf sind. Sesselmann, der außer mit einer guten Stimme auch mit einer durstigen Kehle begabt war, soll wegen seiner allzu großen Neigung zu geistigen Getränken i. Z. von Löwe nicht zur Bühne zugelassen worden sein. Die Freunde des Sängers, welche dessen Enthaltsamkeit wohl zu würdigen vermochten, hielten denselben einige Zeit vom Genusse der stimmefeindlichen Flüssigkeiten fern und veranlaßten dann den Direktor, den biederen Sesselmann nochmals in einer Probevorstellung vor Sachverständigen und dem Publikum als Richter auftreten zu lassen. Löwe ging auch den Vorschlag ein und Sesselmann bestand als Sir Georg (Puritaner) die Probe. Das volle Haus spendete dem wieder zu seiner Stimme gelangten Sänger reichen Beifall. — Das Ballet erfreute sich einer eifrigen Pflege. Am 10. und 12. Dezbr. 1846 gastirte der großh. Hofballetmeister Tescher aus Darmstadt mit der aus 28 Personen bestehenden Ballettruppe des Hoftheaters.

Die Liedertafel und der Damengesangverein führten am 16. November 1846 Haydns Oratorium „Die Schöpfung" auf.

Zu dieser Zeit hatte das kunstsinnige Mainz auch zwei Todesfälle zu beklagen. Am 11. Dezbr. 1846 starb der Dichter

des Volksliedes „Heil dir, Moguntia", Herr Neus, und am
1. Juni 1847 wurde der beliebte Kapellmeister K. Zulehner*),
welcher sich als Komponist des Narrhalla-Marsches (nach Mo=
tiven der komischen Oper „Der Brauer von Preston") einen
dauernden Platz in den Herzen der Mainzer erworben hatte,
zur letzten Ruhestätte geleitet.

Die letzte Saison der Löwe'schen Direktion (1847 48)
gewährt einen beklagenswerthen Anblick. Nicht als ob das Per=
sonal ungenügend oder das Repertoir schlecht gewählt gewesen
wäre, nein, die politische Erregung hatte sich aller Gemüther
bemächtigt und die Kunst mußte unter solchen Verhältnissen
natürlich in den Hintergrund treten. Ein Theater nach dem
andern ging an der Theilnahmlosigkeit des Publikums zu Grunde.
Während früher die Bühne das Haupt=Gesprächsthema gebildet
hatte und ein neues Stück oder eine Sängerin das Publikum in
gelinde Anregung versetzen konnte, wurde jetzt lebhaft über
Politik disputirt und an dem Biertisch wie auf der Straße die
zukünftige Gestaltung des deutschen Vaterlandes besprochen.

Was die Saison des Mainzer Theaters betrifft, so konnten
einzelne Novitäten immerhin freudige Hoffnungen auf eine He=
bung der Dramatik erwecken. Am 18. September 1847 erschien
unter großem Beifall Freitags Schauspiel „Valentine". Dem.
A. Schirmer spielte die Valentine, der beliebte Charakter=
darsteller und Komiker Hr. Butterweck den Hofmarschall von
Gurten, der Charakterdarsteller Hr. Wölfer den Minister von
Winegg, Hr. Dreßler den Fürst, der erste Held und Liebhaber
Hr. Wohlstadt den Saalfeld und Hr. Reinhardt den Ben=
jamin. Sodann folgte u. A. am 23. November das Lustspiel
„Die Banditen, oder Die Abenteuer einer Ballnacht" von Ro=
derich Benedix, welches jedoch nicht gefiel. Größeren Anklang
fand Mad. Birch=Pfeiffers Schauspiel „Dorf und Stadt",
welches nach der reizenden Erzählung Auerbachs „Die Frau
Professorin" geschrieben war und am 2. Januar 1848 gegeben
wurde. Hr. Wohlstadt gab den Reinhard, Dem. B. Schir=
mer das Lorle, Hr. Reinhardt den Lindenwirth und Dem.
A. Schirmer die Ida von Felseck. Allgemeinen Beifall erregte

---

*) Kapellmeister des z. Z. in Mainz garnisonirenden österreichischen
Infanterie-Regiments.

Friedrichs Posse „Ein Stündchen in der Schule", in wel
cher Hr. Butterweck den Schulmeister Henne gab. Zum Besten
des eben genannten Komikers ging am 7. Februar eine Lokal
posse „Eisele und Beisele in Kastel, Wiesbaden und Mainz" in
Scene, welche troß ihres geringen Werthes ein volles Haus
machte. Der Benefiziat Butterweck war zu beliebt, und die
Posse enthielt einige politische Anspielungen; damit glaubten die
Kritiker diesen schlechten Geschmack des Publikums entschuldigen
zu können, setzten aber sogleich hinzu, daß der Besuch der klas=
sischen Vorstellungen neuerdings stets ein sehr mangelhafter ge=
wesen sei. — Als Gast begrüßten die Mainzer den alten
Nestroy, der in seiner Posse „Der Talisman" als Titus
Feuerfuchs auftrat.

Als Opern=Novität erschien am 16. September 1847
die lyrisch=tragische Oper „Nebucadnezar" von Verdi. Mad.
Dreßler=Pollert vom Hoftheater in Hannover sang die Abi=
gail, der Baritonist Dupont den Nebucadnezar, der erste Bassist
Leser den Zacharias, der Tenorist Eitel den Ismael und die
Sängerin Dem. Rauch die Fenene. Die zweite und letzte No=
vität der Saison war die komische Oper „Die Königin von
Leon" von Boisselot, welche am 2. März 1848 zum ersten Male
in Scene ging. Mad. Dreßler=Pollert, die während der ganzen
Saison gastirte, sang die Königin. Am 19. September 1847
wurde das 25jährige Jubiläum der ersten Aufführung
des „Freischütz" auf der Mainzer Bühne begangen.*) In
dieser Jubelvorstellung wirkten mit: Mad. Dreßler=Pollert
(Agathe), die Soubrette Mad. Dupont (Aennchen), Hr. Eitel
(Max), Hr. Dupont (Kaspar), Hr. Rieß (Kuno), Hr. Leser
(Eremit), Hr. Butterweck (Kilian) und Hr. Hartmann (Ot=
tokar). Herr Kapellmeister Müller leitete die Oper. Auch
Webers „Oberon" ging am 23. Februar 1848 mit den Mühl=
dorfer'schen Dekorationen, welche mit den dazu nöthigen Ma=
schinerien vom Theatermaler und Maschinisten Herrn Stöckel
neu angefertigt waren, in Scene. Im ersten Akt (Introduktion)
sah man einen großen Marmorsaal, im zweiten Aufzuge (Finale)

---

*) Die Direktion nahm irrigerweise den 19. September als Ju=
biläumstag an; der Tag der ersten Aufführung war jedoch der 16.
November 1822. (Siehe S. 152.)

wandelnde Landschaften und im dritten Akt zum Schluß einen Feen-Palast und See. — Gäste waren u. A.: Hr. Diehl aus Mannheim als Tybald (Romeo und Julie), Hr. Peez von Wiesbaden als Raoul (Hugenotten) und Hr. Lehmann vom Theater an der Wien (Robert der Teufel). Ein Mainzer Dilettant sang in dieser Saison den Orovist in der „Norma" und eine Dem. Meyer machte als Page (Hugenotten) den ersten theatralischen Versuch.

Als Carnevalsstück wurde am 21. Februar 1848 aufgeführt: „Ungeheure Heiterkeit, oder Eilmal schon da gewesen", großes neues europäisch gleichgewichthaltendes Speck-Tackel-Stück von einem verkappten Diplomaten zusammengestellt. Das Stück war aus einer „chemischen Oper" und einem „Kappenschwank" zusammengesetzt.

Concerte verzeichnen wir nur zwei: In dem üblichen Weihnachts-Concert wurde die von Rossini auf Papst Pius IX. komponirte Volkshymne unter Leitung des Kapellmeisters Fischer vom Theater-Chor aufgeführt und zum Besten der in ihr Vaterland zurückkehrenden Polen fand am 3. Mai 1848 in dem festlich geschmückten Theater durch Herrn Contski, einen Schüler Paganini's, ein großes Concert statt, in welchem Mitglieder des Damengesangvereins, der Liedertafel und das Musikcorps der Bürgergarde mitwirkten. Die Liedertafel brachte am 27. Oktbr. 1847 Mendelssohn-Bartholdy's Oratorium „Elias" zum ersten Male in Mainz unter großem Beifall zur Aufführung. Die Soloparthien waren den Damen Betz, D'Avis, Morreau, Parcus und Rieße, sowie den Herren Abresch und Leser anvertraut. In der am 6. Dezember 1847 zur Todtenfeier des Meisters*) veranstalteten zweiten Aufführung des Werkes sang Herr F. Neus den Elias. Bemerkenswerth ist, daß Mainz nach Hamburg in Deutschland die erste Stadt war, welche das Oratorium vollständig aufführte.

Mit dieser Saison hatte Löwe'sche Direktionsführung ihr Ende genommen. Man konnte es Löwe nicht verdenken, wenn er wegen der widrigen Zeitverhältnisse die Lust an der Bühnenleitung verloren hatte. Er konnte mit dem Bewußtsein scheiden, alles Mögliche zur Hebung der Mainzer Bühne gethan zu haben.

*) Mendelssohn war am 4. November 1847 gestorben.

VI

Die Direktionen Henckel und Böttner.

Es gehörte bei den augenblicklichen Zeitverhältnissen wirklich ein großer Muth dazu, noch eine Bühne zu übernehmen.
Herr Henckel wagte es, in dem Sturmjahr 1848/49 das Steuer
der Bühne in Mainz zu lenken. Der neue Direktor hielt es
bis zum 15. Februar 1849 aus und war dann genöthigt, die
Leitung aufzugeben. Das Personal spielte unter der Direktion
eines gewählten Vorstandes bis zum Schluß der Saison weiter.
Am 17. September 1848 wurde die Saison mit „Lucia von
Lammermoor" eröffnet. Die gute Aufführung dieser Oper zeugte,
daß hinsichtlich des Personals nicht zu klagen war. Der später
so berühmte Baritonist Beck sang den Asthon, Frau Beck-
Weixelbaum die Lucia, Hr. Stritt den Bucklaw, Hr. Hoch-
heimer den Bidebent und Hr. Kreuzer von Darmstadt, welcher fast die ganze Saison hindurch gastirte, den Edgar. Die
einzige Novität war Flotows reizende Oper „Martha", welche
am 2. Februar 1849 zum ersten Male unter großem Beifall in
Scene ging. Der erste Tenorist Hr. Neuendorff sang den
Lyonel, Frau Dreßler-Pollert die Lady Harriet, Hr. Beck
den Plunkett, Frau Beck-Weixelbaum die Nancy und Hr.
Gremmer den Mickleford. In den späteren Wiederholungen
der Oper hatten die Herren Caspary von Frankfurt und
Eberius von Wiesbaden die Parthie des Lyonel und Fräulein Rummel von Wiesbaden die der Durham übernommen.
Zum Besten der Frau Beck-Weixelbaum ging „Die Regimentstochter" neu einstudirt in Scene. Frau Beck-Weixelbaum sang
die Marie und Hr. Freund, früher am Hoftheater zu Hannover, den Sergeant Sulpice. Die Regimentstochter erschien zu
Pferd. — Als Gäste erschienen u. A.: der erste Tenorist des
Casseler Hoftheaters, Hr. Franke (Tamino), Hr. Formes aus
Mannheim (Masaniello) und Fräul. Grimm von Wiesbaden
als Orsino (Lucrezia Borgia). Hr. Strobel aus Mainz sang
den Graf v. St. Bris (Hugenotten) und Fräul. Knoblauch
als ersten theatralischen Versuch das Aennchen (Freischütz).

Das Schauspiel hatte keine große Erfolge zu verzeichnen, obgleich die erste Vorstellung „Faust" große Hoffnungen erweckte. Herr Müller gab den Faust, Hr. F. Henckel den Mephisto und Frau Steck das Grethchen. Es kamen zunächst als Novitäten das Drama „Die Deputirtenwahl" von Marx, „Die Republikaner", Schauspiel von Fröbel mit Hrn. Collin als Levrier, und das Drama „Die Schleswig-Holsteiner" von Woldersdorff, in welchen Stücken sich die revolutionäre Bewegung des Jahres 1848 widerspiegelte, zur Aufführung. Auch auf den Theaterzettel übten die mit der Revolution aufkommenden freieren Gedanken ihren Einfluß aus, indem an Stelle der bisherigen wälschen, engherzigen Bezeichnung „Madame" und „Demoiselle" die deutschen Worte Frau und Fräulein traten. Den genannten Revolutionsstücken folgte das Benedix'sche Lustspiel „Der Barrikadenbauer" mit Fräul. Tantz als Constanze und am 9. April 1849 die Posse „Hunderttausend Thaler" von David Kalisch, dem beliebten Vater des „Kladderadatsch", welche einen großartigen Erfolg hatte. Es wirkten in der ersten Aufführung dieser Posse u. A. mit: die Herren Romstädt (Kalau), Fischbach (Wandel), Friedhoff (Stullmüller) und Freund d. Aelt. (Bullrig), sowie Fräul. Tantz (Feodora) und Frau Beck-Weixelbaum (Wilhelmine). — Als Gäste traten während der Saison u. A. auf: Herr Breuer von Frankfurt (Marquis Posa) und Hr. Schultes aus München als Schiller (Karlsschüler), und in dem am 16. Mai 1849 zum Besten der Familien Tischendorff und Hübsch gegebenen Bauernfeld'schen Lustspiel „Die Bekenntnisse" wirkten die Herren Tietz (Commerzienrath), Stöltzel (Adolph) und Stemmler (Bitter), sowie Fräul. Fürst (Julie), sämmtlich vom Wiesbadener Hoftheater, mit.

Der Carneval des Jahres 1849 brachte die Mainzer Originalposse „Die Bürgermeisterwahl" von dem Verfasser des „Oelgrün", Herrn Karl Weiser. Die „pensionirten Narrenschauspieler ohne Pferde" führten das Stück, welches im Jahre 1848 spielte, am Faschingssonntag den 18. Februar auf. In den Zwischenakten sorgte der Bürgermusik-Verein für die musikalische Unterhaltung. Die politische Bewegung hatte auch den Carneval-Verein erfaßt. So veranstaltete die Carnevals-Theatergesellschaft am 8. Mai 1849 eine Vorstellung, deren Ertrag mit

17

einem Drittheil dem Ausschuß für Volksbewaffnung zu gute kam.
Es wurde die Carnevalsposse „Die Reise nach dem Monde, oder
Das Reichsministerium der Mondkälber in tausend Nöthen" von
A. Adrian aufgeführt.

Die Liedertafel gab am 20. November 1848 ein Concert
zum Besten der Armen, in welchem u. A. die Oden-Symphonie
„Christoph Columbus" von Fel. David zur Aufführung kam.

Die folgende Saison 1849/50 nahm im großen Ganzen
einen befriedigenden Verlauf, jedoch die mißlichen Zeitverhältnisse nöthigten auch den neuen Direktor Böttner, bereits am
16. März 1850 die Leitung des Theaters niederzulegen.*) Wie
im vorigen Jahre, so spielte auch jetzt die Gesellschaft bis zum
Schlusse der Saison für eigene Rechnung weiter. Die ersten
Novitäten, „Der artesische Brunnen", Zauberposse von Räder,
und die Tragödie „Tiphonia" von Zwengsahn, machten wenig
Aufsehen. Einen desto größeren Erfolg hatten die hierauf folgenden Schauspiele „Debohra" von Mosenthal und „Der
Königslieutenant" von Gutzkow. Die „Debohra" wurde
am 3. November 1849 zum ersten Male gegeben. Der erste
Liebhaber Knorr spielte den Joseph, Fräul. Franke die De-
bohra, Frau Hahn die Hanna, Hr. Bertram den Ruben,
Hr. Tischendorff den Abraham, Hr. Wollrabe den Schulmeister und Hr. Netz den Pfarrer. Am 10. November ging
„Der Königslieutenant", welchen der Verfasser als Gelegenheits-
stück zum 100jährigen Geburtstage des Dichterfürsten geschrieben
hatte, zum ersten Male mit Hrn. Knorr als Graf Thorane,
Hrn. Walliser als Rath Göthe, Hrn. Wollrabe als Professor Mittler, Fräul. Franke als Frau Rath und Fräul.
Boßler als junger Göthe in Scene. Hr. Echten gab den
Sergeant-Major Mack und Frau Bertram die Grethel. Allgemeinen Beifall fand Töpfers Lustspiel „Rosenmüller und
Finke", welches am 21. Januar 1850 zum ersten Male aufgeführt wurde. Hr. Danieljohn, früher in Hamburg, spielte
den Comptoiristen Karl Theodor. Die letzte Novität machte
großes Glück. Am 30. April 1850 wurde nämlich „Das Versprechen hinter'm Herd", Scene aus den österreichischen

*) Böttner ging nach Erfurt, woselbst er während der Dauer des
Parlaments eine Reihe von Vorstellungen gab.

Alpen von Baumann, gegeben. Frau Mathilde Marlow vom,
Darmstädter Hoftheater gab die Rand'l, Hr. Eitel den Lois'l
Hr. Netz den Michel Quantner und Hr. Danielsohn den
Stritzow.

Die erste Opern=Novität war „Prinz Eugen, der edle
Ritter" von G. Schmidt. Großartigen Beifall fand Lortzings
romantische Oper „Undine", welche am 13. Januar 1850 zum
ersten Male in Scene ging. Fräul. Tonner sang die Undine,
der erste Tenorist Brauckmann den Ritter Hugo, der Bari=
tonist Bertram den Kühleborn, der Bassist Strobel den Pater
Heilmann, der Tenorist Eitel den Veit, die erste Sängerin
Fräul. Halbreiter die Bertada und der Bassist Netz den
Kellermeister. Zum Besten des Kapellmeisters Josef Netzer
ging dessen romantische Oper „Mara" in Scene. In dem
dritten Akte wirkten 50 Mann Militärmusiker mit. Herr Beck
und Frau Beck=Weixelbaum, welche damals ein längeres
Gastspiel eröffnet hatten, traten als Torald und Mara auf.
Der Baritonist Schott sang den Cornaro, Hr. Brauckmann den
Mannel und Fräul. Tonner die Ines. Die vorkommenden Tänze
wurden unter der Leitung des Fräul. Starke vom Hoftheater
zu Weimar von Fräul. und Hrn. Tischendorff d. J. ausgeführt.
Am 13. März 1850 wurde als letzte Novität die romantisch=
komische Oper „Lorlei, die Rheinnixe" (nach der alten Oper
„Das Donauweibchen" neu bearbeitet mit Benutzung der Rhein=
sagen) von Schmidt gegeben. — Im Laufe der Saison erschienen
als Gäste: Hr. Dr. Meyer von Wiesbaden als Osmin (Ent=
führung aus dem Serail), Herr von Westen (Tamino), Herr
Sesselmann als Crovist (Norma) und Fräul. Penz von
Wiesbaden als Arvedson (Gustav).

Die Narren=Schauspieler führten zum Besten der Ar=
men das beliebte Carnevalsstück Weixers, „Meister Oelgrün und
seine Familie", auf.

Die Concert=Saison wurde am 3. Oktober 1849 durch
ein großes Concert der Gesangvereine von Mainz unter Leitung
des neuen Musikdirektors der Liedertafel, Herrn Ernst Pauer*),

---

*) Der frühere Dirigent der Liedertafel, Herr Esser, war am 1.
Mai 1847 zum Kapellmeister des Kärnthnerthor=Theaters zu Wien er=
nannt worden.

welches zu Ehren der versammelten Land= und Forstwirthe ver=
anstaltet worden war, eröffnet. Die Liedertafel führte am
11. Januar 1850 in Gemeinschaft mit dem Damengesangvereine
und dem Liederkranze den Päan „Die Hermannsschlacht",
Musik von Mangold, auf. Zur Erinnerung an das große Guten=
bergsfest (1840) wurde von der Liedertafel in Verbindung mit
dem Damengesangverein, dem Verein für Kirchenmusik und dem
Liederkranz am 23. Juni 1850 im Akademiesaale ein Musikfest
veranstaltet, bei welchem Löwe's Oratorium „Gutenberg" zur
Aufführung kam.

VII.
Die Direktion Greiner. Ihre Kämpfe. Direktion Beyer.
Erfolge der Liedertafel.

Nun übernahm der bisherige Opernregisseur des Hof=
theaters zu Dessau, Herr Michael Greiner*), auf fünf Jahre
die Direktion der Mainzer Bühne. Wenn auch die erste Saison
1850/51 nicht gerade Hervorragendes bot, so war doch anzu=
erkennen, daß Greiner der Oper wie dem Schauspiel gleiche
Aufmerksamkeit widmete. Am 1. September 1850 wurde die
Bühne mit der Aufführung von Bellini's Oper „Norma" er=
öffnet. Die Besetzung der Oper durch ein ganz neues Personal
war folgende: Drovist: Hr. Draxler, Sever: Hr. Auerbach,
Norma: Frau Eisrich=Leonoff, Adalgisa: Frau Boschi und
Clotilde: Fräul. Limbach. Die erste Novität war die heroisch=
romantische Oper „Der Rächer" von dem Kapellmeister des
Wiesbadener Theaterorchesters, Hrn. Schindelmeißer, welche
unter Mitwirkung einer österr. Regimentskapelle am 8. Dezem=
ber 1850 gegeben wurde. Einen großen Erfolg hatte Meyer=

---

*) Greiner, ein geborner Wiener, war s. Z. als Tenorist in Wien
und Berlin sehr beliebt.

beers Ausstattungsoper „Der Prophet", welche am 13. März
1851 zum ersten Male in Scene ging. Herr Rademacher
sang den Johann von Leyden, die erste dramatische Sängerin
Frau Eisrich=Leonoff die Bertha, Fräul. Marg. Limbach
die Fides und der beliebte Baritonist Boschi den Graf Ober=
thal. Herr Kapellmeister K. L. Fischer hatte die Oper vorzüglich
einstudirt und auch die Ausstattung, mit der das Werk meistens
steht oder fällt, fand großen Beifall. Hierauf folgte die roman=
tische Oper „Liane" von dem österr. Kapellmeister Ludwig
Stasny und am 29. April 1851 als letzte Vorstellung der
Saison die komische Oper „Die rothe Maske" von dem Di=
rektor der Liedertafel Ernst Pauer. Von den übrigen Opern=
vorstellungen erwähnen wir die am 14. April zum Besten des
Theaterorchester=Pensionsfonds stattgehabte Aufführung der „Pu=
ritaner", worin außer dem Wiesbadener Chor noch die Herren
Haas (Sir Georges), Kron (Lord Arthur Talbot), Pichon
(Richard Fort) und Fräul. v. Bracht (Elvira) von dem dor=
tigen Hoftheater mitwirkten. Von Mainzer Opernmitgliedern
traten in dieser Oper Hr. Netz (Lord Walton), Hr. Barth
(Brown) und Frau Thieme (Henriette) auf. In der zum Vor=
theile der Frau Eisrich=Leonoff veranstalteten Aufführung des
„Don Juan" sang Fräul. Mayer von Wiesbaden das Zerlin=
chen und die Benefiziantin die Donna Anna. Als Gast sang
der Baritonist Becker von Hamburg den Figaro (Barbier von
Sevilla). Zum Schluß erwähnen wir den ersten theatralischen
Versuch der Sängerinnen Laurent und Minna Gräcmann
als Donna Elvira und Romeo.

Eine recht warme Aufnahme fand die erste Novität des
Schauspiels, Benedix' Lustspiel „Die Hochzeitsreise",
welches am 14. Septbr. 1850 zum ersten Male gegeben wurde.
Hr. Ernst spielte den Professor, Frau Ernst die Antonie, Hr.
Schrader den Hahnensporn und Fräul. Buchenau den Famu=
lus Edmund. In einer späteren Wiederholung des Lustspiels
gab die neu engagirte Liebhaberin Fräul. Deny den Famulus.
Mosenthals Schauspiel „Ein deutsches Dichterleben" hatte
im Vergleich zur „Debohra" einen nur schwachen Erfolg. In
Griepenkerls Trauerspiel „Robespierre", welches zum Besten
des Regisseurs Wallifer folgte, traten Hr. Dr. Meyer (Vadier),
Hr. Nerking (Desmoulins) und Hr. Wilke (Tallien) von Wies=

baden als Gäste auf. Den Robespierre gab Hr. Wenzel und Hr. Walliser den Danton. Einen erfreulichen Beweis von dem künstlerischen Streben der Direktion sowohl wie des Personals legte die am 21. Februar 1851 erfolgte erste Aufführung des Shakespeare'schen Feenmärchens „Ein Sommernachtstraum" mit der Musik Mendelssohn-Bartholdy's ab. In diesem Stücke, welches im Laufe der Saison noch mehrere Wiederholungen erlebte, traten die Herren Walliser (Theseus, Herzog von Athen), Wenzel (Lysander), Ernst (Demetrius), Bonke (Squenz), Barth (Thisbe) und Schrader (Pyramus), sowie die Damen Fräul. Buchenau (Hermia), Frau Ernst (Oberon) und Fräul. Deny (Titania) auf. — Gastspiele sind nur zwei zu verzeichnen. Zunächst trat Fräul. Franke vom Hoftheater zu Darmstadt als Deborah auf, und in einer Wiederholung des Schauspiels Frau Thöne*) in derselben Rolle.

Das Ballet fand durch mehrere eigens dafür engagirte Mitglieder eine eifrige Pflege. Großen Beifall erntete das Gastspiel der berühmten Solotänzerin der königl. Oper zu London, Fräul. Lucile Grahn, und des sardinischen Solotänzers Ambrogio. Namentlich gefiel das bekannte Ballet „Des Malers Traumbild". Als Novität wurde eine von dem Balletmeister Jerriß-Lindor arrangirte Pantomime „Das nächtliche Rendez-vous auf der Leiter" gegeben.

Die Concert-Saison war ein wenig lebhafter, als im vergangenen Jahr. Die Liedertafel führte Haydns „Schöpfung" auf und von auswärtigen Concertgebern nennen wir den Pianisten Mortier de Fontaine, die berühmte Geigerin Therese Milanollo und die Harfenvirtosin Fräul. Leonie Peters aus Paris.

Die zweite Saison (1851/52), welche am 2. September 1851 mit dem „Freischütz" eröffnet wurde, ließ sowohl in der Oper als im Schauspiel einen Fortschritt erkennen. Das Schauspiel eroberte sich indeß den Vorrang. Schon die erste Novität,

---

*) Wie wir oben gesehen, hatte Frau Thöne in ihrer Vaterstadt Mainz zum ersten Male die Bühne betreten. Dieselbe wirkte später an der Hofbühne in Hannover, wo sie sich mit einem Frhrn. v. Kornberg vermählte. Das Honorar für ihr Mainzer Gastspiel übermittelte die liebenswürdige Künstlerin den Armen.

das Lustspiel „Der Liebesbrief" von Roderich Benedix, schlug durch und bewies auch, daß die neuen Kräfte recht gut waren. Der erste Liebhaber Herr Meyer gab den Dichter Stein, Herr Collin den Herrn von Kilburg, der Komiker Schrader den Referendar, Herr Limbach den Rentner Laibach, Fräul. Deny das Fräulein v. Seehaus, Fräul. Richter die Anna und Frau Limbach die Jungfer Brigitte. Am 11. Oktober wurde Scribe's gediegenes Lustspiel „Der Damenkampf" zum ersten Male gegeben; dasselbe machte einen guten Eindruck, und auch das Schauspiel „Adrienne Lecouvreur" von demselben Autor fand großartigen Beifall. Fräul. Deny spielte die Titelrolle und Herr Meyer den Marschall von Sachsen. Der Novellendichter F. W. Hackländer führte sich am 1. Dezember 1851 mit seinem Lustspiel „Der geheime Agent" recht vortheilhaft als Dramatiker ein. Hr. Meyer spielte den Herzog Alfred, Frau Limbach die Herzogin Wittwe und Fräul. Deny die Prinzessin Eugenie. Am 24. Januar 1852 folgte unter großem Beifall das Benedix'sche Lustspiel „Das Gefängniß". In diesem Stücke, welches später den Textmachern der beliebten Strauß'schen Operette „Die Fledermaus" vorschwebte, gab Hr. Meyer den Doktor Hagen, Fräul. Deny die Mathilde, Hr. Collin den Baron Wallbeck, Hr. Limbach den Gefängniß-Inspektor, Fräul. Richter die Hermine und Frau Neuendorf die Adelgunde von Delmenhorst. Zum Besten des Komikers Albin Feistmantel wurde die Posse „Goldteufel" von Elmar und am 9. Februar 1852 das beliebte Weihrauch'sche Lebensbild „Wenn Leute Geld haben" zum ersten Male gegeben. Die Herren Wohlbrück und Jaskewitz vom Wiesbadener Hoftheater traten in dem Stücke als Pluster und August auf. Die letzte Schauspiel-Novität, „Der falsche Prophet", Zauberposse von Räder, war eine Parodie auf Meyerbeer's „Prophet". Der Komiker Feistmantel gab den Johannes Mückebold. — Als Gäste erschienen u. A.: der Oberregisseur des städtischen Theaters in Wien, Hr. Kunst, als König Wilhelm (Zopf und Schwert), Ferdinand Devrient aus Wien als Ferdinand (Kabale und Liebe) und Emil Devrient aus Dresden als Don Carlos und Bolingbroke. Nach dem Schluß der Saison gastirte noch die französische Schauspieler-Gesellschaft von Wilhelmsbad unter der Direktion des Herrn Camille.

Die Oper brachte nur eine Novität: „Guido und Ginevra"
von Halevy. Der lyrische Tenor Kron sang den Guido, die
erste dramatische Sängerin Frau Herzberg die Ginevra, der
erste Bassist Schifbenker den Herzog von Florenz, Frau
Eißrich=Leonoff die Ricciarda und der zweite Bassist Schlüter
den Forte=Braccio. Als erster Tenorist gastirte fast während
der ganzen Saison Hr. Lehmann vom Stadttheater zu Ham=
burg. Ferner waren Frau Kißner als Soubrette und Herr
Bieler als Spieltenor engagirt. Die Opern wurden von Kapell=
meister Lur, früher in Dessau, dirigirt. — Als Gäste traten
u. A. auf: Hr. Jehle von Dessau (Maianiello), Hr. Peretti
als Rafael (Teufels Antheil) und Fräul. Tischendorff von
Wiesbaden als Marie (Kurmärker und Picarde). Den Glanz=
punkt der Opern=Saison bildete das Gastspiel der berühmten
Sängerin Henriette Sontag. Diese „Nachtigall" trat bei aus=
verkauftem Hause am 12. Dezember als Regimentstochter und
am 14. Dezember als Lady Durham (Martha) auf. Nament=
lich in der erstgenannten Rolle erzielte die Sängerin mit dem
reizenden Vortrag einer Polka=Einlage von Alari stürmischen
Beifall. — Das Ballet brachte ein Gastspiel von 48 jungen
Tänzerinnen unter Leitung der Balletmeisterin Frau Josephine
Weiß aus Wien.

Von der Liedertafel wurde am 17. November 1851 im
Theatergebäude unter der Leitung des Musikdirektors Hrn. Fischer
die große Cantate „Die vier Elemente" von Fr. Freyer.
Musik von C. L. Drobisch, aufgeführt und fand bei den sehr
zahlreichen Zuhörern eine warme Aufnahme. Die Einnahme
war den Armen bestimmt. Großen Beifall erntete auch das
Concert, welches von der Liedertafel zum Vortheile der Noth
leidenden im Odenwalde und Vogelsberg am 21. März 1852 in
der Fruchthalle abgehalten wurde. Auch das Andenken Beet
hovens wurde von diesem Vereine durch eine musikalische Auf
führung im Akademiesaale geehrt. Aber nicht allein in Mainz
erzielte die Liedertafel immer größere Erfolge, auch auswärts
hatte sich dieselbe bereits eine ehrenvolle Stellung unter den
größeren Gesangvereinen erworben. So errangen sich 30 Mit
glieder der Liedertafel bei dem im Juni 1852 zu Lille statt
gehabten Wettgesangfest eine Ehrenmedaille, welche der Ge
sellschaft nebst einem glänzenden Zeugniß überreicht wurde. —

Der Musikdirektor der Liedertafel, Herr Fischer, welcher im
Mai 1851 an Stelle des einem Rufe nach London folgenden
Herrn Pauer getreten war, legte bereits gegen Ende August 1852
die Direktion nieder, um als Kapellmeister der Hofoper zu Han=
nover eine größere Thätigkeit entfalten zu können. Der Direktor
der Singakademie zu Frankfurt a. d. O., Herr G. Vierling,
übernahm nun die Leitung der Liedertafel, welche er bis zum
November 1853 innehatte.

Die Saison 1852/53 war die letzte der Greiner'schen
Direktionsführung. Die schlechten Einnahmen, etwa 13000 fl.,
welche einem Gagenetat von 28000 fl. gegenüber standen, mach=
ten dem strebsamen Bühnenleiter die Fortführung der Direktion
unmöglich. Der geringe Besuch des Theaters war wohl zum
großen Theil der allgemeinen Beschäftigung mit der Politik zu=
zuschreiben, welche die Aufmerksamkeit des Publikums vom Thea=
ter abwendete und so mit dem schwindenden Interesse an der
Kunst auch ein Sinken des Kunstsinnes veranlaßte. Greiner
klagte namentlich über die Theilnahmlosigkeit der gebildeten und
bemittelten Leute, welche mit den Klassikern in Goldschnitt im
Salon paradirten, dagegen das Theater wenig besuchten. Dies
war um so mehr zu bedauern, als den Schauspielern bei dem
schwachen Besuch der Vorstellungen jede Anregung fehlte, sich
in ihrer Kunst zu vervollkommnen. Aber nicht allein in pecu=
niärer Beziehung hatte Greiner Klage zu führen, sondern er
war auch genöthigt, sich gegen eine Partei zu wehren, welche
im Parterre durch Pfeifen, Grunzen und andere thierische Laute
ihre Anwesenheit in fast jeder Vorstellung zu erkennen gab.
Wenn auch im Interesse der Antheilnahme des Volkes an der
Bühne selbst auch der schärfste Tadel seine Berechtigung hat, so
muß er doch immer einem reinen Gefühle für die Kunst ent=
springen.*)

*) Nicht minder ist der auf Kosten des Dichters getriebene Per=
sonenkultus zu verdammen. Der größte Triumph des Schauspielers ist
gerade sein Aufgehen in der von ihm vermittelten Gestalt, und das
häufige Herausrufen und Beifallklatschen nicht immer ein so ehren=
volles Zeugniß für die Künstlerschaft eines Mimen, als man fast täg=
lich die Menge glauben zu machen versucht. Wie wenig von einem
solchen Beifall oft zu halten ist, zeigt u. A. das Wiederbeleben der
eben erst gestorbenen Helden, welchen Auferstehungsprozessen erst durch

In künstlerischer Beziehung reihte sich das letzte Jahr der
Greiner'schen Bühnenführung den früheren würdig an. Am 2.
September 1852 wurde die Bühne mit Bellini's „Norma" eröffnet. Der günstige Eindruck, welchen diese erste Vorstellung
machte, erhielt sich bei der Oper während der ganzen Saison.
Als erste Novität erschien am 15. November 1852 die romantische Oper „Das Käthchen von Heilbronn" nebst einem
Vorspiel, nach Kleist's gleichnamigem Schauspiel von Fr. Meck
bearbeitet und komponirt von dem verdienstvollen Kapellmeister
des Theaterorchesters Friedrich Lux. In dieser sehr warm
aufgenommenen Oper sang Fräul. Remond das Käthchen, der
Tenorist Beyer, welcher s. Z. in Mainz unter Remie seine
künstlerische Laufbahn begonnen hatte, den Graf von Strahl,
Hr. Schifbenker den Knappen Gottschalk, Fräul. Haller die
Kunigunde und Hr. Kugler den Waffenschmied. Einen ähn-
lichen Erfolg hatte Donizetti's große Oper „Die Favoritin",
welche am zweiten Weihnachtstage 1852 in Scene ging. Fräul.
Haller sang die Leonore, der Baritonist Meyer den König
Alfons und Hr. Beyer den Fernand. Zu Mozarts Geburts-
tagsfeier gab man am 27. Januar 1853 dessen Oper „Don
Juan" zum ersten Male mit den Original-Recitativen. Die
Oper bereitete nun, frei von dem jede künstlerische Wirkung
störenden Dialog, den Zuhörern einen erhöhten Genuß. Dieser
Don Juan-Aufführung folgte am 30. Januar 1853 als No-
vität Nicolai's komische Oper „Die lustigen Weiber von
Windsor". Der von Mosenthal verfaßte Text, sowie die den
Shakespeare'schen Humor nicht übel zum Ausdruck bringende
Musik fanden allgemeinen Beifall. Herr Schifbenker sang
den Falstaff, Fräul. Haller die Frau Fluth, Frau Rennert
die Frau Reich, Hr. Meyer den Herrn Fluth, Hr. Kron den

die in jüngster Zeit von einigen Theaterdirektionen an die Künstler
gerichtete Verfügung, Hervorrufen auf offener Scene und Auferstehungs-
forderungen nicht Folge zu leisten, gesteuert wird. Viel werden die
Schauspieler an derartigen Kundgebungen, welche ja sehr häufig durch
sie selbst mit eigens zu diesem Zwecke von Engagement zu Engagement
mitgeschleppten Lorbeerkränzen oder eine feile Claque herbeigeführt werden, nicht verlieren. Das Publikum aber wird sich nur durch eine
festgeschlossene Vereinigung von Theaterfreunden und eine anständige
Kritik der öffentlichen Meinungsmache jeder Art erwehren können.

Fenton, Hr. Kugler den Herrn Reich und Fräul. Remond
die Jungfer Anna Reich. Die letzte Opern=Novität war Verdi's
„Ernani", welcher am 3. April 1853 in Scene ging. Die
Titelparthie lag in den Händen des Hrn. Beyer. Bei einer
späteren Wiederholung der Oper sang Hr. Auerbach aus Graz
den Ernani. Außer diesem Gaste erschienen noch u. A. die erste
Sängerin der italienischen Oper zu London, Fräul. Cruvelli,
als Rosine (Barbier von Sevilla), der Baritonist Beck von
Frankfurt (Don Juan), Fräul. Stork von Wiesbaden als Recha
(Jüdin) und der berühmte Tenorist der Wiener Hofoper, Herr
Ander, als Lyonel (Martha). In der zum Besten des Or=
chesterfonds aufgeführten Oper „Lucrezia Borgia" traten die
k. preuß. Kammersängerin Fräul. Marx (Lucrezia) und Fräul.
Mendel vom Darmstädter Hoftheater (Orsino), sowie die großh.
hess. Kammersänger Pasqué (Don Alfonso) und Pecz (Gen=
naro) auf.

Das Schauspiel brachte keine besonders bemerkenswerthen
Novitäten. Am 11. November 1852 wurde Benedix' Lustspiel
„Das Lügen" zum ersten Male mit großem Beifall gegeben.
Hr. v. Erneft vom Leipziger Stadttheater gab den Doktor
Wassenberg, der Charakterdarsteller Keller den Komponisten
Wassenberg, Frau Kißner dessen Frau, Fräul. Deny die Ka=
roline Wildau, Fräul. Kleinschmidt die Hildegard Haindorf,
der Schauspiel=Regisseur Rennert den alten Haindorf und
Hr. Hoffmann den Bernhard Wildau. Der Komiker Christl
spielte den Untersuchungsrichter. Einen ziemlichen Erfolg hatte
die Tragödie „Virginia", welche am 13. Dezbr. 1852 in Scene
ging. Die Verfasserin der Novität war eine junge Mainzerin,
Fräul. Hedwig Henrich, eine Nichte des Schauspielers Dö=
ring*). Auch Karl v. Holtei's Schauspiel „Hans Jürgen",
in welchem Hr. Keller der Vertreter der Titelrolle war, er=
freute sich eines allgemeinen Anklangs. Recht warm wurde das
nach dem gleichnamigen Roman Stowe's von Olfers bearbeitete
Schauspiel „Onkel Tom's Hütte" aufgenommen. Da kein
eigentlicher erster Liebhaber engagirt war, so traten die Gäste
Hr. Bürde von Stettin als Faust, Hr. Erneft vom Leipziger
Stadttheater als Wlodimir (Die Leibeigenen) und Hr. Karl

---

*) Siehe S. 182.

Müller aus Mannheim, sowie das frühere Mitglied der Mainzer Bühne, Hr. Wenzel aus Danzig, als Hamlet auf. Großes Aufsehen erregte das Gastspiel des Neger-Tragöden Ira Aldridge vom Coventgarden-Theater zu London als Othello. Der schwarze Künstler, welcher von einem Negerfürsten aus dem Senegal abstammte, erzielte mit dieser Rolle einen großen Erfolg. Ferner traten u. A. noch auf: Fräul. Heußer von Mannheim (Debohra) und Hr. Wohlbrück vom Hoftheater zu Wiesbaden.

Als Carnevalsstück erschien „Balthasar Lustig, oder Die Abenteuer eines Ehemannes" von August Koch, dem Verfasser der so beifällig aufgenommenen Carnevalsposse „Die Helden des Jahrhunderts". Das Stück wurde von einigen Mitgliedern des alten Carneval-Vereins dargestellt.

Von Concerten sei die am 15. Dezember 1852 von der Liedertafel veranstaltete Aufführung des Oratoriums „Paulus" erwähnt. —

Herr Hermann Beyer, der erste Tenorist der vorigen Saison, übernahm jetzt die Direktion des Mainzer Stadttheaters. Unter seiner Bühnenleitung, welche nur eine Saison, 1853/54, dauerte, kam namentlich im Schauspiel eine Reihe von Novitäten zur Aufführung, die sich fast alle der besten Aufnahme erfreuten. Die Saison wurde am 3. September 1853 mit dem Schauspiel „Mathilde" von Roderich Benedix eröffnet. Als angenehme Zugabe zu einer humoristischen Vorlesung Saphirs wurde am 9. September Görners Lustspiel „Englisch" gegeben, welches bis heute ein beliebtes Repertoirstück geblieben ist und namentlich von den sogenannten Virtuosen mit Vorliebe gepflegt wird. Der erste Liebhaber Hr. Ernst spielte den Gibbon, Hr. Dessoir den John, Frau Ernst die Adele Treunhr und Hr. Scheele den Bankier Ippelberger. Großen Beifall fanden die Lustspiele „Er ist nicht eifersüchtig" von Elz und „Ein Lustspiel" von Benedix, welch' letzteres am 20. Oktober 1853 zum ersten Male mit folgender Besetzung aufgeführt wurde: Franziska Haimwald: Fräul. Rosahl, Ernestine: Fräul. Werle, Brömser: Hr. Keller, Musikdirektor Bergheim: Hr. Ernst, Doktor West: Hr. Hassel, Frau Waltrop: Frau Scheele und Agnes: Frau v. Nebell. Den Karl Fichtenau spielte ein Sohn Ludwig Dessoirs, der jugendliche Liebhaber Ferdinand Dessoir,

welcher damals seine an Erfolgen so reiche Künstlerlaufbahn be=
gann.*) Sodann kam das Melodrama „Der Stumme und
der Affe", in welchem der bekannte Affendarsteller Klischnigg
den Marmizetto gab, zur Aufführung. Am 2. Januar 1854
wurde gelegentlich des Gastspiels des Komikers Ferdinand
Nesmüller vom Nationaltheater an der Wien die Posse „Des
Teufels Zopf", zu welcher der Gast die Musik geschrieben hatte,
mit ziemlichem Erfolg gegeben. Hierauf erschien Ferdinand
Dingelstedt mit seinem Trauerspiel „Das Haus des Barne=
veldt" und am 10. Februar unter großem Beifall das Birch=
Pfeiffer'sche Schauspiel „Die Waise aus Lowood", welches
die fleißige Dramenzurichterin aus dem gleichnamigem Roman
von Currer Bell geformt hatte. Fräul. Rosahl gab die Jane
Eyre, die bis jetzt stets eine Paraderolle der Virtuosinnen ge=
blieben ist; Herr Ernst den Lord Rochester und Frau Ernst
die Mistreß Sarah Reed. In einer späteren Wiederholung des
Stückes gab Herr Friedrich Devrient vom Frankfurter
Stadttheater den Rochester. Das Stück gefiel so sehr, daß es
Ferd. Dessoir wagte, eine Fortsetzung der Jane Eyre unter dem
Titel „Die Mission der Waise" von Harry Morton zu seinem
Vortheile zu geben. Ziemlichen Anklang fand das Schauspiel
„Prinz Friedrich" von Laube, in welchem der Dichter die
Schicksale des späteren großen Preußenkönigs schildert. Bei der
am 7. April stattgehabten ersten Aufführung des Stückes gab Hr.
Ernst die Titelrolle und Hr. Schütz von Wiesbaden den König
Friedrich Wilhelm I. Auch zwei neue Melodramen wurden in
dieser Saison gegeben. Am 28. Novbr. 1853 ging Mich. Beers
melodramatisches Gedicht „Struensee", zu welchem des Dich=
ters Bruder, der berühmte Komponist Meyerbeer die Musik ge=
schrieben hatte, mit Hrn. Ernst als Struensee, und am 23. April
1854 zur Vorfeier des Vermählungsfestes des Kaisers von Oester=
reich das von Roderich Benedix eigens für die kais. russ. Kammer=
sängerin Frau v. Marra geschriebene Liederspiel „Angela" zum
ersten Male in Scene. Frau v. Marra, welche damals gerade
in Mainz gastirte, gab die Titelrolle. — Von den Gästen seien
erwähnt: Fräul. Angelika Kronfeldt vom Darmstädter Hof=

---

*) Ferd. Dessoir ist jetzt Charakterdarsteller und lebenslängliches
Mitglied der Dresdener Hofbühne.

theater als Lorle (Dorf und Stadt) und Fräul. Genast als
Anna (Ein Glas Wasser). In der am 27. Januar 1854 statt=
gehabten Aufführung der „Karlsschüler" traten Hr. Reger vom
Stadttheater zu Frankfurt (Herzog Karl) und vom Wiesbadener
Hoftheater Hr. Grobecker (Sergeant Bleistift), sowie die Da=
men Frau Schunke (Generalin Rieger) und Frau Schütz
(Laura) auf.

In der Oper fungirte nun Hr. Laudien als erster und
Hr. Staszny als zweiter Kapellmeister. Als erste Novität er=
schien am zweiten Weihnachtstage des Jahres 1853 die roman=
tische Oper „Indra" von Flotow, in welcher der ersten drama=
tischen Sängerin Frau Nordseb die Titelparthie übertragen
war. Großen Erfolg hatte Balfe's Oper „Die Zigeunerin",
welche am 22. Januar zum ersten Male gegeben wurde. Auch
in dieser Oper war Frau Nordseb die Hauptparthie übertragen.
Der erste Bassist Büssel sang den Zigeunerhauptmann Devils=
hof, Fräul. Kronfuß die Arline, der Baritonist Herger den
Graf Alban und Hr. Frey den Thomas. Die letzte Novität
der Saison war die komische Oper „Gräfin Xenia" von A.
Oechsner, einem gebornen Mainzer, mit Fräul. Molendo
in der Titelparthie. — Die Zahl der Gäste war eine sehr
große; wir erwähnen u. A.: Fräulein Tonner als Isabella
(Robert der Teufel), Fräul. Walzek von Darmstadt (Amine),
Hrn. Künzel von Prag (Max), Hrn. Scharpf vom Darm=
städter Hoftheater (Don Juan), Fräul. Steigerwald aus
Würzburg (Zerline), Fräul. Kathinka Heinefetter (Norma),
Fräul. Michalesi als Susanne (Figaros Hochzeit) und Frau
v. Marra (Regimentstochter). In der zum Besten des Or=
chesterfonds veranstalteten Aufführung der „Favoritin" trat der
Tenorist Wachtel, damals am Hoftheater zu Hannover, zum
ersten Male in Mainz unter großem Beifall auf. Die k. preuß.
Kammersängerin Fräul. Pauline Marx sang die Leonore.

Prinz Carneval, welcher seit dem Jahre 1848 zu den
depossedirten Fürsten zählte, hatte in dieser Saison von seiner
Herrschaft wieder Besitz ergriffen. Am ersten Fastnachttage 1854
kamen von dem Mainzer Carnevalsdichter A. Koch die Possen
„Der letzte Mainzer Zunftschneider" und „Professor Isegrimm,
oder Die Heirath durch die Zeitung" zur Aufführung.

Auch diese Saison verlief für die Liedertafel unter der

Leitung ihres neuen Dirigenten Hrn. Winkelmeier höchst be=
friedigend. Am 6. Februar 1854 fand im Theater zum Besten
der Armen die Aufführung des parodistischen Musikstückes, der
tragikomischen Operette „Mordgrundbruck" und am 3. Juni
ein Concert in dem Akademiesaale statt. Unter Winkelmeiers
Leitung nahm die Liedertafel einen erfreulichen Aufschwung und
war wieder in der Lage, ihre Musikfeste, durch welche sie sich einen
so geachteten Namen erworben hatte, aufleben zu lassen. Am
27. August 1854 brachte sie nämlich in Gemeinschaft mit verschie=
denen auswärtigen Gesangvereinen*) zum Vortheile der Hinterbliebenen des in Dessau verstorbenen Kapellmeisters Schneider
dessen Oratorium „Das Weltgericht" in der festlich ge=
schmückten Fruchthalle zur Aufführung. Die Soloparthieen waren
Fräul. Stork aus Wiesbaden (Gabriel), Frau Gastell aus
Mainz (Michael), Hrn. Messert aus Mainz (Raphael), Hrn.
Leser aus Frankfurt (Uriel), Fräul. Litscher aus Mainz (Eva)
und Hrn. Stephan aus Mannheim (Satan) übertragen. Der
berühmte Bassist Karl Formes sang unter großem Beifall die
Arie des Sarastro „In diesen heil'gen Hallen". — Im Laufe
der Saison ließen sich auch der berühmte Violinvirtuose Ernst
und der Concertsänger Rémond aus Paris hören.

*) Die mitwirkenden Vereine waren: der Frankfurter Liederkranz
unter der Leitung des Herrn Gellert, die Frankfurter Germania unter
Leitung des Herrn Neeb, die Offenbacher Sängertafel, dirigirt von
Herrn Dillenberger, und der Cäcilienverein von Wiesbaden, sowie der
Mainzer Liederkranz und Kirchenmusik=Verein, im Ganzen ungefähr
500 Sänger.

VIII

Erste Direktion Ernst. Das Sommertheater. Der mittel= rheinische Musikverband.

———

Am 2. September 1854 wurde die erste Saison (1854/55) unter dem neuen Direktor Herrn Moritz Ernst, welcher seit= her unter Beyer am Mainzer Theater als erster Liebhaber ge= wirkt hatte, mit „Wallensteins Lager" in dem im Innern neu her= gestellten Hause *) eröffnet. Schon die ersten Vorstellungen zeig= ten, daß der Direktor wie die Mitglieder das Bestreben hatten, Gutes zu leisten. Auch über die Novitäten war nicht zu klagen. Das Schauspiel brachte am 24. Oktober das Volksschauspiel „Der Sonnwendhof" von Mosenthal. Frau Ernst spielte die Sonnwendbäuerin, der Liebhaber Vaillant den Valentin, Fräul. Hirt den Franzl und Fräul. Kleinschmidt die Marie. Großen Beifall fand das folgende Drama „Charlotte Acker= mann" von Otto Müller, welches nach dem gleichnamigen Hamburger Theaterroman des Verfassers bearbeitet war. Den Mainzern erweckte dieses Stück ein um so größeres Interesse, als s. Z. der Vater der Heldin die Direktion des Mainzer Theaters geführt hatte. Hr. Karl Blattner vom Frankfurter Stadttheater gab den Ludwig Schröder, Frau Rennert die Theaterprinzipalin Ackermann, Fräul. Brandt die Charlotte und der Charakterdarsteller Keller den Eckhof. Auch Gustav Freitags Lustspiel „Die Journalisten", welches am 6. März 1855 zum ersten Male gegeben wurde, erzielte einen großen Er= folg. Die Besetzung dieses gelungenen, heute noch immer frischen Lustspieles war folgende: Oberst Berg: Hr. Rennert, Ida: Fräul. Hirt, Adelheid Runeck: Fräul. Brandt, Senden: Hr. Dessoir, Redakteur Oldendorff: Hr. Pfefferkorn, Redakteur Bolz: Hr. Vaillant, Redakteur Blumenberg: Hr. Brann und Schmock: Hr. Keller. Einen durchschlagenden Erfolg hatte Karl v. Holtei's Genrebild „Die Wiener in Paris", wel=

*) Auch die inzwischen aufgekommene Gasbeleuchtung wurde im Laufe dieser Saison, am 7. Januar 1855, im Schauspielhause eingeführt.

ches am 12. April 1855 mit dem berühmten sächsischen Hofschauspieler Bogumil Dawison als Bonjour in Scene ging
und auf lebhaftes Verlangen mit demselben Gaste bald wiederholt werden mußte. Dawison, welcher bei ausverkauftem Hause
als Hamlet, Mephistopheles und Heinrich in Holtei's Schauspiel
„Lorbeerbaum und Bettelstab" aufgetreten war, hatte auch das
Verdienst, zum ersten Male Shakespeare's Tragödie „König
Richard III." auf die Mainzer Bühne zu bringen. Dieses
Trauerspiel ging am 18. April 1855 mit folgender Hauptbe-
setzung in Scene: Richard: Herr Dawison, Georg von Cla-
rence: Hr. Pfefferkorn, Eduard IV.: Hr. Baillant, Eduard,
Prinz von Wales: Fräul. Hirt, Heinrich von Richmond: Hr.
Dessoir, Herzog von Buckingham: Hr. Ernst, Elisabeth: Frau
Ernst, Herzogin von York: Frau Rennert, Anna: Fräul.
Brandt. — Außer den bereits genannten Gästen trat u. A.
noch Frau Auguste Formes geb. Arens, eine Mainzerin, von
dem Berliner Hoftheater als Debohra und Grethchen (Faust) auf.
Kurz vor dem Gastspiel Dawisons war der hannöverische Hof-
schauspieler Karl Debrient als Hamlet aufgetreten.

Die Oper brachte zwei Novitäten, deren Erfolg ein sehr
großer war. Am 20. Dezember 1854 ging zum ersten Male
Richard Wagners prachtvolle Tonschöpfung „Tannhäuser",
von Mainzer Mitgliedern gesungen*), unter großartigem Beifall
in Scene und mußte im Laufe der Saison noch oft wiederholt
werden. Ein ehrenvolles Zeugniß für die Tüchtigkeit der Mainzer Oper legte Richard Wagner in einem Schreiben an den
Direktor Ernst ab, in welchem er sich über die gelungene Einstudirung seines Werkes durch den Kapellmeister Reiß höchst
anerkennend aussprach. Den Tannhäuser sang der Heldentenor
Meffert, die erste dramatische Sängerin Fräul. Bywater
die Elisabeth, Hr. Boschi den Wolfram von Eschenbach und
Hr. Warah den Landgraf Hermann. Fräul. Müller vom
Stadttheater in Breslau gab die Venus. Die kleineren Rollen

---

*) In der am 12. Mai 1854 unter der Leitung des Kapellmeisters
Hagen stattgehabten ersten Aufführung der Oper durch die Wiesbadener
Opernmitglieder sangen Hr. Peretti den Tannhäuser, Hr. Thelen
den Landgraf, Hr. Minetti den Wolfram, Fräul. Meyer die Venus
und Fräul. Stork die Elisabeth.

waren besetzt: Walther von der Vogelweide: Hr. Rafter, Bi=
terolf: Hr. L. Müller, Heinrich der Schreiber: Hr. Oeser,
und Reimar von Zweter: Hr. Braun. Die Oper war nach
dem Muster des Dresdener Hoftheaters, wo bekanntlich s. Z.
Wagner als Hofkapellmeister den „Tannhäuser" zur Aufführung
gebracht hatte, in Scene gesetzt. Keinen so gewaltigen Eindruck
wie der „Tannhäuser" machte Meyerbeers Oper „Der Nord=
stern", welche am 10. April 1855 zum ersten Male gegeben
wurde. Hr. Boschi sang den Michaeloff, Hr. Rafter den Tisch=
ler Skawronski, Fräul. Bywater die Katharina, Hr. Meffert den
Danilowitz, Hr. Waray den Gritzenko, der Bassist Wrede den
Kermoloff, Fräul. B. Müller die Prascovia und Fräul. Stei=
gerwald die Natalie. In einer späteren Wiederholung des
„Nordstern" sang die Berliner Hofopernsängerin Pauline
Marx die Katharina, der erste Bassist der italienischen Oper
zu Paris Hr. Dallé Aste den Michaeloff und Hr. Scharpf
von Darmstadt den Gritzenko. — Als Gäste traten ferner auf:
Hr. Theodor Formes, Tenorist der Berliner Hofoper (Gatte
der Schauspielerin Auguste Arens), als Masaniello, die Sängerin
der italienischen Oper in London Fräul. Anna Zerr (Lucia von
Lammermoor), die k. k. Hofopernsängerin Mathilde Wildauer
(Regimentstochter) und der Wiener Tenorist Alois Ander als
Stradella.

Im Laufe des Sommers trat im Stadttheater die berühmte
spanische Tänzerin Pepita de Oliva auf. Im Uebrigen
waren die Theaterfreunde auf das Repertoir des von Herrn
Schmitz bei Weisenau errichteten Sommertheaters angewiesen,
welches meistens kleinere Lustspiele und Possen brachte. Mehr
konnte und durfte ein solch kleines Theater nicht bieten, dessen
Hauptanziehungspunkt doch nur sein Standort inmitten der freien
Natur und die Aussicht auf eine angenehme Unterhaltung bei
einem Glase Bier bildete. Von künstlerischem Interesse kann
bei derartigen Sommertheatern, welche die Bühne zu einem Ver=
gnügungsort und einer „Speisewirthschaft mit Kunst" erniedrigen,
natürlich nicht die Rede sein. Wenn daher einzelne Schriftsteller,
wie Paldamus*), die Sommerbühne ganz verwerfen, so können
wir denselben nur zustimmen. Es muß indessen nun auch die=

*) „Das deutsche Theater der Gegenwart."

sem Kunstbedürfniß Rechnung getragen werden und dies könnte nach unserer Ansicht dadurch geschehen, daß man die Repertoirs unserer größeren Stadttheater im Interesse der Kunst von den Operetten und unbedeutenden Schwänken, an welchen ja bei unserer heutigen „Lustspiel-Produktion" kein Mangel ist, entlastete und den Sommerbühnen zur ausschließlichen Pflege zuwiese.

Die Carnevals-Gesellschaft gab am 18. Februar 1855 das alte Preisstück „Carnevals Triumph, oder Die Helden des Jahrhunderts" von August Koch, welche Posse gerade an dem gleichen Tage vor 11 Jahren unter großem Beifall zum ersten Male in Scene gegangen war.

Die Liedertafel führte unter der Leitung des Theater-Kapellmeisters Reiß, welcher an Stelle des Herrn Winkelmeier auch die Direktion der Liedertafel übernommen hatte, am 25. Mai 1855 das Händel'sche Oratorium „Judas Maccabäus" auf. — Am 1. Juli 1855 fand in der Anlage ein Sängerfest statt, an welchem sich die Männergesangvereine in Darmstadt (Mozartverein), Wiesbaden (Quartettverein), Würzburg (Liedertafel) und der Mainzer Liederkranz betheiligten.

In der Saison 1855/56 behielt das Schauspiel im Wesentlichen die Oberhand. Dasselbe brachte zunächst eine ganze Reihe kleinerer Novitäten, wie: das Denecke'sche Lustspiel „Zwei Piquet-Spieler", in welchem Fräul. Kleinschmidt die Rosa gab; H. Laube's Lustspiel „Der Hauptmann von der Scharwache" und das heute noch beliebte Lustspiel „Gänschen von Buchenau" von W. Friedrich, in welchem die neue sentimentale Liebhaberin Fräul. Gräcmann die Agnes spielte. Geringen Erfolg hatte das Dumas'sche Charaktergemälde „Pariser Sitten", welches nach dem bekannten Werke des Autors „Le Demi-Monde" gearbeitet war. Von Gutzkow erschien am 20. Novbr. 1855 das Schauspiel „Ein weißes Blatt", in welchem Frau Ernst die Beate gab. Am 11. Dezember wurde Shakespeare's Lustspiel „Viel Lärm um Nichts" (von Holtei für die Bühne eingerichtet) zum ersten Male gegeben. Der erste Liebhaber Hr. Schwerin, ein sehr beliebtes Mitglied, gab den Claudio, der Charakterdarsteller Löwe den Lenato, Fräul. Gräcmann die Hero, Hr. Janner den Benedikt und Fräul. Brandt die Beatrice. Hr. Saalbach spielte den komischen Gerichtsmann Ambrosius und Hr. Rennert den Don Pedro. Die verhält-

nißmäßig kühle Aufnahme des Lustspiels dürfte in der Fremd=
artigkeit der Handlung bezw. des Stoffes des Stückes zu suchen
sein. Die nächste Novität war Grillparzers melodramatisches
Schauspiel „Der Traum ein Leben", welches am 9. Ja=
nuar 1856 zum ersten Male in Scene ging. Den Rustan spielte
Hr. Schwerin, Hr. Löwe den Zanga, Fräul. Gräemann die
Mirza und Fräul. Brandt die Gülnare. Die zur Handlung
gehörige Musik war von dem zweiten Kapellmeister Zwicker
komponirt. Am 12. Februar erschien Rudolf Gottschalls
historisches Lustspiel „Pitt und Fox". Das Werk dieses Dich=
ters, welcher längere Zeit in Mainz gelebt hatte, wo sein Vater
Artilleriehauptmann war, fand eine gute Aufnahme. Hr. Ernst
gab den Fox und Hr. Schwerin den Pitt. Nun kamen wieder
kleinere Novitäten, wie „Hans und Hanne" von Friedrich,
das in Paris preisgekrönte Schauspiel „Der Ruf einer Frau"
von Serret und „Der Jurist und der Bauer", Lustspiel
von Rautenstrauch, in welchem Fräul. Hörber vom Darmstädter
Hoftheater die Rosine gab. Am 9. April kam das Halm'sche
Trauerspiel „Der Fechter von Ravenna", welches bekannt=
lich durch den Streit zwischen Laube und Bacherl großes Auf=
sehen erregte*), zur Aufführung. Die Aufnahme des Dramas
war eine sehr warme. Der vaterländische Geist, welcher das=
selbe erfüllt, fand, wie überall im deutschen Vaterlande, so auch
in Mainz einen freudigen Widerhall. Frau Flint geb. Seyler
vom Wiesbadener Hoftheater spielte die Thusnelda, Hr. Jauner
den Thumelicus, Hr. Ernst den Caligula, Fräul. Brandt die
Cäsonia und der Komiker Hr. Simon, zu dessen Vortheil das

---

*) Der Schulmeister Franz Bacherl in Pfaffenhofen bei Starenberg
(München) schrieb sich nämlich die Urheberschaft des Stückes zu. Bacherl
hatte nach den Angaben seines muthvollen Vertheidigers O. v. Schorn
an Laube in Wien ein Trauerspiel „Die Cherusker in Rom" eingeschickt,
jedoch das Stück als unbrauchbar zurückerhalten. Als nun später die
Halm'sche Tragödie „Der Fechter von Ravenna" zur Aufführung kam
und Bacherl den Inhalt derselben vernahm, behauptete er, das Stück
sei eine getreue Umarbeitung seines oben genannten Dramas. Es dürfte
wohl den beiden Dichtern eine gemeinschaftliche Quelle gedient haben
und wäre somit das Räthsel gelöst. Man glaubte dieselbe in einem
Gedichte Th. Hells, welches in den zwanziger Jahren in der Dresdener
Abendzeitung erschien, gefunden zu haben.

Stück aufgeführt wurde, den Merowig. Die letzte Novität der
Saison war Brachvogels Schauspiel „Narciß", welches sen=
sationelle Drama am 26. April zum ersten Male unter großem
Beifall in Mainz aufgeführt wurde. Herr Keller gab den
Narciß, Frau Ernst die Pompadour und Fräul. Brandt die
Doris Quinault. — Im Laufe der Saison gastirte auch eine
französische Theatergesellschaft, unter deren Mitgliedern der Ko=
miker Levassoir bemerkenswerth erscheint.

Die Oper stand in dieser Saison etwas zurück, doch wur=
den recht nette Novitäten gegeben. Am 21. Oktober 1855 ging
Donizetti's große Oper „Dom Sebastian" zum ersten Male
in Scene. Der spannend geschriebene Scribe'sche Text fand bei=
nahe mehr Anklang, als die Musik, was bei einem Operntext
viel sagen will. Der erste Tenorist Herr Meffert sang die
Titelparthie. Weniger Glück hatte das Erstlingswerk des Kapell=
meisters K. Reiß, die romantische Oper „Otto der Schütz",
deren Text nach Kinkels gleichnamigem Gedichte bearbeitet war.
Die letzte und bedeutendste Opern=Novität der Saison war Rich.
Wagners „Lohengrin". Die Besetzung dieser Oper bei ihrer
ersten Aufführung in Mainz am 2. April 1856 war folgende:
Heinrich der Vogler: Hr. Weinlich, Lohengrin: Hr. Meffert,
Telramund: Hr. Boschi, Ortrud: Fräul. Bywater, Elsa:
Fräul. Walseck, und Heerrufer: Hr. Herger. Die Oper er=
lebte vor dem Schlusse der Saison noch mehrere Wiederholungen.
— Als Opern=Gäste verzeichnen wir: den Bassisten Strobel
vom Theater zu Pest (Kaspar), den berühmten Bassisten Karl
Formes von der Oper zu London (Marcel), Hrn. Dallé
Aste aus Darmstadt (Tell), Hrn. Schlösser von Mannheim
(Raoul), den berühmten Baritonisten Beck (Jäger im „Nacht=
lager") und Frau Laszlo=Doria von der Wiener Hofoper
(Lucrezia Borgia). Großes Interesse erregte das erste Auftreten
einer jungen Mainzerin, des Fräul. Ottilie Schmitz, als
Margaretha von Valois (Hugenotten).

Da das Sommertheater bei Weisenau, trotz mancher Unbe=
quemlichkeiten für das Mainzer Publikum, sich eines ziemlichen
Besuches zu erfreuen hatte, so errichtete nun der Direktor des
Stadttheaters in der Nähe der Stadt eine Sommerbühne
und stellte dieselbe unter die Leitung des Regisseurs Keller.
Das Repertoir war für eine solche Bühne ein recht gewähltes

und gelangten auch einige kleinere Novitäten, wie die Posse „Ränke und Schwänke" von Stark, „Der Wittwer" von Dein-hardstein und das Lustspiel „Des Magisters Perrücke" von Görner, zur Aufführung. Als beliebte Mitglieder des Sommer-theaters galten Herr Froitzheim (Väter), Hr. Dill (erster Ge-sangskomiker), Hr. Schütz (erster Liebhaber), Fräul. Adolph (Soubrette) und Frau Dill (erste Liebhaberin). — Da die Sommerbühne und das Stadttheater unter einer Direktion standen, so konnten im Sommer auch mehrere größere Vorstellun-gen im Schauspielhause stattfinden. Wir erwähnen nur die Auf-führung des Trauerspiels „Herzog Albrecht" von Meyer mit den Gästen Hrn. Hendrichs von Berlin als Herzog Albrecht und Fräul. Doris Genast von Wiesbaden als Agnes Bernauerin.

Der Carneval brachte den Mainzern ein neues Preis-stück, „Das Urtheil der Welt, oder Die Leiden und Freuden eines Theaterdirektors, oder Jergel als Schauspieler", einen großen, komischen, carnevalesischen, unverzeihlichen Kapitals-Hauptschwindel in drei Abtheilungen mit Gesang, Tanz, Illu-mination und bengalischem Feuer, vom poetischen Hof- und Leib-Koch seiner närrischen Hoheit. Die Musik war von den Kapell-meistern Staab und Stasny. Das Stück fand eine beifällige Aufnahme.

Das Jahr 1855 nimmt nicht allein in der Musikgeschichte der Stadt Mainz, sondern auch in der des Mittelrheins eine wichtige Stelle ein. Am 17. November dieses Jahres wurde nämlich in Mainz der Mittelrheinische Musikverband von den Gesangvereinen der Städte Darmstadt, Mannheim, Wiesbaden und Mainz (Liedertafel) gegründet. Der Zweck dieser auf An-regung der Mainzer Liedertafel entstandenen Verbindung ist die periodische Abhaltung von Musikfesten in den vereinigten Städten, ein Gedanke, welcher sich bei seiner Verwirklichung glänzend be-währt hat. Das erste dieser Musikfeste fand am 31. August und 1. Septbr. 1856 zu Darmstadt unter der Leitung der Musikdirek-toren Mangold und Schindelmeißer statt. Die Mainzer Lieder-tafel hatte ihre Proben zu diesem Feste unter der Leitung des Mitgliedes Föckerer abgehalten, da der seitherige Dirigent Reiß zum Kapellmeister am Casseler Hoftheater ernannt worden war. Nach dem Darmstädter Musikfeste übernahm Herr Kapellmeister Friedrich Marpurg aus Königsberg die Direktion des Ver-

eins, welcher mit der Stiftung des Mittelrheinischen Musikver-
bandes sein 25jähriges Bestehen am würdigsten gefeiert hatte.
Zur Feier des hundertjährigen Geburtstages Mozarts
wurde am 26. Januar 1856 von der Liedertafel in Verbindung
mit der Theater-Direktion ein großes Concert veranstaltet, in
welchem u. A. Chöre aus „Idomeneo" und dem „Requiem" zum
Vortrag kamen. — Im Theater traten im Laufe der Saison
die 14jährige Violinvirtuosin Bertha Bronsil aus Prag nebst
ihren fünf Geschwistern, sowie der Pianist Alfred Jaell auf.
Die folgende Saison 1856.57, welche am 4. September
1856 mit Webers „Freischütz" eröffnet wurde, zeigte, welche
große Aufmerksamkeit die Direktion dem Schauspiel zuwandte.
Waren auch die Kräfte desselben nicht gerade vorzüglich, so
hörte doch das Ueberwuchern des Repertoirs von kleinen Lustspielen, welches in der vergangenen Saison zu tadeln war, auf.
Die wenigen Novitäten, welche zur Aufführung kamen, hatten
fast alle Erfolg. Die erste Schauspiel-Vorstellung am 6. September brachte Laubes Tragödie „Graf Essex". Die Titelrolle gab der neu engagirte erste Held Hr. Karl Burggraf,
Frau Ernst die Elisabeth, Herr Direktor Ernst den Lord
Burleigh, Hr. Osten den Graf Southampton, die erste Liebhaberin Fräul. Barthel die Lady Nottingham, die erste tragische Liebhaberin Fräul. Marie Jäger die Gräfin Rutland
und Hr. Rennert den Ralph. Am 6. Januar 1857 folgte
unter allgemeinem Beifall Shakespeares reizendes Lustspiel „Der
Widerspenstigen Zähmung" nach der Uebersetzung von
Schlegel und der Bühneneinrichtung von Deinhardstein. Fräul.
Jäger spielte die Katharina, Hr. Ernst den Petruchio, Hr. Osten
den Lucentio, Fräul. Turba die Bianca und Hr. Rennert den
Mirola. Auch „Viola, oder Was ihr wollt", welches Lustspiel am 31. Januar gegeben wurde, gefiel. Die Besetzung der
Hauptrollen war folgende: Viola: Frau Ernst, Olivia: Fräul.
Jäger, der Narr: Hr. Ernst, Junker Tobias: Hr. Rennert,
und Junker Bleichwang: Hr. Reimers. Den Antonio gab der
jugendliche Charakterdarsteller Hr. Burmeister, den Orsino
Hr. Osten und den Malvolio Hr. Grobecker von Wiesbaden.
Auch das Volksstück, welches in Räder und Kalisch Vertreter
fand, begann allmälig mehr Boden zu gewinnen. Die Wieder-
aufnahme bezw. das Erscheinen desselben an der Mainzer Bühne

war um so mehr zu begrüßen, als das Volk der alten Rheinstadt stets dem Natürlichen, Ungeschminkten mit offenem Herzen
entgegenkam. Nachdem Kalisch's Volksstück „Der Aktienbudiker"
in Scene gegangen war, wurde am 23. März 1857 die Posse
„Robert und Bertram, oder Die lustigen Vagabunden" zum
ersten Male gegeben. Die Herren Butterweck (Bertram) und
Wisthaler (Robert) waren zwei wackere Vertreter der von
unverwüstlichem Humor erfüllten Hauptrollen. — Als Gäste
erschienen u. A.: der Charakterdarsteller Friedr. Haase, welcher damals in Frankfurt engagirt war (Narciß, Klingsberg ꝛc.),
sowie der Liebhaber Schneider (Klingsberg d. J.) und Fräul.
Janauscheck (Adrienne Lecouvreur), ebenfalls vom Frankfurter
Stadttheater; ferner der sächsische Hofschauspieler Emil Bürde
(Egmont).

Die Oper brachte keine einzige Novität; auch die Kräfte
genügten wenig. Herr Kapellmeister Lux, welcher nach Reiß'
Weggang wieder die Leitung der Oper übernommen hatte, gab
seine Stellung bald auf und nachdem der Kapellmeister des
Königsberger Theaters, Hr. Raff, die Stelle einige Zeit als
Gast versehen, wurde in dem seitherigen Musikdirektor der deutschen Oper zu Amsterdam, Hrn. Thomas, ein neuer Leiter
gewonnen. Von den Vorstellungen ist die zur Gedächtnißfeier
von Mozarts Geburtstag am 25. Januar 1857 bei festlich beleuchtetem Hause veranstaltete Aufführung des „Titus" mit
Hrn. Meffert in der Titelrolle erwähnenswerth. Ein Liebling
des Publikums war noch immer der Baritonist Boschi, welcher in der zu seinem Vortheile gegebenen Oper „Der Maskenball" den Ankarström sang. Die Tänze wurden durch die Mitglieder des Darmstädter Ballets, die Damen Kath. Vogel, Wagner, Löffler, Boillet und Appel*) und Hrn. Tornewaß, ausgeführt. — An Gästen fehlte es während der Saison nicht: es
kamen u. A.: Frau Bürde-Ney von Dresden, die Gattin des
oben genannten sächs. Hofschauspielers Bürde (Lucrezia), Herr
Neumüller (Leporello), Hr. Dallé Aste (Tell) und der berühmte Tenorist Tichatscheck von Dresden. Derselbe eröffnete
am 1. April sein Gastspiel als Eleazar (Jüdin. Der erste Bassist
Hr. Kremenz sang neben dem gefeierten Gaste den Kardinal,

*) Später Gemahlin des Großherzogs Ludwig III. von Hessen.

Hr. Kron den Leopold, Frau Neumüller geb. Siebert die Eudoxia und Fräul. Bywater die Recha.

Auf der Sommerbühne, deren Leitung dem Oberregisseur Rennert übertragen war, kamen einige recht nette Novitäten zur Aufführung. Wir erwähnen von ihnen: „Die Braut auf Lieferung", Lustspiel von Tietz; den Schwank „Metamorphosen" von Max v. Heßling, dem beliebten Komiker der Sommerbühne, und „Mathes das verstehst de nit", Mainzer Lokalposse von Adrian. Großes Interesse erregte das Auftreten des angeblichen Verfassers des „Fechter von Ravenna", Franz Bacherl, welcher am 29. Juli 1857 seine Poesien zum Vortrag brachte. — Im Stadttheater traten während des Sommers zwei berühmte Gäste auf. Die Oper brachte Flotows „Martha" mit Ander aus Wien als Lyonel und das Schauspiel „Faust" mit Frau Marie Seebach als Margarethe.

Als Carnevalsstück ging am 22. Februar 1857 die preisgekrönte Original=Zauberposse „Eine Stunde im Himmel und ein Carneval in Mainz" von P. Sonn in Scene. Der außerordentlich starke Besuch dieser närrischen Aufführung zeigte, wie sehr wieder der Sinn für den Carneval in Mainz lebendig geworden war.

Von Concerten sei erwähnt: das Auftreten des Violinspielers H. Wieniawski, sowie die Aufführung des Händel'schen „Messias" und der Schumann'schen Tondichtung „Das Paradies und die Peri" durch die Liedertafel. Auch ihre Abonnements= und Vereins=Concerte mit Orchester erfreuten sich einer warmen Aufnahme. In den Vereins=Concerten der Saison 1856/57 wirkte außer der Frau Stradiot=Mende vom Theater zu Wiesbaden auch die um das Mainzer Kunstleben hochverdiente Frau Betty Schott als Pianistin mit. An dem am 14. und 15. Juni 1857 zu Mannheim unter der Leitung von F. Hiller abgehaltenen zweiten mittelrheinischen Musikfeste betheiligte sich die Mainzer Liedertafel.

Am 3. September 1857 wurde die neue Saison mit einer Opern=Novität, „Der Troubadour" von Verdi, eröffnet. Die Oper, welche von dem neuen Kapellmeister Hrn. Richard Genée, früher am Danziger Stadttheater, dirigirt wurde, fand großen Beifall. Hr. Boschi sang den Luna, Frau Neumüller die Leonore, Hr. Meffert den Manrico, Hr. Kremenz den

Ferrando und Fräul. Bywater die Azucena. Der „Trouba-
dour" blieb die einzige Novität der Oper, dagegen erschien eine
Reihe von Gästen, wie: Fräul. Pruckner aus Mannheim
(Regimentstochter), Hr. Klein von Darmstadt (Bertram) und
Fräul. Urlaub von Frankfurt (Fidelio). Zum Besten des
Orchesterfonds wurde im März 1858 der „Don Juan" gegeben.
In dieser Aufführung wirkten als Gäste mit: Hr. Becker Don
Juan, Hr. Dalle Aste (Leporello), Frau Laszlo-Doria
(Donna Anna) und Fräul. Zirndorfer (Donna Elvira), sämmt-
lich vom Hoftheater zu Darmstadt, sowie Fräul. Herbold von
Wiesbaden (Zerlinchen). Der neu engagirte lyrische Tenor Hr.
Zellmann sang den Octavio.

Das Schauspiel brachte, wie die Oper, sogleich am Anfang der Saison eine recht beifällig aufgenommene Novität, nämlich Frau Birch-Pfeiffers Charaktergemälde „Die Grille",
welches am 5. Septbr. 1857 in Scene ging. Hr. Rennert
spielte den Vater Barbeaud, Frau Ernst die Mutter Barbeaud,
Hr. Mende den Landry, Hr. Markwort den Didier, Frau
Rennert die alte Fadet, Fräul. Turba die Madelon und die
jugendliche Liebhaberin Fräul. Wolfram die Fauchon. In
einer im Laufe des Sommers 1858 stattgehabten Wiederholung
des Stückes spielte Frau Birch-Pfeiffer die alte Fadet und
Frau Auguste Formes die Grille. Ziemlichen Gefallen fanden Görners Lustspiel „Sperling und Sperber", sowie die
Nestroy'sche Posse „Tannhäuser und die Keilerei auf der
Wartburg". In dieser „Zukunftsposse" spielte Hr. Markwort
die Titelrolle und Fräul. Turba die Elisabeth. Als Ballet-
tänzerin glänzte Fräul. Lisli Genée, welche auch im Lustspiel
recht brav war. — Außer mehreren Wiesbadener Gästen trat
Fräul. Bognar von Frankfurt (Amalie) auf. Ferner gastirte
das Darmstädter Hofballet, sowie die achtjährige Solotänzerin
Olga Marietta von London.

Eine Störung in den Vorstellungen dieser Saison verur-
sachte die schreckliche Pulverexplosion am 18. Novbr. 1857.
Es waren für den Abend des unglückseligen Tages „Die Hugenotten" angesagt. Die Vorstellung unterblieb natürlich und die
Aufführungen wurden erst nach vier Tagen mit der Oper „Die
Jüdin", welche zum Besten der Verunglückten in Scene ging,
wieder aufgenommen.

In künstlerischer Beziehung war die Saison nicht sehr zu loben. Direktor Ernst veranstaltete am 21. August in Mainz seine letzte Vorstellung mit der Aufführung des Birch-Pfeiffer schen Schauspiels „Rubens in Madrid". Seinen ursprünglichen Plan, durch Errichtung eines Sommertheaters den Weg für eine ständige Bühne in Mainz zu ebnen, hatte er bald aufgegeben und im letzten Jahre seiner Direktion das Sommertheater dem Komiker Max v. Heßling überlassen.

Die Liedertafel führte unter Mitwirkung des Cäcilien- und Männergesangvereins von Wiesbaden zum Besten der durch die Pulverexplosion geschädigten Armen das Oratorium „Elias" auf. —

IX.

Direktion Kramer. Schillerfeier. Das vierte mittelrheinische Musikfest in Mainz.

Die Direktion des Stadttheaters wurde nun von Herrn Philipp Walburg Kramer, einem Sohne des in den Jahren 1819—1826 die Mainzer Bühne leitenden Direktors Kramer, übernommen. Die erste Vorstellung der neuen Saison 1858/59, „Don Juan", zeigte, daß ein recht gutes Opernpersonal engagirt war. Hinsichtlich der Novitäten, sowie des Repertoirs errang sich jedoch das Schauspiel den ersten Platz. Die erste Novität war das historische Charaktergemälde „Die Hexe von Gäbistorf", welches den Direktor zum Verfasser hatte. Sodann folgten: das Lustspiel „Schach dem König" von Dreher, in welchem Fräul. Hagen (v. Wartenberg) und Herr Heyl (v. Degenfeld) von Wiesbaden auftraten, und das gelungene Volksstück „Das Volk wie es weint und lacht" von Berg und Kalisch. Hr. v. Heßling, welcher am Nürnberger Stadttheater engagirt war, gab den Ferdinand. Einen großartigen Erfolg hatte das historische Schauspiel „Philippine Welser" von Redwitz. Das Stück ging am 5. Februar 1859 in Mainz zum ersten Male in Scene und mußte im Laufe der Saison mehrmals wiederholt werden. Der erste Charakterdarsteller Hr. Schmithof spielte den König Ferdinand, der erste Held Hr. Weise den Erzherzog Ferdinand, die erste Liebhaberin Fräul. Büttner die Philippine, Herr Kramer den alten Welser und Frau Fischer die Mutter Welser. Eine ebenso warme Aufnahme fand auch das vaterländische Schauspiel „Das Testament des großen Kurfürsten" von Gustav zu Putlitz, welches am 27. Februar 1859 zum ersten Male gegeben wurde. Herr Weise spielte den Kurfürsten Friedrich III. Das Gastspiel des Fräul. Ottilie Genée vom Friedrich-Wilhelmstädtischen Theater in Berlin brachte mehrere kleinere Novitäten, und zwar die dramatische Kleinigkeit „Bei Wasser und Brod" von Jakobson, den Soloscherz „Gustchen vom Sandkrug" von Görner und das Charakter-Lustspiel „Ein Pariser Schusterjunge" von Trautmann. Die letzte Schauspiel-Novität „Anna Lise" von Hersch fand wegen ihres volksthümlichen Inhaltes auch in Mainz großen Anklang. Das Stück, welches die Bahn zum deutschen Nationalschauspiel einschlägt, ging am 16. April zum ersten Male in Scene. Den Leopold gab Hr. Wilke vom Darmstädter Hoftheater, Fräul. Pellet die Anna Lise, Hr. Ulram von Wiesbaden den Apotheker Föhse und Frau Kramer die Fürstin von Dessau. — Außer den genannten Gästen traten noch auf: in den „Karlsschülern" Fräul. Wiedmann (Gräfin Franziska), Hr. Wolf (Herzog Karl) und Hr. Günther (Schiller) von Mannheim, sowie Hr. Grobecker (Sergeant Bleistift) von Wiesbaden. Bei der am 17. April 1859 stattgehabten Aufführung der „Maria Stuart" spielte die nachmals durch ihre Dachauer Gründungen bekannte Hofschauspielerin Fräul. Adele Spitzeder von München die Titelrolle, Fräul. Leitner vom deutschen Theater zu Amsterdam die Elisabeth und Hr. Wisthaler von Darmstadt den Mortimer.

Die einzige Opern-Novität war ein Werk Genée's, die romantisch-komische Oper „Der Geiger aus Tyrol", welche am 14. Februar 1859 zum ersten Male gegeben wurde. Die erste dramatische Sängerin Fräul. Zum Busch sang die Chiaretta, der erste Bassist Hr. Leinauer den Instrumentenhändler Luchano, der Baritonist Hr. Appé den Marchese, der lyrische

Tenor Hr. Koch den Jakob Stainer und der zweite Bassist
Hr. Pohl den Pater Andrea. Kapellmeister war während der
Saison Hr. Schrameck und erster Tenorist Hr. Böhlken. —
Von Gästen verzeichnen wir: Hrn. Dallé Aste von Darm=
stadt (Sarastro), Fräul. Herbold von Wiesbaden (Gabriele),
Hrn. Fischer-Achten aus Graz (Stradella), Frau Simon=
Romani vom Hoftheater zu Stockholm (Norma) und den Te=
noristen der Darmstädter Hofoper Hrn. Künzel (Johann von
Leyden). Großen Beifall fand das Gastspiel des berühmten
Tenoristen Niemann, welcher damals noch an dem Hoftheater
zu Hannover engagirt war.

Während der Sommermonate hatte wieder Hr. v. Heßling
die Sommerbühne übernommen, an welcher die beliebte Sou=
brette Fräul. Anna Schramm vom Thalia=Theater in Ham=
burg gastirte.

Das Carnevalsstück dieser Saison, „Eine Posse per
Dampf, oder Narrenstreiche am Himmel und auf der Erde"
von Max v. Heßling, zu welchem Genée die Ouverture ge=
schrieben hatte, fand einen solchen Beifall, daß es von der Car=
nevals=Gesellschaft wiederholt werden mußte.

Die Liedertafel betheiligte sich auch an dem dritten
mittelrheinischen Musikfest, welches am 26. und 27. Sep=
tember 1858 unter Leitung der Herren Kapellmeister B. Lachner
und Hagen in Wiesbaden abgehalten wurde. Der glänzende Ver=
lauf der Feier ließ die Mainzer mit freudigen Hoffnungen dem
vierten mittelrheinischen Musikfeste, das im J. 1859 in Mainz
stattfinden sollte, entgegensehen, und schon waren alle Vorberei=
tungen zu einer würdigen Begehung der Tonfeier getroffen, als
der zwischen Oesterreich und Italien ausbrechende Krieg die
Abhaltung des Festes unmöglich machte. Die Proben hatten
viel Zeit weggenommen und wurden daher nur wenige Vereins=
Concerte gegeben. Wir erwähnen nur die Aufführung des Ora=
toriums „Samson" von Händel, welche am 13. Dezbr. 1858
stattfand.

Die Saison 1859/60 war für Herrn Direktor Kramer die
sorgenvollste und nöthigte ihn, schon vor dem Schlusse derselben
die Leitung der Mainzer Bühne niederzulegen. Das Publikum
wie die Kritik waren mit den Leistungen des Personals, welches
den Verhältnissen eines Saison=Theaters gemäß eben aus vie=

lerlei Elementen zusammengewürfelt war, wenig zufrieden. Auch bezüglich der Geschäftsführung des Hrn. Kramer wurden laute Klagen erhoben. Hinsichtlich des Repertoirs nahm das Schauspiel den ersten Rang ein. Von den Novitäten hatte Hermann Hersch's Trauerspiel „Sophonisbe", welches am 20. Dezember 1859 zum ersten Male in Scene ging, einen großen Erfolg. Fräul. Jananscheck von Frankfurt gab die Sophonisbe und Hr. Schneider von demselben Theater den Masinissa. Den Scipio spielte Hr. Schmitt und Hr. Steinbeck den Hasdrubal. Auch Schillers tragi-komisches Märchen „Turandot", welches am 12. Dezember mit Fräul. Schmitt in der Titelrolle zum ersten Male gegeben wurde, erfreute sich einer warmen Aufnahme. Großen Anklang fand Kalisch's Posse „Einer von unsere Leut'", in der Hr. Grobecker von Wiesbaden, welcher ein Liebling des Mainzer Theaterpublikums geworden war, unter stürmischem Beifall den Isaak Stern spielte. — Von den Gästen des Schauspiels seien die Mainzerin Fräul. Betty Wasserburg vom Théâtre des variétés zu Amsterdam (Debohra) und Herr Ernst Formes als Philipp in Görners Schwank „Der schwarze Peter" erwähnt.

Die Oper, welche unter der Leitung des Kapellmeisters Richard Genée stand, brachte nur zwei Novitäten, nämlich die historische Volksoper „Andreas Hofer" von Kirchhoff und „Der Blaubart" von Gretry, in welch' beiden Opern der Baritonist Meyer die Titelparthie übernommen hatte. Obgleich die Oper ganz tüchtige Kräfte, wie Herrn und Frau Leinauer*), sowie die Coloratursängerin Fräul. Rutland und den Tenoristen Hacker besaß, so griff die Direktion doch bald zu Gastspielen, um ein volles Haus zu erzielen. Großen Anklang fand das Auftreten des Fräul. Tipka vom Wiesbadener Theater, welche u. A. in der zur Eröffnung der Saison gegebenen Oper „Robert der Teufel" die Isabella sang. Ebenso warm wurde der berühmte Bassist Karl Formes (Figaro) angenommen. Ferner traten noch außer mehreren Mitgliedern der Darmstädter Hofoper Hr. Simon aus Wiesbaden (Don Juan), die Hofopernsängerin Fräul. Frassini (Lucia) und Hr. Tichatscheck aus Dresden (Masaniello) auf.

*) Frühere Fräul. Zum Busch.

Wenn die Verhältnisse der Mainzer Bühne auch in pecu=
niärer Hinsicht, da der Direktor schon am 16. April sein Amt
niederlegen mußte und die Mitglieder genöthigt wurden, bis in
den Mai hinein auf eigene Rechnung zu spielen, höchst trauriger
Natur waren, so zeugte doch die Säcularfeier unseres großen
Dramatikers Friedrich Schiller, daß man in Mainz die Dichter
zu ehren wußte. Das Geburtsfest des großen Volksdichters, wel=
ches sich zu einer erhebenden Nationalfeier gestaltet hatte, wurde in
Mainz mit einem Choral des Instrumentalvereins eröffnet. Die
Stadt war festlich geschmückt: in der Mitte eines auf dem Guten=
bergsplatze von venetianischen Masten gebildeten Rondels erhob
sich dem Gutenbergdenkmal gegenüber auf einem gleichhohen Pie=
destal ein Originalabguß der von Dannecker nach dem Leben
gemeißelten Schiller=Büste. Die aufgepflanzten buntbewimpelten
Maste waren mit entsprechenden Inschriften versehen, das Schau=
spielhaus mit Kränzen und Festons geschmückt. Am Abend des
10. November fand in dem glänzend ausgeschmückten Stadt=
theater eine große Festvorstellung statt, in welcher „Wallensteins
Lager" mit einer von Herrn Lux komponirten Ouverture und
das Schiller'sche Schauspiel „Wilhelm Tell" zur Aufführung
gebracht wurden. Am 11. November folgte im Theater ein
Festconcert unter Mitwirkung des Kunst= und Literatur=Vereins,
sowie sämmtlicher musikalischen Vereine von Mainz. Nach Be=
endigung der Feier im Theater wurde den Manen des Dichters
ein Hoch ausgebracht, die Büste desselben mit bengalischen Flam=
men erleuchtet und ein zu dieser Feier gedichteter allgemeiner
Festgesang unter Musikbegleitung vorgetragen.

In musikalischer Beziehung gestaltete sich die Saison
1859/60 zu einer der glänzendsten der Geschichte der Kunst
in Mainz. Schon die erste Aufführung der Liedertafel, des
„Paulus" von Mendelssohn, berechtigte zu den schönsten Er=
wartungen. Nachdem der Verein an dem zum hundertjährigen
Geburtstag Schillers veranstalteten Festconcerte im Theater mit=
gewirkt und zum Andenken Ludwig Spohrs eine musikalische Auf=
führung abgehalten hatte, nahmen im Anfange des Jahres 1860
die Proben zum vierten mittelrheinischen Musikfeste
in Mainz ihren Anfang. Dieses große Fest der verbündeten
Gesangvereine Darmstadt, Mainz, Mannheim und Wiesbaden
wurde am 21., 22., 23. und 24. Juli 1860 in der festlich ge=

schmückten Fruchthalle unter der Leitung des Kapellmeisters Friedrich Marpurg abgehalten. Den vokalen Theil hatten: die k. k. Kammersängerin Frau Dustmann-Meyer aus Wien (Sopran), die Concertsängerin Fräul. Franziska Schreck aus Bonn (Alt), der k. Hofopernsänger Hr. Schnorr v. Carols-feld aus Dresden (Tenor), der Hofopernsänger Hr. Kinder-mann aus München (Baß) und der Bassist G. Becker aus Mannheim übernommen. Ferner wirkten die großh. Hofkapelle von Darmstadt, die großh. badische Hofkapelle von Mannheim, die Hofkapelle von Wiesbaden, das Mainzer Theaterorchester, sowie mehrere Mitglieder der Kapellen aus Cassel und Karls-ruhe mit einem Chor von 983 Sängern und Sängerinnen mit. Das Gesammtorchester zählte 180 Personen. Nachdem am Sam-stag den 21. Juli ein großer Festzug stattgefunden hatte, wurde am 22. Juli das erste Concert abgehalten, welches mit der Festouverture in C, Op. 124, von Beethoven eingeleitet ward. Hierauf folgte die Aufführung von Händels Oratorium „Israel in Aegypten". Im zweiten Concert am 23. Juli wurden die Ouverture und ausgewählte Scenen aus Glucks „Alceste", zwei Chöre a capella (Kyrie eleison von Palestrina und Ave verum von Mozart), die C moll Symphonie Nr. 5 von Beet-hoven und „Walpurgisnacht" von Mendelssohn-Bartholdy auf-geführt. Bei dem Feste waren 200 Sopran-, 192 Alt-, 235 Tenor- und 356 Baßstimmen, also 983 Stimmen vertreten. Die Vereine vertheilen sich: Darmstadt: Harmonischer Sängerkranz (Dirigent: Chordirektor Jatho), Mozart- (W. Niederhof) und Musik-Verein (Hofmusikdirektor Mangold); Kastel: Gesang-verein (A. Werner); Mainz: Damengesangverein und Lieder-tafel (Friedr. Marpurg), Frauenlob (N. Soltans), Kirchenmusik-Verein (Lux), Liederkranz (Scheurer), Männergesangverein (Lux), Realschüler und Gymnasiasten; Mannheim: Musikverein (Hof-kapellmeister W. Lachner); Wiesbaden: Cäcilienverein (Kapell-meister J. B. Hagen), Männergesangverein (W. Auer), und Worms: Gesangverein (Ed. Steinwarz).

X.

Direktion Hallwachs. August Haake.

Herr Dr. Hallwachs, ein geborner Mainzer, welcher im Laufe der vergangenen Saison unter Kramer sich bereits als ein tüchtiger Schauspieler bewährt hatte, übernahm nun die Direktion des Stadttheaters. Bereits vor Eröffnung der Saison 1860/61 entfaltete der neue Direktor eine anerkennenswerthe Thätigkeit, die namentlich Hoffnungen auf eine Hebung des in Mainz seit Jahren ziemlich danniederliegenden Schauspiels weckte. So hatte er die italienische Tragödin Ristori gewonnen, welche im Juli als Medea und Maria Stuart auftrat und wahre Triumphe feierte. Neben ihr that sich eine Signora Santoni als Elisabeth (Maria Stuart) hervor. Schon die erste Vorstellung der am 1. September beginnenden Saison, „Donna Diana", zeigte, daß das Schauspiel-Personal ein besseres geworden war und auch die Regie nichts zu wünschen ließ. Trotz dieser Vorzüge behielt die Oper, namentlich hinsichtlich der Novitäten, die Oberhand. Am zweiten Weihnachtstage des Jahres 1860 ging Rich. Wagners romantische Oper „Der fliegende Holländer" zum ersten Male unter großem Beifall in Scene. Der erste Bassist Hr. Leithner sang den Holländer, die jugendliche Sängerin Fräul. Schmidt die Senta, Hr. Breuer den Daland und Hr. Wild den Erik. Das Gastspiel der italienischen Opern-Gesellschaft der Gebr. Lasina brachte am 16. Januar 1861 Verdi's Schwindsuchts-Oper „La Traviata", deren Text nach dem Romane „Die Dame mit den Camelien" verfaßt ist. Gegen Schluß der Saison erschien Gounods „Faust". Diese Oper hatte an allen deutschen Bühnen einen wahren Triumphzug gehalten und erst kurz zuvor in Darmstadt einen großartigen Erfolg erzielt. Auch in Mainz, wo die Oper am 8. April 1861 zum ersten Male gegeben wurde, fand das Werk eine stürmische Aufnahme und mußte innerhalb 14 Tagen nicht weniger als sechsmal wiederholt werden. Die Besetzung der Oper war folgende: Faust: Hr. Wild, Mephisto: Hr. Leithner, Marga-

19

rethe: Fräul. Schmidt, Valentin: der beliebte Baritonist Hr. Philippi, und Marthe: Fräul. Netz. Die Parthie des Siebel hatte die Coloratursängerin Fräul. Langlois übernommen. — Gastrollen gaben u. A.: Fräul. Tipka von Wiesbaden (Lucia), Hr. Schifbenker von Frankfurt a. M. (Marcel), Hr. Pecz aus Darmstadt (Robert), Fräul. Lehmann von Wiesbaden (Clorinde in Isouards „Aschenbrödel"), Fräul. Emilie Schmidt von Darmstadt (Norma) und der erste Tenorist der italienischen Oper zu Berlin, Hr. Carrion (Georg Brown).

Das Schauspiel brachte ungefähr 20 Novitäten, von welchen jedoch nur wenige einen Erfolg hatten. Am 16. Oktober 1860 erschien Mosers beliebtes Lustspiel „Eine Frau, die in Paris war" zum ersten Male auf der Mainzer Bühne. Fräul Götz gab die Marie v. Schönberg, Hr. Lehmann den Husarenoffizier v. Waldow, die erste Liebhaberin Fräul. Bechtel die Frau Mathilde und Hr. A. Schultze den Major v. Stern. Großen Beifall fand die Weihrauch'sche Posse „Die Maschinenbauer", welche am 18. November zum ersten Male in Scene ging. Der Komiker Metz spielte den Monteur Heinzius. Das Stück mußte mehrere Male wiederholt werden. Am 26. November wurde zum Besten des Regisseurs Bordasch ein historischer Possen-Abend veranstaltet. Unter dem Titel „Die Posse seit vier Jahrhunderten" kamen zur Aufführung: Ayrers „erlich Beckin", das Fastnachtsspiel „Heyß Eysen" von Hans Sachs, „Hans Wurst Doktor Nolens volens", ein lustig Spiel mit Liedern von Mylius (1760), und „Ein Fuchs", Posse von Flerz, in welcher Hr. Mejo von Mannheim den Gabriel spielte. Eine warme Aufnahme fand das Redwitz'sche Schauspiel „Der Zunftmeister von Nürnberg", welches den Kampf der Zünfte mit den Patriziern vorführt. Hr. Dr. Hallwachs spielte den Goldschmied Krafft. Ein ähnlicher Gedanke lag dem Schauspiele „Die Wege des Glücks" von Andr. Schumacher, einem gebornen Mainzer, zu Grunde. Der erste Liebhaber Hr. Otto gab den Haupthelden des Stückes, Karl Forster. — Gastspiele gaben u. A.: Frau Steck und Fräul. Eppert aus Darmstadt (Mutter Barbeaud), Fräul. Janauscheck von Frankfurt (Klärchen), die Herren Friedr. Devrient (Egmont) und Lebrun (Perrin) von Wiesbaden, sowie Hr. Wisthaler aus Darmstadt (Flottwell). Den Glanzpunkt der Saison bildete das Gastspiel der Wiener Hofschauspielerin Fräul. Friederike Goßmann, welche u. A. als Fanchon (Grille) auftrat.

Zum Besten des Schillerdenkmals, dessen Errichtung bei der letzten Schillerfeier angeregt worden war, wurde das preisgekrönte Carnevalsstück „Ein Narrentraum" von R. Genée gegeben.

Die Liedertafel, deren Leitung an Stelle des dem Theater sich widmenden Herrn Marpurg Musikdirektor Riehl aus Frankfurt übernommen hatte, veranstaltete im Laufe der Saison 1860 61 ein Concert zum Besten des zu errichtenden Schillerdenkmals, eine Aufführung des Oratoriums „Paulus" von Mendelssohn und der „Jahreszeiten" von Haydn.

Die zweite Saison (1861 62) der Direktion Hallwachs war auch die letzte unter seiner Leitung. Trotzdem er, wie sein gewähltes Repertoir und ein geschultes Personal bezeugen, sich alle Mühe gab, den Anforderungen des Publikums gerecht zu werden, hatte sich eine Partei gegen ihn gebildet, deren sehnlichster Wunsch es war, ihn von seinem Posten zu entfernen. Es entspann sich eine heftige Zeitungsfehde, bei welcher, wie das gewöhnlich so geschieht, auf beiden Seiten gefehlt wurde und der crasseste Egoismus seine traurige Rolle spielte. Wir wollen nicht untersuchen, auf wessen Seite eigentlich das Recht war; wir haben es hier nur mit Herrn Hallwachs' Direktionsführung zu thun und erlauben uns daher ohne weitere Bemerkung zu diesem angenehmeren Thema übergehen. Das Schauspiel brachte wieder eine Reihe Novitäten, unter denen sich einige recht beachtenswerthe Stücke befanden. Shakespeares Schauspiel „Ein Wintermärchen", welches am 7. Septbr. 1861 zum ersten Male gegeben wurde, fand eine warme Aufnahme. Die Hauptrollen vertheilten sich: Leontes: Hr. v. Karger, Hermione: Fräul. Bechtel, Perdita: Fräul. Ellmenreich, König Polyxenes: Hr. Göbel, Florizel: Hr. Becker, Camillo: Herr Skitt, Gärtner: Hr. Simon, und Mopsus: Hr. Peters. Am 17. Septbr. folgte die von S. Schlesinger dramatisirte Anekdote „Gustel von Blasewitz", welche durch ihren Stoff*) großes Interesse erregte. Fräul. Julius gab die Gustel und Herr

---

*) Die Gustel von Blasewitz ist bekanntlich das Original zur Marketenderin in „Wallensteins Lager".

Becker den Schiller. Am 12. Oktober erschien Otto Ludwigs
charakteristisches Trauerspiel „Der Erbförster" mit Herrn
Schütz in der Titelrolle. Eine gute Aufnahme fand das Lustspiel „Der Störenfried" von Roderich Benedix, welches am
20. Januar 1862 zum ersten Male gegeben wurde. Hr. Göbel
spielte den Albrecht Lonau, Fräul. Bechtel dessen Frau und
Frau Julius die Schwiegermutter. Gegen Ende der Saison
erschien das Volksstück „Die Wichtel" von Arthur Müller,
welches von dem damals in Mainz lebenden Verfasser in Scene
gesetzt wurde. Herr Rathmann von Wiesbaden gab den Ur-
bani. — Als Gäste traten u. A. auf: der Heldendarsteller
Köckert als Egmont, Frau Niemann-Seebach als Margarethe (Faust) und Theodor Döring als Shylock. Besonderen
Beifall fand das Gastspiel des letztgenannten Künstlers, welchen
die Mainzer noch immer als einen der Ihrigen betrachteten.
Eine nicht minder warme Aufnahme bereiteten die Mainzer
ihrem geliebten August Haake, welcher am 7. April 1862
noch einmal anläßlich seines fünfzigjährigen Künstler-
jubiläums als Nathan der Weise die Bühne betrat, von der
er schon vor Jahren sich zurückgezogen hatte. Der Künstlergreis
hatte in Darmstadt bei seiner talentvollen Schülerin Mathilde
Graemann eine liebevolle Pflege am Abend seines wechselvollen
Lebens gefunden; sein Ehrentag lockte ihn wieder nach Mainz,
wo er einst so große Erfolge verzeichnen konnte. Das Mainzer
Publikum spendete dem Greise nebst den übrigen in dem Stücke
auftretenden Darmstädter Gästen reichen Beifall. Zwei Jahre
nach seinem Jubiläum, am 18. April 1864, rief ein Schlag-
anfall den alten Haake von der großen Weltbühne ab, auf der
er in Freud' und Leid seine Aufgabe als Künstler und Mensch
richtig erfaßt und erfüllt hatte. Auf dem Friedhofe zu Darmstadt ruht der greise Künstler von seiner ebenso dornen- als
ruhmvollen Laufbahn aus.

Die Oper erregte durch ihre Novitäten das Hauptinteresse
des Publikums. Am 15. Oktober 1861 erschien zum ersten Male
in Mainz ein Produkt Offenbach'scher Muse, nämlich das komische
Singspiel „Die Hochzeit bei der Laterne", eine Operette,
welche immerhin ihre Hauptstärke noch nicht im tollsten Blödsinn suchte. Das Stück gefiel, wie jede mit leichter Musik ver-
sehene dramatische Kleinigkeit. Die Coloratursängerin Fräul.

Molnar gab die Wittwe Fanchette, der Komiker Simon den Pierre und Frau Schulz die Katharina. Einen größeren, wenn auch nicht gerade durchschlagenden Erfolg hatte bei ihrer am 26. November stattgehabten ersten Aufführung die zweite Offenbachiade „Orpheus in der Unterwelt", deren Text Kalisch verbrach. Namentlich machte die Ausstattung, welche von dem Theatermaler Schilling herrührte, einen guten Eindruck. Der Tenorist Dalfi sang den Orpheus, Fräul. Molnar die Eurydice und Frau Schulz die öffentliche Meinung. Großen Beifall fand der äußerst gelungene Jupiter des Hrn. Grobecker von Wiesbaden. Wäre Offenbach auf dieser parodistischen Bahn weiter gewandelt, so hätte er vielleicht der Schöpfer einer Kunstgattung werden können, welche dem meist blödsinnigen Texte der großen Opern und den allgemeinen sittlichen Zuständen gegenüber heilsam gewirkt hätte.*) Dem „Orpheus" folgte am Neujahrstage 1862 Verdi's „Rigoletto", welche melodienreiche Oper trotz ihres, dem V. Hugo'schen Romane „Le roi s'amuse" entnommenen fürchterlichen Textes eine warme Aufnahme fand. Der Baritonist Philippi sang den Rigoletto, Hr. Dalfi den Herzog, Fräul. Molnar die Gilda, der Bassist Wokurka den Sparafucile und Frau Dzinba die Maddalena. Dies war die letzte Novität, welche von dem Kapellmeister Marpurg geleitet wurde; derselbe gab am 15. Januar 1862 die Leitung der Mainzer Oper auf. Nun wurde der seitherige Kapellmeister des Frankfurter Stadttheaters, Herr Gustav Schmidt, nach Mainz berufen. Es zeigte sich bald, daß in Schmidt ein würdiger Nachfolger Marpurgs gewonnen war. Bereits am 17. März kam ein Werk des neuen Kapellmeisters, die komisch-romantische Oper „Weibertreue", unter großem Beifall zur Aufführung; namentlich machte die volksthümliche Färbung der Musik einen guten Eindruck. Die außerordentlich beliebte erste dramatische Sängerin Frau Haase-Capitain, welche als Gastin für die ganze Saison engagirt war, sang die Elsbeth, Fräul. Molnar die Gundel, Hr. Philippi den Kaiser Konrad, Hr. Dalfi den Walter und Hr. Leithner den

---

*) Erwähnenswerth dürfte sein, daß der Schöpfer des eigentlich musikalischen Dramas, Richard Wagner, der am 2. Dezember stattgehabten ersten Wiederholung der burlesken „Oper" in Mainz beiwohnte.

Jerobeam. — Gastrollen gaben: Fräul. Schmidt (Fides)
und Hr. Strobel (Plumkett) aus Darmstadt. Großen Beifall
fand das Gastspiel des berühmten Tenoristen Carrion.

Als Fastnachtsstück ging am 2. März eine Bearbeitung
der Raimund'schen Zauberposse „Der Diamant des Geisterkönigs",
zu welcher Genée die Musik geschrieben hatte, unter dem Titel
„Narrheit und Wahrheit" in Scene.

Wie wir schon oben angedeutet haben, gab Hallwachs am
Schlusse der Saison die Direktion des Mainzer Theaters nach
zweijähriger Thätigkeit auf. Bereits am 16. Januar 1862 hatte
er bei dem Gemeinderath den Nachweis geführt, daß die Ausgaben des städtischen Theaters durch die Einnahmen nicht mehr
gedeckt werden könnten. Die Ausgaben betrügen nämlich vom
1. September bis zum 16. Januar 36,509 fl. 59 kr., die Einnahmen dagegen nur 31,229 fl. 28 kr. Wenn er auch noch seine
Caution von 4000 fl. opfere, so sei er doch nicht im Stande,
die Saison zu Ende zu führen. Der Gemeinderath übernahm
daher das Theater auf Rechnung der Stadt und bestellte Herrn
Dr. Hallwachs für den Rest der Saison zum artistischen Leiter.
Zugleich wurde ausnahmsweise für diese Saison aus städtischen
Mitteln ein Zuschuß von 4000 fl. bewilligt. Dieser Vorfall gab
wieder die nie genug zu beherzigende Lehre, wie es fast unmöglich
ist, die geschäftlichen und künstlerischen Interessen zu vereinigen.
Eine wahrhaft gute Bühne kann nach unserer Ansicht dadurch hergestellt werden, daß sie einem Leiter anvertraut wird, welcher als
artistischer Beamter nur die Interessen der Kunst zu wahren
hat und nicht genöthigt ist, des Geldbeutels halber dem schlechten Geschmacke oft mit blutendem Herzen Rechnung zu tragen.
Der großartige Einfluß, welchen die Bühne auf die Bildung der
großen Masse ausübt, fordert es gebieterisch, daß man das
Theater nicht mehr zu einer reinen Geschäftsunternehmung herab-
würdigt. Wir sind weit davon entfernt, die Bühne als ein staat-
liches Kunstinstitut zu wünschen, denn ein allein vom Staate
geleitetes Theater würde im Interesse des zu wählenden Repertoirs, d. h. der Freiheit der Bühne, welche ja ein Spiegel
der höheren wie niederen Klasse sein soll, der Kunst nicht zum
Vortheile gereichen. Die Gemeinde dagegen, deren Vertretung
unmittelbar aus dem Volke hervorgeht, ist die natürliche Leiterin

eines Instituts, welches der Bevölkerung so nahe steht.*) Sie würde, insofern sie natürlich dem Intendanten volle künstlerische Freiheit gewährte, das Interesse des Publikums in noch höherem Maße an das Theater fesseln und dadurch das höchste Ziel der Bühne herbeiführen: die lebendige Wechselwirkung zwischen Bühne und Volk.

Aus der Saison 1861/62 ist in musikalischer Hinsicht außer der Bildung eines Mittelrheinischen Sängerbundes, welcher aus den Vereinen von Mainz und Umgegend zusammengesetzt und ein Zweigverband des „Deutschen Sängerbundes" war, noch die Aufführung von Händels Oratorium „Belsazer" und der Oper „Alceste" von Gluck durch die Liedertafel zu erwähnen.

XI.

Zweite Direktion des Herrn Ernst. Enthüllungsfeier des Schillerdenkmals. Direktion Tescher und Heßling. Das fünfte mittelrheinische Musikfest.

Die Direktion des Mainzer Theaters übernahm nach dem Weggange des Herrn Dr. Hallwachs, der eine Stelle als Regisseur der Rigaer Bühne angenommen hatte, der frühere Direktor der Mainzer Bühne, Herr M. Ernst.**) Das Opern-Repertoir der Saison 1862/63 war ein befriedigendes. Bereits die erste Novität, nämlich die ebenso reizende wie anspruchslose komische Oper „Das Glöckchen des Eremiten" von Aimé Maillart, hatte einen durchschlagenden Erfolg. Die erste dramatische Sängerin Frau Burger=Weber hatte die Parthie der Rosa Friquet und Hr. Winter den Sylvain übernommen.

---

*) Bei schlechter finanzieller Lage der einzelnen Gemeinden empfiehlt sich ein Beitrag der Nachbarorte bezw. der Provinz, welche ja auch den Genuß des Provinzialtheaters hat.

**) Ernst leitete auch die Würzburger Bühne.

Zum Besten des Kapellmeisters Ignaz Fischer wurde am 26. November Meyerbeers romantische Oper „Dinorah" zum ersten Male mit wenig Erfolg gegeben. Die Titelparthie war der Coloratursängerin Fräul. Marcon anvertraut. Der Baritonist Hr. Jansen sang den Hoel. Eine beifällige Aufnahme fand die komische Oper „Lalla Rookh, oder Der Prinz von Samarkand" von Felicien David, welcher den Mainzern schon als Verfasser der Symphonie „Die Wüste" bekannt war. Namentlich wirkte die Ursprünglichkeit der Melodien. Frau Burger=Weber sang die Lalla Rookh und Hr. Winter den Nurredin. Die letzte Opern=Novität „Amelia" von Verdi sprach wenig an. Der erste Bassist Hr. Burger sang den Toni. Als erster Tenorist war während der Saison Hr. Picaneser angestellt. — Gastrollen gaben: die berühmte Sängerin Signora Artot als Rosine (Barbier von Sevilla), der berühmte Bassist Kindermann von München als Figaro, der sehr beliebte Tenorist Wachtel als Chapelou und Hr. Greger von Darmstadt (Bertram).

Das Schauspiel stand der Oper nicht im geringsten nach, ja einzelne Mitglieder, wie die später so hochgeschätzte Schauspielerin Frau Niemann=Raabe, damals noch erste jugendliche Liebhaberin des Mainzer Theaters, verschafften dem Publikum Genüsse, wie sie demselben seit der glänzenden Zeit der Haake'schen Direktion nicht geboten worden waren. Die erste Novität, „Das Feuer in der Mädchenschule" von Förster, hatte einen durchschlagenden Erfolg, an welchem das reizende Spiel des Fräul. Raabe als Marie einen wesentlichen Antheil hatte. Auch die Pohl'sche Posse „Der Goldonkel", welche am 21. September zum ersten Male gegeben wurde, und der Moser'sche Schwank „Aus Liebe zur Kunst", in welchem Hr. Schmechel den Kulike gab, gefielen. Das Mosenthal'sche Drama „Die deutschen Komödianten", welches zum Besten des Regisseurs Simon in Scene ging, hatte trotz der allzu crassen Zeichnung der einzelnen Figuren Erfolg. Hr. Julius Simon gab den Georg Ludovici, die Sängerin Frau Pätsch die Karoline Neuber, Hr. Seidel den Prehauser und die erste tragische Liebhaberin Fräul. Krüger die Konradine. Am 11. Dezember 1862 erschien als Novität Moliere's Lustspiel „Der Geizige" an der Mainzer Bühne. Hr. Seidel gab den Harpagon, Hr. Henrion den Kleanth, Fräul. Krüger die Elise, Hr. Schwing den Vater und Fräul. Wengraf die Marianne. Nun erschienen der Belly'sche Schwank „Monsieur Herkules", „Mein Herz ist in Biebrich", Posse von Weihrauch, und das Trauerspiel „Der Doge von Venedig" von Redwitz. Die letzte bemerkenswerthe Novität war die Originalposse „Ein Mainzer Vollblut" von P. Sonn, welche am 2. Februar 1863 zum ersten Male gegeben wurde. Gegen Schluß der Saison erschien noch das altbürgerliche Charakterbild „Bürger und Junker" von M. Schleich, in welchem Stück der Münchener Hofschauspieler Lang den v. Rincker gab. Die Vorstellung am 30. März, in welcher Fräul. Raabe, die einen ehrenvollen Ruf an das Wiener Hofburgtheater erhalten hatte, sich von dem Mainzer Publikum verabschiedete, brachte die Lustspiel-Novitäten: „Ein romantisches Köpfchen" von Moser, „Während der Börse" von Mautner und „Wenn Frauen weinen". Den Schluß des Abends bildete die Aufführung des beliebten Lustspiels „Das Gänschen von Buchenau" von Friedrich, in welchem Fräul. Raabe als Agnes dem Mainzer Publikum so recht den Verlust nahe führte, welchen ihr Weggang der rheinischen Bühne zufügte. Das Haus war gänzlich ausverkauft, was seit dem Benefiz der beliebten Sängerin Fräul. Kreutzer*) bei einer derartigen Gelegenheit nicht vorgekommen war. — Als Gäste traten u. A. auf: die sächsische Hofschauspielerin Fräul. Lilla v. Bulvovsky (Donna Diana) und Frau Auguste Formes vom Berliner Hoftheater als Margarethe (Die Erzählungen der Königin von Navarra).

Der Carneval 1863 brachte die preisgekrönte Posse „Die Talismänner, oder Hammelfuß und Schweineheesche, oder Durch Narrheit zur Seligkeit" von Ludwig Usinger.

Eine gewisse Weihe erhielt die Saison durch die Enthüllungsfeier des Schillerdenkmals, dessen Errichtung bei dem hundertjährigen Geburtsfeste des Dichters mit großem Erfolge angeregt worden war. Die Mainzer hatten mit der ihnen eigenen Lebhaftigkeit diesen Gedanken aufgenommen, bald einen Fonds zusammengebracht und dem Bildhauer Scholl zu Darmstadt, einem gebornen Mainzer, die Ausführung des Denkmals

*) Siehe S. 243.

übertragen, das nun im Oktober 1862 enthüllt wurde. Bereits am 15. Oktober nahmen die Festlichkeiten mit einem Concerte der Liedertafel ihren Anfang. Am folgenden Tage wurde im Theater ein Festspiel mit lebenden Bildern von Halm, der Schiller-Festmarsch von Meyerbeer, sowie „Wallensteins Lager" und am 17. Oktober als Haupt-Festvorstellung des Dichters Lieblingsstück „Don Carlos" mit dem berühmten Dawison als König Philipp zur Aufführung gebracht. Am 18. Oktober fand die Enthüllung des Denkmals statt. Die Feier wurde durch einen großen Festzug, an welchem sich u. A. sämmtliche Gewerk-schaften und Schulen der Stadt betheiligten, eröffnet. Am Ein-gange des Festplatzes*) erhob sich ein riesiger Triumphbogen; den Platz umgaben venetianische Maste, welche durch Laubge-winde mit einander verbunden waren. Große Inschriften, mei-stens Schiller'sche Aussprüche, zierten noch den Platz. Hinter dem Denkmale war die Sängerbühne und links von demselben die Rednerbühne aufgeschlagen. Um 12 Uhr traf der Festzug auf dem Platze ein. Nachdem nun der Germania-Marsch von Lux gespielt und ein Hoch auf das Vaterland ausgebracht wor-den war, wurde die religiöse Hymne von Neukomm, welche schon auf dem Gutenbergsfeste gesungen ward, zur Ausführung gebracht. Die Festrede hielt Herr Commerzienrath Röder, ein Mitglied des Schiller-Comité's, welcher seine Ausführungen im Hinblick auf das Standbild mit den schönen Worten schloß: „Möge es dauern als ein kostbares Vermächtniß den spätesten Geschlechtern, welche vielleicht die reiche Saat, die dieser hohe Geist ausgestreut hat, erst zur vollen Reife heranwachsen sehen." Nach der Enthül-lung des Denkmals wurde das Festlied „An der Grenze deut-scher Lande" (Sangweise: Brüder, reicht die Hand zum Bunde) gesungen. Am Nachmittag fand ein großes Festbanket in der Fruchthalle statt und am Abend brachte der Männergesangverein dem anwesenden Enkel Schillers**), Freiherrn v. Gleichen, ein Ständchen.

*) Früher Thiermarkt, nun Schillerplatz.

**) Ein Taufpathe des Dichters, Johann Friedrich Schiller, besaß, wie der bekannte Schillerbiograph Emil Palleske erzählt, im Jahre 1784 eine Buchdruckerei in Mainz. Derselbe hatte als Studiosus der Philosophie und der Cameralien sich schriftstellerisch versucht und „zu

Während der mehrwöchentlichen Anwesenheit des Großherzogs Ludwig III. von Hessen, der ein leidenschaftlicher Bühnenfreund war, gab das Personal des Darmstädter Hoftheaters in Mainz unter großem Beifall eine Reihe von Vorstellungen, welche am 2. Mai mit Meyerbeers „Prophet" eröffnet wurden. Außer den Opern und einigen kleinen Lustspielen wurden mehrere Ballete, wie z. B. „Die vier Jahreszeiten" gegeben, welche dem Balletmeister Ambrogio alle Ehre machten. Die letzte Vorstellung am 31. Mai 1863 brachte Wagners große tragische Oper „Rienzi, der letzte der Tribunen" als Novität. Die Oper, welche unter der Direktion des großh. Hofkapellmeisters Schindelmeißer in Scene ging, war besetzt: Rienzi: Hr. Niemann vom Hoftheater zu Hannover als Gast, Adriano: Frau Bertram-Mayer, Irene: Fräul. Molnar, Orsini: Hr. Becker, Colonna: Hr. Trapp, Legat: Hr. Bögel und ein Friedensbote: Fräul. Reiß. Der Hoftheater-Direktor Herr Tescher hatte sich in Mainz, dessen Theater er in der nächsten Zeit mit übernehmen sollte, auf's beste eingeführt.

Von Concerten sei außer der Aufführung von L. Spohrs Oratorium „Der Fall Babylons" noch des am 2. August 1863 abgehaltenen großen Vokal- und Instrumental-Concertes des Mittelrheinischen Sängerbundes gedacht.

Am Namenstage des Großherzogs Ludwig III. wurde die Saison 1863 64 unter der Direktion Teschers, welcher sich, da er auch das Darmstädter Hoftheater leitete, durch Herrn Tiscant in Mainz vertreten ließ, mit der Gounod'schen Oper „Faust" eröffnet. Den Faust sang Hr. Nachbaur vom Hoftheater zu Darmstadt, welchen die Direktion neben dem Tenoristen Richard für beide ihr unterstehenden Bühnen engagirt hatte, wie denn auch während der ganzen Saison zahlreiche Mitglieder des Darmstädter Opernpersonals in Mainz sangen. So traten u. A. auf: die Herren Hölzel und Pecz (Masaniello), sowie die Damen Fräul. Molnar (Leonore) und Fräul. Dziuba (Nancy). Im Ganzen konnte man mit dem Opern-

allerhand geheimen diplomatischen Sendungen hergegeben". Ihn mag Schiller bei seinem eintägigen Aufenthalt in Mainz, welches er mit seinem treuen Jugendfreunde Streicher gelegentlich seiner Fluchtreise von Frankfurt nach Oggersheim im Herbste 1782 berührte, besucht haben.

perſonal, welches ſich der vortrefflichen Leitung des Kapellmeiſters Marpurg erfreute, zufrieden ſein. Am Neujahrstage 1864 erſchien als Novität die romantiſch-komiſche Oper „Roſita" von Richard Genée. Das Publikum nahm die Oper, welche unter der perſönlichen Leitung des Komponiſten in Scene ging, freundlich auf. Die erſte dramatiſche Sängerin Fräul. Kreuzer ſang die Roſita, Hr. Janſen den Capitain Chaulny und die Soubrette Fräul. Göthe die Viola. Der Text der Oper war eine freie Bearbeitung des Librettos zur Adam'ſchen Oper „Die Roſe von Peronne". Einen durchſchlagenden Erfolg hatte die melodiſche Oper „La Réole" von Guſtav Schmidt, dem früheren Leiter der Mainzer Oper, welcher ſich durch ſeine „Weiber von Weinsberg" als Komponiſt einen geachteten Namen erworben hatte. Die Altiſtin Fräul. Wierer ſang die Katharina von Medici, Fräul. Kreuzer die Armande, der Tenorbuffo Hr. Jäger den Bertrand und der jugendliche Baſſiſt Hr. v. Reden den Vicomte von Turenne. — Im Laufe der Saiſon erſchienen u. A. folgende Operngäſte: Signora Artot (Amine), der Tenoriſt Carrion als Graf Almaviva (Barbier von Sevilla), Herr Kaminsky von Frankfurt (Johann von Leyden), die Wiener Hofopernſängerin Frau Fabri-Mulder (Norma), der Baritoniſt Bignio als Jäger (Nachtlager) und der Tenoriſt Ander von Wien (Lyonel). Großes Aufſehen erregte das Auftreten Carlotta Patti's, welche im Februar 1864 mehrere Concerte mit vollem Orcheſter im Stadttheater gab. In denſelben wirkte auch der Pianiſt A. Jaell mit.

Das Schauſpiel zählte recht tüchtige Kräfte, und man konnte auch mit dem Repertoir im Allgemeinen zufrieden ſein. Nachdem einige kleinere Novitäten gegeben worden waren, erſchien am 3. Novbr. 1863 Görners Luſtſpiel „Der geadelte Kaufmann", in welchem der Oberregiſſeur Ellmenreich den Kaufmann Rohrbeck, die jugendliche tragiſche Liebhaberin Fräul. v. Reden die Meta und der Charakterdarſteller Hr. Echten den Hänſelmeyer gab. Nun folgte am 21. November Guſtav Freytags Schauſpiel „Graf Waldemar", in welchem der beliebte Liebhaber Hr. Barnay*) die Titelrolle und der erſte

---

*) Barnay, welcher nun ein gefeiertes Mitglied der Hamburger Bühne iſt, zeigte ſchon in Mainz mit der Gründung des „Rütli",

Held und Liebhaber Hr. Dombrowsky den Graf Schenk spielte.
Am 19. März 1864 erschien Arthur Müllers Lustspiel „Gute
Nacht Hänschen", wurde aber bereits nach der ersten Auf=
führung wegen seiner Ausfälle gegen den Jesuitenorden verboten.
Wir werden später noch auf dieses Stück, welches durch den
Streit seines Verfassers mit dem Bischof Ketteler von Mainz
berühmt geworden ist, zurückkommen. Fräul. Tittelbach gab
die Gräfin Marie Colloredo, Fräul. Quint die Kaiserin Maria
Theresia, Hr. Wittmann von Darmstadt den Joseph II., Hr.
Anthony den Pater Häsler, Frau Müller die Baronin von
Lederer und Hr. Barnay den Joseph von Frohn. Die letzte
Novität der Saison war das Schauspiel „Der Banquier"
von dem Mainzer Ludwig Ujinger, welcher dieses Stück nach
Schraders gleichnamiger Erzählung gearbeitet hatte. Hr. Hof=
mann vom Darmstädter Hoftheater spielte die Titelrolle. Von
den übrigen Vorstellungen ist noch die am 1. Febr. 1864 statt=
gehabte 100. Aufführung des „Liederlichen Kleeblatt"*)
bemerkenswerth. Hr. Friedrich spielte den Tischler, Hr. Müller
den Schuster und Hr. Siebert den Schneider. — Gastrollen
gaben noch: die Herren Wilke (Graf Leicester), Kläger (Franz
Welser), Wittmann (Erzherzog Ferdinand), Nerking (König
Ferdinand), sowie die Damen Fräul. Eppert (Anna Welser)
und Fräul. Schneider (Philippine Welser), sämmtlich vom Hof=
theater zu Darmstadt; Frau Lauber=Versing (Anna Welser)
und Frau Versing=Hauptmann (Philippine Welser) vom Hof=
theater zu Koburg.

Wegen der kriegerischen Verhältnisse (Krieg mit Dänemark)
wurde kein Carneval abgehalten. Im Theater kam jedoch
Weisers „Oelgrün" unter großem Beifall zur Aufführung.

Die Sommerbühne war auch in diesem Jahre Herrn
v. Heßling, welcher während der nächsten Saison 1864/65
das Stadttheater leitete, übertragen.

eines Schauspielerbundes zur Wahrung der Standesehre und zum Stre=
ben nach erhöhter Kenntniß der Kunst, wie warm sein Herz für seinen
Beruf schlug. Er wurde so ein Vorkämpfer der von ihm mit ins
Leben gerufenen „Genossenschaft deutscher Bühnenangehöriger". Möchte
bald neben dieser Genossenschaft ein dramatischer Verein erstehen, wel=
cher sich im Interesse der Kunst zu einem maßgebenden Organ des
Volkes gegenüber der Bühne gestaltete.

*) Ueber die erste Aufführung siehe S. 191.

Die Saison 1863/64 brachte seitens der Liedertafel die
Aufführung von Haydns Oratorium „Die Schöpfung", in welcher Frau Schäfer-Hofmann vom Wiesbadener Hoftheater
die Gabriele und Eva sang. An Stelle des Hrn. Riehl, welcher
seinen Posten aufgegeben hatte, wurde Herr Friedrich Lux
am 1. März 1864 zum Musikdirektor der Liedertafel ernannt.
Die Saison 1864/65 wurde am 3. September unter der
Direktion des seitherigen Leiters des Mainzer Sommertheaters,
Hrn. Max v. Heßling, mit Schillers „Don Carlos" eröffnet.
Bereits am 6. September erschien eine Novität, das Brachvogel'sche Schauspiel „Ein Trödler". Das Stück entsprach
jedoch nicht den Erwartungen, welche man von einem Werke
des Verfassers des „Narciß" hegen konnte. Hr. Sulzer gab
den Trödler Schätzlein. Einen durchschlagenden Erfolg hatte
das Lustspiel „Doktor Treuwald" von Roderich Benedix,
welches am 27. September zum ersten Male mit Hrn. Sulzer
in der Titelrolle in Scene ging. Zur Vorfeier des Gedenktages
der Schlacht bei Leipzig folgte am 17. Oktober das Schauge-
dicht „Leyer und Schwert" von Dr. Calmberg aus Lauterbach.
Hr. Satzger spielte den Theodor Körner. Großen Beifall fand
Elmars Charakterbild „Dichter und Bauer", Musik von
Suppé, welches am 1. November zum ersten Male gegeben
wurde. Der Baßbuffo Karl Freund, Sohn des Mannheimer
Sängers, gab den Landmann Berner. Auch das gelungene
Trauerspiel „Pietra" von Mosenthal, welches die Kämpfe der
Welfen und Waiblinger zum Untergrund hat, fand bei seiner
ersten Aufführung am 5. November 1864 allgemeinen Anklang.
Die erste Heldin und Liebhaberin Fräul. Jerrmann spielte
die Titelrolle und Hr. Strenz den Manfred. Am 10. Dezember kam ein neues Stück des Mainzers Andreas Schumacher, „Berthold Schwarz", zur Aufführung. Herr Strenz
gab den Berthold Schwarz. Die folgende Novität, das Kneisel'sche Volksstück „Die Lieder des Musikanten", in welchem
Direktor Max v. Heßling den Lebrecht Winter gab, wurde
beifällig aufgenommen. Auch das Lustspiel „Sie hat ihr
Herz entdeckt" von dem rheinischen Dichter Wolfgang Müller
von Königswinter gefiel. Der erste Charakterdarsteller Türin-
ger spielte den Hauptmann Wolfhardt, die Soubrette Fräul.
Schäffer die Hedwig, Frau Bartsch-Bork die Haushälterin

Ursula und Hr. Gallmeyer den Oberförster Volker. Gegen
Schluß der Saison erschien die Mainzer Lokalposse „Das
Kunstbuch, oder Die drei Mainzer als Propheten" von Karl
Dremmel. — Gastrollen gaben u. A.: Herr Friedrich
Devrient als Bolingbroke (Das Glas Wasser), Hr. Lebrun
(Franz Moor) und Fräul. Sophie Christ, eine geb. Main-
zerin, vom Breslauer Theater (Maria Stuart und Lorle).

Die Oper stand während dieser Saison unter der Leitung
des Kapellmeisters Dr. Otto Bach; Herr O. Marpurg hatte
einem ehrenvollen Rufe als Leiter der Sondershäuser Hofkapelle
Folge geleistet. Neben Hrn. Bach war in der Person des Herrn
Freudenberg noch ein zweiter Kapellmeister angestellt. An
Novitäten war die Saison sehr arm. Am 8. Januar 1865 erschien die Suppé'sche Operette „Flotte Burschen" und erzielte
einen durchschlagenden Erfolg. Fräul. Lamara sang den Studenten Brand, der lyrische Tenor Brofft den Anton, Herr
Freund den Wirth und Hr. Jäger den Stiefelputzer Fleck.
Weniger Anklang fand die romantische Oper „Lara" von Maillart. Der erste Tenorist Avoni, welcher erst gegen Schluß
der Saison engagirt wurde, hatte die Titelparthie übernommen.
Ferner wirkten mit: die erste dramatische Sängerin Fräulein
Klingelhöffer (Kaled), der erste Bassist Thümmel (Lambro),
die Coloratursängerin Frau Skalla-Borzaga (Camilla) und
der Baritonist Roschlau (Ezzelin). Die letzte und bedeutendste
Novität der Saison brachte ein Gastspiel mehrerer Mitglieder
der Darmstädter Hofoper. Am 19. April 1865 wurde nämlich
zum ersten Male Mozarts Oper „Cosi fan tutte" (So machen's
Alle) mit dem Devrient'schen Text zur Aufführung gebracht.
Die Oper war im Jahre 1838 zweimal unter dem Titel „Die
Guerillas" in Mainz gegeben worden.*) Das Mozart'sche Werk
fand jedoch mit seinem neuen Text, welcher sich wenigstens einigermaßen der Musik anpaßte, größeren Beifall als vor 27 Jahren.
Die Besetzung der Oper war diesmal folgende: Leonore: Fräul.
Molnar, Dorabella: Fräul. Stöger, Ferrando: Hr. Nach-
baur, Guglielmo: Hr. Becker, Don Alfonso: Hr. Greger
und Despina: Fräul. Bartsch, sämmtlich vom Hoftheater zu
Darmstadt. Herr Hofkapellmeister Nesvadba leitete die Auf-

*) Siehe S. 210.

führung. — Gastrollen gaben ferner u. A.: Hr. Caffieri von Wiesbaden (Raoul) und Hr. Kaminsky von Frankfurt (Eleazar). Große Triumphe feierte das frühere beliebte Mitglied der Mainzer Oper, Frau Haase-Capitain, als Norma und Donna Anna. Den ersten theatralischen Versuch machte eine Schülerin der k. k. Hofopernsängerin Hasselt-Barth, Fräul. Wolf aus Mannheim, als Orsino (Lucrezia Borgia).

Die preisgekrönte Carnevalsposse „Gefoppt, oder Paris sehn und dann sterben" von dem Mainzer Otto Mehling, welche am 26. Febr. 1865 gegeben wurde, fand großen Beifall. Die Vorstellung wurde „auf Befehl Seiner Hoheit des Prinzen Carneval XXVII. zur Feier des glorreichen Ereignisses der Wiederherstellung der deutschen Einigkeit durch Kaiser Barbarossa" gegeben.

Die Saison 1864 65 war an Concerten wieder sehr reich. Außer dem Auftreten des Violinvirtuosen Wilhelmj verdienen die Concerte der Liedertafel Erwähnung. Wir verzeichnen u. A. die Aufführung der Cherubini'schen tragisch-heroischen Oper „Medea" mit Recitativen von Franz Lachner. Die Soloparthieen lagen u. A. in den Händen der Frau Bertram-Mayer von der Wiesbadener Hofoper (Medea) und des Hofopernsängers Schlösser von Mannheim. Den Glanzpunkt der Saison bildete das am 1.—3. Juli 1865 abgehaltene fünfte mittelrheinische Musikfest, welches sich würdig dem im Jahre 1860 zu Mainz abgehaltenen Feste anreihte. Am 2. Juli kam, nachdem am 1. Juli ein Festzug stattgefunden hatte, unter der Leitung des Dirigenten der Liedertafel F. Lux das Oratorium „Judas Maccabäus" von Händel zur Aufführung. In dem am 3. Juli abgehaltenen zweiten Concerte wurde gegeben: Beethovens „Pastoral-Symphonie", zwei Chöre a capella (Adoramus te von Palestrina und Jesu dulcis memoria von Vittoria), die Bildniß-Arie (Zauberflöte), gesungen von dem Wiener Hofopernsänger Gustav Walter, der 63. Psalm für Frauenstimmen mit Begleitung von Harfen, Hörnern und Orgel von Franz Lachner, und Mendelssohn-Bartholdy's Symphonie-Cantate „Lobgesang". Die Aufführungen fanden wieder in der festlich geschmückten Fruchthalle statt. Die Solostimmen waren der Hofopernsängerin Fräul. Mellita Alvsleben aus Dresden (Sopran), der Altistin des Münchener Hoftheaters Fräulein

Philippine v. Edelsberg, dem Bassisten Karl Hill von Frankfurt, dem Wiener Hofopernsänger Gust. Walter (Tenor) und dem Mainzer Concertsänger August Ruff (Tenor) anvertraut. Der Musikdirektor Franz Weber von Köln hatt die Orgelbegleitung auf einem von Ibach zu Bonn aufgebauten Instrument übernommen. Den Chor bildeten die Gesangvereine von Alzey: Casino-Gesangverein (Dirigent: Felchner); Kastel: Gesangverein (Heinr. Rupp); Darmstadt: Musikverein (Hofmusikdirektor C. A. Mangold); Mainz: Cäcilienverein (Domkapellmeister Werner), Damengesangverein und Liedertafel (Fr. Lux), Frauenlob (Nik. Soltans), Liederkranz (Heinr. Rupp), Männergesangverein (Ed. Föckerer), Sängerkranz (N. Soltans), die Gymnasiasten (das Orchestermitglied Hom, als ein tüchtiger Cellist bekannt) und die Realschüler (A. Werner); Mannheim: Musikverein (Concertmeister Naret-Koning); Wiesbaden: Cäcilienverein (J. B. Hagen) und Worms: Musikverein (Eduard Steinwarz). Dieser Chor zählte 794 Stimmen. Das Orchester, welches aus Mitgliedern der Hofkapellen von Cassel, Darmstadt und Wiesbaden, dem Theater-Orchester von Mainz, sowie aus Künstlern von Barmen, Dessau, Elberfeld, Frankfurt, Havre, Koblenz, Köln, Leipzig, Offenbach und Paris bestand, zählte 140 Personen. Von Havre war der als Komponist bekannte Mainzer Violinist A. Oechsner erschienen.

XII.
Die Mainzer Theater-Aktiengesellschaft.

Auch die Direktion Heßling hatte wieder mit einem Defizit geendigt und trotz einiger tüchtigen Mitglieder den Beweis geliefert, daß ein gewöhnliches Saisontheater wegen des geschäftlichen Standpunktes des jeweiligen Direktors sich nie zu einem richtigen Kunstinstitut gestalten kann. Es traten daher mehrere Kunstfreunde zusammen, um sich über die Maßregeln zur Abhülfe des langjährigen Uebelstandes zu berathen. Es wurde in einer Versammlung dieser Theaterfreunde der Beschluß gefaßt, eine Theater-Aktiengesellschaft zu bilden, deren vorbereitendes Comité am 2. Februar 1865 folgenden Aufruf an die Bürgerschaft erließ:

Die seit einer Reihe von Jahren fortdauernd unsicheren und wechselnden Zustände des hiesigen Stadttheaters und die einer Verbesserung dringend bedürftige Lage des städtischen Orchesters haben eine Anzahl hiesiger Kunstfreunde zu einer Versammlung veranlaßt, in welcher sie über die Mittel und Wege zur gründlichen Hebung dieser traurigen Verhältnisse in Berathung traten und zur Bildung einer Aktiengesellschaft behufs Uebernahme des Mainzer Stadttheaters schritten. Auf Grund der vorläufigen Statuten steht Jedermann der Beitritt zu dieser Gesellschaft frei und ist eine möglichst allgemeine Betheiligung im Interesse der Sache dringend zu wünschen. Die Gesellschaft bezweckt unter Verzichtleistung auf jeden Gewinn lediglich die Hebung des Kunstsinnes und die Förderung des musikalischen Lebens in unserer Stadt. Sie will zunächst den finanziellen Bestand des Stadttheaters auf eine Reihe von Jahren sichern und eine den Gesetzen der Aesthetik und eines geläuterten Kunstgeschmackes entsprechende Leitung desselben herbeiführen. An die Stelle der seitherigen wechselnden und unbeständigen Verhältnisse sollen möglichst stabile treten. Zunächst soll durch die Herstellung eines completten und ständigen Orchesters unter Leitung einer als städtischer Kapellmeister zu berufenden musikalischen Notabilität nicht bloß der Oper, sondern auch den sonstigen musikalischen Bestrebungen in unserer Stadt eine solide Grundlage gegeben werden. Eine weitere Sorge der Gesellschaft wird die Beschaffung einer guten und vollständigen Opern- und Schauspiel-Bibliothek für das hiesige Stadttheater sein.

Unterzeichnet war der Aufruf von den Herren Karl Abresch, Notar Dr Bruch, J. F. Hillebrand, Dr. Klauprecht, Redakteur Lahm, Ernst Mayer jun., Dr. Oechsner, L. Pelzer, Dr. Karl Reinach und Dr. G. Schmitz. Der später gewählte engere Ausschuß bestand aus den Herren Hillebrand, Röder, L. Lauteren, Otto Gastell und Lahm. Unter 10 Bewerbern übertrug der Gemeinderath am 1. März 1865 das Theater der Gesellschaft und erhöhte zugleich den städtischen Zuschuß von 5600 fl. auf 10,000 fl. jährlich. Nun stellte die Gesellschaft den seitherigen Direktor des Stadttheaters in Crefeld, Herrn Ferdinand Wenzel*), welchem ein sehr guter Ruf vorausging, als artistischen und technischen Leiter an.

Mit großen Hoffnungen sah das Publikum der Saison

---

*) Wenzel, ein geborner Frankfurter, war in der Saison 1850 51 unter Greiner am Mainzer Theater als Liebhaber engagirt.

1865/66 entgegen, welche am 2. September vielversprechend mit Göthe's „Egmont" eröffnet wurde. Als erste bessere Novität erschien am 19. Dezember das bekannte Lustspiel „Recept gegen Schwiegermütter" von Manuel Juan Diana mit dem Komiker des Wiener Karl=Theaters W. Knaack als Don Cleto. Am 23. Dezember folgte das beliebte Lustspiel „Im Wartesalon erster Klasse" von Hugo Müller und am 31. Januar 1866 unter großem Beifall Shakespeare's Lustspiel „Die Komödie der Irrungen", deren Vorführung bezeugte, mit welcher Vorliebe die Direktion die Klassiker, namentlich Shake=speare pflegte. Hr. Barnay gab den Antipholus von Ephesus, Hr. Schmidt den Antipholus von Syracus, der beliebte Re=gisseur und Heldenvater Pittmann den Dromio von Ephesus, der Komiker Temmel den Dromio von Syracus, Frl. Baison die Adriana und die sentimentale Liebhaberin Frl. Nollet die Luciana. Auch die Berliner Posse „Ein Stündchen auf dem Comptoir" von S. Haber, die an demselben Abend zum ersten Male gegeben wurde, gefiel. Einen durchschlagenden Erfolg erzielte das Pariser Lebensbild „Montjoye" von Octave Feuillet, welches durch seine getreue Zeichnung der franzö=sischen Gesellschaft den Ruf dieses Dramatikers gerechtfertigt erscheinen ließ. Das Gastspiel der berühmten sächsischen Hof=schauspielerin Fräul. Janauscheck brachte die bedeutendste No vität der Saison, „Medea" und neu einstudirt „Iphigenia". Die Grillparzer'sche Tragödie ging am 6. März 1866 mit der Gastin als Medea und Hrn. Barnay als Jason, und Göthe's Werk am 10. März mit Fräul. Janauscheck (Iphigenia) und Hrn. Rainer (Thoas) in Scene. Auf das Gastspiel der Tra=gödin Janauscheck folgte das Auftreten des berühmten Mimen Dawison als Faust, Harpagon, Shylock, Narziß und Carlos (Clavigo). Außer den genannten Gästen erschienen noch u. A.: Hr. Zademack von Frankfurt (Narziß) und Hr. Janner aus Dresden als v. Cerbriand (Feenhände). Auch der Bühnenveteran Hr. Hassel von Frankfurt, welcher erst vor Kurzem sein fünfzig=jähriges Künstlerjubiläum begangen und in Mainz im J. 1817[*]) seine eigentliche Laufbahn eröffnet hatte, erfreute die Mainzer noch durch ein Gastspiel als Hampelmann.

---

[*]) Siehe S. 144.

Die Oper unter der Leitung des Kapellmeisters Karl Dumont brachte nur eine einzige Novität, welche aber einen großartigen Erfolg erzielte. Am 7. April 1866 ging nämlich Bruch's große romantische Oper „Die Loreley", Dichtung von Emanuel Geibel, zum ersten Male in Scene. Frau Zademack-Doria sang die Leonore, der lyrische Tenor Herr Bohlig den Pfalzgraf Otto, die Coloratursängerin Frau Skalla-Borzaga die Gräfin Bertha von Stahleck, der erste Bassist Herr Schmid den Erzbischof von Mainz, der Baßbuffo Herr Büffel den Hubert, der Baritonist Hr. Grünewald den Rei-nald, der Tenorbuffo Hr. Kruis den Leupold und die Sou-brette Fräul. Fischer die Winzerin. Die Oper erlebte im Ver-laufe von acht Wochen nicht weniger als sechs Wiederholungen. — An Gastspielen fehlte es in dieser Saison nicht; es traten u. A. auf: Adelina Patti (Lucia), die Primadonna des Thea-ters della Scala in Mailand, Mad. Frezzolini, als Amine (Nachtwandlerin) und die Wiener Hofopernsängerin Frau Dust-mann-Mayer als Valentine (Hugenotten). Gegen Schluß der Saison trat auch der berühmte Baritonist der Berliner Hofoper, Herr Betz, ein geborner Mainzer, unter großem Beifall als Graf Luna (Troubadour) auf.

Trotz der Kriegswirren bemühte sich die Liedertafel, auch in der Saison 1865/66 etwas zu leisten. Wir erwähnen nur die Aufführung der Gluck'schen Oper „Iphigenia auf Tauris", in der die Soloparthieen in den Händen der Mainzer Opern-sängerin Frau Barnay-Kreuzer (Iphigenia), des Fräul. Jos. Schöppler (Diana), Fräul. A. Mayer (Priesterin), der Herren Bertram (Orest) und Borchers (Pylades) vom Wiesbadener Hoftheater, sowie des Herrn Dr. Reis (Thoas) waren. Von sonstigen Concerten sei noch des Auftretens der Patti und des berühmten Sängers Roger gedacht.

Wenn auch in künstlerischer Beziehung die Theater-Aktien-gesellschaft mit der abgelaufenen Saison zufrieden sein konnte, so war es doch mit den Finanzen nicht gut bestellt. Man be-schloß, trotz dieses ungünstigen Ergebnisses die alte Gesellschaft fortbestehen zu lassen und die Passiva derselben durch neue Aktien à 25 fl. zu decken. In der Person des Oberregisseurs des Kölner Stadttheaters Herrn Behr wurde für die Saison 1866/67 an Stelle des Herrn Wenzel, mit welchem die Gesell-

schaft sich überworfen hatte, ein artistischer und technischer Direktor gewonnen.

Wegen des zwischen Oesterreich und Preußen ausgebrochenen
Krieges und der hierdurch in Mainz herbeigeführten Verhältnisse
konnte die Saison 1866/67 erst am 30. Septbr. eröffnet werden.
Auch in dieser Saison behielt das Schauspiel die Oberhand,
namentlich kam eine Reihe gediegener Novitäten zur Aufführung.
Paul Heyse's Schauspiel „Elisabeth Charlotte", welches
die Pfälzerin am Hofe Ludwig XIV. als Herzogin von Orleans
vorführt, eröffnete am 10. Oktober den Reigen der neuen Stücke
mit gutem Erfolg. Einen großartigen Beifall fand das Lustspiel „Die zärtlichen Verwandten" von Roderich Benedix,
welches am 20. Oktober zum ersten Male in Scene ging. Herr
Ellmenreich gab den Oswald Barnau, Fräul. Schäfer die
Irmgard, Hr. Barnay den Wismar, Hr. Heussenstamm den
Offenburg und der beliebte Komiker Temmel den Schmunzrich.
Das Stück mußte im Laufe der Saison noch mehrmals wiederholt werden. Weniger Glück hatte Paul Heyse's Schauspiel
„Hans Lange", welches am 31. Oktober folgte. Das Gastspiel der drei Zwerge Piccolo, Petit und Jozzi brachte das
Volksstück „Plan und Zufall" von Findeisen. — Als Gastin
entzückte die berühmte Schauspielerin Friederike Goßmann
als Fanchon (Grille) und Lorle (Dorf und Stadt) die Mainzer.
Emil Devrient, Ehrenmitglied des Dresdener Hoftheaters, trat
vor seinem Rücktritt von der Bühne als Hamlet und Egmont auf.

Die Oper, welche unter der Leitung des Kapellmeisters
Mühldorfer stand, zählte ein recht gutes Personal und auch
das Repertoir war zufriedenstellend. Die einzige Novität der
Saison war die Suppé'sche Operette „Zehn Mädchen und
kein Mann", welche am 7. März 1867 unter großem Beifall
zum ersten Male in Scene ging. Hr. Temmel gab den Guts-
besitzer Schönhahn, die jugendliche dramatische Sängerin Frau
Barnay-Kreuzer die Italienerin Limonia, der erste lyrische
Tenor Hr. Fischer-Achten den Agamemnon Paris, Fräul.
Hentz die Engländerin Britta und die Soubrette Fräul. Herbold die Wirthschafterin Sidonia. Engagirt waren noch Herr
Hagen als Heldentenor, Hr. Lehmann als Baritonist und
Hr. Lindeck als Bassist. Herr Direktor Behr, ein vortreff-
licher Baßbuffo, gab den van Bett (Czar und Zimmermann) in

einer Weise, wie ihn die Mainzer seit Herbold nicht mehr gesehen hatten. Außer „Czar und Zimmermann" fand auch Lor-
zings „Undine" wieder großen Beifall. — Gastrollen gaben
u. A.: der Tenorist Riese von Köln, ein geborner Mainzer
(Manrico), Hr. Philippi (Graf Luna) und Fräul. Langlois
(Lucia) von Wiesbaden.

Der Carneval wurde seitens einiger Dilettanten durch
die Aufführung der Posse „Lorelei, oder Ein Narr macht viele"
begangen.

Ein Concert gaben die Pianisten Willi und Louis Thern
aus Paris und der Cellist der Gewandhaus-Concerte in Leipzig,
Herr Louis Lübeck.

XIII.

Direktion Behr. Verbot des Lustspiels „Gute Nacht Häuschen".

Nun übernahm Herr Behr die Direktion auf eigene Rechnung. Er verpflichtete sich u. A., für die Benutzung des städtischen Inventars 2000 fl. jedes Jahr zu zahlen. Die Theater-
Aktiengesellschaft hatte nämlich bei ihrer Auflösung der Stadt,
welche ihr 10,000 fl. zur Deckung der noch vorhandenen Passiva
zahlte, die Bibliothek ꝛc. als Eigenthum überlassen. Am 15.
September 1867 wurde die Bühne mit der Aufführung der
„Hugenotten" eröffnet. Das Opern-Repertoir war befriedigend
und machte dem Kapellmeister Herrn Fischer alle Ehre. Es
erschien nur eine Novität, nämlich am 8. März 1868 die komisch-
mythologische Oper „Die schöne Galathea" von Suppé,
welche großen Beifall fand. Hr. Hagen sang den Pygmalion,
Frau Bertram-Mayer die Titelparthie, Herr Direktor Behr
den Mydas und die Soubrette Fräul. Jenke den Ganymed.
Neu einstudirt kam u. A. Winters heroische Oper „Das unterbrochene Opferfest" zur Aufführung. Der Baritonist Massen

fang den Inka Capac, Hr. Hoffmeister den Roka, Fräulein Müller die Myrha, der erste Bassist Carnor den Masseru und Fräul. Winkler die Guliru. — Opern-Gäste waren u. A.: Fräul. Rutland von Frankfurt (Lucia), Frau Röske-Lund vom Stockholmer Hoftheater (Leonore), Hr. Bertram aus Stuttgart (Tell), die beliebte Hofopernsängerin Frau Soltans-Hentz von Cassel (Agathe), Fräul. Sophie Stehle vom Münchener Hoftheater als Rosa Friquet (Glöckchen des Eremiten), Frau Peichka-Leuthner (Madelaine) und Hr. Nachbaur (Chapelou) von Darmstadt, sowie der berühmte Stuttgarter Hofopernsänger Sontheim als Eleazar und Manrico.

Hinsichtlich der Novitäten behauptete das Schauspiel den ersten Platz. Bereits die erste Novität „Spielt nicht mit dem Feuer“, Lustspiel von G. zu Putlitz, welches am 28. Septbr. 1867 zur Aufführung kam, hatte einen durchschlagenden Erfolg. Fräul. Jenke gab das Minchen, Fräul. Schneider die Alice v. Molden, Hr. Ed. Lortzing den Gottfried Huber, die erste Liebhaberin Fräul. Ungar die Therese, Hr. Ellmenreich den Advokat Winfried und der Charakterdarsteller Raberg den Doktor Weller. Hierauf folgte „Eine Tasse Thee“, Lustspiel nach dem Französischen, in welchem Frau Niemann-Seebach die Mathilde spielte. Am 11. Januar 1868 erschien das Schauspiel „Aschenbrödel“ von Roderich Benedix mit Hrn. Ellmenreich als Graf Albrecht und Fräul. Nolte als Elfriede. Das Stück fand eine beifällige Aufnahme. — Gastrollen gaben u. A.: Frau Niemann-Seebach (Marie Stuart und Adrienne Lecouvreur), Hr. Karl Sontag von Hannover als Barde in der Dichtung „Die Tonkunst und vier deutsche Meister“ von Dr. J. Papst, welche zur Feier von Webers Geburtstag gegeben wurde; der berühmte Wiener Hofschauspieler A. Sonnenthal als Fiesco und der Oberregisseur des Stuttgarter Hoftheaters Dr. Grunert (König Lear, Wallenstein, Richard III. und Nathan der Weise); außerdem gab der Direktor Joh. Fürst aus Wien mit seiner Gesellschaft ein Gastspiel.

Einen höchst beachtenswerthen Zwischenfall dieser Saison bildete das erneute Verbot der Aufführung des Lustspiels „Gute Nacht Hänschen“, welches Direktor Behr wieder in das Repertoir aufgenommen hatte. Es entstanden im

Theater zwei Parteien, welche während der Aufführung des
Stückes ihren entsprechenden Gefühlen Ausdruck verliehen und
so das Müller'sche Lustspiel zum Tagesgespräch machten. Eine
größere Bedeutung gewann der Streit erst durch das Auftreten
des Bischofs Frhrn. v. Ketteler auf dem Kampfplatze. Derselbe veröffentlichte nämlich im Januar 1868 eine Streitschrift
„Die öffentliche Beschimpfung der katholischen Kirche auf der
Bühne. Ein Appell an Alle, welche Sinn für Gerechtigkeit und
Ehre haben und mit ihren katholischen Mitbürgern auf Grund
gegenseitiger Achtung in Frieden leben wollen.“ Der Herr Bischof meinte, der Geist des Stückes sei „eine Schmähung der
katholischen Kirche und der deutschen Geschichte.“ *) Auch die
Handlung entspreche dem vollkommen: sie sei voll Beschimpfun-
gen katholischer Institute**) u. s. w. „Seinem ganzem Inhalte
nach“ sei das Lustspiel „ein boshaftes Spectakel- und Tendenz-
stück“. Der Verfasser des Lustspiels, Arthur Müller, welcher
sich zur Zeit der Herausgabe der bischöflichen Streitschrift in
Kromweiler an der Nahe aufhielt, forderte von dort aus den
Bischof öffentlich auf, die Angelegenheit, welche ihn der Beschimpfung eines Religionsbekenntnisses ansetze, dem Spruche
der Gerichte zu unterbreiten. Da dies nicht erfolgte, so schlug
Müller denselben Weg wie sein Angreifer ein: er veröffentlichte
nämlich eine Flugschrift, betitelt „Ein Vademecum für den Bischof von Mainz, Herrn Wilhelm Emanuel Freiherrn v. Ketteler“.
Müller wies bezüglich der angefochtenen Tendenz seines Stückes
u. A. auf „Don Carlos“ hin, welcher ja auch eine „Tendenz-
lüge“ sei, und verwahrte sich dagegen, die Religion beschimpft
zu haben. Eine kräftige Unterstützung wurde Müller durch den
deutsch-katholischen Prediger Wilhelm Hieronymi, welcher eine
Protestschrift „Im Theater und im Dome oder aus der Bühnenwelt auf die Weltbühne“ gegen den Herrn Bischof richtete. So
hatte das an und für sich wenig bedeutende Lustspiel durch die

---

*) Ketteler zog u. A. folgende Worte an, welche in dem Lustspiele
Joseph II. in den Mund gelegt sind: „Wer über Deutschland herrschen
will, muß ein deutscher Mann sein, mit deutschem Herzen und deutscher
Faust, aber kein Römling. Wir (das Haus Habsburg) müssen wieder
deutsch werden, wenn wir mächtig werden wollen.“

**) Bekanntlich spielen die Jesuiten in dem Lustspiele eine kläg-
liche Rolle.

jen Streit, welcher zwei tüchtige Schriftsteller in Athem versetzte, sich rasch einen Namen erworben. Seine Aufführung aber war in Mainz verboten und das neugierige Publikum genöthigt, nach Biebrich zu gehen, wo das Stück ungehindert gegeben werden konnte. *)

Aus der Concert-Saison erwähnen wir die Symphonie-Concerte der Bilse'schen Kapelle von Berlin und eine musika lische Aufführung zum Besten der Nothleidenden in Ostpreußen. Ein junger Mainzer Komponist, Herr Paul Schumacher **), brachte mehrere Kompositionen ***) zur Aufführung, worunter die Ouverture zu seiner romantischen Oper „Magdalena, oder Die sieben Raben" besonders gefiel.

Die Saison 1867 68 fügte ein neues Blatt des Verdienstes in die Geschichte der Liedertafel. Bei dem im September 1867 in Düsseldorf abgehaltenen Musikfeste errang nämlich der Mainzer Verein den ersten Preis. Auch an dem sechsten mittel- rheinischen Musikfeste, welches am 27. und 28. September zu Darmstadt unter Leitung des Herrn Mangold stattfand und bei welchem u. A. Händels „Samson" aufgeführt wurde, be- theiligte sich die Liedertafel.

In der letzten Saison 1868,69) unter der Direktion Heinrich Behrs behauptete das Schauspiel sowohl hinsichtlich der Novitäten als auch des Repertoirs den ersten Platz, wäh- rend die Oper sehr stark an Offenbachiaden litt. Den Reigen der neuen Stücke eröffnete am 19. September das Charakter-

---

*) Ohne für oder gegen die eine Partei zu sprechen, erscheint uns doch das Verbot eines Stückes nur dann gerechtfertigt, wenn in dem- selben offenbar der Sittlichkeit bezw. dem Menschenthum Hohn gespro- chen wird. In diesem Falle wird aber schon der gesunde Sinn des Volkes sein Verditt sprechen. Soll die Bühne wirklich ein Spiegel aller Menschen ohne Unterschied des Glaubens und des Standes sein, dann muß ihr auch die nöthige Freiheit gewahrt bleiben.

**) Ein Sohn des Verfassers von „Berthold Schwarz", geboren am 6. November 1848.

***) Von sonstigen Schöpfungen Schumachers seien hier erwähnt: „Musikantenlieder", ein Cyclus von 9 Gesängen mit eigenem Text; Sinfonie-Serenade in D moll für großes Orchester; Klavier-Quartett in F moll; Ouverture zu einem Requiem; Deutsches Requiem für Chor, Soli und großes Orchester, und Concert für Violine mit Orchester.

bild „Elzevir" von Wilken, Musik von Bial, welches mehrere Wiederholungen erlebte. Auch das Schauspiel „Aus der Gesellschaft" von Bauernfeld, welches am 26. September zum ersten Male in Scene ging, gefiel. Einen durchschlagenden Erfolg erzielte Laube's Schauspiel „Böse Zungen", das am 10. Oktober zum ersten Male unter großartigem Beifall gegeben wurde. In diesem Zeitbild, welches den Tod eines österreichischen Staatsmannes behandelt, spielte Hr. Crelinger den Rath Fischer, Hr. Temmel den Rentier Soda, Hr. Wallys den Graf Julian v. Zech, die erste Liebhaberin Frau Walter-Steffen die Minona und Fräul. v. Zeplin die Hertha. Recht warm wurde das Lustspiel „Die relegirten Studenten" von Benedix, welches am 28. November zum ersten Male an der Mainzer Bühne erschien, aufgenommen. Der erste Held und Liebhaber Hr. Goebel gab den Reinhold, Fräul. Hagen die Hedwig und Hr. Brandt den Wieprecht Born. Am 26. Januar 1869 folgte das in Wien preisgekrönte Lustspiel „Schach dem König" von H. Schauffert, welches das unter Jakob I. von England erlassene Rauchverbot zum Gegenstand hat. Das Lustspiel erzielte, wie fast alle Preisstücke, nur einen geringen Erfolg. Das Gastspiel Roderich Benedix', welches anläßlich einer Vorstellung zum Vortheil der durch Brandunglück geschädigten Angehörigen des Kölner Stadttheaters erfolgte, brachte am 22. Februar das Schauspiel „Die Neujahrsnacht". Der Verfasser gab unter stürmischem Beifall den Präsident Winand v. Felseck. — Gastrollen gaben ferner: Karl Sontag von Hannover (Bolingbroke), Frau Niemann-Seebach (Margarethe), Fräul. Hedwig Raabe vom Hoftheater zu Petersburg (Lorle), Hr. Grobecker aus Wiesbaden als Ritschke (Ein gebildeter Hausknecht) und der Komiker Knaack von Wien als Schneider Fips in Kotzebue's gleichnamiger Posse.

Das Opern-Repertoir war, wie oben angedeutet, von Offenbach beherrscht und kamen nur von diesem Komponisten einige Novitäten zur Aufführung. Am 17. Januar 1869 wurde die parodistische Burleske „Die schöne Helena" zum ersten Male gegeben. Die Operette, deren Titelparthie in den Händen der Soubrette Fräul. van Hasselt-Barth lag, hatte Erfolg. Den Paris gab der lyrische Tenor Hr. Küch und den Menelaus Hr. Wüst. Dagegen fand die folgende Operette

„Pariser Leben" keinen Anklang. Die nächste Novität war „Die Großherzogin von Gerolstein", welche zum Besten des Fräul. van Hasselt-Barth (Irene) am 5. April 1869 in Scene ging. Zum Vortheile des Kapellmeisters W. Weißheimer wurden am 13. April „Der Aufruf des Königs"*) und das Unisono nebst dem 4. Akte aus Meyerbeers „Afrikanerin" zum ersten Male gegeben. In Weißheimers Komposition sang der Baritonist Hr. Fray den Lützow und in der „Afrikanerin" Hr. Lederer von Wiesbaden den Vasco de Gama und die hannöverische Kammersängerin Fräul. Ulbrich die Selika. In dieser Saison fand auch die 100. Aufführung von „Robert der Teufel" statt.**) Die Besetzung war folgende: Robert: Herr Rulf, Bertram: Hr. Carnor, Alberti: Hr. Oeser, Raimbaud: Hr. Brunner, Alice: Frau Bertram-Mayer und Isabella: Frau Borchers von Wiesbaden. — Von Gästen erschienen u. A.: der Wiener Hofopernsänger Hr. Kreuzer als Eleazar, Frau Schwabe von Wien (Lucia), Hr. Reinhard von Darmstadt (Basilio), Hr. Wachtel von Berlin (Raoul), Hr. Coloman Schmid aus Frankfurt (Masaniello), Frau Jaide von Darmstadt (Ortrud), Fräul. Deichmann von Köln (Isabella), Fräul. Mila Röder aus Berlin (Amine), Hr. Mendel von Darmstadt (Lord Kookburn), Hr. Bertram von Stuttgart (Zampa), Hr. Offenbach aus Frankfurt (Biterolf), Hr. Lipp aus Wiesbaden (Mephisto) und Hr. Greger aus Darmstadt (St. Bris). Ein Herr Abler sang als ersten theatralischen Versuch den Stradella.

Als Carnevalsstück wurde von den Hofschauspielern des närrischen Prinzen die Lokalposse „Das Kunstbuch, oder Drei Mainzer als Propheten" von Tremmel gegeben.

Mit Ablauf der Saison legte Direktor Behr die Leitung des Mainzer Theaters nieder. Derselbe hatte bereits im Jahr 1868 aus finanziellen Gründen gekündigt, war jedoch später von dem Entschluß wieder abgekommen. Mehrere kleine Streitigkeiten mit dem Orchester und die Klagen, welche seitens des Publikums gegen die Direktion erhoben wurden, veranlaßten Herrn Behr zum Aufgeben seiner Stellung.

*) Ein Vorspiel zur Oper „Theodor Körner" von Weißheimer.
**) Erste Aufführung siehe S. 181.

XIV.

Die Direktion L'Arronge.

Durch Beschluß des Gemeinderaths vom 13. Januar 1869 war dem Herrn Aaron Levi, genannt L'Arronge, die Direktion übertragen worden.*) Am 16. September wurde die Saison 1869.70 mit der Aufführung der Tragödie „Demetrius" von H. Laube eröffnet. Das Publikum nahm das mit Benutzung des Schiller'schen Fragments geschriebene Stück, welches an diesem Tage zum ersten Male in Mainz in Scene ging, warm auf. Herr Neumann gab den Demetrius, Hr. Pückert den Fürst Leo Sapieha, der erste Charakterdarsteller Hr. Golden den Kosakenhetman Romla, Hr. Waldmann den Czar Boris, die tragische Liebhaberin Fräul. Aehnelt die Axinia, der Oberregisseur Hr. Tetzlaff den Fürst Schuisko, die erste Heldin Fräul. Charles die Marfa und Hr. Pauly den Patriarch Hiob. Auch die folgende Novität „Kanonenfutter", Original-Lustspiel von Julius Rosen, welches am 18. September gegeben wurde, hatte einen durchschlagenden Erfolg. Fräul. Rosſi gab die Emma, Hr. Steude den Journalist Körner und Fräul. Jenke die Babette. Diesem Stücke, welches noch mehrere Wiederholungen erlebte, folgte Laubes Intriguen-Schauspiel „Der Statthalter von Bengalen" unter großem Beifall. Hr. Fellenberg gab den Herzog von Grafton. Einen noch größeren Erfolg erzielte Brachvogel mit seinem Schauspiel „Die Harfenschule", welches den Kampf Beaumarchais', des bekannten Revolutionsdichters und Verfassers der „Hochzeit des Figaro", mit der Jesuitenpartei am Hofe Ludwig XV. vorführt. Das Stück wurde am 5. November unter stürmischem Beifall zum ersten Male gegeben und ging im Laufe der Saison noch sechsmal mit Hrn. Neumann als Beaumarchais in Scene. Es folgten am 13. Dezember das Lindau'sche Drama „Marion", in welchem Fräul. Charles die Titelrolle spielte, und am 25.

*) Unter seinen Mitbewerbern befand sich auch der jetzige Direktor des Hamburger Stadttheaters, Herr Pollini (Pohl).

Januar 1870 der parodistische Scherz „Die Meistersinger, oder
Das Judenthum in der Musik" von Franz Bittong, einem
Mainzer, welcher sich später als Theaterdichter und Regisseur
in der Bühnenwelt einen klangvollen Namen erwarb. — Als
Gäste traten u. A. auf: Fräul. Preßburg aus Hamburg als
Beatrice (Viel Lärm um Nichts) und Hr. Karl Sontag von
Hannover (Graf Thorane). Fräul. M. Hagen spielte als ersten
theatralischen Versuch die Margarethe (Faust).

Die Oper brachte nur zwei Novitäten. Am 13. Februar
erschien Offenbach, welcher während der Saison nicht allzu sehr
gepflegt worden war, mit seiner Operette „Die Schwätzer
von Saragossa". Frau L'Arronge-Sury sang den
Matador Roland, Fräul. Walter die Ines, der Baßbuffo
Hr. Krén den Sarmiento und der Tenorbuffo Hr. Bock den
Christobal. Den Glanzpunkt der Saison bildeten die Aufführ=
ungen von Meyerbeers großer Oper „Die Afrikanerin",
welche am 25. März zum ersten Male unter Leitung des Kapell=
meisters Reinhold Preumayr*) in Scene ging und bei stets
ausverkauftem Hause im Zeitraum von kaum drei Wochen acht
Wiederholungen erlebte. Es waren des Fremdenzuzugs halber
sogar Extrazüge der Ludwigs=Eisenbahn zur Verfügung gestellt
worden. Die Rollen waren bei der ersten Aufführung folgender=
maßen vertheilt: Vasco de Gama: Herr Udo, Selika: Fräul.
König, Nelusco: Hr. Simon, Dom Pedro, Vorsitzender im
Rathe des Königs: Hr. Krén, Großinquisitor: Hr. Hienl, Dom
Diego: Hr. Waldmann, Ines: Frau L'Arronge=Sury und
Oberpriester: Hr. Goldberg. In einer späteren Wiederholung
sang Hr. Werrenrath aus Wiesbaden den Vasco de Gama.
— Gastrollen gaben ferner: Herr Lederer (George Brown)
und Frau Jaide (Fides) aus Darmstadt, Hr. Baumann aus
Frankfurt als Roger (Maurer und Schlosser), Hr. Stägmann
von Hamburg u. A. als Lord Ruthwen (Vampyr), Hr. Cassio
aus Frankfurt (Octavio), Hr. Schleich aus Dessau als Joseph
(Joseph und seine Brüder), der Baritonist v. Bignio aus Wien
(Tell) und der Tenorist Nachbaur vom Münchener Hoftheater
(George Brown). — Kurz nach Schluß der Saison gastirte eine
französische Schauspieler=Gesellschaft unter Leitung des Herrn

*) Vor ihm wirkte einige Zeit Herr Hürse.

Georges Bloum vom Théâtre du Vaudeville in Paris. Die Gäste verabschiedeten sich am 12. Mai mit der Aufführung von Feuillets Komödie „Le roman d'un jeune homme pauvre“.

Der Carneval brachte am 27. Februar die von der Gesellschaft „Hofnarren“ preisgekrönte Mainzer Lokalposse „Der Schuster im Feenreich, oder Lohn treuer Liebe“ von W. Weiler, einem Mainzer, welcher sich auf dem humoristischen Gebiete schon mit Erfolg hervorgethan hatte.

Die Concert-Saison nahm mit der von der Liedertafel veranstalteten Aufführung des dramatischen Gedichts „Frithjof“ von Tegnér, komponirt von C. A. Mangold, welche am 27. November 1869 im Beisein des Komponisten stattfand, einen vielversprechenden Anfang. Der Verein nahm auch an dem siebenten mittelrheinischen Musikfest, welches unter der Leitung V. Lachners und des Concertmeisters Naret-Koning am 3. und 4. Juli zu Mannheim abgehalten wurde, Theil. Auf Anregen des Mainzer Vereins ward zum Gedächtniß des Säcularjahres der Geburt Beethovens, dessen großartiges Werk „Missa solemnis“ aufgeführt. Dies sollte die letzte Thätigkeit der Liedertafel in diesem Jahre sein, da noch in demselben Monat der deutsch-französische Krieg ausbrach.

Der glückliche Ausgang des Krieges ermöglichte es dem Direktor L'Arronge, zur üblichen Zeit die Saison 1870/71 zu eröffnen. In seinen Bühnenleitungsverhältnissen war insofern eine Aenderung eingetreten, als man ihm erlaubt hatte, die Eintrittspreise zu erhöhen, da er erklärte, in der bisherigen Weise nicht mehr die Direktion führen zu können. Am 16. September wurde die Bühne mit einer großen Siegesfeier eröffnet, bei welcher u. A. das damals ganz Deutschland begeisternde Nationallied „Die Wacht am Rhein“ seitens des Chorpersonals ausgeführt ward. Die nationale Bewegung übte überhaupt während der Saison, wie in allen deutschen Städten, so auch in Mainz einen gewissen Einfluß auf die Bühne aus. Am 18. Oktober wurde der Geburtstag des Siegers von Wörth, des Kronprinzen Friedrich Wilhelm von Preußen, und der Jahrestag der Befreiungsschlacht bei Leipzig durch die Aufführung von Holteis vaterländischem Schauspiel „Lenore“ begangen und am 6. März 1871 zur Friedensfeier das Festspiel „Die Heimkehr“ von Salviati gegeben. Fräul. Ernst spielte die Germania und

Hr. Schliemann den Kaiser Barbarossa. Am Geburtstag des Kaisers Wilhelm kam das Festspiel „Am Königsstuhl zu Rhense" von dem Mainzer Franz Bittong zur Aufführung. Auch in dieser Saison behielt das Schauspiel die Oberhand. Das Gastspiel des Hofschauspielers Hendrichs von Berlin brachte das Lebensbild „Beethoven", in welchem der Gast den großen Komponisten gab. Der berühmte Münchener Charakterdarsteller Possart, welcher bald darauf an der Mainzer Bühne ein Gastspiel als Franz Moor, Nathan der Weise und Shylock eröffnete, trat auch in zwei kleinen Novitäten, „Die Strike der Schmiede" von Mautner und „Unter dem Siegel der Verschwiegenheit" von C. F. Berg, auf. Beifall fand der Rosen'sche Schwank „Ein Engel". Hr. Meaubert gab den Commerzienrath Saldau, Frau Woisch die Arabella, Herr Pückert den Moritz, Fräul. Ulrich die Gertrud, die Soubrette Fräul. Thal die Beate und Hr. Steude den Karl v. Erlach. Das neue Jahr 1871 brachte das Rosen'sche Lustspiel „Ein schlechter Mensch", in welchem Hr. Benemann den Robert Wille spielte. Anläßlich des Gastspieles des Hrn. Grobecker von Wiesbaden kam das beliebte Moser'sche Lustspiel „Herrn Kaudels Gardinenpredigten" am 6. Februar zur ersten Aufführung. Der Gast gab den Rentier Muck, Frau Meaubert dessen Frau Kunigunde und der Charakterdarsteller Hr. v. Baronche den Kaudel. — Gastrollen gaben außer den genannten Künstlern: Fräul. Frohn aus Darmstadt (Maria Stuart) und Hr. Barnay von Frankfurt als Schiller (Karlsschüler).

Opern-Novitäten erschienen nur zwei. Am 10. Februar 1871 ging die komische Oper „Das Pensionat" von Suppé mit Erfolg in Scene. Die Coloratursängerin Frl. Schroetter hatte die Parthie der Helene, der lyrische Tenor Bollé den Karl und der Tenorist Böhlken*) den Florian übernommen. Das Gastspiel des Fräul. Lina Mayr vom Hoftheater zu St. Petersburg und des Hrn. Swoboda vom Wiener Karltheater brachte am 11. April die Offenbach'sche Operette „Die Hanni weint, der Hannsi lacht". Fräul. Mayr gab das Hannchen und Hr. Swoboda den Niklas. Den 100jährigen Geburtstag

---

*) Seither Direktor des Aktientheaters in Zürich.

Beethovens beging das Theater am 17. Dezbr. 1870 bei festlich beleuchtetem Hause durch die Aufführung des „Fidelio". Fräul. Schroetter sang die Leonore, Hr. Vollé den Florestan, Hr. Hienl den Rokko, Fräul. Hecht die Marzelline und Hr. Alexi den Pizarro. Als Heldentenor wirkte während der Saison Herr Stieber und als erste dramatische Sängerin Frau Harry. — Opern=Gäste waren u. A.: Frau Lederer=Ubrich von Darmstadt als Rosine (Barbier von Sevilla), Frau Desirée Artot (Rosine), Hr. Padilla (Figaro), Hr. Wachtel von Berlin (Raoul und Lyonel), Hr. Speigler von Karlsruhe (Marcel) und Hr. Feranczy aus Karlsruhe (Eleazar).

Trotz des Krieges ruhten die Concerte in Mainz nicht. Am 16. Dezember 1870 wurde zur Gedächtnißfeier des hundert= jährigen Geburtstages Beethovens dessen „Missa solemnis"*) und am 23. April 1871 Andersens dramatisches Gedicht „Die Kreuzfahrer", komponirt von Gade, zur Aufführung gebracht. Die Soli waren vertheilt: Armida: Fräul. Werner, Rinaldo: Hr. Baumann (Tenor), Peter der Eremit: Hr. Dr. Gaßner (Bariton).

In der letzten Saison unter der Direktion des Herrn L'Arronge (1871/72) zeichnete sich wieder das Schauspiel so= wohl durch die Wahl des Repertoirs und der Novitäten, als auch durch das darstellende Personal aus. Am 6. Oktober 1871 ging L. Grubers (Anzengruber) Volksstück „Der Pfarrer von Kirchfeld" mit außerordentlichem Erfolg in Scene. Das Stück, welches die kirchenpolitische Strömung der Zeit in der Gestalt des Pfarrers berührt und durch seine treffliche Charakteristik den Beruf Anzengrubers zum ächten Volksdichter zeigt, mußte im Laufe der Saison noch oft wiederholt werden. Hr. L'Hamé gab den Pfarrer Hell von Kirchfeld, Fräul. Ulrich die Anna Birkmeier, Hr. Kirmes den Wurzelsepp und Hr. Hamm den Michel Berndorfer. Auch das folgende Stück, „Die Dämonen des Herzens", Trauerspiel von Franz Bittong, welches am 28. Oktober zum ersten Male gegeben wurde, gefiel. Herr Bingo spielte den Eduard von St. Laurent, Hr. Pückert den Bernhard Stromberg und die erste Liebhaberin Fräul. Berin= ger die Marie Sternau. Das Gastspiel der berühmten Schau=

*) Siehe S. 164.

spiel-Soubrette Anna Schramm von Berlin brachte u. A. den Schwank „Aennchen vom Hofe" von Jakobsohn und das Auftreten des Hrn. Grobecker aus Wiesbaden den Moser'schen Schwank „Wie denken Sie über Rumänien". Einen durchschlagenden Erfolg erzielte das Lustspiel „Deutscher Krieg" von X. Y. Z., welches am 29. November zum ersten Male gegeben wurde. Hr. L'Hamé spielte den Major v. Stille und die Soubrette Fräul. Wienrich die Helene. Hierauf folgte das Schauspiel „In der Mark" von Hans Hopfen mit Hrn. L'Hamé als Joachim v. Kittlitz. Einen ähnlich großartigen Erfolg wie der „Pfarrer von Kirchfeld" erzielte auch Anzengrubers Volksstück „Der Meineidbauer", welches am 20. März 1872 zum ersten Male zum Besten des Hrn. L'Hamé in Scene ging. Hr. Kirmes gab den Kreuzweghofbauer Mathias Ferner und Fräul. Ulrich die Brony. Das Gastspiel der berühmten Tragödin Klara Ziegler von München, welche u. A. als Iphigenia auftrat, brachte als letzte Novität der Saison am 6. April 1872 das historische Genregemälde „Machiavella" von Kohlenegg. Großes Aufsehen erregte das Auftreten des Fräul. Felicitas von Vestvali als Hamlet.*) Ferner traten Fräul. Lehnbach von Frankfurt (Margarethe), Hr. Pfund aus Wiesbaden (Mephisto) und Hr. Werner aus Darmstadt auf. Nach Schluß der Saison am 29. April 1872 gastirte das Wiesbadener Schauspiel- und Opernpersonal zum Besten der Pensionskasse deutscher Bühnenangehöriger. Es wurde die Sophokles'sche Tragödie „Antigone" in der bekannten Uebersetzung von Donner und mit der Musik Mendelssohn-Bartholdys zum ersten Male in Mainz gegeben. Fräul. Wolff spielte die Antigone und Herr Rathmann den König Kreon.

---

*) Bei dieser Gelegenheit dürfte es nicht uninteressant sein zu erfahren, daß die Vestvali in der Geschichte der deutschen Schauspielkunst als Männerdarstellerin nicht einzig dasteht. In dem im vorigen Jahrhundert erschienenen Werke „Gallerie von Teutschen Schauspielern und Schauspielerinnen für die ältere und neuere Zeit" wird u. A. auch einer Madame Abt aus Biberach als Darstellerin von Männerrollen Erwähnung gethan. Mad. Abt debutirte im Jahre 1767. Der Verfasser der Gallerie äußert sich über sie dahin: „Daß sie sich wagte den Hamlet zu spielen, ist nicht ihrer Ehre wegen, sondern um die Seltenheit und als ein Beispiel weiblicher Eitelkeit anzuführen."

21

Am 13. Dezember 1871 ging als erste Opern-Novität Offenbachs „Insel Tulipatan" mit geringem Erfolg in Scene. Auch das Singspiel „Franz Schubert" von Suppé, welches am 4. März 1872 folgte, fand keinen großen Anklang. Der Tenorbuffo Schmitt sang den Franz Schubert. Einen vollständigen Durchfall erlitt die allzu schaale Offenbach'sche Operette „Blaubart", die am 14. April mit Herrn L'Arronge als Bobêche und der Balletmeisterin Fräul. Grüllmayer als Boulotte zum ersten Male gegeben wurde. Wenn auch die Novitäten wenig geeignet waren, der Oper einen ehrenvollen Platz in der Geschichte dieser Saison zu sichern, so gab doch die Aufführung einer Anzahl erprobter Werke dem Personal hinlänglich Gelegenheit, sich im besten Lichte zu zeigen; namentlich fand Wagners*) „Lohengrin" eine warme Aufnahme. Die Oper, welche sich des später so berühmten Heldentenors Diener als Vertreter der Titelrolle erfreute, erlebte im Laufe der Saison zahlreiche Wiederholungen. Den König sang Hr. Hennig, Fräul. Budischowsky die Elsa, Hr. Krejci den Telramund und die erste dramatische Sängerin Fräul. Barn die Ortrud. — Gastrollen gaben: Hr. Hasselbach von Nürnberg (Eleazar), Hr. Braun-Brini aus Nürnberg (Manrico), Hr. Siehr von Wiesbaden als Dom Pedro (Afrikanerin), Frau Mayr-Olbrich aus Darmstadt (Donna Elvira), Frau Marie Monbelli (Rosine), der Wiener Hofopernsänger Robinson (Nelusco), Frau Hahn von Wien (Selika) und Frau Grün vom Berliner Hoftheater (Valentine). Als ersten theatralischen Versuch sang ein Herr Fritz den Max (Freischütz) und Herr Walther, ein geborner Mainzer, den Stradella.

Auf Fastnacht wurde von den Hofschauspielern des Prinzen Carneval (Hofnarren) die Mainzer Lokalposse „Ein ge-uzter Spezerei-Krämer, oder Der Triumph der Narrheit" von W. Weiler zur Aufführung gebracht.

Concerte gaben die Pianistin Ida Bloch aus München, sowie die Violinvirtuosen Sivori und Wilhelmj.

Mit dieser Saison nahm die Direktion des Hrn. L'Arronge, welcher am 3. März 1872 unter allgemeiner Theilnahme sein

---

*) Die Anhänger Wagners in Mainz, welche rasch zugenommen hatten, gründeten im Jahre 1872, dem Beispiele anderer deutscher Städte folgend, einen Mainzer Wagnerverein.

40jähriges Künstlerjubiläum gefeiert hatte, ihr Ende. L'Arronge, der als Komiker besonders in burlesken und chargirten Rollen ausgezeichnet war*), starb am 15. Juni 1878 nach längerem Leiden zu Riehl bei Köln, wo er den Abend seines Lebens als Privatmann verbrachte, in einem Alter von 66 Jahren. Er hat in Mainz, wie u. A. auch in Köln, wo er die Direktion des Stadttheaters führte, das Andenken eines tüchtigen Bühnenleiters hinterlassen.

XV.
Die Direktion der Frau Ernst.

—

Die Leitung des Stadttheaters war im Februar 1872 der Frau Karoline Ernst übertragen worden und trat dieselbe mit der Saison 1872/73 die Direktion an. Wenn auch das Personal beklagenswerthe Lücken zeigte und durch die Erkrankung einzelner Mitglieder häufig Repertoirstörungen eintraten, so waren doch immerhin die Schauspiel-Novitäten beachtenswerth. Schon das erste neue Stück, Mosers Schwank „Das Stiftungsfest", eine nette Satire auf das Vereinswesen, mit welchem am 15. Septbr. 1872 die Saison eröffnet wurde, hatte einen durchschlagenden Erfolg. Hr. Gerbeck gab den Dr. Scheffler, die erste Liebhaberin Fräul. Wolmar die Bertha, Hr. Schirmer den Commerzienrath Bolzau, Frau Direktor Ernst die Wilhelmine, Frau v. Pindo-Raabe**) die Ludmilla, der jugendliche Liebhaber Hr. Hildebrandt den Dr. Steinkirch und Hr. Höfel den Vereinsdiener Schnacke. Auch Mosenthals Schauspiel „Madeleine Morel", eine Nachahmung der französischen Sensationsstücke, fand bei seiner am 2. Oktober stattgehabten ersten Aufführung eine gute Aufnahme. Hr. v. Pindo spielte den Henry, Fräul. Schulte-Hiltrop die Marquise von

---

*) Wir erinnern nur an seinen Jupiter und Nitschke.
**) Eine Schwester der beliebten Hedwig Raabe.

St. Gervais und Fräul. Wolmar die Perveuche (Madeleine).
Sardous Sittengemälde „Fernande", das in Wien und Berlin
zum Repertoirstück geworden war, konnte dagegen bei seiner am
18. Dezember erfolgten Aufführung mit Fräul. Wolmar in der
Titelrolle nicht durchdringen, während die letzte Novität des
Jahres 1872, das am 28. Dezember gegebene Lustspiel „Ein
Schritt vom Wege" von Ernst Wichert großen Beifall fand.
Hr. Sauer gab den Arthur und der erste Charakterdarsteller
Hr. Bernhard den Schnepf. Ebenso hatte auch Wilbrandts
historisches Schauspiel „Der Graf von Hammerstein" einen
durchschlagenden Erfolg. Das Stück ging am 27. Februar 1873
zum ersten Male mit Hrn. Gerbeck in der Titelrolle in Scene
und erlebte mehrere Wiederholungen. Weniger gefiel die letzte
Novität der Saison, Kobersteins historisches Lustspiel „Was Gott
zusammengefügt, das soll der Mensch nicht scheiden". — Gäste
waren u. A.: Frau Niemann-Seebach (Maria Stuart), Fräul.
Janauschcck (Deborah), Fräul. Lina Mayr aus Petersburg
als Gabriele (Pariser Leben) und Frau Wahlmann aus Stuttgart (Medea). Fräul. Ernst, Tochter der Direktorin, betrat als
Käthchen von Heilbronn in Mainz zum ersten Male die Bühne
in einer größeren Rolle.

Die Oper litt in dieser Saison sehr unter der Heiserkeit
der einzelnen Mitglieder und wurden hierdurch häufig, wie oben
bemerkt, Repertoirstörungen herbeigeführt. So mußte u. A. auch
einmal an einem Sonntag eine Posse gegeben werden. Ein großer
Theil des Publikums äußerte hierüber sein Mißfallen, nicht sowohl über die Repertoirstörung, als über den Umstand, daß einmal
Sonntags der übliche Opernkultus unterblieb, ein Beweis, wie
sehr die große Masse der Bühne bereits entfremdet war.*) — Die
Oper brachte zwei Novitäten, welche beide einen durchschlagenden Erfolg hatten. Am 17. Oktober 1872 erschien die komische

---

*) Wenn seitens der Stadt ein jährlicher Zuschuß zum Theater
geleistet wird, so geschieht dies doch wohl im Hinblick auf die Interessen
der Kunst, welche ihren bildenden, d. h. veredelnden Einfluß auf
das Volk ausüben soll. Wo bleibt aber der Werth der Bühne, wenn der
größte Theil des Publikums, welchem es nur an Sonntagen möglich
ist, das Theater zu besuchen, dem Schauspiele gänzlich entfremdet wird,
indem man ihm fortgesetzt die große Oper, vornehmlich Spektakel- und
Ausstattungsopern vorsetzt?

Operette „Rübezahl" von Conradi, in welcher die Altistin
Fräul. Reich das Gretchen sang, und am 5. Februar 1873
unter großartigem Beifall Wagners Oper „Die Meistersinger
von Nürnberg" zum Vortheile des Herrn Kapellmeister R.
Preumayr. Hr. Massen sang den Hans Sachs, Hr. Uttner
den Veit Pogner, der Tenorbuffo Hr. Grundner den Kunz
Vogelsang, Hr. Landau den Walther v. Stolzing, Hr. Grahl
den David, Hr. Höfel den Beckmesser und die erste dramatische
Sängerin Frau Fichtner-Spohr unter großem Anklang die
Eva. — Fräul. Egner war Coloratursängerin, Fräul. Budi-
schowsky jugendliche dramatische Sängerin und Hr. Meffert
Heldentenor. — Als Gäste traten u. A. auf: Hr. Wachtel von
Berlin (Chapelou), Hr. Philippi von Wiesbaden (Czar), Frau
Rutland-Mylius von Würzburg (Margaretha von Valois),
Hr. Siehr von Wiesbaden (Marcel) und Frau Schröder-
Hanfstaengl von Stuttgart (Lucia), welch letztere namentlich
große Triumphe feierte. Ferner gab die italienische Opern-Ge-
sellschaft des Herrn Pollini zwei Gastdarstellungen („Barbier
von Sevilla" und „Don Pasquale" von Donizetti).

Als Carnevals-Preisstück wurde von Narrhallesen am
23. Februar unter großem Beifall die Originalposse „Durch-
brennen und Wiedersehen" von Karl Dremmel gegeben.

Die Concert-Saison brachte seitens der Liedertafel
mehrere Novitäten. Neben der Aufführung des Oratoriums
„Josua" von Händel verzeichnen wir Zopffs Festhymne „Der
Triumph der Liebe" (Schiller) und Frz. Lachners „Missa pro
defunctis", welches Tonwerk am 25. April 1873 zum ersten
Male aufgeführt wurde. — Erwähnenswerth ist auch das im
Januar gegebene Ullmann-Concert, in welchem sich u. A. die
Sängerin Regan, der Cellist de Swert, der Violinist Sivori
und der Pianist Seiß hören ließen.

Die zweite Saison 1873/74 brachte nur Schauspiel-
Novitäten. Zunächst erschien am 17. September Paul Lindaus
Schauspiel „Maria Magdalena". Die erste Liebhaberin
Fräul. Grantzow gab die Maria Berrina, Hr. Hermann den
Commerzienrath Werren, Fräul. Ernst die Elly, Hr. Gerbeck
den Professor Laurentius, die erste tragische Liebhaberin Fräul.
Kühnau die Magdalena und Hr. Jantsch*) den Fürst zu

---

*) Jetzt Direktor des Frankfurter Victoria-Theaters.

Rothenthurm. Das Concurrenz-Preis-Lustspiel „Die Tochter Belials" von Rudolf Kneisel, in welchem das Muckerthum gegeißelt wird, fand eine warme Aufnahme. Fräul. Grantzow spielte die Klara Wallfried, Frau Pfeil die Wittwe v. Bernack und Hr. Hamm den Gallapfel. Am 24. November folgte Schweitzers Schwank „Epidemisch", welcher eine nette Satire auf das damals herrschende Börsenspiel ist. Hr. Bergen gab den v. Seldeneck, Fräul. Kühnau die Commissionsräthin Bertha Stumm und Hr. Hermann den Börsenmakler. Die letzte Novität der Saison war Mosers Lustspiel „Der Elephant". Hr. Rinald gab den Alfred von Lancy. — Als Gäste traten u. A. auf: Frau Jantsch vom Hoftheater zu Meiningen (Debohra) und Fräul. Auguste Baison*) von Petersburg (Maria Stuart). Ein junger Mainzer, Herr Hacker, machte als Kosinsky (Räuber) den ersten theatralischen Versuch.

Die Oper beschränkte sich auf die Aufführung der alten, beliebten Repertoirstücke. Wagners „Meistersinger" erzielten auch in dieser Saison einen großen Erfolg. Neu vertreten waren die Rollen: Hans: Hr. Günzburger, und Eva: Fräul. Baumgartner. Neu engagirt waren ferner: Fräul. Viviorowska, jugendliche dramatische Sängerin; Frau Grünstein, Coloratursängerin; Fräul. Klein, Soubrette, und der Heldentenor Herr Deutsch. — Gastrollen gaben u. A.: Fräul. Hofrichter aus Wiesbaden als Elvira (Stumme von Portici), Frau Dr. Schmidt-Zimmermann von Dresden (Margarethe), Fräulein Scheuerlein aus Braunschweig (Valentine), Hr. Nachbaur von München (Lohengrin), der Wiener Bassist Scaria (Sarastro), Frau Szégal aus Wiesbaden (Frau Fluth), Frau Barnay-Kreuzer von Frankfurt (Donna Anna), Fräul. Brandt aus Berlin (Azucena) und Hr. Labatt von der Wiener Hofoper (Eleazar).

Die Fastnacht brachte am 15. Februar das Carnevals-Preisstück „Beinahe König" von Gustav Kleist.

Auch diese Concert-Saison der Liedertafel brachte bemerkenswerthe Neuheiten. Es kamen u. A. zur Aufführung die Schubert'sche Operette „Der häusliche Krieg" mit einem

---

*) Eine Tochter des verstorbenen Mainzer Schauspielers Baison.

verbindenden Text des Mainzers Karl Rosenthal, das Orato=
rium „Absalon" von Fr. Schneider, dem Lehrer des Dirigenten
Lux, und „Mirjams Siegesgesang" (Grillparzer). Der Cellist
und bad. Kammermusiker Wilhelm Lindner von Karlsruhe
trat unter Beifall in einem Concert des Vereins auf. — Die
von Herrn Kapellmeister Preumayr veranstalteten Symphonie=
Concerte erfreuten sich eines guten Erfolgs. In diesen Auf=
führungen wirkte u. A. der Musikdirektor Mannstädt mit,
welcher auch als Leiter der Kunstvereins=Concerte sich einen
ehrenvollen Ruf erwarb.

Die dritte Saison 1874 75 wurde am 16. September
mit Mosers Lustspiel „Ultimo" eröffnet. Das Stück hatte
einen durchschlagenden Erfolg. Herr Gerbeck spielte den Com=
merzienrath Schlegel und Hr. Hermann den Professor Schlegel.
Auch das Volksstück „Mein Leopold" von L'Arronge, wel=
ches am 26. September zum ersten Male gegeben wurde, fand
besonders wegen seines Grundgedankens, der angesichts der
Flachheit der meisten Novitäten sehr ansprach, allgemeinen An=
klang. Hr. Hamm gab den Schuhmachermeister Weigelt und
Hr. Jantsch den Leopold. Das Gastspiel der Tragödin Klara
Ziegler von München, welche unter großem Beifall als Medea,
Johanna und Jane Eyre auftrat, brachte am 10. März 1875
als letzte Novität der Saison Fr. Hebbels gewaltige Tragödie
„Judith". Die Gastin spielte die Judith, Hr. Jantsch den
Holofernes, Hr. Hermann den Daniel und Frau Reichel die
Mirza. Als Heldin war Frau Jantsch und als erste Lieb=
haberin Fräul. Richter engagirt. Außer Klara Ziegler traten
noch die Gäste Hr. Straup von Oldenburg (Ferdinand), Fräul.
Wolff aus Wiesbaden als Maria Verrina (Maria Magdalena),
Hr. Wünzer (Wallenstein) und Hr. Edward (Max Piccolo=
mini) aus Darmstadt auf.

Die Oper erregte durch ihre Novitäten wieder die Auf=
merksamkeit des Publikums. Die Operettenfluth, welche einige
Zeit versiegt schien, wurde nämlich mit der am 24. Januar 1875
erfolgten Aufführung der Lecocq'schen Operette „Mamsell
Angôt, die Tochter der Halle" wieder entfesselt. Das
Stück fand, wie in ganz Deutschland, so auch in Mainz großen
Beifall. Fräul. Limbach sang die Clairette Angôt, Fräul.

de la Tour aus Wien die Schauspielerin Lange, Hr. Hamm
den Friseur Pomponnet, Hr. Müller den Volkssänger Ange
Pitou und Hr. Höfel den Larivaudière. Die Operette erlebte
während der kurzen Dauer des Gastspiels des Fräul. de la Tour
noch vier Wiederholungen. Aufsehen erregte die zweite und
letzte Opern Novität der Saison, Verdi's große Oper „Aida",
welche am 17. März zum Vortheile des Kapellmeisters Preu
mayr zum ersten Male unter lautem Beifall in Scene ging.
Die Ausstattung dieser ägyptischen Nationaloper, welche der
Komponist des „Troubadour" auf Anregung des Vicekönigs
von Aegypten geschaffen hatte, ließ an Glanz nichts zu wünschen
übrig. Die erste dramatische Sängerin Fräul. Gayer sang die
Aida, der lyrische Tenor Hr. Graf den Radames, die Altistin
Fräul. Wittmann die Amneris, der erste Bassist Hr. Mayer
den König, Hr. Uttner den Ramphis und der Baritonist Hr.
Burkhardt den Amonasro. In dem Chor der Priesterinnen
wirkten u. A. die Coloratursängerin Fräul. Ledwinka und die
jugendliche dramatische Sängerin Fräul. Kiehl mit. Die Oper
wurde innerhalb vier Wochen sechsmal wiederholt und schloß am
15. April die Saison. — Erste Tenoristen waren während der
Saison die Herren Deutsch und Martens. — Gastrollen
gaben u. A.: Frau Pauline Lucca (Frau Fluth und Zerline),
Hr. Scaria aus Wien (Bertram und Sarastro), Hr. Siehr
aus Wiesbaden (Daland) und Hr. Wachtel (Chapelou). Ferner
gastirte eine italienische Operngesellschaft unter der Direktion des
Hrn. A. de Smechia aus Paris. Zur Feier des Geburtsfestes
des damals in Mainz sich aufhaltenden Großherzogs wurde am
8. Juni als Festvorstellung „Der fliegende Holländer" gegeben,
in welchem der Mainzer Hr. Franz Betz vom Berliner Hof=
theater die Titelparthie übernommen hatte.

Auf Fastnacht (7. Februar) gelangte die preisgekrönte
Carnevalsposse „Mainzer Leben" von A. Ernst unter einem
seit dem „Oelgrün" nicht dagewesenen Erfolg zur Aufführung.
Die Posse, welche ein äußerst gelungenes Bild des Mainzer
Volkslebens gab, mußte noch zweimal nach Fastnacht wieder=
holt werden.

Auch die Liedertafel entwickelte ein reges Leben. Es
wurden von diesem Verein u. A. als Novitäten Max Bruchs
„Odysseus" und der Männerchor „Rheinfahrt" von dem Mainzer

Komponisten P. Schumacher*) zur Aufführung gebracht. Einen großen Erfolg errang die Liedertafel auf dem a ch t e n m i t t e l r h e i n i s ch e n M u s i k f e s t, welches am 3., 4. und 5. Juli 1875 zu Mainz abgehalten wurde. In dem am 4. Juli stattfindenden ersten Concerte wurde das Oratorium „Paulus" von Mendelssohn-Bartholdy aufgeführt. Die Soloparthieen waren von der Kammersängerin Frau M a r i e S ch r ö d e r - H a n f s t a e n g l aus Stuttgart (Sopran), der Concertsängerin Frl. A m a l i e K l i n g aus Berlin (Alt), dem Tenoristen F r a n z D i e n e r vom Dessauer Hoftheater und dem Kammersänger E u g e n G u r a von Leipzig (Baß) übernommen worden. Der Chor zählte 737 Stimmen und bestand aus folgenden Vereinen: A l z e y: Casino-Gesangverein (Dirigent Hüffner); B i n g e n: Cäcilienverein (Willem de Haan); D a r m s t a d t: Musikverein (Hofmusikdirektor C. A. Mangold) und Mozartverein (C. A. Mangold); K a s t e l: Gesangverein (P. Schumacher); M a i n z: Damengesangverein und Liedertafel (Kapellmeister Lux), Liederkranz (Rupp), Liederzweig (Reising), Männergesangverein (P. Schumacher), Sängerkranz (Freitag), Gymnasiasten (Hom) und Realschüler (P. Schumacher); M a n n h e i m: Musikverein (Naret-Coning); W o r m s: Musikverein (Steinwarz). Das Orchester bestand aus 140 Musikern. Im zweiten Concert am 5. Juli kamen zur Aufführung: die Ouvertüre zu „Oberon" von Weber, eine Arie aus Händels „Semele", gesungen von Fräul. K l i n g, Scenen aus Göthe's „Faust" von R. Schumann und Beethovens Symphonie Nr. 9 mit dem Schlußchor über Schillers Ode „An die Freude". Die Aufführungen wurden von dem um das musikalische Leben in Mainz und als Komponisten sehr verdienten Kapellmeister Lux geleitet. — Von den übrigen Concerten, welche die Saison in großer Anzahl gebracht hatte, erwähnen wir die Vorträge des Pianisten B r a s s i n aus Brüssel und der Pianistin Fräulein K. G r ä f f, einer geborenen Mainzerin.

Auch in der letzten Saison der E r n s t'schen Direktion (1875/76) behielt das Schauspiel hinsichtlich der Novitäten die Oberhand. Am 26. September erschien Schweitzers Schwank „D i e D a r w i n i a n e r", in welchem der erste Held und Lieb-

---

*) Von diesem Komponisten führen wir noch die komische Oper „Das Billet doux" und „Dornröschen", 6 Charakterstücke für Orchester, an.

haber Hr. Pochmann den Baron von Chatillon und Fräul. Mariot die Leontine v. Stein gab. Das Stück gefiel, ebenso Rosen's Schwank „Citronen", welcher am 30. Oktober mit Hrn. Gerbeck als Major Ranninger folgte, und der Schwank „Großstädtisch" von Schweitzer. In letzterer Novität gab Hr. Borcherdt den Rentier Liebetreu. Am 10. Januar 1876 wurde das Moser'sche Lustspiel „Der Veilchenfresser", welches trotz seines schwankartigen Charakters ein Repertoirstück der deutschen Bühnen geworden war, zum ersten Male gegeben. Hr. Pochmann spielte den Victor v. Berndt und Fräul. Mariot die Sophie v. Wildenheim. Auch Wichert's Lustspiel „Biegen und Brechen", welches am 4. März zum ersten Male gegeben wurde, gefiel. Herr Fränkel gab den Dr. Büchner und Herr Pochmann den Dr. West. Einen durchschlagenden Erfolg erzielte die letzte Schauspiel-Novität der Saison, Sardou's Gerichts-Drama „Ferréol", welches am 3. April zum ersten Male in Scene ging. Hr. Borcherdt gab unter großem Beifall den Feldhüter und Mörder Martial. — Als Gastin verzeichnen wir u. A.: Fräul. Bognar aus Wien, welche sich namentlich als Marguerite (Cameliendame) auszeichnete.

Die einzige „Opern"-Novität der Saison, „Die Fledermaus", hatte einen außerordentlichen Erfolg. Am 9. Februar 1876 erschien diese Strauß'sche Operette, deren Melodien, wie alle Weisen des Walzerkönigs, überall gefallen hatten, in Mainz. Die Operette wurde im Verlaufe von acht Wochen ungefähr 13mal gegeben, was in der Mainzer Theatergeschichte fast einzig dasteht. Den Haupterfolg verdankte das Strauß'sche Werk wohl Fräul. Krén als Adele, welche in dieser Rolle bewies, daß sie das Zeug zu einer tüchtigen Operetten-Soubrette hatte. Ihre Adele wurde den Mainzern zu einer Lieblingsfigur. Fräulein Limbach sang die Rosalinde, Herr Eng den Eisenstein, Herr Himmer den Alfred und Fräul. Friedhoff den Prinzen Orlofsky. Beachtenswerthe Leistungen waren der Gerichtsdiener Frosch des Herrn Höfel und der Gefängnißdirektor des Herrn Maxschwartz. Als neu engagirte Opernmitglieder verzeichnen wir die erste dramatische Sängerin Frau Groß, die jugendliche dramatische Sängerin Fräul. Ehrenfest, die Coloratursängerin Fräul. Monhaupt, den Heldentenor Hrn. Zinkernagel und den Baritonisten Hrn. Walldorf. Kapellmeister war Herr

Kriebel. — Gastrollen gaben u. A.: Fräul. Radecke von München (Margarethe) und Fräul. Keller von Köln (Ortrud). Wahre Triumphe feierten Hr. Scaria von Wien (Holländer), Hr. Diener von Köln (Manrico), Hr. Riese von Dresden (Eleazar) und Fräul. Meysenheim von München als Angela (Der schwarze Domino).

Mit dieser Saison schloß die Direktion der Frau Ernst. Wenn auch namentlich hinsichtlich der Novitäten seitens der Bühnenleitung alles aufgeboten wurde, um das Publikum zu befriedigen, so waren doch die Leistungen der Mitglieder namentlich durch das Hin- und Herreisen nach Homburg und Koblenz, wo Frau Ernst die Theater übernommen hatte, sehr beeinträchtigt. Im Repertoir war der allzu sehr vorwaltende Operettenkultus zu beklagen, zu welchem die Saisontheater aus finanziellen Gründen sehr leicht verführen.

In Folge des Musikfestes durch neue Mitglieder ansehnlich verstärkt, war die Liedertafel auch in dieser Saison in der Lage, etwas Tüchtiges zu leisten. Namentlich sei der Aufführung der „Matthäus-Passion" von J. S. Bach gedacht. Die Soli wurden gesungen von Frau Reutter aus Mainz, Fräul. Amalie Kling von Berlin, Hrn. Huber aus Speyer, dem Bassisten Hrn. Georg Henschel von Berlin und den Herren Dr. Gaßner und Dr. Reis aus Mainz. Das Werk gefiel so gut, daß es gleich dem Bruch'schen „Odysseus" in der nächsten Saison noch einmal wiederholt werden mußte. Die Altparthie war diesmal Fräul. Theissing von dem Mainzer Theater und die Tenorparthie dem Domsänger Hrn. Geyer aus Berlin übertragen.

XVI.

Die Gegenwart. Direktion Deutschinger. Ein Verein deutscher Theaterfreunde.

Frau Direktor Ernst hatte den Vertrag mit der Stadt ge=
kündigt und man stand nun wieder vor der alten Direktions=
frage, welche von jeher nichts weniger als einen wohlthätigen
Einfluß auf das Mainzer Bühnenleben ausübte. Da trat un=
erwartet ein Ereigniß ein, welches der Kunst und dem Theater
in Mainz eine neue schöne Zukunft zu eröffnen versprach. Der
frühere Bürgermeister der Stadt Mainz, Herr Franz Schott,
Chef der berühmten Musikalienhandlung, welcher am 8. Mai
1875 zu Mailand verstorben war, hatte, getreu den Traditionen
seiner Familie, in seinem Testamente der Kunst gedacht. Er
hinterließ nämlich der Stadt Mainz seine auf der Gaugasse ge=
legenen neuen Häuser mit der Bestimmung, daß die Zinserträg=
nisse derselben im Interesse der Musik in Mainz verwendet
werden sollten. Für diese Stiftung, welche zum Andenken an
seine kunstsinnige Gemahlin Betty Schott geborne v. Braunrasch
von dem Testator den Namen Schott=Braunrasch=Stiftung
erhielt, wurde eine Commission gebildet, deren Aufgabe es war
zu bestimmen: „ob die Einkünfte der Stiftung zu einer Musik=
schule oder zur Aufbesserung des Theaterorchesters oder zur An=
stellung eines städtischen Kapellmeisters als Dirigenten einer
Musikschule und einer Gesellschaft für klassische Concerte zu ver=
wenden seien." Die aus den Herren Bürgermeister Wallau,
Notar Dr. Bruch, Dr. Dumont, Albert Gastell und H. Seher
bestehende Commission beschloß endgültig, „von der Bildung einer
Musikschule vorerst Umgang zu nehmen, dagegen die Aufbesserung
des Orchesters in der Art zu bewerkstelligen, daß an die Spitze
desselben, das auf Grund der Zusammensetzung vom Winter
1873 74 nach der Bestimmung des Testators aus mindestens
45 Mitgliedern bestehen soll*), ein ständiger Kapellmeister als
Dirigent zu berufen sei, der insbesondere auch zur Leitung klas=

*) Das Theaterorchester mußte jedenfalls um 4 Geiger, 1 Brat=
schisten, 1 Cellisten und 1 Contrabassisten vermehrt werden.

üscher Concerte, entstehenden Falls einer Musikschule befähigt
sein würde. Das Orchester soll nach den Intentionen des Stif=
ters in erster Linie dem Theater dienen, sodann auch zu anderen
musikalischen Zwecken, insbesondere auch zur Aufführung klas=
sischer Concerte verwendet werden."

Was das Theater betrifft, so konnte sich dasselbe glücklich
schätzen, nun ein vollständiges Orchester zu besitzen. Der neue
Theaterdirektor Herr Franz Deutschinger, welchem ein
höchst guter Ruf als eifriger Pfleger des Schauspiels von dem
Orte seiner bisherigen Thätigkeit (Rostock) vorausging, war
hiermit bei einem städtischen Zuschuß von 14,000 M.*) auch in
die Möglichkeit versetzt, eine anständige Oper zu bieten, deren
sicherste Grundlage stets ein vorzügliches Orchester ist. Zu die=
sen günstigen Verhältnissen trat noch der erfreuliche Umstand
hinzu, daß das ganze Theatergebäude einer umfassenden Wieder=
herstellung bezw. Verschönerung der inneren Räume unterzogen
wurde. Die von den Stadtverordneten bewilligte Summe wurde
u. A. zur Unterhaltung der Dekorationen und Herrichtung des
Theaterfoyers verwendet, mit welchem nun der zu Logen um=
gestaltete erste Rang in unmittelbare und der zweite Rang mit=
telst Anlage zweier Treppen in Verbindung gebracht ward. Durch
Entfernung der bisher den Mitspielenden höchst lästigen Pro=
sceniumslogen, welche förmliche Bühnenlogen gewesen waren,
konnte die Bühne wesentlich erweitert werden. Ein neuer Vor=
hang schließt dieselbe von dem innern Raum des Theaters ab,
der prachtvoll hergerichtet wurde.

So hatten sich denn alle Umstände vereinigt, um der Bühne
den nöthigen Glanz zu verleihen, und es bedurfte nun einer
starken Hand, welche das Haus zu einer wahren Pflegestätte
der Kunst machte. Während bei der Eröffnung des Hauses vor
43 Jahren die Hoffnungen des Mainzer Publikums auf eine
Hebung der Bühne durch die Direktion Mäder und Wolf zu
nichte geworden waren, schien mit der Direktion Deutschinger
eine neue, bessere Zeit für das Mainzer Theater gekommen.
Und in der That, die Ergebnisse der ersten Saison 1876/77

---

*) Der Zuschuß besteht nicht ganz in Baar, sondern zum großen
Theil in Form von Requisiten, welche Eigenthum der Stadt verbleiben.
Für das Orchester muß der Direktor 20,000 M. zahlen.

bewiesen, daß man sich nicht getäuscht hatte. Seit Haake hatte sich in Mainz das Schauspiel nicht einer so großen Aufmerksamkeit zu erfreuen gehabt, als während der Direktion Deutschinger. Schon die Veranstaltung von Vorstellungen klassischer Stücke zu ermäßigten Preisen bezeugte, daß die Direktion von einem seltenen künstlerischen Bestreben erfüllt war. Nach dem Beispiele Laubes veranstaltete der Direktor auch einen historischen Lustspiel-Abend. Die Novitäten fanden ziemlich Anklang. So hatte das Volksstück „Ehrliche Arbeit" von Wilken, welches am 6. Oktober erschien, einen durchschlagenden Erfolg. Der Komiker Hr. Feuchter gab den Spekulanten Schultze und die Soubrette Fräul. Emma Fiebach die Margarethe. Auch das Schauspiel „Ein Fallissement" von Björnstjerne Björnson, welches am 6. November zum ersten Male gegeben wurde, fand großen Beifall. Das Stück machte durch die realistische Gestaltungskraft seines Verfassers tiefen Eindruck, wie denn überhaupt die schwedischen Dramatiker in neuerer Zeit das deutsche Bühnenrepertoir eroberten.*) Herr Frey spielte den Großhändler Tjälde und der erste Charakterdarsteller Hr. Otto den Advokat Berent. Feuillets Schauspiel „Die verzauberte Prinzessin", welches am 25. November folgte, gefiel. Der erste Liebhaber Hr. Hildebrandt gab den Eisenhüttenmeister Georges Morel und die Liebhaberin Fräul. Eppner die Louise. Das neue Jahr 1877 brachte zunächst am 5. Januar das Schauspiel „Die Danischeffs" von Pierre Nevsky, hinter welchem Pseudonym man den berühmten Stückearzt Dumas vermuthete. Das Stück, welches ein Bild der russischen Verhältnisse kurz vor Aufhebung der Leibeigenschaft gibt, hatte, wie an allen Bühnen, auch in Mainz einen durchschlagenden Erfolg. Hr. Otto spielte den Kutscher Osip, Fräul. Bornara die Gräfin Danischeff, Hr. Wäser den Wladimir und Fräul. Rossi die Anna. Rosens Schwank „O diese Männer", welcher am 4. März zum ersten Male gegeben wurde, gefiel ungemein. Fräul. Fiebach gab unter großem Beifall die Franziska. Auch die Lustspiele „Die guten Freunde" (nos intimes) von Sardou

---

*) Bei der Oberflächlichkeit, mit der die meisten deutschen BühnenAutoren ihre Stücke arbeiteten, bedurfte es keines heißen Kampfes, um den tiefer blickenden Schweden theilweise den Sieg zu verschaffen.

und „Ein Erfolg" von Lindau fanden Anklang. In dem letzteren Stücke gab Hr. Hildebrandt den Journalisten Marlow. Als Liebhaber war noch Hr. Paul engagirt. — Gastrollen gaben u. A.: Fräul. Grantzow aus Karlsruhe, ein früheres beliebtes Mitglied der Mainzer Bühne, als Leopoldine v. Strehlen (Der beste Ton), Friedr. Haase (Narziß), Fräul. Erhartt aus Berlin (Adrienne Lecouvreur) und Hr. Reinau aus Wies=baden (Hamlet).

Die Oper stand hinsichtlich des Repertoirs dem Schauspiel wenig nach; auch ihre Novitäten gefielen. Am 13. Dezember 1876 erschien Lecocqs Operette „Giroflé=Girofla" mit Fräul. Fiebach in der doppelten Titelrolle. Den Marasquin sang der Tenorbuffo Polenz und der Baßbuffo Kaula den Mourzouk. Die Operette war von dem zweiten Kapellmeister Sedlmayr einstudirt. Einen durchschlagenden Erfolg erzielte die große Oper „Die Folkunger" von Ed. Kretschmer, welche, von Herrn Kapellmeister Skraup einstudirt, am 27. Dezember zum ersten Male gegeben wurde. Der Heldentenor Hr. Siechen sang den Magnus, Fräul. Gayer die Maria, Fräul. Theissing die Karin, Hr. Burkhardt den Lars Olassohn und der erste Bassist Hr. Hofmann den Herzog Beugt. Auch die komisch=phanta=stische Oper „Amor Titus Schwadroniens"*) von W. Freudenberg, dem früheren zweiten Kapellmeister am Mainzer Theater, fand großen Beifall. In der am 24. März 1877 stattgehabten ersten Aufführung sang der zweite Bassist Herr Rübsam den Auerochs, die Coloratursängerin Fräul. Mayer das Maiglöckchen und Hr. Polenz den Titelhelden. — Gäste waren u. A.: Herr Schlosser von Darmstadt (Lord Asthon), Herr Peschier von Wiesbaden (Manrico und Lyonel), Herr Winkelmann aus Darmstadt (Faust), Hr. Lederer von Wies=baden (Raoul), Fräul. Meysenheim aus München (Marga=rethe), Herr Vogel (Lohengrin und Tannhäuser) und Frau Vogel (Ortrud und Elisabeth) von München, Fräul. Ottiker von Mannheim (Elsa), Hr. Reichmann aus München (Tell und Nelusco) und Frau Mallinger aus Berlin (Susanne und Frau Fluth).

Am 16. April 1877 schloß die bedeutsame Saison mit

---

*) Der Text ist von dem Mainzer Josef Laufs.

„Tannhäuser". Herr Direktor Deutschinger hatte den Beweis geliefert, daß es nur des guten Willens einer Bühnenleitung bedarf*), um das ihr anvertraute Theater auf einem künstlerischen Standpunkt zu erhalten.

Die städtische Kapelle hatte unter der Leitung des Herrn W. Jahn von Wiesbaden**) im Laufe der Saison zehn Symphonie-Concerte unter der allgemeinen Theilnahme des Publikums veranstaltet. Als Gäste wirkten in denselben u. A. mit: der Pianist Buths (Breslau), der Violinist Mahr (Sondershausen), die Pianistin Oswald (Stuttgart), die Concertsängerin Frau Walter-Strauß (Basel), Hofkapellmeister Frank von Mannheim und der Geiger Wilhelmj (Wiesbaden). Von Novitäten kam u. A. ein Trauermarsch von Bernhard Scholz***) zur Aufführung.

Außer den bereits oben genannten Concerten der Liedertafel kamen durch diese Gesellschaft Händels Oratorium „Salamon" am 8. Dezember 1876 mit Fräul. Hohenschild von Berlin (Alt) und dem Concertsänger Mayer aus Freiburg (Baß), sowie am 20. Januar 1877 das dramatische Gedicht „Kalanus" von Karl Andersen, Musik von Niels W. Gade, zum ersten Male zur Aufführung.

So sind denn in Mainz alle Bedingungen vorhanden, um zu einem muthigen Vorwärtsstreben auf dem Gebiete des Kunstlebens zu ermuntern. Möge die Stadt Mainz, eingedenk der ruhmreichen Ueberlieferungen ihrer Kunstgeschichte, nie vergessen, was sie der Kunst schuldig ist, und sich mit der Förderung derselben den Namen der goldenen zurückerringen. Dies dürfte

*) Vorausgesetzt die pecuniäre Unterstützung durch das Publikum.

**) Herr Jahn war einstweilen, bis zur definitiven Besetzung der Stelle eines städtischen Kapellmeisters, als welcher nun Herr Emil Steinbach thätig ist, für die Leitung der Symphonie-Concerte in der laufenden Saison gewonnen.

***) Scholz, ein geborner Mainzer, komponirte außer anderen Werken die in neuester Zeit mit Beifall aufgenommene Oper „Der Trompeter von Säckingen".

jedoch nur durch den thätigen Antheil der Bürgerschaft an der Bühne möglich gemacht werden, wie es denn überhaupt dem Verfasser dieses im Verlaufe seiner Studien und Darstellung immer klarer geworden ist, daß nur auf einer innigen Wechselwirkung zwischen Theater und Volk die Zukunft dieser Kunststätte beruht. Wenn es dem Verfasser auch ferne liegt, zu den in neuerer Zeit vielfach aufgetauchten Verbesserungsplänen des deutschen Theaterwesens neue Pläne hinzuzuschmieden, so hält er es doch für seine Pflicht, im Hinblick auf die Vereinsströmung unserer Zeit für eine Verwirklichung jener Verbindung von Volk und Bühne durch eine Vereinigung aller Theaterfreunde einzutreten. Die Aufgabe eines solchen dramatischen Vereins, welcher Laien und Künstler in sich fassen könnte, dürfte es sein, neben der pecuniären Unterstützung des Theaters durch die Gemeinde und die Provinz*) die Interessen der Kunst zu wahren, mit Wort und Schrift im Volke einen geläuterten Sinn für die Bühne zu wecken, überhaupt in jeglicher Weise die theatralischen Bestrebungen zu fördern. Der Verein könnte z. B. die deutsche Theatergeschichtschreibung, welche noch manchen schätzenswerthen Beitrag zur Kultur- und Kunstgeschichte unseres Volkes darbieten wird, durch Anregung von Spezialgeschichten in Fluß bringen. Auch die Gründung einer Sammlung theaterhistorischer Werke und Schriften, welche, wie der rühmlichst bekannte Geschichtschreiber des Dresdener Hoftheaters, Herr Rob. Prölß, dem Verfasser dieses auf eine bezügliche Anfrage u. A. andeutete, einen Mittelpunkt für die Theaterhistoriker bilden würde, dürfte eine Aufgabe einer solchen Vereinigung deutscher Theaterfreunde sein. Wie wir aus dem uns nach Schluß dieses Werkes zugekommenen „Jahrbuch für das deutsche Theater" ersehen, tritt der Herausgeber desselben, Herr Joseph Kürschner, mit einem ähnlichen Plane auf. Vielleicht dürfte der Verein in der hier vorgeschlagenen Form als Glied eines allgemeinen „Vereins der Freunde des deutschen Theaters" die ersehnte Verwirklichung finden.

Nur durch das Volk kann die Theaterfrage, eine der wichtigsten Kulturfragen unserer Zeit, einer befriedigenden Lösung

*) Siehe S. 295.

22

entgegengeführt werden. Zu dieser Lösung beizutragen, das dürfte eine Ehrenpflicht der Mainzer Bürgerschaft sein. Wie sich Mainz stets als ein Bollwerk des deutschen Landes bewährt hat, so möge Moguntia die treue Wacht deutscher Kunst am Rheine sein, jenes Theaters, welches zu wirken berufen ist für das Wahre, Gute und Schöne.

Anhang.

Gesetze des Mainzer Nationaltheaters.

Nachdem das bisher vom Herrn Hofrath Tabor entreprenirte Theater von Einer Holen Kurfürstlich Mainzischen Intendance zum Nationaltheater angenommen, und die Direction davon dem Herrn Koch anvertraut worden ist, so muß solcher zuvörderst von allen Mitgliedern dieses Theaters dafür anerkannt, und was er in Sachen, die die Bühne betreffen, anordnet, muß mit der Willigkeit befolgt werden, welche ein Beweis des Vertrauens zu den Kenntnissen und guten Absichten des Directors ist.

Um nun die Absicht eines guten Schauspiels, die Zufriedenheit des Publicums und die Beförderung der dramatischen Kunst zu erreichen, hat Eine Hohe Theaterintendance verordnet, theils die zum Wohl und Endzweck des Theaters abzielenden, bei hiesiger Gesellschaft bisher üblich gewesenen Gesetze zu erneuern oder zu erweitern, theils wo es nöthig ist, neue hinzuzufügen, nach welchen sich künftig ein jedes Mitglied zu richten hat.

I. Vor Anfang eines jeden Monats wird eine Bestimmung der, in demselben zu gebenden Stücke zur vorläufigen Nachricht und Unterschrift der Mitglieder vom Director herumgesendet, von welcher ohne bewegende Ursachen nicht abgegangen wird. Wer diese unterschreibt, von dem erwartet die Direction, daß er die darin vorkommenden neuen Stücke, in welchen er zu spielen hat, ohnfehlbar liefert, geschähe es nicht, so verliert er den 4ten Theil seiner Monatsgage, wogegen ihn jedoch eine anhaltende, vom Mainzer Theaterarzt, der die Mitglieder der Gesellschaft unentgeldlich bedienen wird, oder von einem praktischen Arzte in Frankfurt zu bescheinigenden Krankheit schützen kann.

II. Zur Erlernung eines Stücks von 5 Akten werden 14 Tage, und zu denen von 1 bis 3 Akten 8 Tage, zu einer Oper hingegen 3 bis 4 Wochen Zeit bewilligt. Wer in diesem Zeitraum seine Rolle nicht gut memorirt hat, wird mit dem 8ten Theil der Monatsgage bestraft. Anhaltende vom Arzt bescheinigte Krankheit allein entschuldiget, sobald es dem Directeur gehörig gemeldet wird.

III. Jedes neue Stück wird dreimal probiert. Einmal, um die ausgetheilten Rollen zu lesen; und dies muß mit gehörigem Ton und Accent geschehen, damit man überzeugt werden kann, daß der Schauspieler seine Rolle verstehe; das zweitemal, um die Rolle in dem Geiste des ganzen Stücks zu declamiren, und das drittemal, um das Stück selbst so zu spielen, wie es wirklich gegeben werden soll. Bei allen diesen Proben ist genaue Aufmerksamkeit nöthig, um gleich zuerst den Plan, die Karaktere und den ganzen Gang des Stückes wohl zu fassen; hiernächst sich über Stellungen, Theaterspiel und Mimik zu vereinigen, und endlich bei der letzteren mit seiner Rolle ganz vertraut zu werden.

IV. Um dieses noch sicherer zu erreichen, hat jeder Schauspieler das Recht, das neue Stück ganz zu lesen, und soll ihm solches aus der Bibliothek auf einen Tag, länger aber nicht, mitgetheilt werden, gegen gehörige Bescheinigung in ein darüber zu haltendes Buch). Wer solches länger als einen Tag bei sich behält, zahlt für jeden Tag 30 kr.

V. Alle Einladungen und Bekanntmachungen an die Schauspieler geschehen durch einen Umlauf, der von ihnen selbst unterschrieben wird.

VI. Wer dieser Unterschrift ohngeachtet, bei den Proben sich zu spät einfindet, bezahlt für jede Viertelstunde 30 Kreuzer. Käme der Fall öfterer vor, oder vergäße irgend ein Mitglied diejenige Achtung, welcher jeder gute Künstler der Kunst und seinem Freunde, wofür der Director angesehen zu sein wünscht, der ihm über einen oder den andern Punkt, wie eine Stelle declamirt, oder ein Karakter gespielt werden soll, freundschaftlich seine Meinung zu sagen, und wo nöthig, zurechtzuweisen schuldig ist; so würde man dergleichen Betragen als gänzliche Aufhebung des Kontrakts ansehen müssen.

VII. Bei einer jeden Generalprobe eines neuen Stücks, sowie auch bei Proben bereits aufgeführter Stücke, muß ein jeder sonder Ausnahme, ohne die Rolle in der Hand zu haben, probieren, und sie bei Strafe eines Guldens auswendig wissen.

VIII. Auch soll bei jeder Generalprobe eines neuen Stücks, oder auch, wenn ein neuer Schauspieler in einem alten Stücke anstritt, jedes Mitglied seine Rolle in seinem Karakter, und so spielen, daß man die Skizze von dem vorzustellenden Karakter deutlich sehe, der Mitspielende sein Spiel darnach richte, und seinen Ton darnach stimme, auch allenfalls das Fehlerhafte berichtigt, und dadurch ein gutes Ensemble hervorgebracht werden kann. Im gegenseitigen Fall zahlt der Fehlende einen Gulden.

IX. Bei allen Proben soll Niemand auf der Bühne sein, als die in der Szene wirklich zu spielen haben. Dahingegen jeder verbunden ist, auf die vorgeschriebenen Stichwörter, die jedoch unter der nehmlichen unten vorkommenden Strafe, von den Redenden stark gesprochen werden müssen, auf die Szene, und auf die Zeit, zu welcher er herauskommen muß, sowie auch aus welcher Coulisse, und durch welche Thüre er eintritt, oder abgeht, genau Acht zu haben. Fehlt er hierinnen, so zahlt er einen halben Gulden, fehlt er aber gar während der Vorstellung, einen Gulden.

X. Da allemal um die auf dem Anschlagzettel bestimmte Stunde angefangen werden soll, so müssen Alle die in dem Stücke zu thun haben, eine halbe oder auch ganze Stunde vor der Vorstellung im Schauspielhause beisammen, und zu rechter Zeit, ihrer Rolle, dem Karakter und der Vorschrift des Directors gemäß gekleidet sein. Alles was nicht Theaterrequisit ist, Flohr, Bänder, Federn, Degen, Federhut, Portepee, Masche auf den Schuhen, und was überhaupt zum gewöhnlichen Putz gehört, muß ein jeder selbst haben. In den einmal gewählten, und in das darüber beim Theater zu haltende Buch eingetragenen Kleidern, darf keine eigenmächtige Abänderung gemacht werden, auch wird solche jeder in Acht nehmen, nicht beschmutzen, zerreißen et cet., daher ein jeder Mitspielende mit Unterzieh-Beinkleidern ins Theater kommen muß.

Vorsätzliche durch Nachläßigkeit entstandene, und gänzliche Beschädigung der Kleider zieht den Schadenersatz nach sich. Es darf sie daher Niemand mit Schminke, Schuhschmiere, u. d. gl. auf irgend eine Art beschmutzen, auch solche nicht aus der Garderobe nach Hause holen lassen, oder nach der Vorstellung darinnen nach Hause gehen, bei Strafe von einem Gulden, sondern muß sie nach jedesmaligem Gebrauch dem Schneider Stück vor Stück wieder abliefern. Es sei denn daß die Kurfürstl. Theaterintendance die Verwahrung im Hause gänzlich gestatte, in welchem Falle der Schauspieler oder die Schauspielerin immer dafür haften, und auf Verlangen in dem Zustande, wie die Kleider abgeliefert worden, wieder abliefern muß. Im entgegengesetzten Falle wird ebenmäßig der ganze Werth des Kleides bezahlt.

XI. Ein jeder muß sich vor dem Anfange des Stücks, in welchem er zu thun hat, genau das, was er zu seinem Spiele nöthig hat, als Briefe, Dolch, Portrait et cet. kurz alle möglichen Requisiten früh aufschreiben, und des Abends vor der Vorstellung nachsehen. Würde das Publicum durch den Mangel irgend etwas dergleichen beleidigt, so erfolgt eine Strafe von 30 Kreuzern. So auch, wenn einer nach der Vorstellung seine gehabten Theatersachen und Requisiten, mit Inschluß derer, die er während des Spiels von andern empfängt, auf seinen Platz, in der Garderobe hinzulegen unterläßt.

XII. Abänderungen in den Rollen, Zusätze oder Weglassungen können ohne Einwilligung des Directors nicht gestattet werden. Eben so wenig, unsittliche Theaterspiele, Possen u. d. gl. Wer sich dessen zu Schulden kommen läßt, wird mit dem 12ten Theil der Monatsgage bestraft. Persönliche Beleidigungen der Mitspielenden, (welche zwar jeder Mann von Erziehung und guten Sitten vermeiden wird) werden dem Directeur gemeldet: sowie überhaupt jede Streitigkeit, die etwa ein Mitglied der Gesellschaft im Schauspielhause, es sei zu welcher Zeit es wolle, mit jemandem der zum Theater gehört, anfangen oder haben sollte, sogleich vor denselben gebracht, und entschieden werden soll. Streitigkeiten von Betrag werden erforderlichenfalls von dem Director Einer Hohen Theaterintendance gehörig vorgetragen werden.

XIII. Wer seine von der Direction ihm zugetheilte Rolle ausschlägt, selbige gar unter einem eitelen Vorwande, wieder zurückschickt, sie zu spielen sich weigert, und auf Beibehaltung der etwa schon gespielten Rolle besteht, oder auch durch ungebührliches lautes Murren gegen irgend Jemand Einwendungen dagegen macht; auch wohl ein Stück im Publicum verschreit und verkleinert, weil er etwa keine hervorstechende Rolle darin hat, oder sonst aus einer Ursache, entrichtet zur Strafe den 8ten Theil seiner Monatsgage. Und da vorzüglich der bisherige Abgang verschiedener Mitglieder, und das Hinzukommen anderer bei der jetzigen neuen Einrichtung, der Gesellschaft gleichsam eine neue Gestalt geben, und also leicht der Fall eintreten kann, daß bei Vertheilung der Rollen nicht jeder an seiner ihm zuvor angewiesenen Stelle zu sein glaubt, so wird man sich die hierunter zu treffenden Veränderungen allgemein gefallen lassen müssen. Doch darf sich jeder Schauspieler ohne Ausnahme, von der Unpartheilichkeit der Direction versprechen, daß er bei Austheilung der Rollen nicht vorsätzlich werde übergangen werden; so wie diese auch bescheidenen, kaltblütigen und mit Gründen unterstützten Vorstellungen die gebührende Aufmerksamkeit und vielleicht darnach zu treffende Einrichtung niemals versagen wird.

XIV. Keine Rolle darf ohne Einwilligung des Directors vertauscht werden, widrigenfalls zahlen beide tauschende Theile den 12ten Theil ihrer Monatsgage.

XV. Niemand der Mitspielenden darf, wenn er fertig ist, oder sonst in den Zwischenszenen sich unter den Zuschauern sehen lassen.

XVI. Wer aber nicht zu spielen hat, wird immer wohl thun, wenn er gegenwärtig ist, weil der Schauspieler auch dann, wenn er schon ausgebildet zu sein glaubt, doch aus dem Effect des einen Stücks vor dem andern, aus dem Lobe oder Tadel des Publicums, unter das er sich mengt, und aus der verschiedenen Manier, wie einerlei Karaktere von verschiedenen Subjecten behandelt werden, Winke für seine Kunst erhalten kann, und wenn er selbst Meister in der Kunst ist, am geschicktesten seine jungen Mitschauspieler und Schauspielerinnen auf Fehler oder Irrthümer aufmerksam zu machen vermag. Die Direction wird diejenigen Mitglieder der Gesellschaft vorzüglich schätzen, deren Rath und Bemerkungen dazu beitragen, in der Vervollkommnung dieser Bühne immer weitere Fortschritte zu machen.

XVII. Von stummen Rollen darf sich niemand wer diese Gesetze unterschrieben hat, nemlich von dem Director an, ausschließen, auch wenn er bereits eine Rolle im Stück gespielt, und solche hernach einer oder einem anderen abgegeben hätte: sonst verfällt er ohnfehlbar für jeden Fall in eine Strafe von 30 Kreuzern.

XVIII. Da Unsittlichkeit, lasterhaftes und pöpelhaftes Betragen, sowie unbesonnenes Schuldenmachen in jedem Stande Geringschätzung und Ausschließung von der gesitteten Gesellschaft nach sich zieht, so wird das auch unter uns stattfinden müssen, wenn solch ein Mensch sich darunter befände; und die Beibehaltung eines unmoralischen, dem Trunk oder Spiel ergebenen, oder sonst lüderlichen Schauspielers würde äußerst anstößig sein. Sollte indeß wieder Vermuthung dieser Fall eintreten, so behält sich die Kurfürstliche Intendance die Bestrafung desselben, selbst nach Befinden mit Aufhebung des Kontrakts bevor.

XIX. Wenn irgend ein Mitglied sich ohne Erlaubniß unterfangen sollte an das Publicum eine Rede zu halten, oder dasselbe in irgend einer Streitigkeit zum Richter aufzufordern, so wird er ebenfalls mit einer starken Geldstrafe, oder nach Befinden mit gänzlicher Verabschiedung bestraft, welches dem Ermessen der K. Intendance überlassen bleibt.

XX. Domestiquen dürfen nur auf dem Theater sein, wenn ihre Herrschaft dieselben zu ihrer Umkleidung oder sonstigen Dienstleistung nöthig hat; doch dürfen sie keine andere, weder männlichen noch weiblichen Bediente, oder sonst fremde Personen mit auf's Theater bringen, damit diese nicht den Spielenden, oder bei den Verwandlungen hinderlich sind, oder sich zum Aergerniß des Publicums und zur Störung der Illusion in den Coulissen sehen lassen. Ein jeder muß daher seine Domestiquen genau hiervon unterrichten: und wer dies verabsäumt und seine Bedienten dawiderhandeln läßt, zahlt 30 Kreuzer.

XXI. Desgleichen, wer einen Hund während den Proben und Vorstellungen mitbringt, zahlt ebenfalls 30 Kreuzer.

XXII. Niemand darf ohne vorhergesehene mündliche oder schriftliche Anzeige und Bewilligung des Directors 24 Stunden aus der Stadt sein, weil, wenn er auch binnen der Zeit von Theaterverrichtungen frei wäre, bisweilen unvorhergesehene Fälle eine schleunige Veränderung des angesetzten Stücks, selbst kurz vor der Anfangszeit des Schauspiels nothwendig machen. Im Uebertretungsfalle zahlt er den 12ten Theil seiner Monatsgage.

XXIII. Kein Schauspieler oder Schauspielerin darf im Theater einen Schneider, Friseur, oder irgend einen anderen Arbeiter in eignen Angelegenheiten verschicken, bei Strafe von 30 Kreuzern.

XXIV. Fehlt der Director gegen diese Gesetze, so zahlt er die festgesetzten Strafen doppelt.

XXV. Von den männlichen Mitgliedern des Nationaltheaters, soll jeder halbmonatlich abwechselnd die Aufsicht haben. Die Pflicht desselben ist alsdann:

a) Acht zu haben, daß die Gesetze befolgt werden, und die dawider handelnden, alle halbe Monathe dem Director anzuzeigen.

b) Darauf zu sehen, daß der Theatermeister die ihm gegebene Instruction befolgt und keine Fehler bei der Verwandlung und Decoration vorgehen, auch daß die zu einem Stück erforderlichen Geräthschaften, als Tische, Stühle, Schreibzeug, Schränke, Schellen, et cet. jedesmal auf dem Theater sind und in Bereitschaft stehen, damit es während der Vorstellungen kein Hinderniß und Stöhrungen giebt.

c) Vor Anfang der Vorstellung nachzusehen, ob der Requisiten-Besorger alles angeschaft und dem Schauspieler auf seinen Platz gelegt hat.

d) Genau um die bestimmte Stunde anfangen zu lassen, und das Zeichen dazu in beiden Antleidezimmern und auf dem Theater zu geben. Die Direction und Wöchnerschaft bei der Oper aber besorgt Herr Stegmann allein.

XXVI. Die Strafgelder fließen in eine besonders zu errichtende Kasse, die bei dem Kassirer verwahrt wird, und wozu Einen Schlüssel der zeitige Director, den Andern ein von den Mitgliedern der Gesellschaft gewählter Schauspieler hat. Diese Gelder werden zu dem Pensions-Fond der Gesellschaft bestimmt, worüber nächstens der Plan derselben vorgelegt werden soll. Sollte aber dieser Fond gegen Vermuthung nicht zu Stande kommen, so werden diese Gelder alle Jahre verhältnißmäßig unter die Schauspieler vertheilt.

XXVII. Die Gage wird von nun an halbmonatlich promt ausgezahlt werden, und von jedem Mitgliede der Gesellschaft allemal den 1ten und 15ten bei dem Theater-Rendanten abgeholt; auch darf niemand seine zu beziehende Gage ohne Erlaubniß der Intendance auf die Theaterkasse anweisen.

Genehmigt

Mainz
den 20 Junius
1789.

Frhr. v. und zu Dalberg
K. Theater-Intendant
Koch,
Director des Nat. Theaters.

Der
Erbprinz und die Erbprinzessin von Hessen-Darmstadt
und das Theater.

Gelegentlich der Besprechung der Errichtung der Hessischen Nationalbühne*) wurde auf die Zuneigung des Großherzogs Ludwig I. zum Theater hingewiesen. Nicht uninteressant dürfte daher nachstehender, im „Theater=Journal für Deutschland" (Gotha 1780) veröffentlichter Auszug eines Briefes sein, welcher von der schon damals lebhaften Antheilnahme des Erbprinzen Ludwig und seiner Gemahlin Luise**) an Theater und Musik ein rühmliches Zeugniß ablegt. Das Schreiben lautet:

„Mannz, den 6. Jun. 1779.

Der Erbprinz von Hessendarmstadt und seine Gemahlinn besitzen nicht allein viel Einsichten und Geschmack in der Schauspielkunst, sondern sie haben auch schon manche Gesellschaften sehr thätig unterstützt, und die Erbprinzeßin zeigte sich schon verschiednemale selbst als eine vortrefliche Künstlerinn in den Rollen der Medea und Ariadne. Am 26. April 1779 stellte sie auch die Sophonisbe, von Meißner mit musikalischer Begleitung von Neese vor. Ihr Spiel war überhaupt innig, die Deklamation richtig, die Gestikulationen und Gemählde den Leidenschaften angemessen, und die Nuancen während der Musik vortreflich; Sie bereitete die Leidenschaften mit ihr vor, oder erhöhte sie mit ihr, oder setzte sie mit ihr fort. Sie ist selbst eine gefühlvolle Kennerinn der Tonkunst. Kurz, man vergaß bey ihrer herrlichen Vorstellung, daß sie nur eine Dilettantin ist. Der Erbprinz dirigirte die Musik selbst mit einem Eifer und Genauigkeit, daß mancher Kapellmeister von ihm hätte lernen können. Die Decorationen, und Kleider waren schön, und im Costume. Vor der Sophonisbe ward eine französische Piece, so treflich als möglich, von der Erbprinzeßin und einigen andern Personen von Range gegeben. Dies ist nicht etwan das Urtheil eines enthusiastischen Kunstliebhabers oder eines schmeichelnden Höflings, sondern eines biedern Anhängers an Alles, was teutscher Art und Kunst ist, der weder durchs Vergrößerungs= noch durchs Verkleinerungsglas guckt, und mit Darmstadt und dem dasigen Hofe in keiner andern Verbindung steht, als in der eines Kosmopoliten."

*) Siehe S. 144.
**) Louise Karoline Henriette, geborne Landgräfin von Hessen, vermählte sich im Jahre 1777 mit dem Landgrafen Ludwig X. von Hessen=Darmstadt (späteren Großherzog Ludwig I.) und starb am 24. Oktober 1829 in Auerbach im 69. Jahre ihres Lebens.

Mainzer Schauspieler und Schauspielerinnen
aus dem vorigen Jahrhundert.

Außer den bereits in diesem Werke genannten Schauspielern und Schauspielerinnen, welche in Mainz das Licht der Welt erblickt haben, verzeichnen wir noch folgende:

Brochard, Marie (spätere Holbein-Renner), geb. 1782, debutirte 1797.

Carnier, Franz Xavier, geb. 1770, deb. 1781.

Diehm, Jak., geb. 1760, deb. 1772.

Ehrhardt, Franz Anselm, geb. 1758, deb. 1778.

Fiedler, Margar., geb. 1746, deb. 1773.

Gerolstein, Jul. v. (spätere Scholz), geb. 1777, deb. 1796.

Gerolstein, Karl v. (Bühnenname: Gerlsmann), geb. 1767, deb. 1797.

Hamel, Katharina, geb. 1777, deb. 1795.

Hamel, Margaretha Josephine (spätere Lanz), geb. 1779, deb. 1795.

Kloß, Jul. (spätere Böhler), geb. 1777, deb. 1793.

Kramer, Ph., geb. 1757, deb. 1781.

Kreiß (Tochter eines Domschul-Rektors), geb. 1777, deb. 1795.

Moll, Franziska, geb. 1745, deb. 1773.

Moll, Theresia, geb. 1748, deb. 1773.

Schwachhofer, Theres. (spätere Ennike), geb. 1778, deb. 1793.

Sontag, Franz (Vater der berühmten Sängerin), geb. 1781, deb. 1800.

Seebach, Elisabeth v. (spätere Spengler), geb. 1751, deb. 1765. Wurde 1777 in Breslau wahnsinnig.

Wellner, Wilh., geb. 1761, deb. 1780.

Wickes, Seb., geb. 1764, deb. 1782.

Von **Mainzer Komponisten** erwähnen wir noch den Prof. Karl August Peter Cornelius, ein Neffe des Historienmalers, welcher sich u. A. als Komponist der komischen Oper „Der Barbier von Bagdad" auszeichnete. Cornelius wurde geboren am 24. Dezember 1824 zu Mainz und starb am 26. Oktober 1874 in seiner Vaterstadt. In der letzten Zeit seines Lebens wirkte er als Professor der Harmonielehre zu München.

Die Churfürstl. Maynzische Hof- und Cammer-Musique vom Jahre 1765:

Intendant: Titl.: Hr. Friderich Anton Christoph, Cämmerer von Worms, Freyherr von und zu Dahlberg. Capellenmeister: Hr. Johann Michael Schmidt. Concertmeister: Hr. Johann Ignatz Schwachhofer.

Hof-Sänger und -Sängerinne: Frau Margaretha Urspringerin, Jungfer Eva Margaretha Hallbauerin, Jungfer Francisca Urspringerin, Jungfer Eva Anison, Hr. Michael Hauck, Hr. Christoph Santorini, Hr. Francisens Dörsch.

Hof-Musici: Herren: Joseph Schwachhofer, Gerhard Freyhold, Petrus Krauß, Michael Hauck, Jacob Purschta, Adam Becker, Gotfried Dominic. Jacobi, Valentin Fuchs, Johann Adam Prokasty, Gerhardus Wolf, Andreas Schwachhofer.

Calcant und Geeigenmacher: Nicolaus Dopher.

Anmerkung: Auf Dalberg (nicht zu verwechseln mit dem Intendanten des Nationaltheaters) folgte im Jahre 1776 der Graf Franz Karl Philipp von Ingelheim (genannt Echter von und zu Mespelbrunn) als Intendant. In dieser Stellung verblieb der Graf, welcher zugleich das Amt eines Oberst-Silberkämmerers bekleidete, bis zur Gründung des Nationaltheaters.

Die Ankündigung der ersten Aufführung von Schillers „Räuber" in Mainz am 30. Januar 1783 lautet:

„Die hiesige Schauspieler-Gesellschaft wird die Ehre haben heute aufzuführen ein großes neues, noch auf keiner anderen, als der Mannheimer National-Schaubühne aufgeführtes, von Hr. Friedrich Schiller verfertigtes Original-Trauerspiel in 5 Aufzügen, genannt Die Räuber. — Dieses im Geschmack des berühmten englischen Dichters Shakespeare geschriebene Trauerspiel verdient nach Aussage aller Kenner neben Hamlet, Macbeth, Lear u. s. w. unstreitig seinen Platz. Die erhabensten Ausdrücke, die grauenvollsten Situationen, die außerordentlich gezeichneten Charaktere, zeigen aller Orten das feurige Genie eines jungen Dichters, das einst der deutschen Bühne Meisterstücke liefern, und ihr das sein wird, was Shakespeare — der englischen war. Die Verzierungen der Schaubühne und das Kostüm der Kleider wird der Zeit und dem Orte vollkommen angemessen sein, und wir schmeicheln uns, die Zufriedenheit unserer verehrungswürdigen Gönner und Freunde deren schätzbaren Beifall zu verdienen."

Anmerkung: Betreffs Schillers Taufpathen Joh. Friedrich Schiller (siehe Seite 298) bemerken wir noch, daß derselbe, laut dem bezüglichen Personalverzeichniß, vom Jahre 1784 an bis zum Untergang des Kurfürstenthums an der Mainzer Universität als Lehrer der englischen Sprache wirkte.

Mainzer Theater- und Concertzettel

aus dem Ende des vorigen und dem Anfang dieses Jahrhunderts.

Mit gnädigster Erlaubniß
wird heute
Mittwochs den 26ten November 1788
aufgeführet werden:

Felix, oder: Der Findling.

Ein Singspiel, in drei Aufzügen, aus dem Französischen des Sedaine, übersetzt von Johann André.
Die Musik ist von Monsigni.

Personen:

Erhard,	Herr Stegmann.
Der Advokat,	Herr Walter, Jun.
Der Lieutenant, seine Söhne,	Herr Lux.
Der Magister,	Herr Brandel.
Therese, seine Tochter,	Mad. Walter.
Felix,	Herr Walter, Sen.
Lore, Hausmädchen,	Mad. Günther.
Baron von Jagdholz,	Herr Helmuth.
Herr von Strahlheim,	Herr Böheim.
Ein Notarius,	Herr Wolschowsky.
Eine Amme,	Mad. Stegmann.
Jäger. Bauern und Bäuerinnen.	

Der Text der Gesänge ist Abends am Eingange für 3 Batzen zu haben.

Den Beschluß macht:

Die Heurath durch ein Wochenblatt.

Ein Lustspiel, in einem Aufzuge, von Schröder.

(Folgen die Personen.)

16te Vorstellung im Jahr-Abonnement. 16te Vorstellung im Monat-Abonnement.

Der Anfang ist präcise um 6 Uhr.

Das gewöhnliche Leggeld ist für eine Loge 4 fl., auf der Gallerie die Person 1 fl., Parterre 9 Batzen, 3ten Rang 6 Batzen, letzten 12 Kreuzer.

An die Herren Konzert-Abonnenten.

Meine Herren,

Wir benachrichtigen Sie, daß heute Mittwochs den 5ten Februar 1806 in dem Schröderischen Saale gegeben werde:

Die Schöpfung,

ein Oratorium von Haydn.

Personen.

Gabriel, gesungen von Madame Lange, ersten Sängerinn an der Oper zu Frankfurt.

Uriel, von einem Liebhaber (Professor Tescher).

Raphael, von Herrn Berthold, ersten Baßsänger an derselben Oper.

Eva, von Madame Lange.

Adam, von einem Liebhaber (Kissel).

Der Anfang ist um sechs Uhr, das Ende nach neun Uhr.

Hierauf folgt ein Ball, dieser dauert von zehn Uhr bis um zwei Uhr nach Mitternacht.

Zugleich erinnern wir Sie an die Bedingung, daß diesesmal auch die Frauenzimmer bezahlen, nämlich in dem Saale jede Person drei Livres, und auf den Chörchen vierzig Kreutzer, oder ein Frank fünfzig Centimen.

Wir haben die Ehre, Sie zu grüßen,

Die vereinigten Musik-Freunde.

Anmerkung: Beide hier mitgetheilten Concertzettel zeigen auf ihrer Rückseite einen gleichlautenden Text in französischer Sprache.

Mit Erlaubniß des Herrn Maire.

Montag den 14ten September*), Abends von 6 bis 8 Uhr, wird die zweite Prüfung der in der protestantischen Kirche (Alt= münsterkirche) in Mainz, nach dem neuen Simplifikazions=System umgeschaffenen Orgel vorgenommen, und zu dem Ende vom Er= finder, dem Abt Vogler, königl. baierschen geistlichen Rath und Mitglied der königl. baierschen Akademie der Wissenschaften,

ein öffentliches Orgel=Konzert,

folgenden Inhalts aufgeführt werden,

wobei die genannte Kirche beleuchtet wird:

Erster Theil.

1) Choral.
2) Gesang der Hottentotten, der aus drei Takten und zwei Worten besteht: Mayema, Mayema, huh, huh, huh.
3) Flötenkonzert: Allegro, Polonaise, Gique.

Zweiter Theil.

1) Die Belagerung von Jericho: a] Israels Gebet zu Jehova, b] Trompetenschall, c] Umstürzen der Mauern, d] Einzug der Sieger.
2) Terassenlied der Afrikaner, wenn sie ihre platten Dächer mit Kalch befestigen, wobei wechselweis ein Chor singt, der andere stampft.
3) Die Spazierfahrt auf dem Rhein, vom Donnerwetter unter= brochen.
4) Händels Halleluja fugirt zu zwei Themata, kontrapunktirt vom dritten.

Die Billete zu 3 Franks sind bei Hrn Gröser auf dem Markt Litt. C, No. 56, und beim Eingang zu haben.

---

*) Vogler, der einen Weber und Meyerbeer zu seinen Schülern zählte, war 1807 in Mainz.

THEATRE DE LA VILLE DE MAYENCE.

PAR PERMISSION DE M. LE MAIRE.

Aujourd'hui, dimanche 13 décembre 1807,

Septième Représentation d'Abonnement.

Une Représentation

DE ZÉMIRE ET AZOR,

opéra en quatre actes, paroles de Marmontel.

Musique de *Gretry.*

Le spectacle commencera par

LE DÉPIT AMOUREUX,

comédie en deux actes, par *Walville.*

Acteurs dans le Dépit amoureux : M.rs. Chevalier fils, Alphonse, Chevalier père, Luville ; M.mes Moizard, Chevalier.

Dans Zémire et Azor : M.rs Tanquerelle, Gaux, Carlowitz ; M.mes Tournier, Laporte, Moizard.

Mardi *Les deux frères*, comédie en quatre actes, traduite du théâtre allemand de *Kotzebue.*

Incessamment *Philippe et Georgette, Aline, reine de Golconde, une Folie, la soirée Orageuse et la Dot.*

Prix des places, y compris la taxe des pauvres : *)
Parquet, Loges et Amphithéâtre. 2 francs 40 cent., ou 1 fl. 6 kr. Parterre 1 fr. 20 c., ou 33 kr. Paradis 60 c., ou 16 kr. — Au Paradis les Soldats ne payeront que moitié.

Les Enfans ne payeront que demi-place.

Il est absolument défendu d'amener des chiens.

On commencera à six heures très-précises.

Heute, Sonntag den 13ten Dezember, wird aufgeführt:

Zemire und Azor,

eine Oper in vier Aften. Mufik von Gretry.

Vorher wird gegeben:

Der verliebte Verdruß,

ein Luftspiel in zwei Aften, von Walville.

Preiß der Pläße, das Armengeld mit inbegriffen:
Parquet, Logen und Amphitheater 2 Fr. 40 Cent. oder 1 Fl. 6 Kr. Parterre 1 Fr. 20 Cent. oder 33 Kr. Paradis 60 Cent. oder 16 Kr. Soldaten zahlen auf dem Paradis die Hälfte.

Es ist durchaus verbothen Hunde mit ins Theater zu nehmen.

Der Anfang ist genau um sechs Uhr.

*) Siehe Seite 125.

Mit Erlaubniß des Herrn Maire.

Heute, Donnerstag, den 21sten April 1808*), wird aufgeführt:

Die Entführung aus dem Serail,

Oper in drei Aufzügen mit Musik von Mozart.

Personen:

Baſſa Selim	Hr. Jllenberger.
Konſtanza, seine auserwählte Favoritin	Karoline Krebs.
Belmonte, ihr Liebhaber	Hr. Juchs.
Blonde, ihre Gesellschafterin	Mathinka Krebs.
Pedrillo, Belmonts Diener	Hr. Krebs.
Muſtapha, ⎫ wachthabende Offiziere des Serails	Hr. Weber.
Cybita, ⎭	Hr. Donack.
Oßmin, Oberaufseher des Serails	Hr. Friedel.
Ein Stummer	Karl Krebs.

Janitſcharen. Wache. Damen des Serails.

Preiß der Plätze, das Armengeld mit inbegriffen:

Parquet, Logen und Amphitheater 2 Fr. 40 Cent. Parterre 1 Fr. 20 C. Paradis 60 Cent. — Soldaten zahlen auf dem Paradis die Hälfte. — Kinder zahlen nur einen halben Platz.

Keine Billete werden, wenn sie einmal an dem Bureau gelößt sind, wieder zurückgenommen.

Es ist bestimmt verbothen Hunde mit ins Theater zu nehmen.

Der Anfang ist genau um halb sieben Uhr.

Aujourd'hui, jeudi, le 21 avril 1808,

une représentation de

L'ENLÈVEMENT DU SERAIL,

opéra en trois actes, musique du célèbre Mozart.

Prix des places, y compris la taxe des pauvres:

Parquet, Loges et Amphithéâtre, 2 francs 40 cent. Parterre 1 fr. 20 c. Paradis 60 c. — Au Paradis les Soldats ne payeront que moitié. — Les Enfans ne payeront que demi-place.

Les billets une fois pris au bureau, on ne rendra plus la valeur.

Il est absolument défendu d'amener des chiens.

On commencera à six heures et demie très-précises.

*) Seite 127 muß es 26. April statt 16. heißen.

ABONNEMENT SUSPENDU.

Meine Herren und Damen,

Unterzeichneter hat die Ehre Sie zu benachrichtigen, daß er heute, Freitags den 26. Julius *), zum Benefiz des Herrn Schauspieler Friedrich Müller, aufführen wird: Wilhelm Tell, ein Schweizergemälde in 5 Aufzügen, von Schiller.

Personen:

Herrmann Geßler, Reichsvogt in Schwitz u. Uri,	Herbst.
Werner, Freiherr v. Attinghausen, Bannerherr,	Herr Schneider.
Ulrich v. Rudenz, sein Neffe, ...	Herr Krull.
Werner Stauffacher, ...	Herr Hopfenstätter.
Konrad Hunn, }	Herr Weit.
Ittel Reding, } Landleute aus Schwitz, . .	Herr Winter.
Walther Fürst, }	Herr Händler.
Wilhelm Tell, }	Herr Müller.
Rösselmann der Pfarrer, }	Herr Carnoni.
Werni der Jäger, } Landleute aus Uri	Herr Frondini.
Ruedy der Fischer, }	Herr Gutmann.
Kuny der Hirte, }	Herr Schille.
Arnold von Melchthal, }	Herr Le Combe.
Konrad Baumgarten, } Landleute a. Unterwalden	Herr Harig.
Jenny, Fischerknabe, }	Mad. Bachmann.
Seppi, Hirtenknabe, ...	Dem. Räder.
Gertrud, Stauffachers Gattin, ...	Mad. Frondini.
Hedwig, Tells Gattin, ...	Mad. Pröbster.
Bertha v. Bruneck, eine reiche Erbin, ...	Mad. Molitor.
Armgart, }	Mad. Le Combe.
Mechtild, } Bäuerinnen, ...	Mad. Gutmann.
Elsbeth, }	Mad. Krull.
Walther, } Tells Knaben, ...	Käthchen Gutmann.
Wilhelm, }	Doris Herbst.
Frießhardt, } Söldner, ...	Herr Schille.
Leuthold, }	Herr Bachmann.
Rudolph der Harras, Geßlers Stallmeister, . .	Herr Carnoni.
Oeffentlicher Ausrufer, ...	Herr Gutmann.

Geßlersche und Landenbergische Reuter.
Viele Landleute, Männer und Weiber aus den Waldstäbten.
Geßler erscheint zu Pferd.

Billets sind von Morgens 7 bis Nachmittags 4 Uhr im Gasthof zum weißen Roß zu haben.

Preiß der Plätze: Erster Platz 2 Franken oder 1 Gulden. Zweiter Platz 24 Sols oder 36 Kreuzer. Parterre 1 Frank oder 30 Kreuzer. Paradies 50 Centimen oder 15 Kreuzer. Militairpersonen auf dem letzten Platz zahlen die Hälfte.

Herbst, Schauspiel=Direkteur.

*) 1811. Siehe Seite 131.